教育部人文社会科学重点研究基地重大项目成果

|光明学术文库｜法律与社会书系｜

中国家庭转变研究：
理论与实践

宋 健 等｜著

光明日报出版社

图书在版编目（CIP）数据

中国家庭转变研究：理论与实践 / 宋健等著 . -- 北京：光明日报出版社，2022.5
ISBN 978-7-5194-6623-7

Ⅰ.①中… Ⅱ.①宋… Ⅲ.①家庭—研究—中国 Ⅳ.① D669.1

中国版本图书馆 CIP 数据核字（2022）第 092568 号

中国家庭转变研究：理论与实践
ZHONGGUO JIATING ZHUANBIAN YANJIU: LILUN YU SHIJIAN

著　　者：宋　健等	
责任编辑：李壬杰	责任校对：孔春苗
封面设计：中联华文	责任印制：曹　净

出版发行：光明日报出版社
地　　址：北京市西城区永安路 106 号，100050
电　　话：010-63169890（咨询），010-63131930（邮购）
传　　真：010-63131930
网　　址：http://book.gmw.cn
E - mail：gmrbcbs@gmw.cn
法律顾问：北京市兰台律师事务所龚柳方律师

印　　刷：三河市华东印刷有限公司
装　　订：三河市华东印刷有限公司

本书如有破损、缺页、装订错误，请与本社联系调换，电话：010-63131930

开　　本：170mm×240mm	
字　　数：355 千字	印　张：22.5
版　　次：2023 年 1 月第 1 版	印　次：2023 年 1 月第 1 次印刷
书　　号：ISBN 978-7-5194-6623-7	
定　　价：99.00 元	

版权所有　　翻印必究

前　言

世界各国正在目睹家庭的剧烈变迁，作为家庭形成基础的婚姻关系变得松散而多样，家庭稳定性遭到动摇，家庭规模缩小，家庭结构趋于简单，家庭形态日益多元化。这些家庭变化在西方被视为第二次人口转变的重要特征。

自20世纪50年代以来，在社会经济发展和计划生育双重推动下，中国迅速完成了人口转变。与此同时，家庭也发生了巨大变化。2020年第七次全国人口普查数据显示，中国平均家庭户规模已不足三人。中国家庭变化与其他国家的家庭变化是否遵循同样的规律？如何概括中国家庭变化的特点与路径？家庭变化能否称之为转变？家庭转变是内嵌于第二次人口转变的内容，还是独立于人口转变的过程？

"中国家庭转变研究"是教育部人口学重点研究基地中国人民大学人口与发展研究中心"十三五"重大项目总体规划的主攻方向"中国人口的结构性变化及其社会经济影响"的重要组成部分，与其他四个课题形成相辅相成的关系。2016年立项以来，课题组成员聚焦家庭转变的重点领域和难点问题，首先将家庭转变与人口转变相参照，借用人口转变理论的基本思路和要素分析方法，形成了家庭转变理论综合分析框架。从家庭结构、关系、功能三要素及其相互关联机制出发，分要素分析了中国家庭转变的内容与进程，关注家庭的变化与不变、寻常波动与重大转变，并基于家庭功能性资源的需求与供给视角，对家庭政策构建进行了分析和讨论。项目于2020年以"优秀"的成绩顺利结项。本书是基地这一重大课题研究项目的最终成果。

中国人民大学人口与发展研究中心的多位老师参与了课题研究，数位博士生、硕士生和本科生也承担了文献收集、资料分析和项目组织协调等大量工作。主要贡献者分别是李婷教授、吴帆教授、孙鹃娟教授、靳永爱副教授，明艳副教授在项目前期讨论中也有贡献。参与项目的学生主要有张晓倩、刘志强、李灵春、高秀文、阿里米热·阿里木、成天昇、颜康朴、杜銮峰、孙华蔓、魏尚仪等。陈文琪参加了书稿格式校对工作。

我们非常荣幸光明日报出版社将这本著作列入光明社科文库。"家是小的国，国是千万家"。中国的家庭传统源远流长，由衷希望我们的工作能为中国家庭发展略尽绵薄之力。在著作即将付梓之时，作为课题负责人，我衷心感谢中国人民大学人口与发展研究中心提供的项目平台，感谢各位同人和学生们的积极参与和卓越贡献，感谢光明日报出版社的精心策划与编辑。

宋　健

2021年12月

目 录
CONTENTS

导言：从人口转变到家庭转变 ·· 1

    第一节　要素视角下的人口转变与家庭转变 ·· 2

    第二节　家庭转变的分析思路与基本框架 ·· 7

第一编　中国家庭结构转变 ·· 16

  第一章　中国家庭结构变动的基本趋势 ·· 16

    第一节　中国家庭结构的定义与测量 ·· 16

    第二节　中国家庭结构变动的基本发现 ·· 19

    第三节　中国家庭结构变动的影响机制 ·· 26

  第二章　中国家庭结构变动的时空演进 ·· 36

    第一节　中国家庭结构区域研究回顾 ·· 36

    第二节　中国家庭结构的空间分布特征 ·· 44

    第三节　中国家庭结构的空间面板分析 ·· 60

    第四节　中国家庭结构的时空地理加权回归分析 ·································· 77

    第五节　中国家庭结构时空分布的四个结论 ·· 84

  第三章　中国家庭结构的地区类型和变动轨迹 ······································ 86

    第一节　中国家庭结构的地区类型测量 ·· 86

1

第二节　中国家庭结构的地区类型分布 ·················· 90
　　第三节　中国家庭结构的地区类型变迁轨迹 ·············· 95
　　第四节　类型化分析呈现的中国家庭结构变迁特点 ········ 98

第二编　中国家庭关系转变 ·································· 104

第四章　中国婚姻关系转变 ································ 104
　　第一节　婚姻关系及其转变：概念与理论 ················ 104
　　第二节　中国婚姻关系的分时期转变过程 ················ 110
　　第三节　婚姻关系转变对家庭转变的影响 ················ 121

第五章　中国代际关系转变 ································ 128
　　第一节　代际关系的概念、测量与相关理论 ·············· 128
　　第二节　中国家庭代际关系的转变 ······················ 136
　　第三节　代际关系转变与家庭转变 ······················ 149

第六章　中国亲属关系转变 ································ 158
　　第一节　亲属关系的内涵及相关理论 ···················· 158
　　第二节　世界视域下的亲属关系转变 ···················· 163
　　第三节　中国亲属关系转变 ···························· 167

第三编　中国家庭功能转变 ·································· 178

第七章　中国家庭功能转变 ································ 178
　　第一节　家庭功能的概念与相关理论 ···················· 178
　　第二节　历史视野下的家庭功能转变 ···················· 186
　　第三节　现代化背景下中西方家庭功能的转变 ············ 193

第八章　中国家庭转变对老年人生活的影响 ·················· 201
　　第一节　家庭转变与老年人的居住安排 ·················· 201
　　第二节　居住安排差异与老年人的代际支持 ·············· 209
　　第三节　子女流动、代际分离对老年人生活的影响 ········ 219
　　第四节　家庭转变中的老年人家庭 ······················ 229

第九章　中国家庭转变中的养育功能与儿童发展 233

第一节　家庭转变中的家庭养育功能 233

第二节　婚姻稳定性、家庭养育功能与儿童发展 241

第三节　人口流动、家庭养育功能与儿童发展 250

第四节　家庭规模与儿童发展 265

第四编　中国家庭转变与家庭政策构建 279

第十章　中国家庭功能性资源的需求与供给 279

第一节　供需视角下的家庭功能性资源 279

第二节　家庭功能性资源供需失衡及其后果 284

第三节　家庭功能性资源供需失衡的原因 290

第十一章　中国家庭功能转变的政策含义 299

第一节　家庭转变与家庭政策需求 299

第二节　家庭政策支持家庭功能实现的路径 307

第十二章　中国家庭政策及其路径选择 317

第一节　全球视域下的家庭政策 317

第二节　中国家庭政策发展现状和主要问题 333

第三节　中国家庭政策的改革方向 340

导言：从人口转变到家庭转变

人口转变是人口学最重要的现象之一。这一现象始于西欧，继而在全世界其他国家陆续发生。通过对其阶段性特征的概括与描述，人口转变理论反映了人口再生产类型不可逆转的变化趋势，成为人口学领域应用最为广泛的理论。与许多其他西方理论相区别，人口转变理论并非纯理论演绎的结果，其主要源自对历史经验和实际资料的分析，在理论框架上，是"总人口"理论和"人口变动内在因素"理论的综合。①

当前，世界各国正在发生家庭领域的变革，围绕着家庭结构是否核心化、家庭功能是否衰落等关键议题，学界对家庭变迁展开了大量讨论，但由于家庭现象的复杂性，相关研究往往呈现碎片化的形态，大多停留在从家庭现代化等理论出发，对不同国家、地区家庭特征差异及家庭变迁的外部环境进行对比分析。家庭作为一个独立、完整、有机的系统，其变迁不仅受到外部环境的影响，也受到系统内不同要素之间相互作用的影响。家庭系统内部各要素的转变并不会同时发生，其转变的先后顺序不仅会使家庭转变的模式存在差异，也会影响整个家庭系统的演变方向。然而，迄今为止，对上述作用机制的综合分析还较为欠缺。

能否借鉴人口转变理论的思路，从纷繁复杂的家庭现象中，概括并预测现代化背景下家庭转变的发生与发展轨迹？家庭转变是否如人口转变一样，具有阶段性特征和不可逆性？本书着眼于中国家庭转变，从要素分析的视角切入，进行细致的观察。本章首先通过揭示人口转变的要素关系，讨论现代化背景下家庭转变的路径与方向，提出观察家庭转变的一种理论分析思路，

---

① 李竞能.现代西方人口理论［M］.上海：复旦大学出版社，2004：318-319.

为家庭发展提供一个可资借鉴的、相对综合的分析框架，整合目前较为零散的家庭现象观察结果，从要素转变与总体转变关系的角度，揭示家庭变化的一般规律及其演变脉络。同时介绍本书所使用的基本方法和主要内容安排。

第一节 要素视角下的人口转变与家庭转变

一、人口转变的基本要素及其相互关系

死亡转变和生育转变是人口转变的两个基本要素。死亡转变表现为死亡水平从高到低的下降过程，以及死因模式的根本性变化。20世纪20年代，汤普森（Warren Thompson）根据人口增长率将当时世界各国划分为3个类别，前两类国家均已发生了死亡率从高向低的转变。[①] 各国实现死亡率下降的原因基本相同，如疫苗接种、卫生条件改善、营养改善、生活水平提高以及医疗技术进步等。[②] 生育转变[③] 被认为是对死亡率下降的回应。在前现代社会，宗教教义、道德准则、法律规范、社区风俗、婚姻制度和家庭组织等社会经济环境，都有助于维持高生育率，以应对高死亡率，保证人类生存。随着死亡率下降，维持高生育率的必要性不复存在。城市化和工业化消解了传统社会以集体和家庭为基础的生活方式，成为生育转变的关键性因素；与此同时，对孩子抚育成本与经济贡献的重新评估，相应的生育和家庭观念的转变，以及避孕技术的普遍使用等，促使生育率不断下降。[④]

死亡转变与生育转变的关系是人口转变理论的重要内容，可概括为"趋势共向性""水平差异性"和"转变时滞性"3个特点。"趋势共向性"是指无论死亡率和生育率的初始水平如何、二者差距多少、变化速度快慢，最终都趋于下降。"水平差异性"是指死亡率总是会低于生育率，二者差值通过自然增长率指标，在转变的不同时期予以体现：在死亡率和生育率双高的阶段，

[①] THOMPSON, W. Population [J]. The American Journal of Sociology, 1929, 34 (6): 959-975.

[②] KIRK, D. Demographic Transition Theory [J]. Population Studies, 1996, 50 (3): 361-387.

[③] 衡量生育转变的表象指标是粗出生率，实质指标是年龄别生育率或总和生育率。本书统一表述为生育率。

[④] NOTESTEIN, F. W. Economic Problems of Population Change, 8th International Conference of Agricultural Economists [M]. Oxford: Oxford University Press, 1953: 141-152.

自然增长率较低；当死亡率先于生育率下降时，自然增长率保持较高水平；当死亡率和生育率都降到较低水平时，自然增长率也恢复低水平的状态。"转变时滞性"是指死亡转变与生育转变之间存在时间差，生育率的下降普遍滞后于死亡率的下降，时滞的长短与死亡率和生育率下降的相对速度有关，下降的相对速度越小，时滞越短。

尽管世界各国的死亡率和生育率在水平和模式上存在差异，但或早或晚、或急或缓地都将经历从"高位均衡"向"低位均衡"的转变，这一判断成为经典人口转变理论的基本假定。该基本假定中包含了时间和空间两个维度：时间维度是主线，强调死亡率和生育率随着时间推移，将发生不可逆转且方向趋同的变化；空间维度则反映出人口转变的两个基本要素在殊途同归的过程中，在不同空间（如不同国家或地区）会存在差异，即受现代化水平和文化环境的影响会表现出阶段性特征。

二、家庭转变、人口转变及其现代化背景

家庭转变与人口转变之间的有机联系，在一定程度上是通过"第二次人口转变"得以建立并凸显的。所谓"第二次人口转变"，是指在死亡率和生育率都下降到低水平之后，死亡率维持在相对稳定的状态，而生育率则继续下行，不仅跌破预期的2.1的更替水平，甚至进入低于1.5的"低生育率陷阱"。该现象同样始于欧洲，但目前已蔓延到包括东亚在内的世界多个地区。学界取得的基本共识是，"第二次人口转变"着重解释生育率低于更替水平之后继续下降的原因，其驱动力显著异于经典人口转变，其中个人主义的兴起，家庭观念的改变，以及婚姻推迟、离婚率上升、婚前同居和非婚生育增加、家庭模式从单一转向多元化等现象①，被认为导致了生育率的低迷不振。然而，家庭转变应被视为人口转变的内在组成部分，还是与人口转变独立并存的两种现象呢？对这一重要问题，在认识上还存在分歧，也影响了对家庭现象相关变化的理解和理论归因。

有学者指出，家庭领域所发生的重要变化，使人口转变理论的视野从人口的"外在转变"（出生率、死亡率和自然增长率的变动）移向人口的"内在

---

① VAN DE KAA, D. Europe's Second Demographic Transition[J]. Population Bulletin, 1987, 42(1): 1–59.

转变"（通过制度、文化和技术等承载的人口行为及其动力机制所导致的变化）；其中，隶属于行为层面的婚育模式的转变，以及家庭类型与结构的转变，均是人口内在转变的重要体现。① 也有学者认为，第二次人口转变是用于解释全球范围内家庭领域发生新变化的最主要的理论框架。② 事实上，上述两种观点各有偏颇。经典人口转变中，死亡转变和生育转变本身不仅展示了其外在指标从高水平向低水平的变化，也蕴含了内在机制的变化，如死亡转变同时亦是流行病转变，生育转变则需要同时满足观念、技术等多个条件才能实现。因此，所谓的"人口内在转变"并非是由家庭领域的变化而激发的，不能认为家庭转变是人口转变的内在组成部分。第二次人口转变中，生育率继续下降的诸多影响因素里，家庭的作用尤为突出，但家庭转变并非第二次人口转变理论的阐释重点和目标。人口学的关注点往往聚焦于个体的微观决策和行为如何聚集并最终影响宏观人口趋势，特别是决定人口规模与结构的生育、死亡和迁移三大事件或过程的变化轨迹与机制，家庭的角色只是为了帮助理解其中的代际传递机制。③ 在这个意义上，用第二次人口转变直接作为家庭领域变化的理论框架并不合适。

我们认为，家庭转变与人口转变之间彼此独立且相互影响。一方面，家庭转变在一定程度上解释了第二次人口转变中生育率在到达更替水平之后继续下降的原因；另一方面，伴随着人口转变，家庭也发生了深刻的变化：出生人口减少推动家庭小型化和核心化，子女离家提升了"空巢"家庭和隔代家庭的比例，死亡率下降延长了个体寿命，代际共存时间增加，代际关系在个人生命历程中的地位不断提升。

家庭转变与人口转变的共同背景是现代化，这一共同背景使对二者的分析具有了理论上的同源性。现代化是人类社会从传统的农业社会向现代工业社会转变的历史过程。亨廷顿（Samuel P. Huntington）在概括现代化的九个特征时指出，现代化是"阶段性""不可逆转"的过程。"阶段性"意指从传统社会到现代社会的过程中会经历过渡阶段，这种阶段性在不同社会大致相同，

---

① 刘爽. 对中国人口转变的再思考［J］. 人口研究，2010（1）：86-94.
② 於嘉，谢宇. 中国的第二次人口转变［J］. 人口研究，2019（5）：3-16.
③ BIANCHI, S. M. A Demographic Perspective on Family Change［J］. Journal of Family Theory and Review, 2014, 6（1）：35-44.

使得现代化过程在不同社会有迹可循;"不可逆转"意指尽管在现代化过程中某些方面可能出现暂时的挫折和偶然的倒退,但在整体上现代化是个长期的趋向,且这种趋向很难逆转。①人口转变实践中所表现出来的方向趋同和模式存异在现代化过程中并行不悖的特点,与现代化的上述特征相当吻合。人口转变的方向趋同即前文所述的趋势共向性在世界各国均有所体现;模式存异则是指在死亡率和生育率向低水平转变的过程中,国家/地区间经济文化制度的差异和独特性形成了不同的转变模式,如欧洲模式、美国模式和东亚模式等。中国是第一个完成人口转变的发展中国家。②中国的人口转变具有四个方面的显著特点:一是超前于经济社会发展;二是死亡率和生育率下降速度快、转变周期短;三是计划生育外力推动和经济社会发展内在驱动共同作用;四是城乡和地区之间始终存在巨大差异。③透过现代化视角审视人口转变过程,尽管模式存异,但方向趋同,反映了世界各国的人口再生产类型从传统状态最终归为现代状态的一致趋势。人口转变理论最大的优势在于其预测性,即通过观察率先完成转变的欧洲国家的经历,可推测并已在事实上验证了,经历现代化的所有社会终将发生人口转变。④

我们感兴趣的是,在现代化进程中,家庭是否发生了转变?换言之,世界范围内家庭领域的诸多变迁可否视为转变?人口学中的"转变"(transition)一词,与"变迁""演变""嬗变"等社会学常用概念相区别之处在于,"转变"关注的是具有重大社会经济意涵、不可逆且没有先例的变化。如人口转变也被称为"人口革命",意指这种转变包含着质的变化。⑤在人口转变中,死亡和生育所发生的变化并非毫无意义的反复变动,而是没有先例、在一定时期内具有不可逆性的"转变",这种转变具有重要的社会、文化和政治意义。⑥借助于"转变"概念的引入,将有助于区分现代化背景下家庭变迁中的"变"

---

① 西里尔·E.布莱克.比较现代化[M].杨豫,陈祖洲,译.上海:上海译文出版社,1996:46-47.
② 王桂新.中日两国的人口转变与人口增长[J].人口与计划生育,2002(4):29-34.
③ 张维庆.中国特色的人口转变道路[J].人口研究,2011(5):3-7.
④ KIRK, D. Demographic Transition Theory[J]. Population Studies, 1996, 50(3):361–387.
⑤ 李竞能.现代西方人口理论[M].上海:复旦大学出版社,2004:318.
⑥ COLEMAN, D. Immigration and Ethnic Change in Low-Fertility Countries: A Third Demographic Transition[J]. Population and Development Review, 2006(3):401–446.

与"不变"、"量变"与"质变"、"暂时性变化"与"趋势性变化",而这些重要区分在现有的家庭相关研究中是相对被忽视的。

综上所述,家庭研究领域可以从人口转变理论中寻得思路借鉴,一是区分重大转变与寻常变化;二是总体与要素相结合;三是方向趋同与模式存异。

三、家庭的基本要素与家庭转变相关理论

结构、关系和功能是家庭系统的3个基本要素。家庭结构是由家庭中成员规模及相互关系和居住模式所决定的家庭的外在表现形式,通常按人数、代数或关系划分为不同的类型。家庭关系指家庭成员之间的关系,包含婚姻关系、代际关系等,是基于家庭成员在家庭中地位、角色而产生的相互间的权利和义务。家庭功能是指在特定的社会历史条件下,家庭系统与环境相互联系和作用所表现出的适应和改变环境的功用和效能,是家庭对于人类生存和社会发展所起的作用。[①] 作为一个基本的社会组织,家庭的内涵与外延在不断变动。家庭系统通过结构、关系和功能这3个基本要素,进行着系统的内部演化,并与系统外的社会人口变迁相适应且互相形塑。

阐述家庭转变的主要理论包括发展论、冲突论、结构功能主义论和现代化理论等。发展论认为,家庭变化的基本动力来自婚姻、生育、子女抚养、配偶衰老死亡等家庭生命周期中所发生的重大事件,这些事件引起家庭结构和功能上的重要变化。相较于其他理论,发展论更关注家庭内部的变化,用家庭系统内部相互作用的动力来解释这些变化,对外部社会环境的作用仅关注其对家庭内部变化的影响。冲突论将家庭转变与社会变迁直接关联,认为现代家庭更容易引起冲突,这是因为传统功能逐渐消失、个人更为自由、家长与亲属的控制减弱、家庭固有的矛盾得以释放。与此同时,现代化带来社会变迁和人口流动,人们的社会交往增多,家庭成员分属于不同社会群体,造成家庭内部异质性增加,社会上的矛盾和冲突也被带入家庭内部,并可能带来家庭危机,甚至是家庭解体等。冲突论强调外部因素是家庭变化的主要动力,家庭内部成员间的冲突既与家庭这个特殊组织有关,又是社会宏观结构的基本矛盾的反映。结构功能主义倾向于把社会看作一种尽力使自己保持

---

① 丁文.家庭学[M].济南:山东人民出版社,1997:327.

在某种平衡状态中的有机体，认为稳定和秩序是自然的、正常的状态，冲突和紊乱是系统不正常的标志。因此家庭的中心特点是均衡，其主要功能在于重新确立被外部世界的影响打乱了的和谐均衡状态。①②③

现代化理论是结构功能主义论和进化论的混合体。自20世纪中叶以来，科技进步带来的现代化过程对家庭产生了前所未有的剧烈冲击，从而引发了关于现代化对家庭变动的影响的广泛探讨，家庭现代化理论应运而生。家庭现代化理论内嵌于现代化理论之中，以现代化理论的基本框架、核心范畴和理论预设，将家庭变动作为分析对象。家庭现代化理论认为，自工业革命以来，家庭发生了深刻的变革，变革的源头是宏观社会层面的现代化进程。

上述家庭转变的相关理论分别从内部事件、外部环境、时代变革等角度对家庭的变化机制进行解释，相互补充，也各有侧重，但对一些重要问题仍缺乏整体性的指导。相较而言，人口转变理论在解释人口再生产类型的变化机制上概括性和适用性都更强。因此，我们尝试在现代化背景下，借鉴人口转变理论的分析思路对家庭转变进行分析。

第二节　家庭转变的分析思路与基本框架

一、现代化背景下家庭转变的分析思路

借鉴人口转变理论的分析思路理解家庭转变，归根结底是要回答以下问题：现代化背景下的家庭变化趋势是趋同还是分化？家庭转变过程中不同要素是如何变动的？其相互作用关系如何？是否存在趋势同向性？如何理解世界不同国家/地区在家庭转变过程中表现出来的阶段性特征？其共性和差异性是什么？

毫无疑问，家庭转变的起点、过程和终点相较于人口转变而言，更为复杂也存在更多的分歧。借鉴人口转变理论的分析思路研究家庭转变需要重视

---

① 拉斯洛·切-索姆巴蒂.社会与家庭之间相互作用的模式化[J].冯炳昆,译.国际社会科学杂志（中文版）,1991,8(4):5-13.
② 马克·赫特尔.变动中的家庭——跨文化的透视[M].宋践,李茹,等编译.杭州：浙江人民出版社,1988:35.
③ 魏章玲.美国家庭模式和家庭社会学[M].北京：世界知识出版社,1990:42-52.

以下问题。

其一，不仅关注家庭变迁，更要关注那些不可逆的、没有先例且具有重大社会经济意涵的变动。这是最为困难的工作，因为从寻常中觉察不寻常，需要敏锐的判断力，更需要时间的检验。家庭作为一种制度，常常通过时空迁徙、结构和形态上的灵活多变、关系和模式上的流动性和多元化，来满足家庭日益复杂多样的功能性需求[①]，由此表现出来的实践性和主体性模糊了家庭转变的方向。如家庭现代化理论的主要倡导者威廉·古德（William J. Goode）曾提出，现代社会中夫妻关系将取代代际关系成为家庭的主轴[②]，这种取代如果属实，将对家庭结构和家庭关系造成重大影响。然而，现实是代际关系仍在中西社会的家庭中占据着不可撼动的地位。判断家庭转变与否，须注意区分家庭是发生了"暂时的应对性的改变"，还是"不可逆的趋势性的转变"，前者体现了家庭这一系统对外系统的适应性、能动性和灵活性；后者才是触及家庭本质的改变。而目前对于家庭哪些变化属于质变的相关研究和判断并没有取得共识。

其二，不仅要关注家庭总体的变化，更重要的是关注家庭要素转变的异时同向性特征，即分别观察家庭结构转变、家庭关系转变和家庭功能转变，注意各要素之间的联系及其变动方向是否一致，要素的同向转变将带动总体的最终转变。家庭这三个基本要素的转变都只反映了家庭转变的某一侧面，其可能相互影响，但并不存在绝对的先后顺序，三者间关系是复杂的、网状的。社会环境不同，家庭率先发生转变的要素可能也会不同。虽然家庭3个要素的转变时间不一定相同，但方向趋同。任何单一要素发生改变而其他要素维持原状，或者3个要素虽都发生变化但方向各异时，家庭都不可能形成新的不可逆转的稳定模式。比如，仅仅是由于居住安排改变和子女数量减少，造成家庭结构呈现核心化、小型化的特点，而相应的体现情感、照料、经济支持的代际关系并未发生调整，并随之使家庭功能发生改变，就很难说家庭发生了转变。只有三个要素都完成了同一趋势的转变，家庭转变才算真正完成。因此，需要深入观察家庭结构、家庭关系和家庭功能在现代化过程中的变化轨迹，并判断其是否带动了家庭总体的转变。这样做将弥补家庭现代化理论

[①] 吴小英.流动性：一个理解家庭的新框架[J].探索与争鸣，2017（7）：88-95.

[②] 古德.家庭[M].魏章玲，译.北京：社会科学文献出版社，1986：252-253.

以前偏重家庭结构，如今青睐家庭关系的片面性。

其三，既要注重家庭转变是否存在一致性的方向，更要注重转变过程中的阶段性特征和区域性差异。正如人口转变的最终目标是人口的现代性，"现代型家庭"某种意义上是家庭转变的最终方向，关键在于如何理解现代化和现代型家庭。西方中心主义线性发展的现代化理念已被摒弃，人们逐渐接受现代化是多阶段的、过程是多样的，不同国家的现代化过程糅合了其特有的文化和传统，塑造了多元的现代化样貌。[①] 家庭在被社会塑造的过程中，并不是完全被动的，而是在多样化的实践中展现出能动性和流动性。各国会根据其阶段性特征对"现代型家庭"做出多元的界定，因而现代型家庭也并不是一个固定的概念，而是在时空维度不断更新。人口转变和社会转型是家庭转变的外部环境。人口转变中的死亡转变和生育转变深刻改变了家庭的规模、结构和成员间的关系；社会转型既包含工业化、城市化、技术发展、观念变革等现代力量的冲击，也包含传统文化、秩序、惯习、伦理等传统力量的影响，这两者的相互抗衡和交织融合，作用于家庭的各个要素，既决定着又扰动了家庭转变的路径。不同国家和地区的社会文化情境，造就了家庭转变普遍性中的独特性，时间上从传统到现代的连续性，空间上家庭结构和形态的灵活性、家庭关系的延展性以及家庭功能的多变性，使家庭转变的路径与模式呈现千姿百态的丰富图景。

根据现有研究揭示出的纷繁复杂的家庭现象，我们初步判断家庭转变的基本方向应是：结构从紧凑型向松散型转变（迁移流动的普遍性、居住安排的离散性，使得家庭规模小型化、结构简单化等），关系从集权型向分权型转变（从父系权威转为夫妻平权、子代权力意识不断崛起等），功能从复合型向网络型转变（从家庭承担几乎所有功能，到功能外化、社会化的可替代性等），同时尝试给出基本的评判指标（见表0-1）。家庭转变实践是否将遵循这样的两型划分路径发展，其中间的过渡阶段又是如何表现等，还有待时间和实证的检验。但这样的假设将有助于厘清纷繁复杂的家庭现象背后家庭转变的逻辑与轨迹，更好地回答家庭"是否变化""何种变化""怎样变化"等问题。

[①] 金耀基，周宪. 全球化与现代化 [J]. 社会学研究，2003（6）：94-102.

表 0-1　家庭要素、两型划分与基本评判指标

家庭要素	传统型	现代型	基本评判指标
家庭结构	紧凑型	松散型	家庭户规模、居住安排
家庭关系	集权型	分权型	家庭地位、收入来源、资源分配、互动形式/频率/方向
家庭功能	复合型	网络型	各类需求满足的自给率和替代率

二、理解中国的家庭转变

循着上述分析思路，可以观察世界不同国家/地区的家庭转变轨迹，从中寻找共同的规律，并对家庭转变的发生时间、空间差异、阶段性特征等问题做出判断。这无疑是极具挑战的任务。仅就中国家庭转变而言，其丰富性和复杂性已令人惊叹。本章仅就中华人民共和国成立后家庭转变的一些特点进行初步分析，详细分析在书中后续章节陆续展开。

参照重大社会历史事件，1949年以来中国的家庭转变轨迹通常被划分为两个主要阶段：第一阶段为中华人民共和国成立到改革开放前；第二阶段为改革开放至今。就家庭要素而言，在第一阶段中，家庭结构表现为逐渐松散化，核心家庭增多，多代重叠的直系大家庭和同胞兄弟婚后仍不分家的联合大家庭数量急剧减少。[1]其中，中华人民共和国成立初期的土地制度改革和20世纪70年代计划生育政策的实施，对城乡家庭规模和结构的影响最为显著。在第二阶段中，除了延续家庭结构的松散化趋势外，家庭关系开始出现分权化迹象，子女的话语权增加。随着经济体制改革的深入，家庭的收入水平与收入格局、家庭成员的职业及与此相联系的家庭成员的社会地位，以及价值观念均发生改变，年轻一代确立了其在职业竞争中的优势地位，并在涉及自身生活的各种问题上取得更多的发言权。[2]家庭的功能特别是抚幼和养老功能，则随着单位制的建立和解体几经变迁。

在上述过程中，家庭要素的转变不仅时间不同，而且相互交错。如在人

---

[1] 谷俞辰，李新宇，陆杰华.新中国成立以来家庭结构变迁及其核心研究议题与未来方向展望[J].人口与健康，2019（10）：27-30.

[2] 杨善华.中国当代城市家庭变迁与家庭凝聚力[J].北京大学学报（哲学社会科学版），2011，48（2）：150-158.

口急剧老龄化和家庭趋于小型化的背景下,家庭养老功能的弱化、外移和替代被认为是一种客观趋势。但一些研究发现,家庭结构的核心化与家庭功能的网络化,在一定程度上抵抗了家庭养老功能的消解。研究显示,核心家庭(包括夫妻家庭)大部分与双方父母或兄弟姐妹住在附近或同城,且保持密切的经济生活互动与情感交流[①];子女数量与子女提供的支持之间并不必然存在线性关系[②];是否与子女同住并不必然影响老年人的主观幸福感。[③]有学者指出,这种"形式核心化"和"功能网络化"现象是当前中国家庭形式与功能某种程度上脱嵌的表现,反映出"'传统'与'现代'相互磨砺后所形成的暂时妥协"。[④]家庭关系在家庭结构和家庭功能的脱嵌中所起到的调节作用,反映了家庭内部不同要素(结构、关系、功能)之间的博弈和牵扯。

由此可见,中华人民共和国成立以来,家庭总体上呈现出向现代型转变的趋势,但在过程中表现出"摇摆性"特点,即一方面家庭同一要素的变动并不总是朝着固定的方向持续进行,而是具有反复性,比如家庭结构在某一阶段呈现核心化特点,在另一阶段又出现逆核心化态势;另一方面,家庭不同要素的变动方向有所不同,比如当家庭表现出婚姻推迟、单人户增多的个体独立化倾向时,在家庭关系和家庭功能中却又呈现出情感上的亲密度上升、抚育功能增强的趋势。遵循本书的分析思路,家庭结构上的"核心化"和家庭关系、家庭功能上的"逆核心化",是家庭内部要素间两种不同的转变方向,尚未形成稳定的均衡状态并演化为一种固定的模式。

中国家庭转变中的"摇摆性"特点,与家庭所处的外在环境及家庭的应对策略有很大关系。当前社会转型过程中"传统"与"现代"杂糅交织,这种外部环境是在独具中国特色的政治、经济、制度背景和文化规范下产生的,显著区别于其他国家,是研究中国家庭转变时不可忽略的社会情境。与"复

---

① 马春华,石金群,李银河,等.中国城市家庭变迁的趋势和最新发现[J].社会学研究,2011,25(2):182-216,246.

② ZIMMER, Z., KWONG, J. Family Size and Support of Older Adults in Urban and Rural China: Current Effects and Future Implications [J]. Demography, 2003, 40 (1): 23-44.

③ Qi X, Jinshui W, Jingjing Q. Intergenerational Coresidence and Subjective Well-being of Older Adults in China: The Moderating Effect of Living Arrangement Preference and Intergenerational Contacts [J]. Demographic Research, 2019, 41 (48): 1347-1372.

④ 彭希哲,胡湛.当代中国家庭变迁与家庭政策重构[J].中国社会科学,2015(12):113-132,207.

杂现代性"的外部环境相对应，家庭特征呈现一种既不同于传统的中国家庭，也不同于典型的西方家庭的"传统—现代"马赛克模式，如代际关系层面突出表现为父母与子女在生命历程的不同阶段相互依赖、代际共生的马赛克家庭主义①、父母与成年子女理性合谋的"协商式亲密关系"②，以及子代身上出现的以家庭价值的稳固与个体意识的崛起为双重特征的"新家庭主义"③，等等。与此同时，家庭在生命周期、流动迁移、结构形态甚至家庭关系方面呈现"流动性"特征，家庭的功能性需求和价值观的变动是造成家庭流动的重要机制。④ 从社会层面和从家庭层面看待家庭实践，会形成截然不同的判断。比如我们很容易将留守儿童、留守老年人等现象视为现代化冲击下所产生的"家庭问题"，然而家庭的理性决策却将这类现象作为家庭应对风险的能动策略，认为是家庭成员为实现家庭整体的向上的社会流动所做的牺牲与合谋。在现代性的冲击下，中国"伦理—结构—功能"三位一体的立体性家庭制度中，原本居于主导性地位的家庭伦理退居二线，而原先处于从属地位的"功能"得到激活，并再造了家庭伦理和结构，体现了中国家庭的强大能动性，以"功能性家庭"的方式，主动回应现代性带来的风险和压力。⑤

在此状态下，要判断中国家庭转变的方向还需要进一步观察。从中华人民共和国成立以来家庭的变迁历程中，我们发现中国的传统家庭制度仍具有很强的韧性，但社会经济与人口政策、婚育意愿与行为、迁移流动与城镇化、人口老龄化等正在不同程度地作用于家庭，个体主义与家庭主义、自主性和集体性杂糅并存，新生代的观念是其中的关键变量，代际张力和互动形塑着当下的中国家庭。需要更深入地关注家庭内部各要素的转变过程、轨迹，在新的历史阶段重新解构原来关于家庭结构、关系、功能的概念和分析框架，综合地看待各要素在家庭转变过程中所发挥的作用，更确切地回答以下问题：在现代化的背景下，家庭领域中哪些变化是与社会人口的重大变迁紧密关联以致具有重大的社会经济内涵？如何理解中国家庭转变在世界范围内的普遍

---

① 计迎春.社会转型情境下的中国本土家庭理论构建初探［J］.妇女研究论丛，2019（5）：9-20.
② 钟晓慧，何式凝.协商式亲密关系：独生子女父母对家庭关系和孝道的期待［J］.开放时代，2014（1）：155-175，7-8.
③ 康岚.代差与代同：新家庭主义价值的兴起［J］.青年研究，2012（3）：21-29，94.
④ 古德.家庭［M］.魏章玲，译.北京：社会科学文献出版社，1986：252-253.
⑤ 李永萍.找回家庭：理解中国社会活力的微观基础［J］.文化纵横，2019（4）：114-120.

性和特殊性？如此，才能更准确地判断中国家庭未来的转变方向，从而提出更契合中国家庭实际的政策方针。

三、中国家庭转变的理论分析框架

遵循家庭转变的分析思路和中国家庭转变现状，本书构建了中国家庭转变的理论分析框架（见图0-1），主要观点包括：（1）外部动力和内部过程共同推动了家庭转变。（2）现代化是家庭转变的外部动力，主要包括人口转变和社会转型。由于人口是构建家庭的基础，因此人口转变中的各要素均会影响家庭中各要素的转变；社会转型既涉及工业化、城市化、技术发展、观念变革等现代力量的冲击，也会受到文化、秩序、惯习、伦理等传统力量的影响，这两者的相互抗衡和融合影响作用于家庭的各个要素。（3）内部过程是指家庭结构、家庭关系和家庭功能这3个要素互相作用的过程，其中家庭功能属于内在的家庭要素，即难以被直接观察的家庭要素，家庭的结构和关系都能被直接观察，属于表征的家庭要素。（4）由于家庭的3个要素之间相互影响、相互制约，这三者中任一要素改变，而其他要素维持原状态时，家庭变化都

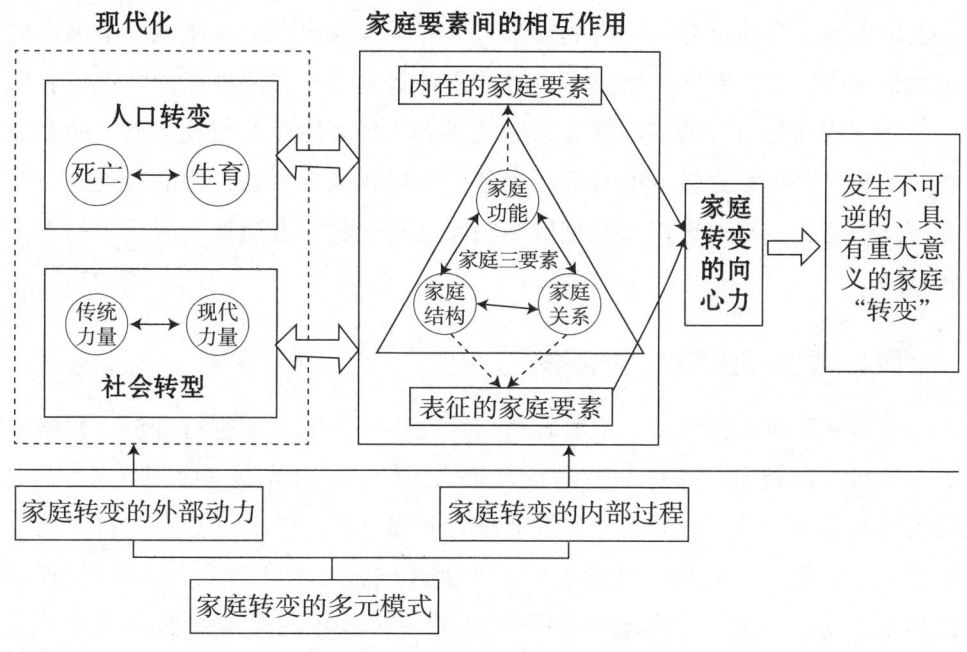

图0-1 中国家庭转变理论分析框架

很难形成某一不可逆的稳定的模式，因此，只有三要素均完成了同一方向的变化（比如均适应于某一社会形态时），家庭转变才算真正完成。

需要强调两点：其一，家庭转变体现为家庭结构转变、家庭关系转变、家庭功能转变这3个要素的转变。这三者中间并不存在先发因素，即任何一个要素都可能成为先发因素，并不存在必然的先后顺序，其间关系是复杂的、网状的。其二，家庭结构、家庭关系、家庭功能在某一时期某一维度的变化很难确定家庭发生了不可逆转的根本性的转变，只有3方面都发生了具有同一"向心力"的变化时，转变才有可能真正发生。否则但凡某个面向的转变不彻底，在新的外力和内部过程的作用下，家庭又很有可能回复到原先的状态、终结转变。"向心力"概念不拘泥于在传统和现代之间划出一条线，将家庭变迁过程视作连续体而非二元对立，更加注重家庭变迁的实际过程。

在这一分析框架中，我们将家庭转变的内部过程与其外部动力相区别。以往文献探讨外部动力较多，探讨内部过程相对不足。将二者相区别的原因在于：相同的外部动力并不等同于会发生一致的内部过程，家庭转变内部过程具有能动性和复杂性。这一观点回应了经典家庭现代化理论的早先观点（认为随着现代化的发展，家庭必然按照某一固定的、线性的方向演进）。许多研究也均表明，当前世界范围内的家庭转变并未展现出相同的模式。中国当前家庭领域所发生的变化，既具有世界范围的普遍性，又展现出独特性，表现出家庭结构和形态上的灵活性、家庭关系上的延展性以及家庭功能上的多变性。说明只有将家庭转变的外部动力和内部过程结合来看，才能展现家庭转变模式的全貌，从而更深入地理解中国家庭转变的"方向性"所扎根的本土性意涵。

四、数据方法与章节安排

本书基于多来源数据，采取定量与定性相结合的方法进行分析。数据方面，为对家庭转变的整体面貌进行全景式描绘，采用的宏观数据包括：《中国人口统计年鉴》《中国人口和就业统计年鉴》、历年人口普查资料、人口抽样调查资料、各省份统计年鉴、各年度区域经济统计年鉴、《中国民政统计年鉴》等；为对一些具体的问题进行阐释，采用的微观数据包括中国综合社会调查数据（CGSS）、中国妇女社会地位调查、中国老年社会追踪调查

（CLASS）等。

具体的研究方法包括：（1）采用文献研究法，对以往理论和文献进行梳理总结，构建理论分析框架，提供研究视角、理论参考和方法基础；（2）采用宏微观数据进行定量分析；（3）采用内容分析法对中国的家庭政策进行梳理和分析，揭示中国家庭政策的特点和存在的主要问题，明确家庭发展支持的政策方向和重点内容。

全书主体内容包括两大部分。一是中国家庭转变的具体内容，从家庭结构、家庭关系、家庭功能3个基本要素出发，分析中国家庭在各要素上是否发生转变、发生了哪些转变，以及结构、关系、功能的转变之间是否相互关联并作用于整体的家庭转变。二是在了解家庭转变的具体内容之后，我们该如何基于当前中国家庭功能性资源的供给与需求促进中国家庭政策路径的改进。

上述两部分内容分4编共12章予以展现。第一编是中国家庭结构转变，包括第一章（中国家庭结构变动的基本趋势）、第二章（中国家庭结构变动的时空演进）、第三章（中国家庭结构的地区类型和变动轨迹）；第二编是中国家庭关系转变，包括第四章（中国婚姻关系转变）、第五章（中国代际关系转变）、第六章（中国亲属关系转变）；第三编是中国家庭功能转变，包括第七章（中国家庭功能转变）、第八章（中国家庭转变对老年人生活的影响）、第九章（中国家庭转变中的养育功能与儿童发展）；第四编是中国家庭转变与家庭政策构建，包括第十章（中国家庭功能性资源的需求与供给）、第十一章（中国家庭功能转变的政策含义）、第十二章（中国家庭政策及其路径选择）。其中前3编共9章展示家庭各要素转变图景，第四编是政策启示与建议。

第一编　中国家庭结构转变

第一章　中国家庭结构变动的基本趋势

家庭结构是家庭的核心要素，家庭结构转变与否直接关系对家庭转变的判断。中国的家庭结构是否发生了转变？我们从时空两个角度予以观察。从总体上来看，自改革开放以来，中国家庭呈现出规模小型化和结构简单化的趋势。然而更细致的家庭结构类型分析发现，虽然扩展家庭比例持续下降，但是核心家庭比例并没有相应上升，反而在近几十年呈现出下降的趋势。特别是，更具有传统意味的三代直系家庭出现稳定的上升趋势。这些结果都反映了中国家庭结构变动的复杂性。本篇用3章的篇幅尽量全景式展现中国家庭结构转变的图景。本章在第一节中首先讨论家庭结构的定义与测量，在之后的第二节中呈现1949年以来中国家庭结构的基本变动态势，着重聚焦改革开放以来的趋势。在最后的第三节中对家庭结构变动的影响机制进行讨论。这一章节的内容将为后续章节打下基础。

第一节　中国家庭结构的定义与测量

一、人口普查中的家庭与家庭户

由于家庭结构是家庭外在形式的一种直观反映，在对家庭结构进行严格定义之前，需要首先对与家庭有关的概念进行界定。家庭通常被定义为在婚姻关系、血缘关系和收养关系基础上产生的，亲属之间所构成的社会生活单位，通常以居住在一处或共同生活为特征。[①]与家庭相关的一个概念是家庭户，专指居住在同一门户的家庭成员。相对而言，家庭户带有更多人口管理和人口调查的色彩。

---

① 徐安琪.对家庭结构的社会学与人口学的考察［J］.浙江学刊，1995（1）：72-76.

人口普查所获得的家庭信息，更偏向于家庭户的概念。早期全国人口普查（如1982年、1990年与2000年普查）调查对象都是常住人口，当时人户分离情况较少，家庭和家庭户相对比较统一。而2010年普查对象变为户内全部人口（现有人口），由于迁移流动和户内分家等情况的增多，家庭与家庭户之间的差异在拉大。在统计局公布给学者实际使用的2010年普查抽样数据中，删除了户在人不在的非常住人口，与前面几次普查口径相对统一，家庭与家庭户之间的差异在一定程度上得到削减。2020年第七次全国人口普查首次采用互联网技术实现普查对象自主填报、线上集中管理的形式，漏登率仅为0.05%，登记的家庭户为4.94亿户。

在利用近几年人口普查数据进行家庭结构研究的文献中，大部分仍然使用家庭而非家庭户的概念[①]，因此在本章节中我们继续沿用家庭这个概念。

二、家庭结构的基本要素及分类

家庭结构是指家庭成员的构成及其相互作用、相互影响所形成的相对稳定的联系模式。在实际操作中，家庭结构包括两个基本要素：一是人口要素，主要指家庭规模大小；二是家庭模式要素，主要指家庭成员因居住等联系方式不同而形成的不同家庭类型。[②③] 利用类型学对家庭结构进行分类，是破解复杂性的一种常见方式。尽管西方社会的家庭类型差异很大，但其主要分类标准是基于简单（核心/配偶）家庭和复杂（大家庭）家庭之间的区别。[④] 相比而言，中国的家庭类型更为复杂，学者们由此发展出具有两个层级的家庭结构划分系统。

一级家庭类型包括核心家庭、直系家庭、复合家庭、单人家庭、残缺家庭及其他家庭。其中前3种家庭类型均可进一步划分，形成一系列二级类型。[⑤] 表

---

① 王跃生. 中国城乡家庭结构变动分析——基于2010年人口普查数据[J]. 中国社会科学，2013（12）：60-77，205-206.

② BURCH, T. K. Household and Family Demography: a Bibliographic Essay [J]. Population Index, 1979, 45 (2): 173-95.

③ 傅崇辉. 家庭转变的动态过程及其环境负载研究[J]. 人口研究，2016（2）：25-39.

④ HAJNAL, J. Two Kinds of Preindustrial Household Formation System [J]. Population and Development Review, 1982, 8 (3): 449-494.

⑤ 王跃生. 家庭结构转化和变动的理论分析——以中国农村的历史和现实经验为基础[J]. 社会科学，2008（7）：90-103.

1-1展示了一二两级家庭结构类型的划分及其具体的定义。

在一般情况下，我们可以根据人口普查的长表数据中"户主与其他成员的关系"信息，来对家庭（户）进行结构类型划分。在一些关于家庭户的抽样调查中，例如，中国健康营养追踪调查（CHNS）、中国家庭追踪调查（CHPS）等，也可以根据同住人的信息，对家庭结构进行归类。在本章节中，我们主要利用人口普查数据分析中国家庭的类型（见表1-1），在这种情况下所得的信息更接近于家庭户的类型。

表1-1 中国家庭结构主要类型及其定义

一级家庭类型	主要二级家庭类型	定义
单人家庭		只有户主一人独立生活所形成的家庭
核心家庭：夫妇及其未婚子女组成的家庭	夫妇核心	只有夫妻两人组成的家庭
	标准（一般）核心	一对夫妇与其未婚子女组成的家庭
	缺损核心	或称单亲核心家庭，夫妇一方和子女组成的家庭
	扩大核心	夫妇及其子女之外加上未婚兄弟姐妹组成的家庭
	过渡核心	父母与结婚不久的儿子（儿媳没有在户内）或女儿（女婿没有在户内）组成的家庭
直系家庭：父母同一个已婚儿子及其儿媳、孙子（女）组成的家庭	二代直系	夫妇同一个已婚子女及其配偶组成的家庭
	三代直系	夫妇同一个已婚子女及其孙子（女）组成的家庭
	四代及以上直系	直系血缘四代及以上，每一代最多只包括一对已婚夫妇
	隔代直系	三代或以上直系家庭缺中间一代
复合家庭：父母和两个及以上已婚儿子及儿媳、孙子（女）组成的家庭	二代复合	父母和两个及以上的已婚子女及其配偶组成的家庭；两个及以上已婚兄弟姐妹和其子侄组成的家庭
	三代复合	父母同两个及以上已婚子女及其配偶、孙子（女）组成的家庭
	四代及以上复合	四代及以上，至少有一代包含两对及以上已婚夫妇
残缺家庭		没有父母，只有两个及以上兄弟姐妹组成的家庭；兄弟姐妹之外再加上其他有血缘、无血缘关系成员
其他家庭		户主与其他关系不明确成员组成的家庭

资料来源：王跃生.家庭结构转化和变动的理论分析——以中国农村的历史和现实经验为基础[J].社会科学，2008（7）：90-103。

第二节 中国家庭结构变动的基本发现

家庭结构的变动是家庭变动最直观的体现,从一个长的历史维度来看,中国的家庭结构一直处于变动中。在家庭制度兴起和完善的初期直至商周时代,家族成员共居共产是最普遍的中国家庭组织形式。自秦朝商鞅变法推动已婚兄弟自立门户以来,复合家庭类型在中国逐渐减少,家庭倾向于小型化和简单化。但自唐朝起,官方开始倡导子孙合籍共居,在一定程度上促使家庭结构回归复杂。唐代家庭的规模要明显大于秦汉时期,形成了所谓"汉型"和"唐型"家庭的分化。[①] 中华人民共和国成立以来的近几十年,中国家庭结构也发生了极其剧烈的变化。以下我们分阶段观察1949年以来中国家庭结构的变动。

一、1949—1978年中国家庭结构的变动

自中华人民共和国成立以来,大致可划分为两个时期来观察。第一个时期是从中华人民共和国成立到改革开放前,对应于土改与集体化时期(1949—1978年)。这一时期家庭结构数据较为匮乏,宏观数据只有家庭户规模。根据《中国人口统计年鉴(1988)》所公布的总人数和户数,可以计算出户均人口数,即家庭户的规模。如图1-1所示,在1953—1978年,家庭规模变化并不大,户均人口数在4.3人到4.8人之间波动。总体上家庭规模略有上升,呈现出两个波峰的形态。1958—1961年家庭规模的下降可能跟三年大饥荒生育率下降、死亡率上升、人口和户数同时锐减有关,也与这期间的集体食堂制度冲击了传统大家庭同灶的习俗有关。进入20世纪60年代后,家庭规模开始逐渐反弹,直至70年代中期达到4.81的顶峰。有学者认为这一阶段家庭规模的上升来自生活水平提升和医疗技术进步所带来的生育率上升、死亡率下降的结果。[②] 在这一时期,生育水平对家庭规模具有重要影响。

---

① 李树茁,王欢.家庭变迁、家庭政策演进与中国家庭政策构建[J].人口与经济,2016(6):1-9.
② 汪建华.小型化还是核心化?——新中国70年家庭结构变迁[J].中国社会科学评价,2019(2):118-130.

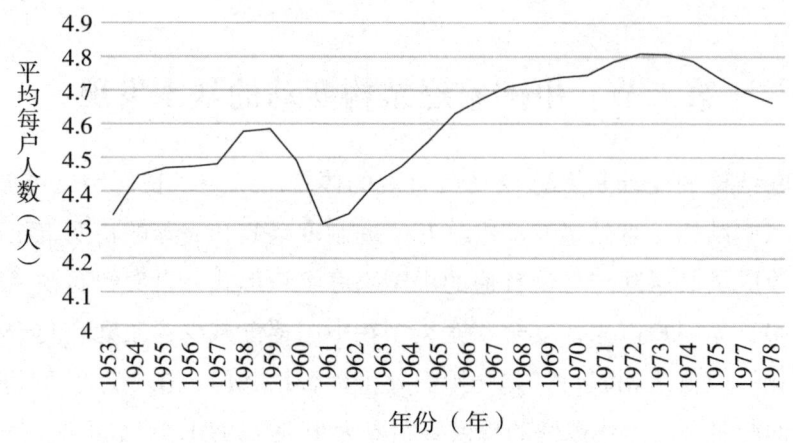

图 1-1　1953—1978 年中国家庭户规模变动

资料来源：《中国人口统计年鉴（1988）》。

相对于家庭规模，家庭结构在这一时期的变动更加缺乏宏观统计数据的支持，只能通过学者们在不同时期和区域的调研间接反映。费孝通对江村的持续回访记录显示，1936—1964 年，江村核心家庭的比例在升高而直系家庭的比例在下降；复合家庭的占比一直很低。[1][2] 对于冀南地区[3]和浙江镇海县中宅村[4]的研究也呈现出类似的趋势，核心家庭比例保持持续上升的态势，直系家庭比重不断下降，复合家庭逐渐消亡。由此，可以看出自中华人民共和国成立到改革开放前这一时期，中国家庭呈现出规模略微上升，但结构趋于"核心化"和"简单化"的特征。[5]

二、改革开放后中国家庭结构的变动（1979 年至今）

跟前一个时期不同，这一时期的家庭数据变得相对丰富。除了有国家层面的人口普查和每年的人口抽样调查等宏观数据之外，还有一些针对家庭

---

[1] 费孝通.家庭结构变动中的老年赡养问题——再论中国家庭结构的变动[J].北京大学学报（哲学社会科学版），1983，20（3）：7-16.

[2] 费孝通.三论中国家庭结构的变动[J].北京大学学报（哲学社会科学版），1986，23（3）：3-7.

[3] 王跃生.华北农村家庭结构变动研究——立足于冀南地区的分析[J].中国社会科学，2003（4）：93-108.

[4] 邵秦，胡明霞.中国家庭结构历史分析[J].中国人口科学，1988（4）：46-52，57.

[5] 汪建华.小型化还是核心化？——新中国70年家庭结构变迁[J].中国社会科学评价，2019（2）：118-130.

专题的高质量追踪调查。因此，针对这一时期家庭结构变动的研究较为丰富。①②③④ 在本篇章随后的内容中，我们也将主要聚焦于这一时期中国家庭结构的变动来进行讨论。对这一时期的关注，不仅在于其数据较为丰富，更为重要的是，学者对于这一时期中国家庭结构变动的趋势存在争议。

改革开放的几十年来，中国经历了剧烈的社会转型和加速的现代化进程，相应的家庭结构也发生了显著变化。基于西方的经典家庭现代化理论认为，随着技术的变革带来工业化的进程，从而打破了家庭式合作的经济基础。社会化大生产与专业分工的形成引发了家庭功能的变革，个体主义价值观得到极大发展。由此导致家庭规模逐步小型化，家庭结构趋向于以夫妻轴为焦点的核心家庭。⑤ 一部分学者认为，中国的家庭变迁会遵循家庭现代化理论的预测，与中国的城市化和工业化发展同步。⑥ 另一部分学者虽然观察到中国直系家庭比例在进入21世纪以来有所上升，但是更多认为这是由于生育率下降的延迟效应所导致的。也就是说，如果保持同样的分家模式，由于子女数量的减少，分家后核心家庭的数量占比会自然下降，而直系家庭的比例就会上升。⑦⑧ 还有学者认为，这一时期中国家庭虽然呈现出小型化的趋势，但是并没有出现预计中的持续核心化过程，这体现了中国的家庭传统仍然在发挥重要的作用，现代与传统的博弈使得中国家庭结构在这一阶段呈现出复杂性和

---

① 王跃生.家庭结构转化和变动的理论分析——以中国农村的历史和现实经验为基础[J].社会科学，2008（7）：90-103.
② 王跃生.中国当代家庭核心化变动的区域比较——以2010年人口普查数据为基础[J].晋阳学刊，2015（1）：80-89.
③ 王跃生.当代家庭结构区域比较分析——以2010年人口普查数据为基础[J].人口与经济，2015（1）：34-48.
④ 胡湛，彭希哲.中国当代家庭户变动的趋势分析——基于人口普查数据的考察[J].社会学研究，2014（3）：145-166.
⑤ 唐灿.家庭现代化理论及其发展的回顾与评述[J].社会学研究，2010，25（3）：152-156.
⑥ 马春华，石金群，李银河，等.中国城市家庭变迁的趋势和最新发现[J].社会学研究，2011，25（2）：182-216，246.
⑦ 曾毅.试论中国人口要素的变动对妇女家庭状态的影响——家庭状态生命表模型及其应用[J].中国人口科学，1988（1）：1-13.
⑧ 龚为纲.农村分家类型与三代直系家庭的变动趋势——基于对全国人口普查数据的分析[J].南方人口，2013，28（1）：61-72.

多样性。[①]

针对这些争议性的看法，我们需要从更加丰富的角度来审视中国家庭结构的变迁过程。在这一小节内，我们将首先展示在这一阶段中国家庭结构变动的基本趋势，而在后面的章节中，我们将从家庭结构的空间变动模式以及家庭结构类型的变迁轨迹这些新的视角，来探讨中国家庭结构变动的规律及其背后的机制。

同样借助《中国人口统计年鉴》和《中国人口和就业统计年鉴》，我们可以获取这一时期家庭户规模的变动情况。与上一时期家庭户规模波动上升的趋势不同，这一阶段每户的平均人数呈现出持续下降的趋势，从1979年的4.65人下降到了2018年的3人以下（见图1-2）。2020年全国人口普查公报数据显示，中国平均家庭户规模进一步降到2.62人。家庭规模的下降，一是受到生育率下降的影响，二是由于大家庭的进一步衰落和分解。

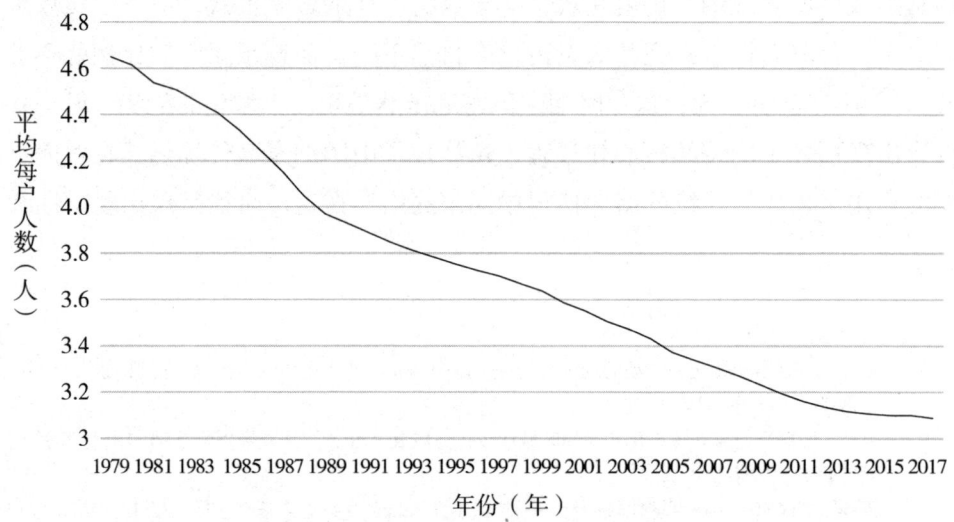

图1-2　1979—2017年中国家庭户规模变动

资料来源：1988—2006年《中国人口统计年鉴》，2007—2018年《中国人口和就业统计年鉴》。

从1982年开始的全国人口普查以及中间年份几次1%人口抽样调查资料，都直接提供了家庭的代数和人数结构。如图1-3所示，在1982—2015年，三代及以上家庭所占比例保持了相当的稳定性。整体的变动主要由一代家庭比

---

① 马春华，石金群，李银河，等. 中国城市家庭变迁的趋势和最新发现[J]. 社会学研究，2011，25（2）：182-216，246.

例上升与二代家庭比例下降所主导,而该变动过程主要发生在1990—2005年。如果从家庭的人数分布来看(见图1-4),四人及以上规模的家庭户所占比例均有显著下降,三人及以下户的比例则呈现出上升的趋势。整体分布从1982年的以四人户和五人户为主,转变到了2015年的三人户和二人户所占比例最高。

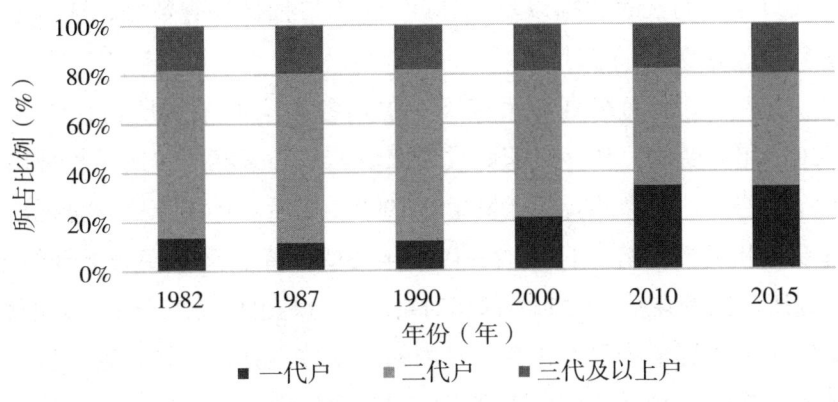

图1-3 中国家庭代数结构变化

资料来源:《中国1982年人口普查资料》《中国1990年人口普查资料》《中国2000年人口普查资料》《中国2010年人口普查资料》,以及《中国1987年1%人口抽样调查资料》《2015年全国1%人口抽样调查资料》。

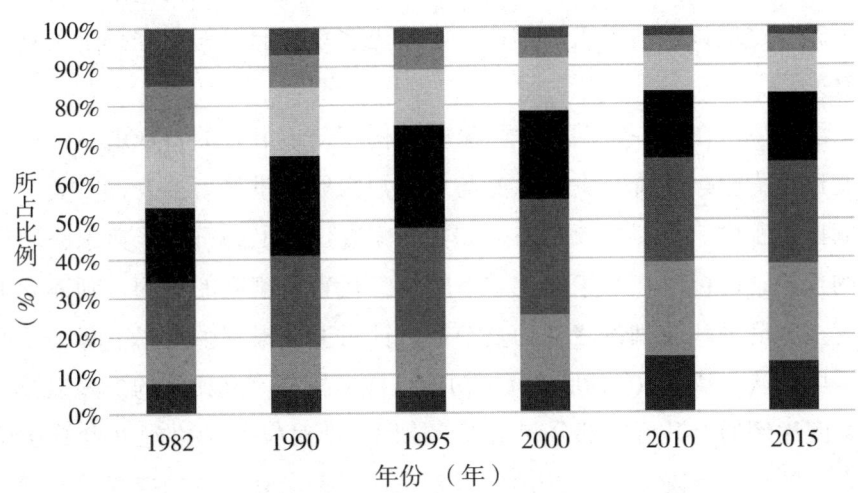

图1-4 中国家庭人数分布

资料来源:同图1-3。

23

从代数和人数结构这两个指标来看，中国家庭在此期间呈现出家庭小型化和简单化的趋势特征。但是要对中国家庭结构变化做更准确地描述，还需要借助上一小节提到的中国家庭结构的两级划分体系来观察中国家庭各种结构类型的变化趋势。各年份的人口普查和1%的人口抽样调查均没有直接提供家庭结构类型的比例，在本书中我们需要利用1982年、1990年、2000年和2010年人口普查的长表数据以及2015年1%人口抽样调查数据，通过汇总计算出各个家庭类型所占比例。

表1-2展示了在两级划分系统下，中国各类家庭结构所占比例及其在1982—2015年的变动。从一级家庭类型来看，核心家庭所占比例呈现出先上升后下降的趋势，下降的转折点发生在1990年以后。单人家庭则呈现出与核心家庭变化相反的趋势，自1982—1990年略微下降后又转变为上升的态势。直系家庭所占比例在整个时期内都相对稳定，但是也保持着稳定上升的趋势。复合家庭所占比例整体很低，在区间内的波动也不算大。如果进一步从二级家庭类型的变化趋势来看，核心家庭内部分化较大。夫妇核心所占比例大幅度上涨，而标准核心家庭先略微升高再大幅度下降。缺损核心的比例也有一定程度的下降。直系家庭的变动趋势主要由三代直系家庭所主导，在此时期内，三代直系呈现出稳中有升的态势。值得注意的是，隔代直系家庭比例也有所上升，这应该与流动人口增多，祖辈更多承担起照料留守孙子（女）的现象有关。

总结来说，在这一时期内中国家庭结构变动最显著的特征就是：标准核心家庭比重大幅度下降，夫妇核心与单人户家庭比重显著上升，以及三代直系家庭比重稳中有升。单人户与夫妇核心家庭比重上升符合经典家庭现代化理论的预测，而标准核心家庭比重下降与三代直系家庭的稳固，则体现了中国家庭在家庭现代化理论之外的复杂性。针对上文提到生育率下降的延迟效应，不可否认，从1990年到21世纪初期，标准核心家庭比例的下降以及三代直系家庭比例的上升可以部分归结于该原因，即对应于20世纪70年代中国总和生育率的快速下降，但是2010年以来三代直系家庭比重的持续上升就需要有新的解释了。

在这一小节中我们展示了改革开放以来在国家层面上家庭规模、家庭代数、家庭人数以及家庭结构类型的变动情况，然而这些讨论仍然比较粗浅，缺乏更加细致深入的分析。对家庭结构变迁细节探讨的不足主要体现在如下几个方面：其一，大多数研究都基于对家庭结构单一测量的分析，例如，家庭规模、核心家庭或者主干家庭比例等，缺乏对联合特征的整体把握与描述。其二，缺少对变迁内部异质性的深入讨论，特别是缺乏空间分析。多数研究仅仅涉及城乡或者省级行政单位，而忽略了省域内部在文化和发展上的异质性及其空间分布。其三，虽然研究普遍认同制度、经济、文化以及人口等因素均会对家庭结构产生重要形塑作用，然而大部分研究仅仅通过描述性分析来反映这种联系，而缺乏多元影响因素的定量分析，使得对理论建构的支持不足。

针对这些问题，在后面的章节中，我们将引入空间分析视角来分析家庭结构的地域分布及其变化特征，并进一步构建起描述地域家庭结构类型的复合变量来帮助我们理解中国家庭的综合变迁轨迹。不过在开展新的分析之前，我们将在下一小节首先回顾和讨论影响家庭结构变动的因素及其可能的理论机制。

表1-2 中国主要家庭类型分布，1982—2015年（%）

一级家庭类型	主要二级家庭类型	定义	1982（N=2202675）	1990（N=2905235）	2000（N=336753）	2010（N=372982）	2015（N=408792）
单人家庭		单人户主	8.02	6.32	8.57	12.67	12.57
核心家庭	夫妇核心	户主+配偶	4.79	6.49	12.93	19.10	18.97
	标准核心	夫妻+未婚子女	50.00	54.68	47.26	36.42	35.07
	缺损核心	单亲父/母亲+未婚子女	12.10	7.86	6.36	5.80	5.94
	扩大核心	夫妻+未婚兄妹+未婚子女	0.00	0.00	0.44	0.36	0.33
		核心家庭小计	66.89	69.04	66.99	61.68	60.31

续表

一级家庭类型	主要二级家庭类型	定义	1982（N=2202675）	1990（N=2905235）	2000（N=336753）	2010（N=372982）	2015（N=408792）
直系家庭	二代直系	夫妻或夫/妻+已婚子女	2.44	2.56	2.24	2.48	2.28
	三代直系	夫妻或夫/妻+子女+孙子（女）	15.40	15.70	16.23	16.49	18.22
	四代及以上直系	直系血缘4代及以上	0.73	0.79	0.83	0.81	0.83
	隔代直系	夫妻或夫/妻+孙子（女）	0.64	0.63	1.85	2.20	2.11
	直系家庭小计		19.20	19.68	21.15	21.98	23.44
复合家庭	二代复合	二代直系两对及以上夫妻	0.03	0.03	0.01	0.02	0.02
	三代复合	三代直系两对及以上夫妻	0.28	0.47	0.32	0.39	0.47
	四代及以上复合	四代及以上直系两对及以上夫妻	0.02	0.04	0.03	0.03	0.03
	复合家庭小计		0.33	0.54	0.36	0.44	0.52
其他家庭			5.56	4.42	2.93	3.23	3.16

资料来源：根据1982—2010年《中国人口普查资料》长表数据以及《2015年全国1%人口抽样调查资料》数据汇总计算所得。

第三节 中国家庭结构变动的影响机制

家庭结构的变迁一方面作为内嵌于社会变迁的重要组成部分，在一定程度上反映了社会变迁；另一方面作为家庭转变的要素构件，受到社会和经济等各方面宏观环境的影响。影响家庭结构形成与变动的因素非常复杂,主要涵盖经济、文化、人口和政策等多个领域。[①] 我们将从不同理论视角来解释各个因素的作用机制和影响效果。

一、家庭现代化理论

虽然受到一定争议,家庭现代化理论仍然是所有理论中影响最大的。作为进化论与结构功能主义结合的产物,家庭现代化理论强调,由于技术的发展改变了社会生产方式以及社会经济基础,使得家庭功能和个人价值体系发生巨大改变,进而引起家庭结构的变迁。[②] 该理论围绕"传统"和"现代"两者关系展开论述,早期的经典理论将传统和现代看作对立形态,并暗含"现代"比"传统"更先进的价值取向。核心家庭被认为是最符合工业化和城镇化需求,并满足个人主义与平等主义价值观的家庭形态。基于对传统和现代关系的反思和修正,20世纪60年代以后学者提出了修正的家庭现代化理论,主要观点是家庭的现代化形式和发展路径也可以是多样化的。[③]

无论是经典的还是修正的家庭现代化理论,都肯定了以技术与经济变迁为核心的现代化力量对家庭结构的深远影响。现代化对家庭的影响可以通过两个层面来理解:一是在公共领域,通过社会经济发展和新通信方式的出现等,来提升居民的识字率以及世俗化程度。同时,更加专业的社会分工体系的建立,使得家庭逐步将其职能让渡给社会,削弱了家庭结构的部分功能性基础。二是在私人领域,新的生产方式将有助于个人摆脱家庭和传统的束缚,培养更加平等和崇尚个体主义的价值观,从而深刻影响个人在婚姻家庭实践中的观念与行为。

在家庭现代化理论的框架下,我们首先考虑经济因素的具体影响。经济因素可以进一步划分为经济制度和经济发展水平。经济制度涉及现代化过程中的生产力和生产关系的变革。传统的小农经济和大家庭的居住形态密不可

---

① 王跃生.中国家庭代际关系的维系、变动和趋向[J].江淮论坛,2011(2):122-129.
② 唐灿.家庭现代化理论及其发展的回顾与评述[J].社会学研究,2010,25(3):152-156.
③ 马春华,石金群,李银河,等.中国城市家庭变迁的趋势和最新发现[J].社会学研究,2011(2):182-216.

分①，在生产资料和土地私有的时代，个人的生活和发展都受制在家庭之内，财富为大家庭所共享，受家庭掌权者控制与分配，分家行为受限。后来进入集体经济制度，财富获取的多少与劳动力相关，放松了家庭对子女的经济资源制约，小家庭的经济基础逐渐具备。②当工业化的进程使得人口以个人形态进行社会产出时，个人的经济自主权更大，父权和夫权逐渐消亡，三代直系家庭逐渐被更独立的核心家庭替代。③中国农村存在独特的"半工半耕"生产模式，是中国家庭结构演化和经济制度对应关系之间的特例，在某一个家庭内部，非农就业和农业的分别收入均不足以维持生计，两种生计类型并存而纠缠，导致家庭寻求自我保护机制而保有持续的三代结构。④

基于现代化主义的思路，经济发展水平越高、生活品质越高的地方，家庭核心化的程度会越高⑤⑥⑦，实证研究也发现中国大部分省区的三代家庭比例随着经济水平的提高而降低⑧；但另一种观点认为，可能随着居住条件的改善，人口"大家庭"的愿望将得以实现并稳定维持，直系或者复合等复杂家庭形式也会增加。⑨⑩经济发展水平中最直接影响家庭结构的方面是居住条件，这是因为住房是一个家庭的基本载体，是制约家庭类型选择的客观现实。⑪2000年之前，城市房屋的获取多由企事业单位进行分配，工作较久的父代获取住房的能力更强，子代通过与亲代同住来获取其中的效益，从而延续了直系家

---

① 黄宗智. 中国的现代家庭：来自经济史和法律史的视角［J］. 开放时代，2011（5）：82–105.
② 王跃生. 家庭结构转化和变动的理论分析——以中国农村的历史和现实经验为基础［J］. 社会科学，2008（7）：90–103.
③ 张广利，马子琪，赵云亭. 个体化视域下的家庭结构与家庭关系演化研究［J］. 湖北社会科学，2018，376（4）：60–65.
④ 黄宗智. 中国的现代家庭：来自经济史和法律史的视角［J］. 开放时代，2011（5）：82–105.
⑤ 唐灿. 家庭现代化理论及其发展的回顾与评述［J］. 社会学研究，2010，25（3）：152–156.
⑥ 王跃生. 当代家庭结构区域比较分析——以2010年人口普查数据为基础［J］. 人口与经济，2015（1）：34–48.
⑦ 张欢. 苏南农村的"并家"婚姻模式及其新联合家庭结构［J］. 西北人口，2019（2）：119–126.
⑧ 曾毅，李伟，梁志武. 中国家庭结构的现状、区域差异及变动趋势［J］. 中国人口科学，1992（2）：1–12.
⑨ 王跃生. 当代家庭结构区域比较分析——以2010年人口普查数据为基础［J］. 人口与经济，2015（1）：34–48.
⑩ 庞亚平. 黑龙江省家庭户时空分布及影响因素研究［J］. 哈尔滨师范大学自然科学学报，2017（4）：104–115.
⑪ 王跃生. 当代中国家庭结构变动分析［J］. 中国社会科学，2006（1）：96–108.

庭的存在。①房屋商品化之后，经济条件较好的中青年人群，得以购买自己的新房，建立小规模的核心家庭②，而高涨的中国房价又导致买房成为一个三代家庭的合力举措，或是三代家庭难以解体的障碍。③

二、文化影响论

在西方文献中经常与家庭现代化理论对立的是文化影响论，即认为欧洲家庭远在工业化之前就已经呈现核心家庭为主的所谓"现代家庭模式"，现代化的过程是不存在的，文化背景决定了不同地区的家庭体系。④⑤文化可以被归结为人类活动的结果，既由人类所创造，又反过来制约和影响人类的行为。文化对家庭结构的影响，可以通过以习俗、道德和制度为外延的指令性文化发生，实现构建社会秩序、传递规则或规范的作用，最终达到约束个体行为的效果⑥。虽然文化决定论并没有成为讨论家庭变迁的主导思想，但是文化在塑造家庭形态上的作用不可忽视，特别是在有着深厚传统文化的中国。

相较于西方社会，中国在漫长的农耕历史中形成了以父权制为基础的社会准则，并建立了一套完整而严密的家庭/家族制度。这些准则以家文化的形式传承，通过对家庭成员地位的限定，对成员义务和责任的确定，对生育行为的控制，对家庭财产分配和继承方式的规定，以及对分家时点和居住方式的安排，深刻影响家庭的结构和功能。⑦在传统文化体系中，多子女的偏好使得家庭会维持一定规模；严格的分家制度以及子女对父母赡养的义务，保证父母老年生活在直系或者更复杂的联合大家庭类型中。虽然现代化的进程在不断瓦解传统文化的根基，但是不可否认传统思想仍在左右中国家庭的变迁

---

① 王跃生.中国城乡老年人居住的家庭类型研究——基于第六次人口普查数据的分析[J].中国人口科学，2014（1）：20-32.

② 王跃生.中国城乡家庭结构变动分析——基于2010年人口普查数据[J].中国社会科学，2013（12）：60-77，205-206.

③ 黄宗智.中国的现代家庭：来自经济史和法律史的视角[J].开放时代，2011（5）：82-105.

④ LASLETT, B. The Family as a Public and Private Institution: An Historical Perspective[J]. Journal of Marriage and Family, 1973, 35（3）：480-492.

⑤ HAJNAL, J. Two Kinds of Preindustrial Household Formation System[J]. Population and Development Review, 1982, 8（3）：449-494.

⑥ 韩东屏.审视文化决定论[J].探索与争鸣，2016（6）：79-84.

⑦ 王跃生.家庭结构转化和变动的理论分析——以中国农村的历史和现实经验为基础[J].社会科学，2008（7）：90-103.

过程。同时也应该认识到，表面上中国整体继承了同一儒家传统文化，但是对家文化传承的力度却在地域间存在显著的差异。总体来说，中国家族文化的约束力呈现南强北弱的大致分布，域间存在显著的差异。从历史上讲，北方地区更多受到游牧民族文化的影响，因为战乱频繁，较大的汉族宗族也更多迁往南方地区并形成更稳定的聚居。此外，又由于北方在很长历史阶段离国家政治中心更近，政权组织的掌控力量也削弱了地方宗族的势力，从而影响了家族文化的传承。[①]这种内部异质性的存在，可以给我们提供一个机会来检验文化对家庭结构的影响。

在家庭传统更强、父系家长话语权更大的家庭中，子女的行为和意识服从于长辈，在婚姻家庭行为上不具有主观能动性，婚姻事项和分家时间都听从父母安排，更容易组成直系家庭甚至复合家庭。[②]在家庭传统较弱的家庭，子女婚姻择偶更多取决于本人的选择，初婚年龄延迟，通婚半径扩大，子女婚后独立生活的趋势会增强[③④]。传统文化观念下，亲子关系是一个家庭围绕的轴心，而家庭内部女性地位的提高会让夫妻关系取代亲子关系的地位，女性话语权的声量冲淡了父权和夫权的权威性，推动大家庭的解体。[⑤⑥]

财产继承方式和分家时间是一体的，多子家庭的独子继承制会分离出多个较小的核心家庭，同时直系家庭始终维持在一定比例。分家的时间早晚则决定了原本的大家庭会以直系或复合的形态维持多久。独子分家制对核心家庭有直接增加效应。[⑦⑧]不同于西方家庭的"接力模式"，中国家庭的代际之

---

① 王询.中国南北方汉族聚居区宗族聚居差异的原因［J］.财经问题研究，2007（11）：22-32.
② 王跃生.家庭结构转化和变动的理论分析——以中国农村的历史和现实经验为基础［J］.社会科学，2008（7）：90-103.
③ 马春华，石金群，李银河，等.中国城市家庭变迁的趋势和最新发现［J］.社会学研究，2011（2）：182-216.
④ 林晓珊.改革开放四十年来的中国家庭变迁：轨迹、逻辑与趋势［J］.妇女研究论丛，2018，149（5）：53-70.
⑤ 王跃生.家庭结构转化和变动的理论分析——以中国农村的历史和现实经验为基础［J］.社会科学，2008（7）：90-103.
⑥ 张广利，马子琪，赵云亭.个体化视域下的家庭结构与家庭关系演化研究［J］.湖北社会科学，2018，376（4）：60-65.
⑦ 王跃生.三代直系家庭最新变动分析——以2010年中国人口普查数据为基础［J］.人口研究，2014，38（1）：51-62.
⑧ 王跃生.家庭结构转化和变动的理论分析——以中国农村的历史和现实经验为基础［J］.社会科学，2008（7）：90-103.

间采取"反馈模式",即赡养父母依然是成年子女的固定义务。① 这种模式会对直系家庭的存在形成刚性的维护。②

文化惯习中也包括人们看待家庭的观念。当整体的社会文化推崇大家庭的时候,即使有再多促使家庭解体的因素存在,复杂家庭的数量也是相对稳定的;如果主流道德观中对于人们的居住方式没有偏好引导,居民则能够更自由地选择自己的家庭类型。③

三、人口转变理论

基于人口转变理论的视角强调了人口特征的变化对家庭结构的直接影响。④ 在过去的100年间,几乎所有国家都经历了或正在经历着人口转变,其特点是从高死亡率和高生育率转向低死亡率和低生育率。⑤ 以前的研究大多使用多状态家庭生命表的方法来探索人口要素变化对家庭结构的影响。⑥

死亡水平的降低和死亡模式的改变主要是通过老年人口比例的提高来影响家庭结构的。当老龄化程度加深时,一种情况是三代及以上大家庭的比例上升,另一种情况是老年的单人户与夫妻核心家庭增多。⑦⑧ 研究发现,高龄老年人相比中低龄老年人,更可能与后代共同生活,但85岁以上老年人单独或仅与配偶一起居住的比例依然很可观,这一数字在2010年的城市地区已经

---

① 费孝通.家庭结构变动中的老年赡养问题——再论中国家庭结构的变动[J].北京大学学报(哲学社会科学版),1983,20(3):7-16.

② 王跃生.当代家庭结构区域比较分析——以2010年人口普查数据为基础[J].人口与经济,2015(1):34-48.

③ 王跃生.家庭结构转化和变动的理论分析——以中国农村的历史和现实经验为基础[J].社会科学,2008(7):90-103.

④ JIANG, L., O'NEILL B. C. Impacts of Demographic Trends on US Household Size and Structure [J]. Population and Development Review, 2007, 33(3): 567-591.

⑤ COALE, A. J. The Demographic Transition [J]. Pakistan Development Review, 1984, 23(4): 531-552.

⑥ JIANG, L., O'NEILL B. C. Impacts of Demographic Trends on US Household Size and Structure [J]. Population and Development Review, 2007, 33(3): 567-591.

⑦ 王跃生.家庭结构转化和变动的理论分析——以中国农村的历史和现实经验为基础[J].社会科学,2008(7):90-103.

⑧ 王跃生.当代家庭结构区域比较分析——以2010年人口普查数据为基础[J].人口与经济,2015(1):34-48.

超过了30%①；对于所有60岁及以上人口而言，与子女同住的比例已低于自己生活的比例；相比2000年，老年人处在三代直系家庭中的比重下降了。②

生育率下降的影响则更为复杂。随着生育率的下降，家庭规模减小，但核心家庭比例的变化是非线性的。当生育率高于更替水平时，生育率下降的延迟效应降低了核心家庭的比例。如果保持同样的分家比例，子女与原生家庭分开后所形成的核心家庭的比例，会因为子女个数的减少而下降。只有当生育率低于更替水平时，生育率的下降才会导致核心家庭比例的增加。具体来说，在高生育率的环境下，多子意味着未来将会分化的核心家庭数量上升，那么相应的少子化就与十余年后核心家庭比重的减少相关。③而在低生育率的环境下，较少的子女数会使得老年父母的空巢期提前，增加老年单人户或夫妻家庭的数量。④

人口的迁移和流动水平，会对流出地和流入地的家庭结构带来不同的影响。户籍制度依然对人口的迁移行为有所限制，所以流动者往往是劳动年龄人口。⑤作为典型流出地的区域，老年人单独生活的小家庭、单亲家庭和隔代家庭等类型将增多，标准核心家庭随着外出者的增多而减少；流动者进入流入地后，他们的家庭结构相对比较简单，处于单人户中的比例要高于本地居民⑥，农民工的家庭经济逻辑与核心家庭相匹配。⑦

毫无疑问，人口结构的变化对所有社会的家庭结构都有强烈和直接的影响。然而，在讨论中国的人口转型时，我们不能忽视一些中国所独有的特征，这些特征极大地影响了人口要素，从而间接地影响了家庭结构。制度变迁就

---

① 王跃生．三代直系家庭最新变动分析——以2010年中国人口普查数据为基础［J］．人口研究，2014，38（1）：51-62．

② 王跃生．直系家庭户主代位构成和变动分析——以1982—2010年中国人口普查数据为基础［J］．社会科学，2014（3）：67-79．

③ 龚为纲．农村分家类型与三代直系家庭的变动趋势——基于对全国人口普查数据的分析［J］．南方人口，2013，28（1）：61-72．

④ 王跃生．家庭结构转化和变动的理论分析——以中国农村的历史和现实经验为基础［J］．社会科学，2008（7）：90-103．

⑤ 王跃生．中国城乡家庭结构变动分析——基于2010年人口普查数据［J］．中国社会科学，2013（12）：60-77，205-206．

⑥ 王跃生．当代家庭结构区域比较分析——以2010年人口普查数据为基础［J］．人口与经济，2015（1）：34-48．

⑦ 黄宗智．中国的现代家庭：来自经济史和法律史的视角［J］．开放时代，2011（5）：82-105．

是其中一个突出因素。

四、制度变迁

制度变迁通常指随着生产力的发展，个体的社会经济活动内容发生变化，从而引起制约人和物以及人和人的行为准则的改变。在当代中国，制度变迁往往具有很强的行政主导性质，是政治力量推动的结果。[①] 与制度变迁相近的一个概念是社会转型，后者覆盖内涵更广，意指中国由传统型社会向现代型社会转型的过程。[②] 然而除了具备西方现代化进程的基本要素之外，中国的社会转型还包含一些独有的特征，这些特征就与制度因素密不可分。

近几十年来中国制度变迁与人口转变深度融合，突出表现在对劳动力就业结构、人口城乡分布结构和人口年龄结构的影响。首先，外部生育政策的控制与内部人口转变的深化，使得中国生育率水平持续走低，人口年龄结构发生重大改变，在进入21世纪以后老龄化程度不断加深。其次，自1978年以来实施的农村所有制改革以及以经济建设为中心的战略思想，大大提高了农村劳动生产效率，使得大批农村剩余劳动力能够进城务工，改变了城乡人口分布并形成了独特的国家内部人口大规模迁移流动的现象。最后，社会保障制度变迁一方面打破以国家和单位为核心的计划经济体制下的保障模式，另一方面逐渐建立和完善了新的养老保障体系，由此解构并重塑了家庭功能。

在这样的变迁背景下，制度因素超越一般现代化，通过加大对人口年龄结构、人口分布、居住安排等的影响，实现对中国家庭结构更深层次的影响力。生育率的下降使得家庭规模持续小型化，少子（女）以及迁移流动的常态化使得父母中老年空巢化的现象增多。特别地，乡城流动的普遍性，形成了家庭成员的地域分割，由此不完整家庭或者隔代家庭类型比例大大提升。同时，农村外出人口需要父母照看原家庭，以便在农田管理、家务劳动和子代照料上获得帮助，这在客观上提升了直系家庭的比重。[③] 而保障制度的变迁

[①] 王跃生.社会转型及其对中国当代家庭的影响[J].中国高校社会科学，2017（5）：58-68，157.

[②] 郑杭生，李强，李路路，等.当代中国社会结构和社会关系研究[M].北京：首都师范大学出版社，1997：19.

[③] 王跃生.社会转型及其对中国当代家庭的影响[J].中国高校社会科学，2017（5）：58-68，157.

逐渐打破了养老功能对直系家庭的依赖。

五、各类因素间的互动

尽管我们将各类影响因素纳入前文所述的不同理论视角下进行归类讨论，但在现实中，每一类因素都处于各自不间断的演进过程当中，它们又会彼此影响，交错递进。以经济因素和人口因素为例，某个地区经济水平的发展会直接影响该地作为流入地或流出地的角色，社会经济发展水平相对高的地方会吸引更多的流入人口，相对低的地方净迁入率多为负数[1]，而相对发达地区的人若要进行流动，他们家庭化流动或迁移的概率更大。[2]经济发展水平还会影响政策的执行力度，比如计划生育政策在发达地区的推广效果要好于在其他地域。一般而言，社会经济条件较差的地区，传统的文化惯习保留更多。[3][4]老年人口比例的提高对家庭结构的影响存在两个方向，最终向哪个方向继续发展，则和当地文化中的养老观念相关，普遍接受子女供养的老年人，居住于直系家庭中的可能性更高[5][6]；养老观念可能会随着生活水平的改善和进步、社会保障对家庭功能的替代程度而发生变化。[7]西方的个人主义、自由主义观念随着现代化的进程在中国普及，这些思潮会重塑民众关于家庭的认知和对于惯习的认可，而民众能在多大程度上、多长的时间尺度内接受和融合这些观点，受制于他们自身的受教育程度。经济发展水平较高的地区，教育资源的普及使得人们对新观念和新行为的理解能力不断提高，他们对新观点的接

---

[1] 庞亚平.黑龙江省家庭户时空分布及影响因素研究[J].哈尔滨师范大学自然科学学报,2017(4)：104–115.
[2] 闫凤英.居住行为理论研究[D].天津：天津大学，2005.
[3] 王跃生.当代家庭结构区域比较分析——以2010年人口普查数据为基础[J].人口与经济,2015（1）：34–48.
[4] 庞亚平.黑龙江省家庭户时空分布及影响因素研究[J].哈尔滨师范大学自然科学学报,2017(4)：104–115.
[5] 王跃生.中国城乡家庭结构变动分析——基于2010年人口普查数据[J].中国社会科学，2013（12）：60–77，205–206.
[6] 王跃生.三代直系家庭最新变动分析——以2010年中国人口普查数据为基础[J].人口研究，2014，38（1）：51–62.
[7] 王跃生.家庭结构转化和变动的理论分析——以中国农村的历史和现实经验为基础[J].社会科学，2008（7）：90–103.

受也体现在晚婚、晚育行为以及家庭户构成结构的相对简单上。[①②]

总之，是多种因素的互动和综合，催生了观察到的家庭结构多样性。在对某一种因素的实际作用进行探讨时，需要注意对其他复杂因素的控制，所得出的结论方可能具有科学性。

---

① 马春华，石金群，李银河，等.中国城市家庭变迁的趋势和最新发现[J].社会学研究,2011(2):182-216.
② 庞亚平.黑龙江省家庭户时空分布及影响因素研究[J].哈尔滨师范大学自然科学学报,2017(4):104-115.

第二章　中国家庭结构变动的时空演进

我们已初步了解了中国家庭结构变动的大致历程，目前大多数研究都是从时间推移的角度，对家庭结构变动的趋势及其可能的影响因素进行描述和总结，从空间或区域比较的角度来认识家庭结构状态和变动差异性的研究寥寥。本章将展示在时间维度上中国主要家庭结构的空间分布特征。结果发现，中国各类家庭结构比例的分布在每个时期内都存在空间差异，并且呈现出显著的空间自相关性。家庭结构的分布模式受到多个影响因素的共同作用，这些影响因素的作用效果也展现了显著的空间分异。基于空间视角的分析，有利于认识中国家庭结构变动的复杂性与异质性。

本章的第一节将主要对中国家庭结构的区域研究进行回顾；第二节则主要利用探索性空间数据分析方法（ESDA），来展示中国家庭结构的基本空间分布特征；第三节利用空间面板模型探索主要解释变量对家庭结构分布的直接效应和空间溢出效应；第四节采用时空地理加权回归模型来展示影响因素对家庭结构分布的效应在空间上的异质性；第五节概括中国家庭时空分布的几个结论。

第一节　中国家庭结构区域研究回顾

自新经济地理学创建以来，已有许多关于人口与环境、经济间互动的研究关注了地理上的集聚现象，但应用于人口行为和人口结构本身，如生育、婚姻、家庭等问题的研究，还相当不够。[1] 中国幅员辽阔，社会发展水平、人

---

[1] 戈艳霞. 中国的城镇化如何影响生育率？——基于空间面板数据模型的研究[J]. 人口学刊, 2015, 37（3）: 88-101.

口生活制度和惯习的区域差异明显,这些因素都与家庭形态的选择与转变息息相关。因此,关注家庭结构在空间地理单元上的分布、集聚特征,能够丰富对家庭结构变迁这一进程的内部差异性的认识,了解家庭结构的转变特点,完善中国家庭转变研究中家庭结构相关理论体系。

此外,家庭结构的变动受多类影响因素制约,已有研究发现,这些影响因素在不同的时期内有着差异化的作用。如集体经济时代,生育率的变化对家庭结构变动发挥主要作用,21世纪后,迁移流动的影响占据主体。[①]但在对家庭结构的相关影响因素分析中,从宏观层面概括化的分析比较多,省级及以下层次的研究相对较少;对具体因素的影响程度在时期上的变动有所分析,但空间视角的分异鲜有说明。家庭结构的影响因素大致可以归为社会经济转变相关、人口转变相关、文化制度相关等几大类,其中的许多因素已在经济地理学相关研究中被证明存在空间上的自相关性,即它们的分布存在一定的空间规律,那么它们在作用于家庭结构的过程中,是否又同时具有时间和空间上的分化特性,才因而导致了我们所观察到的各区域家庭结构分布与变动,这也是本章节希望进行探索和了解的问题。

目前已有一些关于中国家庭结构的地区研究,但是都不尽完善。在这一小节内,我们先依据不同的研究和数据获取方式来对这些研究做一个简要的回顾。

一、对村落、社区进行微观居住方式的考察

在这类研究中,研究者采取人类学田野调查的方式深入某个村落或社区,考察当地居民的居住方式。费孝通对江南江村的调查为早期的经典代表,描述了江村农民在动荡的历史背景下相对稳定的家庭结构。男性扮演经济支持和财产继承的角色,并在儿子长大成人之后进行分家仪式,这种传统习俗使得核心家庭成为最主要的居住类型,村落出现核心化的趋势。[②]当代学者则在苏南农村发现了新兴而独特的"并家"生活方式,即不实行传统意义上的"嫁"

---

① 王跃生.家庭结构转化和变动的理论分析——以中国农村的历史和现实经验为基础[J].社会科学,2008(7):90-103.
② 费孝通.家庭结构变动中的老年赡养问题——再论中国家庭结构的变动[J].北京大学学报(哲学社会科学版),1983,20(3):7-16.

或"娶"，年轻夫妻婚后在双方长辈家庭轮流居住。普遍生育一个孩子的核心家庭通过这种转型来维持父代和子代之间经济与情感的纽带，同时合力实现城市化过程中社会阶层的上移。①

对于北方的村落，大家庭制度在定县被观察到，父母和多个已婚的儿子共同生活，大规模的主干家庭和复合家庭多见。②③ 东北下岬村村民中，夫妻关系的重要性逐渐取代了父子间的关系，个体生活的私人意识觉醒和计划生育政策实施共同推动着家庭结构向小型化发展。④

具有少数民族聚居特点的区域近年来更受这一类型研究的关注。对宁夏泾源县回族家庭的调查发现，当地64.58%的家庭都为二代户，28.65%为三代户，标准核心家庭超过全部家庭的半数，二代直系家庭居于第二，单人户是最少的家庭结构类型，同时单亲家庭和隔代家庭逐渐增多。⑤ 土家族聚居的谭家村内部在家庭结构上出现了汉族和少数民族的分化，汉族核心家庭占据主体，主干家庭为辅，少数民族居民中则两种家庭结构并重。⑥ 秀山土家族苗族自治县受自然条件影响，历来以5人以下的核心家庭为主，尽管有独子不分家的习俗，一代户的比例依然高于三代户。⑦

此类研究通过定点的分析和总结，展现了全国不同地点家庭结构构成与习俗的多样性，从中可以管窥南北文化差异、少数民族与汉族的居住方式区别等。但是所研究的地理单元过小，尚不构成"区域性"，且很难对结论的代表性和规律性进行证明。这些研究是地区家庭结构研究在丰富性和全面性上的重要补充，给人以家庭结构地区异质性的启发，但推广性较为有限。

---

① 张欢.苏南农村的"并家"婚姻模式及其新联合家庭结构[J].西北人口，2019（2）：119-126.
② 王跃生.华北农村家庭结构变动研究——立足于冀南地区的分析[J].中国社会科学，2003（4）：93-108.
③ 黄宗智.中国的现代家庭：来自经济史和法律史的视角[J].开放时代，2011（5）：82-105.
④ 阎云翔，龚小夏.私人生活的变革[M].上海：上海书店出版社，2006：124-125.
⑤ 程呈.宁夏泾源县移民区回族家庭结构变迁研究[D].银川：宁夏大学，2018.
⑥ 万祝蓉.少数民族村寨人口流动及其家庭结构变迁影响研究[D].贵阳：贵州财经大学，2017.
⑦ 冯敏.试论土家族地区家庭结构的变迁——以重庆市秀山土家族苗族自治县为例[J].湖北民族学院学报（哲学社会科学版），2007，25（2）：16-20.

二、对个别省、市、区家庭结构的分析与比较

在针对多个城市的家庭抽样调查陆续展开和人口普查将家庭问题纳入长表调查后，基于省市级单位的家庭结构定量研究逐渐增多，包括对某类地区或一个具有区域代表性的省份的深入分析，也包括对具有一定共同特征的地区和城市之间的家庭结构的比较。

就各自处于某一区域内发展水平前列的城市而言，家庭结构的组成也是有所区别的。江浙沪发达城市的核心家庭和直系家庭比例构成存在错位[1]；广州的大家庭结构特征保留多于同为省会的杭州，甚至多于哈尔滨和郑州。[2]

作为中原的典型省份，河北省的复合家庭曾占有相当的比例，是与当地的传统经济制度所契合的家庭类型[3][4]。随着社会的变迁，复合家庭逐渐解体为核心家庭，并且小型化的趋势仍在继续，2015年全省二人户已经成为主要家庭，且一代户比重显著增加；省内出现异质性，冀北的三人户模式突出而冀南二人户与四人户并重。[5]黑龙江的小型户在2000—2010年间不断增多，且越向北，增加的比例越高；核心家庭、二代直系家庭的比重下降；三代及以上家庭省内南方多于北方，总体而言气候恶劣、经济相对落后的地域家庭结构趋于简单[6]。北方的大片牧区因其独具特点的生产方式，以核心家庭为主，但残缺家庭的比例很高。[7]

福建东南沿海的父系权威延续，儿女结婚后与父母同住的倾向高。[8]广东东部沿海也有类似的传统习俗保留，养儿防老和传宗接代的观念使得该地

---

[1] 曾毅，李伟，梁志武.中国家庭结构的现状、区域差异及变动趋势[J].中国人口科学，1992(2)：1-12.

[2] 马春华，石金群，李银河，等.中国城市家庭变迁的趋势和最新发现[J].社会学研究，2011(2)：182-216.

[3] 王跃生.华北农村家庭结构变动研究——立足于冀南地区的分析[J].中国社会科学，2003(4)：93-108.

[4] 王跃生.当代中国家庭结构变动分析[J].中国社会科学，2006(1)：96-108.

[5] 张明川.河北省城乡家庭小型化演变特征及影响因素研究[D].石家庄：河北师范大学，2018.

[6] 庞亚平.黑龙江省家庭户时空分布及影响因素研究[J].哈尔滨师范大学自然科学学报，2017(4)：104-115.

[7] 陈华.试析西藏家庭规模和结构的变化[J].西藏大学学报（汉文版），1995(3)：57-60.

[8] 王晓燕，洪洁.中国西南地区家庭规模和结构的定量研究[J].湖北社会科学，2013(8)：52-54.

区的单人户较少，家庭组成较为复杂，而同省的珠三角地区则以小家庭为主，单人户比例显著高于粤东。① 西南的川、黔、滇、渝等地，一代户的比重上升迅速，其中老年人为成员的单人户和夫妻家庭增长尤为快速，整体上家庭结构有简单化的趋势。②

各少数民族自治区的家庭代际层次简化，核心家庭比例较高，保有一定数量的直系家庭，但总体上直系家庭处于低位；单人户在近年的增加较大，尤其是自治区内的少数民族单人户；尽管核心家庭居于主位，其中二代户的比例却与三代户一齐下降，一代户比例上升明显。③ 大部分少数民族地区的单人户增长与已婚男性劳动力的流出有关。④ 西藏的单人户特征相比其他少数民族自治区更为突出，这又与支援西部的未婚青年数量和藏族人口的区内单人流动有所关联。⑤

对特定省份或某类区域的讨论，在更大的空间尺度上试图概括家庭结构分布及演变的区域性特征，重要的意义在于揭示了一定地理范围或文化圈内家庭结构类型的共性。同时，在经济或行政上划分的"同质性区域"内部，家庭结构的差异也被揭示一二，为跨行政或跨区域单位的家庭结构规律研究埋下伏笔，但这一类研究受制于研究范围，很难比较背景条件差异较大的地区的家庭结构，并不能在这个问题上进行深入研究。

三、归纳和概括全国家庭结构的区域性特点

学者在使用全国人口普查数据进行家庭结构分析时，常常注意到中国东西、南北各省区的家庭结构变动差异，并加以概括。早期有研究使用"三普"

---

① 阎志强，侯猛，白添泷.广东家庭户规模状况及其变化特征分析［J］.南方人口，2015，30（6）：1-10.

② 王晓燕，洪洁.中国西南地区家庭规模和结构的定量研究［J］.湖北社会科学，2013（8）：52-54.

③ 王跃生.五个民族自治区家庭结构分析——基于2000年、2010年人口普查数据［J］.广西民族研究，2014（6）：39-51.

④ 罗贤贵.流动与变迁：民族地区农村家庭结构嬗变研究——以贵州省9个少数民族村为例［J］.农村经济，2015（8）：109-113.

⑤ 王跃生.五个民族自治区家庭结构分析——基于2000年、2010年人口普查数据［J］.广西民族研究，2014（6）：39-51.

和"四普"数据,发现南方农村的家庭核心化进程快于北方①,全国各地的社会经济发展水平与三代直系家庭的减少相关联,但南方的广东省是特例。②

2000年的第五次全国人口普查数据显示,不同地区的分代家庭户构成有明显区别,北方的二代户多于南方,而三代及以上的大家庭在西南地区多见,一代户则在江、浙、鲁、粤出现集聚。③直系家庭自1990年之后,在城市地区减少,在农村有所增加;北方地区核心化程度比南方高,西北和东南仍属低度核心化。④⑤"六普"时直系家庭比例上升的省区有14个,且大多位于中南和西南;核心家庭降低和单人户提高是各省在这一时期的共性。⑥各个地区的主体家庭结构均为核心家庭,直系家庭和单人户在不同省份各居次席,其中低直系特征的省份相对集中在北方地区,这是因为北方省份的直系家庭多在两次普查之间减少了,而南方有8个省份直系家庭增加;北方省份单人户上升的趋势明显,但水平整体仍低于南方。⑦

也有学者使用大型抽样调查的家庭数据进行研究,如2014年的中国家庭追踪调查(CFPS)显示,东北地区的已婚人口生活在核心家庭的概率几乎是东部其他省份的两倍,而与东部地区相比,中西部省份的在婚者选择大家庭的概率比选择夫妻同住要高25%。⑧

整体上,这些研究给出了从20世纪80年代以来,中国不同区域家庭结构组成和变动的一些特征,对南方北方和东中西部在相同时点上的家庭变迁差异进行描绘,且分析各有侧重,所使用的数据和研究方法不同时,结论也会有

---

① 王跃生. 中国农村家庭的核心化分析[J]. 中国人口科学, 2007 (5): 38-50, 97.
② 曾毅,李伟,梁志武. 中国家庭结构的现状、区域差异及变动趋势[J]. 中国人口科学,1992(2): 1-12.
③ 王晓慧,肖鹏峰,康国定,等. 中国分代家庭户的空间分布特征研究[J]. 南方人口, 2012, 27 (4): 61-72.
④ 王跃生. 三代直系家庭最新变动分析——以2010年中国人口普查数据为基础[J]. 人口研究, 2014, 38 (1): 51-62.
⑤ 王跃生. 中国当代家庭核心化变动的区域比较——以2010年人口普查数据为基础[J]. 晋阳学刊, 2015 (1): 80-89.
⑥ 王跃生. 中国当代家庭核心化变动的区域比较——以2010年人口普查数据为基础[J]. 晋阳学刊, 2015 (1): 80-89.
⑦ 王跃生. 直系家庭户主代位构成和变动分析——以1982—2010年中国人口普查数据为基础[J]. 社会科学, 2014 (3): 67-79.
⑧ 陈梅丽. 关于家庭价值观、家庭结构与家庭生活满意度的研究[D]. 济南:山东大学, 2017.

所区别，大多都停留在基于数据的趋势总结而未能更深入进行机制的探讨。

四、影响因素的区域比较

曾有研究比较各影响因素在一定时期内的作用大小，以及不同时期间的分异。1990—2000年，北京市家庭结构的变动最主要归因于少年儿童人口比例[①]；生育率和流入率对河北省家庭户的影响日益减弱，老年人口比例、受教育程度的作用相应提升[②]；2000—2010年，民众居住倾向变化对家庭结构的作用高于人口因素[③]等成果证明了这些因素在社会的不同发展阶段会发挥相异的作用。而中国地域广阔，各个区域原本就处在不同的现代化阶段和文化背景当中，因此对影响因素作用的区域比较视角也十分重要。

首先，各类影响因素本身在不同地域的水平或特质就存在差异。整体的社会经济发展水平和现代化程度由东南沿海向内陆递减；南方历来的经济模式允许小家庭的繁衍，而北方的耕作体系与大家庭模式契合。总和生育率与老龄化程度的分布在地理上存在明显的规律性[④][⑤]；流动人口的分布显著集中在长三角、珠三角和京津冀。[⑥]文化习惯的空间分异复杂，北方存在突出的"父母在，不分家"现象，而南方对已婚子女的分家抑制力较弱；一些地区主张由多个孩子共同承担老年人的赡养，另一些地区的养老事宜则主要依赖某一个孩子；许多农村区域，青年人结婚后有与父母同住一段时间的习俗，但也存在不少的例外。[⑦]计划生育政策的制定和实施在全国范围内具有多样性。[⑧]

其次，即使两个地理单元的经济水平相近，或年龄结构类似，抑或文化

---

① 陈卫民.家庭户规模变化的人口因素分析[J].广东社会科学，2001（4）：127-132.
② 张明川.河北省城乡家庭小型化演变特征及影响因素研究[D].石家庄：河北师范大学，2018.
③ 杨胜慧.中国的家庭转变：趋势与影响因素[D].北京：中国人民大学，2013.
④ 李丹，王秋贤，孙晓，等.基于GIS的中国人口总和生育率时空演变研究[J].鲁东大学学报（自然科学版），2017，（4）：364-368.
⑤ 武荣伟.基于县域尺度的中国人口老龄化空间格局变化[D].兰州：西北师范大学，2016.
⑥ 余运江，高向东.中国流动人口空间分布格局与集聚状况研究——基于地级区域的视角[J].南方人口，2016，31（5）：57-69.
⑦ 王跃生.当代家庭结构区域比较分析——以2010年人口普查数据为基础[J].人口与经济，2015（1）：34-48.
⑧ 马小红，顾宝昌.单独二孩申请遇冷分析[J].华中师范大学学报（人文社会科学版），2015，54（2）：20-26.

传统趋同，这些影响因素的作用大小也可能有所区别，存在未观测到或难以衡量的因素导致了影响力的空间差异性。杭州和广州的经济发展水平和现代化程度类似，但广州家庭结构核心化的程度明显低于杭州，哈尔滨的发达程度不及广州，核心化程度却更高[1]；河北省内部，人均收入对冀北家庭户构成的影响较大，而对冀西北的作用较弱[2]；经济发达程度在最发达和最不发达的地区都与当地家庭结构有明显的对应，但在中等发展程度的省份并不明显。[3] 西南地区老龄化所带来的夫妻核心和单人户的上升快于全国其他地区[4]；分户的观念在北京城区的作用高于人口结构，在县域则是相反的状况[5]；北方省份的已婚子女在直系家庭居住的比例总体上低于南方，但又在中西部地区存在集中性。[6]

综上，影响因素在空间上的水平分布和作用机制的地理分异会共同导致全国各地区家庭结构的不同组成和变动，在探讨和解释家庭结构的区域特征时，需要将这一方面也加入考量。

五、家庭结构变迁空间分布深入研究的思考

针对中国的家庭结构变迁，大量研究成果从不同视角进行了或深或浅的探索。家庭理论中的这一领域逐渐丰富，研究视角也越来越注重全局通观和因地细察并重，研究结论给人以多方面的启发。总体而言，有以下几点还值得思考。

首先，对于家庭结构研究的时间和空间单元可以进一步优化。大多数研究都是基于时间或空间的单一维度，时空的双重性质淡化。同时在家庭结构

---

[1] 马春华，石金群，李银河，等. 中国城市家庭变迁的趋势和最新发现[J]. 社会学研究，2011（2）：182-216.
[2] 张明川. 河北省城乡家庭小型化演变特征及影响因素研究[D]. 石家庄：河北师范大学，2018.
[3] 王跃生. 当代家庭结构区域比较分析——以2010年人口普查数据为基础[J]. 人口与经济，2015（1）：34-48.
[4] 王晓燕. 中国欠发达地区家庭规模和类型结构的变迁与发展——以西南五省区市为例[J]. 贵州社会科学，2013（10）：72-75.
[5] 郭志刚，杜鹏，刘小兰. 北京市家庭规模结构变动情况分析[J]. 中国人口科学，1992（2）：25-30.
[6] 王跃生. 当代家庭结构区域比较分析——以2010年人口普查数据为基础[J]. 人口与经济，2015（1）：34-48.

的地区类研究中，对片面区域的描述较多、对全国专门总结的较少；对省级层面特征的研究较多，对更细的地理单元，如市县级的规律关注较少。

其次，家庭结构类型可以细分讨论。多数研究重点关注核心家庭、直系家庭和单人户3种基本家庭结构之间的此消彼长，但随着社会变迁的深入，家庭结构越来越多样化，核心家庭和直系家庭内部的二级家庭结构组成有所变化。夫妻核心、标准核心、三代直系、隔代直系等家庭，在空间和时间上的分化可能存在不同的规律，应当进行更多的深入分析。

再次，应加入特征比较和原因分析的视角。过往对家庭结构分布的描述和对影响因素机制的探讨许多时候是分离的，对家庭结构的时间变动和区域分化着重在说明某些趋势，而不是解释一定的模式。影响因素与观察到的现状未能更紧密地结合。

最后，研究方法有待新的尝试和进步。数据的描述统计法是基于普查数据进行家庭研究最主要的研究方法，而对于家庭结构和外生因素间的关系，更多是基于观察和比较得出的结论，因此更多的定量研究方法可以尝试被引入，或许会揭示出新的结果，并使总结的规律更有统计学意义。当家庭结构的区域差异被捕捉，外生因素也具有空间依存性时，空间分析相关的处理方法是研究家庭结构的新思路。

在下面的章节中，我们主要利用3种空间分析方法来深入探索中国家庭结构的时空演进特征。首先，利用探索性空间数据分析方法（ESDA）来展示中国家庭结构的空间分布模式及其特征差异。其次，采用空间面板计量模型来展示周围区域解释变量对中间区域解释变量大小的作用，即探索解释变量对家庭结构分布的直接效应和空间溢出效应。最后，利用时空地理加权模型来反映影响因素对家庭结构的效应系数随着空间位置变化的趋势。

第二节　中国家庭结构的空间分布特征

在这一小节中，我们将主要利用探索性空间数据分析方法（ESDA），来展示中国家庭结构的基本空间分布特征。

一、多源数据与空间自相关分析

家庭结构比例数据和各自变量的数据来自2000年和2010年全国人口普查、2005年全国1%人口抽样调查以及各年度的中国区域经济统计年鉴。中国的地市级行政区划在2000—2010年有所变动，地级市层面的全国地图数据以2010年的行政区划为准，经过匹配剔除边界变化过大的地级市，共得到332个地理单位。

ESDA技术主要对数据中的空间分布模式和空间相互作用进行测度，利用可视化过程反映所研究对象在空间分布上的特征差异，并且深入揭示空间单位的相互关系在人口变动中的作用。空间自相关分析是ESDA技术中最广泛使用的测度方法。

空间自相关（spatial autocorrelation）分析又可分为全局自相关和局部自相关两部分。全局自相关，通常采用莫兰指数（Moran's I）衡量，指数计算公式为：

$$I = \frac{\sum_{i=1}^{n}\sum_{j=1}^{n} w_{ij}(x_i - \bar{x})(x_j - \bar{x})}{S^2 \sum_{i=1}^{n}\sum_{j=1}^{n} w_{ij}} \quad (2.1)$$

其中W_{ij}表示一个位置的空间权重，S^2为样本方差。当全局莫兰指数大于零时，表示某地理单元属性值的变化与其相邻的单元具有类似的变动趋势，即正相关，全局的空间属性存在集聚性；若全局莫兰指数小于零，则表示负相关，说明在总体空间中，相异的属性集聚在一起；当指数值接近零时，反映所研究对象不存在空间自相关性。对全局莫兰指数的检测是对验证数据存在空间地理分析必要性的第一步骤。

局部莫兰指数则是全局自相关的进一步细化，又称LISA（local indication of spatial association），计算方法为：

$$I = \frac{(x_i - \bar{x})}{S^2} \sum_{j=1}^{n} w_j (x_j - \bar{x}) \quad (2.2)$$

局部自相关也可理解为一种对全域内聚类和热点模式的探索。每个具体空间单元LISA的大小，表示该单位与其相邻空间的属性值之间的相关性，判断相关类型的方式与全局指数相同。利用局部莫兰指数，可以明确全域的空间自相关性是由哪些局部效应综合而成的,并且分离出所研究对象的高值聚集区域和低值聚集区域。采用ArcGIS 10.3软件对全局和局部莫兰进行计算后,可得到相应的显著性检验结果。一般当P值小于0.05时,可认为空间自相关现象显著。

二、空间视角下的基本家庭结构分布

前面已经提到,在全国范围内,核心家庭为中国家庭结构的最主要类别,其所占比例从2000年的66.54%下降到了2010年的61.32%,与之相对应的是,单人户和直系家庭比例有不同幅度的增长,2010年单人户比例占全国家庭总数的12.67%,相比十年前上升了4个百分点,直系家庭比例比2000年略有增加,为19.17%,总体上直系家庭的份额最稳定(见表2-1)。

表2-1 2000—2010年全国家庭结构及其变动(%)

年份	单人户	核心家庭	直系家庭
2000	8.57	66.54	18.70
2010	12.67	61.32	19.17

具体到各省的情况(见表2-2),2000年各省(市、自治区)的主要家庭结构排序均为核心家庭>直系家庭>单人户,到2010年,核心家庭依然为各省(市、自治区)的最大家庭类别,上海市、北京市、广东省和浙江省四地的单人户比例已经超过了直系家庭,位居第二。2000年黑龙江省的核心家庭比例最高,最低的为西藏自治区,两者相差26个百分点。在31个省(市、自治区)中,有9个省(市、自治区)的核心家庭比例超过了70%(高度核心化),均为北部省份,低于60%的只有西藏、四川、重庆和广东4个地区;甘肃和新疆分别是直系家庭比例最高和最低的地区,相差13.12个百分点。有19个省(市、自治区)的直系家庭比例都高于20%;黑龙江省的单人户比例最低,为4.83%;西藏自治区的单人户比例最高,为14.05%。2010年各省(市、自治区)之间核心家庭比例的极差缩小到20.84个百分点。比例最高和最低的地区分别为内蒙古和西藏,核心家庭比例高于70%的地区减少到4个,有15个地区的核心家庭低于60%;地区之间直系家庭和单人户的比例差距都扩大了,

甘肃省的直系家庭比例依然为全国最高，为28.80%，北京市则为12.72%，全国最低；单人户比例最高和最低的地区是北京和江西，二者相差16.73个百分点，北京也是单人户比例唯一超过20%的地区，为24.05%。

表2-2　2000—2010年31省（市、自治区）的主要家庭结构水平和变动排名

	单人户比例		核心家庭比例		直系家庭比例	
	后五位	前五位	后五位	前五位	后五位	前五位
2000年	黑龙江、宁夏、甘肃、吉林、辽宁	北京、广东、浙江、上海、西藏	西藏、四川、重庆、广东、甘肃	辽宁、宁夏、内蒙古、山东、黑龙江	新疆、内蒙古、山东、黑龙江、北京	青海、江西、重庆、四川、甘肃
2010年	江西、宁夏、河北、河南、甘肃	重庆、上海、浙江、广东、北京	西藏、四川、广东、重庆、湖南	山东、天津、新疆、宁夏、内蒙古	北京、内蒙古、新疆、上海、浙江	云南、河南、湖南、江西、甘肃
变动幅度	江西、海南、海南、西藏、云南	黑龙江、辽宁、浙江、广东、北京	山西、内蒙古、新疆、宁夏、西藏	河南、湖南、北京、黑龙江、福建	安徽、江西、湖北、河南、湖南	北京、上海、西藏、浙江、广东

在2000—2010年，31省（市、自治区）的单人户比例均上升了，其中上升幅度超过5个百分点的地区包括东北三省、北京市以及东南部的沪浙闽粤，江西省与海南省单人户比例增加不超过1个百分点。全国范围内仅有西藏自治区的核心家庭比例上升，且上升幅度达到3.4个百分点，其余少数民族自治区的核心家庭比例下降幅度也相对全国平均水平较小，内蒙古、新疆和宁夏的核心家庭比例变动低于1个百分点；河南、湖南、北京、黑龙江和福建的核心家庭比例下降最为明显，其中河南省在2010年核心家庭比例比2000年减少了8.96个百分点。直系家庭比例的变动趋势，各地区之间有较大的区别，共14个地区的直系家庭比例降低，主要包括4个直辖市、除广西以外的少数民族自治区和东北地区，其中北京、上海和西藏的下降幅度最高；其余17个地区的直系家庭比例上升，华中三省湖南省、河南省和湖北省增加最多。

作为3种最主要的家庭结构类型，核心家庭、直系家庭和单人户之间的对应关系很强。我们注意到在2000年，单人户比例在全国范围内处于低位的地区，除甘肃外均呈现高核心家庭、低直系家庭的特征，甘肃省的特征相反；单人户比例较高的地区，多数的核心家庭和直系家庭比例都为中低水平。

2010年，高单人户地区的特征没有发生大的变动，而低单人户地区与高直系家庭的对应关系明显，它们的核心家庭比例处于中低位置。高核心家庭区域，直系家庭比例通常偏低[1]，这一规律对于大多数地区总是成立；低核心家庭的区域，直系家庭的水平高低较为参差，单人户比例多数较高。因此，高核心家庭比例与低直系家庭比例、低核心家庭比例与高单人户比例之间的相关性较强。

以下基于市级层面的数据，进一步借助空间可视化观察3种主要家庭结构类型的水平与分布模式变化，探索其变动的多向性。

（一）核心家庭

为了便于将两个时期的情况进行比较，采取同样的划分标准，以50%、60%和70%作为未核心化、低度核心化、中度核心化和高度核心化的参考分界线[2]，将2000年和2010年中国各城市的核心家庭户比例进行空间展示。

2000年，中国核心家庭比例在70%以上的城市共有113个，联结成较大片面积出现在东北三省、华北地区（内蒙古东部、天津市、河北省北部和沿海城市以及山西省的太原、大同等市）、西北地区（新疆的大部分城市、青海省的海西蒙古族藏族自治州、甘肃四市、陕西三市及宁夏回族自治区）、华东一带（山东省及其周围的河南、安徽、江苏部分城市），另有零星分布在浙江、江西、湖南、广西和云贵各地区。其中黑龙江省的大兴安岭、内蒙古自治区的锡林郭勒盟和新疆维吾尔自治区的克拉玛依市，核心家庭户所占比例均超过了80%。

核心家庭比例在60%~70%的城市共有161个，覆盖了华北的剩余区域、南部、中部地区，以及西北地区的少数城市。52个城市在此时期拥有较低的核心化特征，分布较为分散，在东南的两广、浙皖和西部的川渝、云南和甘肃各地区分别存在小片的连结。

余下7个城市属于家庭结构核心化特征不明显的类别，它们是西藏的4个地区以及青海、四川、甘肃的3个藏族自治州，其中西藏日喀则市的核心家庭

---

[1] 王跃生.当代家庭结构区域比较分析——以2010年人口普查数据为基础[J].人口与经济,2015（1）：34-48.

[2] 王跃生.中国当代家庭核心化变动的区域比较——以2010年人口普查数据为基础[J].晋阳学刊,2015（1）：80-89.

比例为全国最低。

2010年，中国核心家庭比例高于70%的城市数量显著减少，为58个，除贵州六盘水、云南曲靖和安徽铜陵以外，在地理区位上全部属于北部，新疆维吾尔自治区、内蒙古自治区和黑龙江省3个边境省份的大部分地级市都属于高度核心化；甘肃、山东和吉林、辽宁省的高度核心化城市减少明显，山西、陕西等省的北部与内蒙古接壤区域的高度核心化继续保持。

有122个城市的核心家庭比例处于60%~70%，与2000年的大面积片状覆盖不同，分布的区位有所改变，也较为分散，整体的面积减小，西北（甘肃、青海）、东北三省以及山东省位于这一区间的地级市有较大程度的增加，在沿海的浙江、两广和内陆的安徽、江西、湖北和西南省份能够观察到省内有一定面积的区域的核心化程度在这个范围内。西北与南部其余市的核心家庭比例几乎都落在50%~60%，共135个市，西藏自治区也有两个市加入此列。核心家庭比例低于50%的地级市数量增加到20个，增加的区域主要来自广东省和四川省，以及湖南、浙江、福建等地的零星单元。

观察中国各市核心家庭比例的变动幅度在空间上的分布特征，发现：有39个市的核心家庭比例在10年间增加了，包括西藏除拉萨以外的全部市，其余市中有20个处于北部地区，南部呈现这种特征的市均位于本省内的偏南部，如苏南的常州、苏州和粤南的潮州。核心家庭比例降低超过10个百分点的地市共30个，在各个地理区域上都有零散的分布，往往是孤立的一个或两个市，仅在中部的河南省和湖南省，呈现成片特点。其他区域的核心家庭变动幅度均在–10到0个百分点之间，反映核心家庭比例不增反降，相对来说越向西部内陆方向，降低的幅度越小，核心家庭比例减少幅度在–10到–5个百分点之间的地市大部分处于东部和华中地区，在–5到0个百分点之间的覆盖面积向西部延伸。

总体而言，在某一时期内，中国的核心家庭比例分布基本呈现北部明显高于南部、东部沿海略高于西部内陆的特征。在核心家庭比例发生变动时，全国核心化程度最低的西藏自治区，表现出突出的核心化加深的特征，而其他区域核心家庭减少的程度有由沿海向内陆递减的趋势。各个省的内部地市的核心家庭比例和其变动的特征都有一定的差异，黑龙江、浙江、广东是内部异质性比较高的省份。

（二）直系家庭

相比较核心家庭比例变动在全国大部分地市呈现相对统一的特点，各市10年间直系家庭比例的增减特征更为复杂，前面对省级层面数据的分析也预计了这一点。

选择10%为间隔，将10%、20%和30%作为直系家庭比例划分的标准，当一个区域的直系家庭比例超过20%时，可以认为是直系化程度较高。①

在2000年，共有23个城市的直系家庭比例高于30%，属于直系化的特征非常明显，它们分布于西北部的甘肃、青海交界处（少数民族人口比例较高）、广东东部、江浙接壤处等地，云南丽江和四川自贡一带分别有相邻的几个地市都是高直系化。

中国南部地区，除浙江省、云贵川交界处和广西壮族自治区之外，各市直系家庭占比基本处在20%~30%，在这个区间的还有东北与华北地区的内陆城市、西北的宁夏回族自治区、陕西甘南城市、西藏的大部分地市。东三省内相对靠近边境线的城市、西北各省及河北山东一带的地市，其直系家庭比例多处于10%~20%，浙江、福建的沿海城市、广西壮族自治区以及北京、上海、天津3个直辖市亦属此列。内蒙古自治区的呼和浩特市及其近邻、山东渤海湾附近城市，以及新疆与内蒙古的交界地区的直系家庭水平为全国最低，低于10%。此外，广东省深圳市是唯一处于这一范围的南方城市，直系家庭比例为6%。

在2010年的直系家庭比例分布中，直系家庭比例高于30%的城市增加到45个，分布依然散乱而没有直观的规律，但每个"分布点"的具体面积有一定的扩大，尤其在江苏、甘肃、福建，围绕10年前就直系居住模式明显的城市，周边几个地市的直系化水平也上升到高水平。另外在广西壮族自治区和云南省内也有成片的高直系化，华中三省内各自出现了少数直系家庭比例高的城市，直系家庭比例最高的为云南省保山市，达到了44%。直系家庭占比处于20%~30%的区域面积没有太大的变化，仍覆盖南部的绝大部分区域，并向东北和西北方向有所延展。直系家庭比例低于10%的北部区域面积明显增大，主要来自新疆、青海、西藏和内蒙古西部；广东省的珠海和东莞，作

---

① 王跃生.三代直系家庭最新变动分析——以2010年中国人口普查数据为基础[J].人口研究，2014，38（1）：51-62.

为深圳市的近邻，直系家庭比例也降低到这一区间。直系家庭比例大于10%小于20%的城市数量有所减少，但浙江省大部分城市、云贵接壤区域仍保持不变。

综合全国各地直系家庭比例变动幅度的特征，有220个地级市的直系家庭比例在10年间是上升的，其中增加幅度高于5个百分点的有76个，尤其集中在中部的河南、陕西、安徽、两湖一带，云南、广西和甘肃省内也有直系家庭增长较大的集中区域。在这些直系家庭高增长的"点"周围，环绕着较大面积的直系化程度轻微上升的省市，包括四川以东（包括四川省）、内蒙古以南的大部分区域，和东北三省较为靠近国界边境的地市。对于直系家庭比例下降的地级市，它们在中国北部片状覆盖，而在南部呈小块嵌入周围较高直系化的地区中；西北部的西藏、青海、新疆和内蒙古的部分城市下降幅度最大，南部直系化水平下降的城市中，有75%是在2000年的直系家庭比例就低于周围的城市。

综上，在相同时期内，中国的直系家庭比例分布呈现出南部高于北部、中部内陆高于两侧的趋势。已有研究在概括21世纪以来中国直系家庭的变动趋势时，将其描述为缓慢变动、趋势平缓[①]。通过空间可视化发现，是不同地区直系家庭的增减变化方向不同，导致了全国层面趋势的模糊。北方城市中，直系家庭比例下降的特征较为突出，而南方多数城市的直系家庭比例增加，浙江省和广东深圳及其周边城市是例外。

（三）单人户

单人户比例的增加是家庭小型化进一步加深的标志。理论上，当核心家庭比例和直系家庭比例均下降时，单人户势必上升；而当核心家庭比例下降、直系家庭比例上升时，单人户的变动可能存在多向性。

普查数据显示，全国各市的单人户比例大多低于20%，为了凸显区域间的差异性，选择每5%为间隔进行数据绘制。

2000年有12个市的单人户比例超过了15%，其中西藏山南和广东深圳的单人户比例高于20%，其余各市基本分布在广东（深圳的周边城市）、浙江、四川和西藏。单人户比例次高的市有71个，超过2/3是南部城市，东南和西

---

① 龚为纲.农村分家类型与三代直系家庭的变动趋势——基于对全国人口普查数据的分析［J］.南方人口，2013，28（1）：61-72.

南较多；北部城市中则多为位于新疆、西藏和青海的西北城市。单人户比例低于5%的地级市共36个，位于14个不同省区，除了东北三省内数量较多以外，其他如青海、新疆、内蒙古等地都只有1~2个。其余的地级市单人户比重在5%~10%。可以发现高单人户和低单人户比例的地级市分布的总体规律性较弱，甚至出现在同一个省内并存的现象；基本上在同一经度上时，南部单人户比例要高于北部，同一纬度上时，西部的单人户比例多数时候高于东部。

2010年单人户比例低于5%的城市仅有5个，除河南焦作外都是西北城市。超过15%的市增加到58个，之前就处于这一区间的市，单人户比例继续提高，广东省的深圳和东莞的单人户比例已经超过30%，浙江、广东和四川三省内单人户比例普遍处于高位，其他还有除天津外的三个直辖市、西北、东北和福建地区的各市。单人户比例在10%~15%的城市数量增加到2000年的两倍，中西部的湖南、西藏、广西和甘肃也有大面积单人户的比例较高。整体上，同一纬度时，西部单人户比例高于东部的特征依然保留，但注意到东部沿海和边境地市的单人户比重也显著高于东部内陆。

就10年间的单人户变动幅度而言，单人户比重增加幅度高于5个百分点的有80个地级市，其中有26个在2000年的单人户比例高于10%，有19个在2000年的单人户比例低于5%，在上一个时期单人户比例相对最高和最低的区域，它们的单人户比重大幅度上升的概率比中位的城市更高。东部的单人户增加现象比西部更显著，北部又比南部增加的多。全国有41个省市的单人户比例是下降的，下降程度较大的几个市位于西北边境。

在省级层面的分析中，低直系、高核心和低核心、高单人户的对应关系被发现，在地市级层面进一步研究这种对应关系，主要看2010年的情况。在南部57个核心家庭比例高于60%的城市中，有21个直系家庭比例低于60%；北部122个核心家庭比例高于60%的城市有81个直系家庭比例低于60%，则低直系、高核心的对应关系在北方的高核心化城市中更为明显。南部114个核心化程度较低的城市中，79个城市的单人户比例高于10%；北方39个核心化水平较低的城市中单人户比例高于10%的有15个，低核心、高单人户的对应关系在南方的低核心化城市中更明显，或者说南方的家庭结构进一步小型化的趋势相对清晰，但注意到南方的直系家庭比例整体上是高于北方的，这种两极化的特征值得关注。

将全国地级市按照3种基本家庭结构变动的方向进行分类①，最主要的变动方式是核心家庭比重下降，单人户和直系家庭的比例都在上升；其次是核心家庭和直系家庭比例下降，单人户比例上升（见表2-3）。符合第一种变动方式的城市数量分布由东向西递减，符合第二种变动方式的城市数量东部高于西部，中部的城市最少。核心家庭比例下降超过5个百分点的城市，更可能属于第一种方式，而核心家庭比例下降幅度小于5个百分点的城市，属于第二种方式的概率比第一种方式的概率略低。对于核心家庭比例上升的城市，大多数呈现单人户增多、直系家庭比例下降的情况。

表2-3　2000—2010年31省（市、自治区）各市主要家庭结构变动模式

地级市数量		核心家庭			
		下降		上升	
单人户		下降	上升	下降	上升
直系家庭	下降	无	东南（25）西南（12）中南（2）东北（24）西北（16）中北（5）	东南（2）中南（1）西北（4）中北（1）	东南（2）西南（1）东北（2）西北（9）中北（6）
	上升	东南（9）西南（5）中南（4）西北（5）中北（5）	东南（41）西南（27）中南（33）东北（40）西北（20）中北（20）	东南（9）西南（5）中南（4）西北（5）中北（5）	东南（3）西南（1）中南（1）中北（1）

三、空间视角下的主要二级家庭结构

前面对3种基本家庭结构进行了不同空间单位上的时期水平及其变动分析，并且研究了三者的对应与互动。在核心家庭和直系家庭大类的内部，又有着多样的二级家庭结构类型，所观察到的基本家庭结构的变化是二级家庭结构比例变动的综合，因此应当对几种典型的二级家庭结构进行细分和讨论，以对区域间家庭结构有进一步的认识。

---

① 东、中、西部的划分参考国家统计局统计制度及分类标准；南、北部划分基于《中国南北分界带分布图》［参考陈全功，谭忠厚，九次力."南北分界"与"农牧交错"一席谈［J］.草业科学，2010，27（6）：6-12.］。

全国范围内，核心家庭主要的组成部分是夫妻核心、标准核心和扩大核心三类；直系家庭的绝对主体是三代直系家庭，而隔代直系作为与经济社会变迁过程关联较为紧密的一种直系家庭，也纳入讨论。10年间，核心家庭类型中，夫妻核心家庭比例上升而标准核心和扩大核心皆下降，扩大核心家庭比例的减少幅度更大；2010年夫妻核心家庭比例上升到19.1%，已经成为二级家庭类型中居于次位的类型；由于2013年之后中国生育政策逐渐宽松化，对扩大核心家庭在2000—2010年下降的探讨实践意义不大，对二级核心家庭，将主要关注夫妻核心和标准核心两种。直系家庭中，三代直系家庭比例从16.23%增加到16.49%，隔代直系家庭的增加相比更为明显，从0.32%到2.2%（见表2-4）。

表2-4 2000—2010年全国二级家庭结构及其变动（%）

年份	核心家庭	夫妻核心	标准核心	扩大核心	直系家庭	三代直系	隔代直系
2000	66.54	12.93	25.69	21.57	18.70	16.23	0.32
2010	61.32	19.10	22.69	13.73	19.17	16.49	2.20

各省（市、自治区）间夫妻核心家庭的比例差异在2000年是14.79个百分点，最高和最低的分别是上海市和西藏自治区，这两者的地位到2010年也没有发生变化，但夫妻核心比例的差异扩大到了17.03个百分点；标准核心家庭的省际差异则从2000年的30.52个百分点缩小到2010年的21.58个百分点，比例最高和最低的是天津市和西藏自治区。直系家庭方面，2000年三代直系家庭比例最高的是甘肃省，最低的是新疆维吾尔自治区，两者相距13.13个百分点，2010年三代直系家庭比重最低的是北京市，甘肃省保持最高位次不变，两者相差13.61个百分点，与上个时期的差别很小，但两极省市的三代直系家庭比例绝对数值都降低了；隔代直系家庭比例在两个时期最低的分别是云南省和西藏自治区，都在0.6%左右，最高的都是重庆市，比例约为5%。

2000年省级单位中仅有上海市的夫妻核心占比高于20%，2010年增加到12个，包括东北三省、各直辖市和江浙；所有省份的夫妻核心家庭比例都升高了，其中东南沿海和内蒙古、宁夏回族自治区上升的幅度最高。标准核心家庭方面，比例处于较低水平的地区在10年间增多而较高水平的地区减少，共23个地区的标准核心家庭比重降低，下降最多的是各直辖市以及东北三省，而西北省份和广东广西的标准核心家庭比例多是增加的。三代直系家庭比例处于较高水平的省份在数量上很稳定，但各地区的角色有所互换，18个地区的三代直系比例减少，较为突出的是北上广和西藏宁夏一带，比例增加明显的是中部地区。隔代直系的比例在22个地区增加，增加与减小的地区分布特征与三代直系一致。

注意到一些简单规律：2010年夫妻核心比例最高的几个地区，所经历的标准核心比例减少幅度也最大；2000年标准核心家庭比例在全国处于低位的地区，标准核心在10年间的增加最多，但增加后也依然在全国的最低水平；就省份而言，标准核心家庭比例在全国所处的水平和夫妻核心家庭比例的水平总是一致的，两者都处于高水平或都处于低水平；两类直系家庭比例变动的方向与原本的水平高低没有明显相关性，但变动幅度大的都是原本处于中高水平的地区。

（一）夫妻核心与标准核心

从市级角度看，夫妻核心家庭比例的分布变化非常明显。在2000年，有13个地级市的夫妻核心家庭比例高于20%，大部分在上海及其周边；有104个城市的夫妻核心家庭比例低于10%，分布在中原地区的山西、河南以及西部的大面积区域。东部夫妻核心家庭比例高于西部的特征明显。到2010年，夫妻核心家庭比例高于20%的城市数量增加到109个，而低于10%的减少到17个。东部高于西部的趋势依然存在，新出现了北方高于南方的特点（江浙沪皖除外）。10年间夫妻核心家庭比例增加超过10个百分点的市有45个，总体增加的幅度由东北方向向西南方向逐渐减小。另有17个地理单元的夫妻核心家庭比例减小了，它们分散在新疆、西藏、云南、湖南和江西等地，新疆的伊犁哈萨克自治州下降达12.94个百分点。

标准核心家庭比例整体也呈现由东北向西南方向递减的分布。2000年标准核心家庭比例高于30%的有94个，分布于东三省、内蒙古、山东、长三角和西北地区的部分城市。2010年东北地区高标准核心家庭的区域向内陆转移，其余较为稳定。中南部的城市在2000年的标准核心家庭比重大多在20%~30%，到2010年出现了大量减少，在地理上连结成带状。

标准核心家庭比例低于20%的区域有所扩大。变动情况大致可概括为，

2000年标准核心家庭比例高于20%的比重在10年中下降了，而原本低于20%的则增多了。在196个标准核心家庭比例下降的城市中，下降的幅度从中西部向东北方向逐渐增大。西部偏北区域标准核心家庭比例上升的幅度最大。

（二）三代直系与隔代直系

对三代直系家庭比例而言，相比2000年，2010年高于20%和低于10%的城市数量都有所增加。10%~20%的三代直系家庭比例是最为普遍的区间。2000年处于这一区间的城市基本覆盖整个中国南部，并且呈现出南部的比例高于北部的特点。三代直系家庭比例高于20%的地市在南部的江苏、广东、云南、四川、贵州和西部的西藏、甘肃、青海等各省内部有所聚集。比重低于10%的多位于北部，南部有广东深圳等地和浙江北部城市。2010年三代直系低于10%的城市有53个，新加入的也多是北方城市，分布在新疆、内蒙古、黑龙江北部。三代直系家庭多于20%的城市达到106个，围绕原本三代直系现象明显的地市周围蔓延加深，中南部增加的城市数量最多，并向东部扩散，西藏和青海省内原本三代直系较高的地方有所减少。就三代直系家庭比例增加和减少的幅度来看，河南、江西和湖南省是高增长城市最多的地区，青海、西藏和甘肃省内高减少的城市较多，山西的运城和临汾是全国三代直系家庭比例增加最多的地市，而同省内的大同和太原则是全国降低最多的城市，省内的分化明显。

隔代直系家庭本身的水平较低，观察两个时期变动的意义大于单独看某一时期的水平分布。与三代直系家庭类似，南方的隔代直系家庭增加情况多于北方，上升幅度最多的城市出现在中东部地区的安徽、湖南、江苏和西北的青海省。也有115个地级市的隔代直系家庭比例下降，其中减少最为集中的区域是西藏、新疆两个自治区以及江西和四川省。

检查2010年三代直系家庭比例与两种核心家庭比例的关系，有59个地级市的标准核心家庭高于30%，其中53个北方城市中有24个三代直系家庭比例低于10%，6个南方城市的三代直系家庭比例水平处于全国的中游；42个城市的夫妻核心家庭比例高于25%，其中26个北方城市中有21个三代直系家庭比例低于10%，16个南方城市中的6个三代直系家庭比例低。因此总体上，高核心且低直系家庭比例在南方主要是以高夫妻核心和低三代直系的形态存在，北方大部分三代直系处于低位的城市中，标准核心和夫妻核心的比例则都处于高位。在夫妻核心比例较低的地级市中，有2/3的三代直系家庭比例较高；对标准核心家庭比例较低的城市，这个数字是40%，整体上高三代直系和低夫妻核心的对应关系更明显，这些城市聚集在西南一带，高三代直系单元的标准核心大多为中低水平。夫妻核心家庭比例处于全国高位的城市，标准核心的水平也总是在中高以上，但是反过来并不成立。

全国城市中，两次普查期间最普遍的变动模式单人户、夫妻核心、三代直系家庭的比例上升、标准核心家庭比例下降；其次是单人户和夫妻核心上升、标准核心与三代直系减少。尽管三代直系家庭本身大体呈现南方上升而北方下降的趋势，但这两种变动模式中的南北分异并不明显。而是在单人户、标准核心和夫妻核心都上升的其他城市，南方城市多三代直系增加，而北方城市多三代直系减少。

四、中国家庭结构的空间集聚特征

在前文的分析中，可以观察到某类家庭结构的高水平区域相互连结、同省内各城市相同家庭结构的水平差异大等现象，这意味着中国各类家庭结构在分布上可能存在某种不受省级行政区划限制的模式，需要通过空间集聚模式的相关分析来进行分辨。

首先对家庭结构进行全局自相关的莫兰指数双尾检验，当莫兰指数大于0时，表示研究对象在空间上具有相似属性聚集的模式，存在空间正相关，小于0则意味着空间负相关；指数绝对值越大，分布上的空间相关性越强。

结果系数显示（见表2-5），在2000—2010年，各基本家庭结构、主要二级家庭结构类型在全局中都存在显著且较为稳定的正向空间自相关性。其中，单人户的空间集聚效应随着时间发展而减弱；核心家庭的全局莫兰指数降低，二级结构中标准核心家庭的集聚效应亦是如此，但夫妻核心家庭的空间分布自相关性增强；直系家庭分布的空间依赖性增加。比较来看，核心家庭的集聚特征总是最强的，其次是隔代直系家庭，单人户和三代直系家庭分布的空间依赖性较弱。

表 2-5　2000—2010 年全国家庭结构莫兰指数

	单人户	核心	直系	夫妻	标准	三代	隔代
2000年	0.493***	0.650***	0.403***	0.501***	0.609***	0.373***	0.503***
2005年	0.485***	0.591***	0.483***	0.509***	0.600***	0.426***	0.562***
2010年	0.430***	0.577***	0.486***	0.549***	0.585***	0.428***	0.569***

注：*，**，*** 分别表示在5%，1%，0.1% 水平上显著，下同。

进一步对局部自相关性进行检验，确定高值和低值的集聚模式所出现的具体区域。表2-6给出在两个时期中，各类家庭结构中显著符合空间分布模式的地理单元数量，由于核心家庭和直系家庭的空间集聚模式是它们的二级家庭结构的组合，对二级家庭结构进行分析更加直观。

表 2-6　2000—2010 年中国各市家庭结构局部莫兰指数分布

	单人户		夫妻核心		标准核心		三代直系		隔代直系	
	2000年	2010年	2000年	2010年	2000年	2010年	2000年	2010年	2000年	2010年
高—高集聚	49个	38个	59个	76个	69个	72个	40个	48个	45个	59个
低—低集聚	60个	26个	66个	71个	71个	68个	32个	41个	36个	42个
高—低集聚	4个	6个	4个	1个	3个	1个	2个	0个	0个	0个
低—高集聚	1个	4个	3个	0个	1个	0个	4个	4个	0个	3个

2000年和2010年的高单人户比例聚集都出现在南方，2000年划为明显的三片：西藏、四川和重庆相连，广西、广东西部和它们与湖南的交界处，浙江和上海；2010年后面两个高单人户的热点区域依然存在，但西南仅剩四川的北部地级市。2000年低单人户的热点区域覆盖东北三省和内蒙古东部以及甘肃以东到山东省的黄河沿岸城市，到2010年热点区域缩小并更集中在山西和河南一带，西北和东北的低单人户聚集近乎消失。结合2010年超过80%的城市单人户比例有所上升这一事实，说明单人户比例从有规律的高值空间集聚变成"分散而普遍的高"，出现了一定程度的去聚集化。

夫妻核心和标准核心家庭比例的集聚模式整体变化较小。东北三省和内蒙古东部始终是两类核心家庭高值堆积的区域，并且各省内成为夫妻核心家庭热点的城市都有所增加，标准核心家庭的热点城市保持稳定；山东的沿海城市以及江浙沪皖也有高夫妻核心聚集的特征，但山东作为标准核心家庭热点区域的特质更突出，而其他4个省市则不具备。低夫妻核心聚集的区域从最西部的西藏、甘肃、云南向东延伸到广东中部，覆盖的面积很大，陕西和河南接壤的几个城市也有"低—低"聚集模式出现；广东省内"低—低"模式的范围在2010年进一步扩大，西南的贵州、西藏则缩小了。低标准核心比例城市聚集的区域与低夫妻核心大体相同，云南和广东的"低—低"模式城市明显减少，而湖南、四川属于这种模式的城市增加了。

观察三代直系家庭的高值热点区域，2000年在西南地区，2010年则向中南部偏移，西南部减少，中部的两湖、河南和江西"高—高"聚集的城市增加最多，高值热点区域连接起来，但地理上很临近的重庆及其周边城市没有明显的分布模式存在。低值聚集区出现在东北角和西北角的黑龙江和新疆维吾尔自治区，所覆盖的城市数量分别在10年间增多和减少。2010年，广东、青海和山西都在省内同时出现了三代直系家庭比例高值聚集和低值聚集的情况。广东东部靠近福建的潮州、汕头和揭阳为高值热点区，珠三角的深圳、东莞和珠海是低值聚集区；青海西部的海西和玉树自治州为低值聚集，东部的海东和海南自治州为高值聚集；山西最南端接壤河南的运城市是"高—高"模式，最北靠近内蒙古的大同和朔州是"低—低"模式。

隔代直系家庭比例高值和低值的热点区域都在2010年有所增多。2000年时高—高模式的城市主要分布在江西、湖南和四川，2010年这些区域的隔代家庭依然有显著的自相关性，它们附近的湖北、贵州、安徽和江苏也出现了高水平的聚集现象。2000年"低—低"模式的城市，除了云南的7个城市外，均为北方城市，大多在山东、山西和河北，2010年东北三省及新疆有多个地级市也呈现了低隔代直系聚集的模式。

总体上，2000年单人户和核心家庭的聚集模式相反，2010年两类核心家庭的空间聚集分布基本保持，而单人户出现去聚集化；对于单人户和核心家庭，东北三省和内蒙古东部的同质性强；对直系家庭，东三省和新疆的一致性明显；西藏、川西、青海和甘肃南部以及云贵的家庭结构组成模式类似，同样相似的还有苏南、上海和浙北；广东、山西和青海的三代直系家庭比例分布模式在本省内异质性突出。2010年单人户比例分布呈现异常"高—低"模式的地级市较多，除北京市外均为各省的省会城市，如湖北武汉、云南昆明、陕西西安、河南郑州和山西太原。武汉还和四川成都一起，呈现隔代直系家庭比例的"低—高"模式。广东省潮汕临近的汕尾、揭阳和河源等市的单人户比例显著低于周围城市。

第三节 中国家庭结构的空间面板分析

一、数据、解释变量与方法

（一）数据与变量

在这一小节内我们利用空间面板分析技术来探索解释变量对家庭结构分布的直接效应和空间溢出效应。我们仍然采用2000年和2010年全国人口普查、2005年全国1%人口抽样调查数据来获取各类家庭结构在各个地级市的分布。为了进一步展示家庭结构的空间影响因素，我们还利用了《中国人口与就业统计年鉴》以及相应年份的《中国区域经济统计年鉴》来构建解释变量。根据前一章节理论的回顾，我们将选择如下自变量：

1. 经济因素类变量

劳动力在第一产业和第二、三产业中的分配比例、农村人口和城镇人口的比例能够衡量经济社会整体向现代化转型的程度[1]；人均受教育程度和人均GDP反映人口所处的社会经济地位。[2] 因此，对第一产业劳动力比例、人均GDP、人均受教育程度和城镇化率作为主成分分析，得到经济发展因子作为自变量。

住房的供给是影响家庭结构的关键因素，高涨的房价使得中国住房和家庭结构之间的关系存在与西方相区别的特殊性。因此将房价因素作为单独的经济类变量纳入，并用当地的城镇居民人均可支配收入进行标准化。

---

[1] 王跃生.社会转型及其对中国当代家庭的影响[J].中国高校社会科学，2017（5）：58-68，157.
[2] 陈光金.社会发展问题经验研究（专题讨论）——不仅有"相对剥夺"，还有"生存焦虑"——中国主观认同阶层分布十年变迁的实证分析（2001—2011）[J].黑龙江社会科学，2013（5）：82-94.

2. 人口变量

由于生育率对家庭结构的影响存在一定的滞后性，且依照普查数据计算的总和生育率的数据精确性有待商榷，相比之下0~14岁少年儿童比例更加准确并能够直接反映与亲子关系相关的居住模式。同时随着老龄化的加深，老年人的居住选择会影响整体家庭结构比重的构成，选择0~14岁人口比例和65岁及以上人口比例作为自变量。

人口流动方面，某个地理单元作为流入地的特征用常住人口中户籍登记地在本市以外的人口比例来衡量；用户籍人口中离开本地半年及以上的人口比例来表示当地人口流出的程度。

少数民族人口因其与汉族在文化传统、生活方式、生育政策等多方面的不同，家庭结构的总体组成也存在差异，且对不同的家庭结构类型需要具体问题具体分析。[1][2]在计量分析中加入少数民族人口比例作为控制。

3. 文化习惯类变量

人口普查数据中可以用于直接测度传统文化惯习的保留程度的变量较少。一方面，少数民族人口比例的加入，可以一定程度上控制与汉族不同的传统习俗对于全国家庭结构分布情况的影响；另一方面，有研究表明，居民教育获得的性别差异与父权制的传统文化残留相关[3]，而父权制和大家庭的居住形态相关联，因此假设普查数据中所呈现的男性平均受教育程度为当地所能提供的实际教育资源，用其对当地的女性平均受教育程度进行标准化，反映该地理单元的教育性别不公平性，借以测量父权制文化保留的情况。

（二）方法：空间面板计量模型

空间面板计量模型通过引入空间权重矩阵，对普通线性假设的模型进行修正，可用于验证被解释变量自身的个体效应、时间效应以及解释变量的直接效应和空间溢出效应等。

一般化的空间面板模型表达如下：

$$y_t = \rho W y_t + X_t \beta + W X_t \delta + \mu + \gamma_t + \varepsilon_t \quad (2.3)$$

$$\varepsilon_t = \lambda W \varepsilon_t + v_t \quad (2.4)$$

---

[1] 刘西慧. 现代化浪潮下南京市少数民族聚居区的演化与特征初探[D]. 南京：东南大学，2015.
[2] 张文娟. 流动人口的家庭结构——以北京市为例[J]. 北京行政学院学报，2009（6）：88-92.
[3] 吴愈晓. 中国城乡居民教育获得的性别差异研究[J]. 社会，2012，32（4）：112-137.

其中 W 为 $N\times N$ 的空间权重矩阵，表示空间单元之间以一定标准衡量的相互依赖程度；ρ 表示被解释变量的内生空间交互作用的大小；β 的取值表示某地区的解释变量对该地因变量所产生的直接效应；$WX\delta$ 则是来自其他地区自变量 X_t 的部分外生空间交互影响；μ 是地理区域的固定个体效应；γ 表示固定时间效应，是全部地理单元都随着时间变化的特征，若 μ 和 X_t 相关，则为固定效应模型，反之则是随机效应模型；ε_t 为随机扰动项，式（2.4）表示随机扰动项受其他地区影响的空间误差情况。

一般化模型本身包含了空间误差和空间滞后双重效应；当 $\lambda=0$（$\rho=0$）时，模型简化为空间杜宾模型（SDM）；若 $\lambda=0$ 且 $\delta=0$，则为空间滞后模型（SLM）；当 $\rho=0$ 且 $\delta=0$，方程为空间误差模型（SEM）。3种模型的不同实际上表示空间效应的不同来源：空间滞后模型假定因变量自身存在空间自相关性，某个地理单元的 y 会受到周边区域 y 的取值的影响；空间误差模型认为空间效应来自不可观测的随机误差项 ε，或者是模型中被遗漏的解释变量；空间杜宾模型则认为被解释变量的大小会依赖于周围地区的解释变量。具体的模型选择根据数据特征和模型的拟合效果决定。

二、解释变量对中国家庭结构分布的效应

本书关注的解释变量在前文已经加以说明。相比于核心家庭、直系家庭等一级家庭结构分类，在研究家庭结构与外部因素的关系时，一般认为使用二级家庭类型作为基础更为妥当，细分的家庭结构类型特征明显，且内部一致性更强[①]，因此继续以二级家庭结构和单人户为基础进行计量模型的分析。所有变量的基本情况统计如表2-7所示。

表2-7 所有变量的基本情况统计

变量名	符号	描述	均值	标准差
单人户比例	f1	单人户占所有家庭户的比重（%）	11.98	5.28
夫妻核心比例	f2	夫妻核心家庭占所有家庭户的比重（%）	15.58	5.86
标准核心比例	f3	标准核心家庭占所有家庭户的比重（%）	22.07	7.51

---

① 王跃生.当代家庭结构区域比较分析——以2010年人口普查数据为基础[J].人口与经济，2015（1）：34–48.

续表

变量名	符号	描述	均值	标准差
三代直系比例	f4	三代直系家庭占所有家庭户的比重（%）	15.47	5.65
隔代直系比例	f5	隔代直系家庭占所有家庭户的比重（%）	2.19	1.83
经济发展因子	eco	城镇化率、第一产业就业人口占总就业人口的比例、人均受教育程度、人均GDP的综合因子	2.21×10^{-9}	0.91
流入人口比例	ip	流入人口占常住人口的比重（%）	8.33	9.52
流出人口比例	op	流出人口占户籍人口的比重（%）	13.71	7.11
少数人口比例	shaoshu	少数民族人口占总人口的比例（%）	15.55	26.26
少年儿童比例	shaoer	0~14岁人口占总人口的比例（%）	20.66	5.62
老年人口比例	laonian	65岁及以上人口占总人口的比例（%）	7.95	2.00
教育程度性别差异	dedu	女性平均受教育程度和男性的差异程度（%）	12.80	7.53
标准化房价	sprice	每平方米房价/城镇居民人均可支配收入（%）	21.32	13.58

在进行空间计量模型检验之前，通过全局莫兰指数的检验，观察解释变量是否存在空间上的统计学相关（见表2-8）。结果显示全国各地区的经济发展水平、人口流动水平和年龄结构组成、受教育程度性别差异和房价均存在显著的区域性差异。在所研究的时期内，经济发展水平的空间集聚性稍有降低，而典型的流入地，由于流动行为与观念模仿性和扩散性，空间依赖明显增强[1]，少数民族人口保持了聚集的分布特点[2]，邻近的城市或地区，往往有比较类似的人口年龄结构和两性教育资源的不公平程度。

表2-8 2000—2010年自变量莫兰指数

年份	eco	ip	op	shaoshu	shaoer	laonian	dedu	sprice
2000	0.468***	0.063*	0.080*	0.718***	0.552***	0.485***	0.550***	0.363***

---

[1] MABOGUNJE, A. L. Systems Approach to a Theory of Rural-urban Migration [J]. Geographical Analysis, 1970, 2（1）: 1-18.
[2] 高向东, 王新贤, 朱蓓倩. 基于"胡焕庸线"的中国少数民族人口分布及其变动 [J]. 人口研究, 2016, 40（3）: 3-17.

续表

年份	eco	ip	op	shaoshu	shaoer	laonian	dedu	sprice
2005	0.464***	0.241***	0.253***	0.717***	0.631***	0.569***	0.589***	0.174***
2010	0.454***	0.387***	0.280***	0.715***	0.632***	0.622***	0.616***	0.167***

由于这些因素均贡献于一个地区家庭结构特征的形成，因此它们的空间分布特征会影响各地家庭结构的异同。进一步从地理空间角度考虑这些成因的作用机制，它们对家庭结构形成和改变的影响，理论上不仅仅局限于对本地区的直接影响，还包括对周边地区的间接效应，又称空间溢出效应。空间溢出效应的存在往往与文化、制度、观念和行为的传播与模仿相关。尤其当解释变量和被解释变量的分布本身存在空间依赖性时，相邻地区间的被解释变量彼此影响，解释变量也相互影响，解释变量又作用于被解释变量，复杂的作用路径使得分离解释变量的直接效应和间接效应显得十分必要。

当解释变量存在空间滞后时，应当首选空间杜宾模型，若模型的 Wald 值和似然比值未通过显著性检验，再考虑将模型简化为空间滞后或空间误差模型。所构建模型的表达式如下：

$$f1(f2/f3/f4/f5)_{it} = \rho \sum_{j=1}^{N} w_{ij} f1(f2/f3/f4/f5)_{it} + aeco_{it} + bip_{it} + cop_{it} + dshaoshu_{it} + eshaoer_{it} + flaonian_{it} + gdedu_{it} + hsprice_{it} + iyear_{it} + jyear_{it}*eco_{it} + kyear_{it}*ip_{it} + lyear_{it}*op_{it} + myear_{it}*shaoshu_{it} + nyear_{it}*shaoer_{it} + oyear_{it}*laonian_{it} + pyear_{it}*dedu_{it} + qyear_{it}*sprice_{it} + a'\sum_{j=1}^{N} w_{ij}eco_{it} + b'\sum_{j=1}^{N} w_{ij}ip_{it} + c'\sum_{j=1}^{N} w_{ij}op_{it} + d'\sum_{j=1}^{N} w_{ij}shaoshu_{it} + e'\sum_{j=1}^{N} w_{ij}shaoer_{it} + f'\sum_{j=1}^{N} w_{ij}laonian_{it} + g'\sum_{j=1}^{N} w_{ij}dedu_{it} + h'\sum_{j=1}^{N} w_{ij}sprice_{it} + \mu_i + \gamma_t + \varepsilon_{it}$$ (2.5)

$$\varepsilon_{it} = \lambda \sum_{j=1}^{N} w_{ij}\varepsilon_t + \upsilon_{it}$$ (2.6)

首先，运行普通面板数据模型，检验空间滞后和空间误差的拉格朗日乘子和稳健拉格朗日乘子，发现单人户和夫妻核心家庭的 R-LM（lag）未能通过显著性检验，而空间误差的两个 LM 统计量均拒绝原假设，则对单人户和夫妻核心家庭要在模型中检验空间误差效应；其余几类家庭结构的 4 个 LM 检验都拒绝原假设,因此需要同时纳入误差效应和滞后效应。

其次,空间杜宾模型的 Wald 和 LR 检验均通过显著性检验,因此模型不可进行去除自变量空间滞后项的简化。

最后,通过豪斯曼(Hausman)检验来选择固定效应和随机效应模型,发现豪斯曼统计量均为负数,不可拒绝原假设。因此,对于单人户和夫妻核心家庭,空间误差的随机效应面板杜宾模型是最佳模型;对其他3类家庭结构,应进行空间误差和空间滞后的随机效应面板杜宾模型。[①]以下对模型结果的系数和解释变量的效应进行说明。在空间模型结果中,自变量的回归系数值是有偏的,不能反映边际效应,应当计算自变量的直接效应和间接效应,并依照它们的显著性来解释[②],分离出的直接效应包括自变量影响周围地理单元的因变量后所产生的反馈(见表2-9)。

表2-9 空间模型选择的系数检验

	单人户	夫妻核心	标准核心	三代直系	隔代直系
LM-err	56.81***	79.94***	115.23***	137.43***	90.82***
Robust LM-err	16.64***	28.77***	119.11***	174.96***	212.26***
LM-lag	42.72***	51.51***	24.68***	53.44***	24.82***
Robust LM-lag	2.56	0.33	28.57***	90.96***	146.26***
Wald-test	823.92***	954.71***	990.30***	322.23***	817.26***
LR-test	222.62***	225.77***	486.86***	115.52***	122.94***
Hausman-test	-17.32	-128.02	-103.95	-40.33	-149.77

(一)单人户

单人户比例的空间误差项在0.1%水平下显著。从偏回归系数可见(见表2-10),户口位于其他省市的常住人口比例、少数民族人口比例和65岁及以上人口比例,对该市单人户比例有显著的正向作用,并且随着时间的推移,

---

① 赵金金.中国区域旅游经济增长的影响因素及其空间溢出效应研究——基于空间杜宾面板模型[J].软科学,2016(10):53-57.

② PACE, R. K., LESAGE, J. P. A Sampling Approach to Estimate the Log Determinant Used in Spatial Likelihood Problems[J]. Journal of Geographical Systems, 2009, 11(3): 209-225.

流入人口比例对单人户的影响在2010年的影响比在2000年增强，而少数民族人口的预测力在减弱；流出人口比例的偏回归系数不显著，而它和时间的交互项在1%水平上显著为负。各自变量的空间交互项系数不显著。

进一步计算各自变量的直接效应和间接效应系数，对于和时间的交互项显著的自变量，分别计算其在第一个时期2000年和最后一个时期2010年的直接效应、间接效应，以观察它对因变量作用的变化。

经济发展因子的直接效应、间接效应和总效应都不显著，表示平均而言，中国的社会"静态"经济发展水平未能对单人户的比例有所影响。老年人口比例的直接效应系数显著为正，在控制其他因素的情况下，一个地区老年人口比重的上升与当地的单人户家庭比例正相关，空间溢出效应不显著。

表2-10 单人户比例的空间面板模型结果

变量	回归系数	直接效应	间接效应	总效应	空间交互项	时间交互项	时间交互项系数
eco	0.476	0.688	−2.095	−1.407	−2.314	eco#year	0.254
ip	0.032***	—	—	—	0.535	ip#year	0.096***
op	0.008	—	—	—	−0.125	op#year	−0.024*
shaoshu	0.041***	—	—	—	0.082	shaoshu#year	−0.012**
shaoer	−0.043	−0.047	−0.466	−0.514	−0.515	shaoer#year	−0.010
laonian	0.381***	0.338***	−0.184	0.154	−0.203	laonian#year	−0.025
dedu	−0.054	−0.038	0.506	0.468	0.559	dedu#year	0.001
sprice	0.003	0.011	0.118	0.128	0.129	Sprice#year	−0.003
year	2.432***					N	996
Sp-lag					—	R-Square	43.09
Sp-err					3.118***	Log_L	−2092.422
效应2000	直接效应	间接效应	总效应	效应2010	直接效应	间接效应	总效应
ip	0.023**	0.006	0.029**	ip	0.115***	0.029	0.144***
op	0.007*	−0.002	−0.009	op	0.017	0.004	0.021
shaoshu	0.041***	0.071	0.112*	shaoshu	0.035	0.069	0.104

流入人口比例对单人户的预测力随着时间的推移而增大,直接效应系数从2000年的0.023提高到2010年的0.115,总效应系数从0.029增加到0.144,城市作为流入地的特征越明显,单人户比例通常越高。流出人口比例的直接效应系数在2000年显著为正,2010年则未呈现显著性,人口流出与当地单人户比例的相关性减弱了,偏回归系数的不显著是由于流出人口比例整体对因变量的影响较为微小且在一定时期内逐渐消失。少数民族人口比例的系数特征与流出人口比例类似,在2000年时,少数民族人口占比较高的地区单人户比例也相对高,并且这种居住模式并不会向本地区之外扩散,2010年则未呈现这样的正向直接效应。

(二)夫妻核心家庭

夫妻核心家庭比例的空间误差项显著且多数自变量对因变量的回归系数通过显著性检验。偏回归系数显示(见表2-11),经济发展水平、流出人口比例和65岁及以上人口比例与夫妻核心家庭显著正相关,而少数民族人口比例和0~14岁人口比例与因变量显著负相关。流入人口比例、流出人口比例、老年人口比例和受教育程度性别差异的时间交互项显著,各影响因素对夫妻核心家庭的作用机制在2000—2010年间发生了较为明显的变化。

表2-11 夫妻核心家庭比例的空间面板模型结果

变量	回归系数	直接效应	间接效应	总效应	空间交互项	时间交互项	时间交互项系数
eco	0.934***	1.312***	0.145*	1.457*	0.160*	eco#year	−0.100
ip	0.013	—	—	—	−0.329	ip#year	0.061*
op	0.043*	—	—	—	−0.021	op#year	0.068**
shaoshu	−0.042***	−0.041***	−0.337	−0.379	−0.143	shaoshu#year	0.008
shaoer	−0.190***	−0.463***	−0.042***	−0.422***	−1.176***	shaoer#year	−0.120
laonian	0.537***				1.634	laonian#year	0.179*
dedu	0.023	—	—	—	−0.488	dedu#year	0.879*
sprice	−0.005	0.001	−0.001	0.001	−50.011	Sprice#year	−0.010
year	3.048***					N	996

续表

变量	回归系数	直接效应	间接效应	总效应	空间交互项	时间交互项	时间交互项系数
Sp-lag					—	R-Square	69.65
Sp-err					4.443***	Log_L	−2255.855
效应2000	直接效应	间接效应	总效应	效应2010	直接效应	间接效应	总效应
ip	0.023	−0.002	0.021	ip	0.065**	−0.002	0.065**
op	0.043*	−0.004	0.039*	op	0.102***	−0.009	0.093***
laonian	0.496***	−0.045	0.451***	laonian	0.513***	−0.046	0.466***
dedu	0.016	−0.068	−0.052	dedu	0.101**	−0.076	−0.026

观察经济发展因子、少数民族人口比例和少年儿童人口的效应分解系数，在控制其他变量的前提下，具有较高少数民族人口比例的地区，当地的夫妻核心家庭比例相对低；当一个区域的经济发展水平进步时，夫妻核心家庭比例也会有相应的上升，并且还会对周边地区的夫妻核心家庭比例有一定的带动作用；少年儿童比例的降低会显著提高本地区的夫妻核心家庭比重，同时间接作用于邻近区域的夫妻核心家庭。直接效应是经济发展因子和少年儿童比例主要对夫妻核心家庭产生影响的路径，间接效应相对小。

两个流动人口相关变量对被解释变量的直接效应系数都随着时间的推移而增大，尤其是流入人口比例，2000年对因变量的影响不显著，2010年则在1%水平上显著为正。老年人口比例和当地夫妻核心家庭比例的相关程度也在加深。受教育程度的性别差异在2000年和夫妻核心这一种家庭结构的相关性不显著，但在2010年，平均受教育程度女性落后男性越多的区域，在其他因素不变时，夫妻核心家庭比例越高，两者显著相关。

（三）标准核心家庭

标准核心家庭模型的拟合效果为所有模型中最好，R-Square达71.40%。如表2-12所示，标准核心家庭比例的空间滞后项和空间误差项均显著。经济发展因子的偏回归系数显著为正，流入人口比例、少年儿童比例和老年人口比例的偏回归系数显著为负。流入人口比例、少数民族人口比例、少年儿童比例和房价与时间的交互项显著。空间交互项显著的有经济发展因子、流入人口比例以及少年儿童人口比例。

进一步分析影响力非时变的自变量的效应系数，经济发展因子的直接效应和间接效应都显著为正，且间接效应系数值大于直接效应，说明社会经济发展所带来的对标准核心家庭模式的偏好的空间扩散效应很强。65岁及以上人口比例的提高和受教育程度性别差异的扩大的影响会显著反映在本地区标准核心家庭比例的降低上，这两个变量的间接效应不显著。

流入人口比例的提高，不仅会降低当地的标准核心家庭比例，也对周边区域的标准核心家庭存在显著的负向作用，直接效应和间接效应的绝对大小都随着时间有所降低。2000年少数民族人口比例与标准核心家庭比例没有显著的相关性，2010年少数民族人口比例的直接效应系数为正，这一时期内少数民族比重较高的地区，当控制其他因素时，标准核心家庭也较多。少年儿童人口比例对标准核心家庭比例同时存在显著为负的直接效应和间接效应，两种效应都随时间的推移减弱。标准化的房价在2000年对因变量没有显著的影响，而在2010年直接效应显著，房价和民众可支配收入的差距越高，标准核心家庭比例越低。

表2-12　标准核心家庭比例的空间面板模型结果

变量	回归系数	直接效应	间接效应	总效应	空间交互项	时间交互项	时间交互项系数
eco	1.355***	1.539***	12.602***	14.131***	−15.675***	eco#year	−0.229
ip	−0.034*	—	—	—	0.361*	ip#year	0.053*
op	0.020	0.012	0.048	0.060	0.060	op#year	−0.021
shaoshu	0.043	—	—	—	−0.200	shaoshu#year	0.040***
shaoer	−0.657***	—	—	—	−1.809***	shaoer#year	0.198*
laonian	−0.019*	−0.229**	−0.910	−1.139	−1.368	laonian#year	−0.194
dedu	−0.004	−0.056*	0.465	0.409	0.262	dedu#year	−0.039
sprice	−0.005	—	—	—	−0.185	Sprice#year	−0.026*
year	−5.494***					N	996

续表

变量	回归系数	直接效应	间接效应	总效应	空间交互项	时间交互项	时间交互项系数
Sp-lag					1.697***	R-Square	71.40
Sp-err					5.066***	Log_L	-2485.897
效应2000	直接效应	间接效应	总效应	效应2010	直接效应	间接效应	总效应
ip	-0.032*	-0.194*	-0.226*	ip	-0.021*	-0.178*	-0.199*
shaoshu	0.009	1.893	1.903	shaoshu	0.051*	2.057	2.108
shaoer	-0.666***	-2.647*	-3.314**	shaoer	-0.465***	-1.850*	-2.317**
sprice	-0.004	-0.019	-0.024	sprice	-0.031*	-0.127	-0.159

（四）三代直系家庭

该模型结果中（见表2-13），三代直系家庭比例的空间滞后和误差效应都通过显著性检验，而各自变量的空间交互项均不显著。偏回归系数显示经济发展因子与三代直系家庭比例显著负相关，而0~14岁人口比例、老年人口比例、受教育程度性别差异以及标准化房价的偏回归系数都为正且在统计学意义上显著。对被解释变量的影响力随着时间发生明显变化的有经济发展因子、流入人口比例、流出人口比例、受教育程度性别差异及房价。

表2-13 三代直系家庭比例的空间面板模型结果

变量	回归系数	直接效应	间接效应	总效应	空间交互项	时间交互项	时间交互项系数
eco	-0.561*	—	—	—	-0.006	eco#year	-0.786***
ip	-0.010	—	—	—	-0.015	ip#year	-0.062**
op	-0.008	—	—	—	-0.012	op#year	-0.042*
shaoshu	0.012	0.016	-0.027	-0.023	-0.018	shaoshu#year	-0.003
shaoer	0.118**	0.117**	-0.143	-0.026	-0.071	shaoer#year	-0.003
laonian	0.145*	0.043**	-0.253	-0.209	-0.166	laonian#year	-0.243
dedu	0.040*	—	—	—	0.054	dedu#year	-0.130***

续表

变量	回归系数	直接效应	间接效应	总效应	空间交互项	时间交互项	时间交互项系数
sprice	0.016**	—	—	—	0.090	sprice#year	0.028*
year	2.354**					N	996
Sp-lag					1.912***	R-Square	32.48
Sp-err					2.262***	Log_L	−2378.392
效应2000	直接效应	间接效应	总效应	效应2010	直接效应	间接效应	总效应
eco	−0.517*	−0.079	−0.596*	eco	−1.306***	−0.378	−1.684**
ip	−0.010	−0.016	−0.026	ip	−0.073***	−0.113	−0.185**
op	−0.007	−0.012	−0.019	op	−0.049**	−0.077	−0.127*
dedu	0.037*	−0.795	−0.757	dedu	−0.093	−0.999	−1.093
sprice	−0.013	−0.020	−0.033	sprice	0.016**	0.025	0.041**

其中，0~14岁人口比例和老年人口比例的空间溢出效应不显著，对本地的三代直系家庭比例有显著的直接效应。经济发展水平的提高对三代直系家庭比例的负向作用在10年间显著增大了。流入人口比例和流出人口比例在2000年对三代直系家庭的影响不显著，在2010年，当地流动人口的比例越高，三代直系家庭比例越低；户籍人口中流出人口的比重越大，三代直系家庭比例也降低。

2000年时，受教育程度性别差异的直接效应系数在5%水平上显著为正，也就是说男孩偏好和父权思想明显的区域，三代直系家庭比例较高，标准化房价在这一时期与三代直系家庭没有显著的相关性。在2010年，受教育程度的性别差异对三代直系家庭的直接效应未通过显著性检验，而标准化房价越高的地区，具有三代直系家庭比例也较高的特征。

（五）隔代直系家庭

隔代直系家庭比例同样通过空间滞后和空间误差项检验。流出人口比例、少年儿童人口比例和老年人口比例对因变量有正向的显著预测力，而受教育程度性别差异的偏回归系数显著为负。各解释变量对隔代直系家庭比例的影响机制在一定时期内较为稳定，仅有受教育程度性别差异一个自变量的时间交互项显著。与三代直系家庭类似，自变量的空间交互项均不显著（见表2-14）。

表2-14 隔代直系家庭比例的空间面板模型结果

变量	回归系数	直接效应	间接效应	总效应	空间交互项	时间交互项	时间交互项系数
eco	0.018	0.031	1.235	1.204	−2.172	eco#year	−0.129
ip	−0.002	−0.008	0.019	0.010	0.013	ip#year	−0.011
op	0.014*	0.020***	0.952	0.973	0.366	op#year	0.015
shaoshu	−0.009	−0.007	−0.289	−0.297	−0.111	shaoshu#year	0.009
shaoer	0.069***	0.063***	−0.139	−0.075	−0.172	shaoer#year	−0.018
laonian	0.194***	0.171***	−0.375	−0.204	−0.207	laonian#year	−0.041
dedu	−0.013*	—			0.099	dedu#year	0.025**
sprice	0.002	0.001	−0.004	−0.002	−0.088	sprice#year	0.001
year	−0.642					N	996
Sp-lag					0.647**	R-Square	44.25
Sp-err					2.187***	Log_L	−1219.529
效应2000	直接效应	间接效应	总效应	效应2010	直接效应	间接效应	总效应
dedu	−0.013*	0.282	0.268	dedu	0.012	0.226	0.238

流出人口的比例越高，本地区隔代家庭比例也具有越高的趋势；少年儿童比例和老年人口比例的提高，意味着处于中间的劳动年龄人口比例降低，隔代直系家庭显著增多。在2000年，受教育程度性别差异较高的地区，在其他条件一定时，隔代直系家庭比例较低；在2010年这种特征不再显著。

（六）家庭结构变动的影响机制

各影响因素与不同被解释变量之间关系的综合展示如表2-15所示。从各个影响因素的角度去看它们对各类家庭结构产生影响的机制。

（1）经济发展因子：在模型控制了流动和房价变量之后，经济发展因子的系数在很大程度上反映的是其对某一类家庭结构的"静态"影响,这种影响来源于生活环境和保障水平的整体改善而带来的居住观念改变,民众可以较为自由地选择同住模式,反映人的居住偏好。从结果来看,标准核心和夫妻核心家庭是在社会经济进步的情况下受偏好的两种家庭结构,尤其是标准核心家庭,这与现代化理论所秉承的观点较为一致。[①]一方面,微观上随着收入的提高,个人的经济自主权增强,家庭的经济生产和保护角色改变,转而向精神与情感的寄托过渡,自由主义与个人主义价值观的普及使得个人寻求领域私人化和代际关系平等化;另一方面,宏观制度与环境中社会保障制度的不断完善,可以部分取代家庭的养老功能,老年夫妇的独立生活成为可能,抚养和赡养行为转变为一种互惠合作。[②]经济发展因子在作用于核心家庭的时候,检验出显著的空间溢出效应,说明在其他地区会存在对高现代化的发达区域的居住行为的效仿,或是与现代化伴生的自由主义和小家庭的居住理念会在地区之间扩散,并且扩散的速度快于实际经济产业资源对周边社会发展的辐射。相对应地,从全国平均来看,三代直系家庭的居住形态和经济社会的综合发展并不契合。

(2)流入人口比例与流出人口比例:流入人口比例的提高与单人户和夫妻核心家庭的增加以及标准核心和三代直系家庭的减少相关。这主要来源于流动人口的居住模式和"当地土著"存在显著区别。[③]流动者往往是离开父母等长辈,去往异地进行就业,不具备构成复杂家庭结构的基础,流动人口与极小化的居住形态高度相关,因此流动人口的增加会提高极小化家庭的比重,相应地挤占相对大规模家庭所占的比例,而不是说流动人口会破坏标准核心和三代直系家庭的原有存在。就中国人口流动的发展阶段而言,1995—2004年中国的流动人口开始快速增加,2000年之后,分散式、单一化的人口流动逐渐转向家庭化的流动模式,2005—2010年是人口流迁家庭化的初期,2010年及之后是家庭主迁移阶段,"80后新生代农民工"的概念提出,新生代大

---

① 唐灿.家庭现代化理论及其发展的回顾与评述[J].社会学研究,2010,25(3):152-156.
② 张广利,马子琪,赵云亭.个体化视域下的家庭结构与家庭关系演化研究[J].湖北社会科学,2018,376(4):60-65.
③ 王跃生.当代家庭结构区域比较分析——以2010年人口普查数据为基础[J].人口与经济,2015(1):34-48.

部分流动人口的主流模式是夫妻共同外出。① 据此，流出人口比例对单人户和三代直系家庭的影响、流入人口比例对夫妻核心和标准核心家庭的影响随着时间的变动可以得到解释，背后的机制是人口流动的家庭化，或更具体而言，夫妻迁移模式的主流化和子女随迁的增多。流出人口比例与夫妻核心家庭比例的显著正相关，与空巢老年人现象的出现和加深有关。

表2-15 影响因素对各家庭结构的作用

变量	eco	ip	op	shaoshu
单人户		直接效应：正 时间效应：增大	直接效应：正（2000） 无（2010） 时间效应：减弱	直接效应：正（2000） 无（2010） 时间效应：减弱
夫妻核心	直接效应：正 间接效应：正	直接效应：无（2000） 正（2010） 时间效应：增大	直接效应：正 时间效应：增大	直接效应：负
标准核心	直接效应：正 间接效应：正	直接效应：负 时间效应：减弱		直接效应：无（2000） 正（2010） 时间效应：增大
三代直系	直接效应：负 时间效应：增大	直接效应：无（2000） 负（2010） 时间效应：增大	直接效应：无（2000） 负（2010） 时间效应：增大	
隔代直系			直接效应：正	

变量	shaoer	laonian	dedu	sprice
单人户		直接效应：正		
夫妻核心	直接效应：负 间接效应：负	直接效应：正 时间效应：增大	直接效应：无（2000） 正（2010） 时间效应：增大	
标准核心	直接效应：负 间接效应：负 时间效应：减弱	直接效应：负	直接效应：负	直接效应：无（2000） 负（2010） 时间效应：增大

---

① 马肖曼.乡—城新生代人口的家庭迁移模式研究［D］.长春：吉林大学，2017.

续表

变量	eco	ip	op	shaoshu
三代直系	直接效应：正	直接效应：正	直接效应：正（2000）无（2010） 时间效应：减弱	直接效应：无（2000）正（2010） 时间效应：增大
隔代直系	直接效应：正	直接效应：正	直接效应：负（2000）无（2010） 时间效应：减弱	

（3）少数民族人口比例：少数民族人口比例对单人户的直接效应系数及其变化，与前文空间集聚中呈现的分布特征较为一致：2000年西藏和川西、甘肃一带出现单人户比例的高值聚集，2010年由于全国普遍性的单人户比例上升，该地区的热点区域消失，但依然处于全国的高水平。实际上，高单人户、低核心家庭可以说是藏族特色，在其他少数民族中并未被观察到[①]。已有研究认为藏族的这一现象可能与迁移流动相关，但其他的原因尚未被发现。[②③] 此外，少数民族人口比例在2010年与标准核心家庭显著正相关，这可能与生育普遍推迟有关，80%少数民族的总体生育水平仍高于汉族有关[④]；同理可以被解释的还有少数民族比例与夫妻核心家庭的显著负相关。

（4）0~14岁人口比例：在婴儿死亡率较低的死亡模式下，少年儿童人口的比例实际上折射的是过去一段时期内的生育率水平。模型所得该变量与各类家庭结构的相关系数的方向，都符合家庭结构本身的定义和组成方式。注意到对于夫妻核心和标准核心家庭，少年儿童比例存在间接效应。这应当是由于在生育率下降的过程中，先进的生育观念和生育行为存在地区间的传播和扩散效应。[⑤]

（5）65岁及以上人口比例：老龄化对家庭结构的影响有两个方向，一是

---

① 杨成洲，杨帆，刘金华.当代西藏家庭的变动趋势分析——以人口普查数据为基础［J］.西藏研究，2018（6）：63-71.

② 陈华.试析西藏家庭规模和结构的变化［J］.西藏大学学报（汉文版），1995（3）：57-60.

③ 王跃生.直系家庭户主代位构成和变动分析——以1982—2010年中国人口普查数据为基础［J］.社会科学，2014（3）：67-79.

④ 郝晓倩.中国少数民族人口生育水平研究［D］.北京：中央民族大学，2015.

⑤ 戈艳霞.中国的城镇化如何影响生育率？——基于空间面板数据模型的研究［J］.人口学刊，2015，37（3）：88-101.

促进直系家庭的比例扩大,二是夫妇家庭和单人户的增多。① 这两种路径在模型中都被验证。老年人口比例对夫妻核心家庭比例的影响随着时间的变化而增大,可以推测老年人中夫妇二人的居住方式在变得愈加普遍。

(6)受教育程度的性别差异:若将受教育程度的性别差异大小用来衡量父权制文化保留的程度,则较大的性别差异应反映在比例较高和组成稳定的直系家庭上。它与标准核心家庭负相关,以及2000年对三代直系家庭显著为正的系数与这个推论一致。2000年该自变量对隔代直系家庭的负向作用,可能源于父权的权威与同住赡养的习俗对年轻劳动力的流出有一定的阻碍作用。但是受教育程度性别差异对直系家庭的影响到2010年都消失了,一定程度上反映了在现代化和新观念的冲击下,中国整体上的居住模式选择已经较少受传统家庭制度的制约。2010年夫妻核心家庭比例与受教育程度的性别差异正相关。2000—2010年中国男性和女性的平均初婚年龄不断提高,初婚行为推迟,而研究表明,受教育程度越高的女性,初婚年龄越高②,相反女性受教育程度越低,进入婚姻的时间越早。

(7)标准化房价:自1998年住房商品化以来,1999—2010年,中国的商品房均价一直处于上升中,1999—2003年增速较平稳,2004年后飞速上涨,且居民收入的增速在多数年份低于房价的增速,买房负担在2010年远高于2000年。③ 对于原本与父母同住的成年子女来说,高涨的房价是分爨的阻碍,无法负担一套新的房子会成为直系家庭(尤其是城市中)保留的原因。标准化房价在2010年对标准核心家庭和三代直系家庭的显著直接效应证明了这一点。

综上,全国范围内大部分城市在10年间单人户比例的增多,主要的贡献来自流动人口和老龄化的加深;夫妻核心家庭比例的增加与社会经济水平提高、流动现象普遍和老龄化相关性较强。有196个城市的标准核心家庭比例是下降的,可能是流动增加、少年儿童比例减少(生育率降低)、老龄化加深、

---

① 王跃生.当代家庭结构区域比较分析——以2010年人口普查数据为基础[J].人口与经济,2015(1):34–48.

② 杨克文,李光勤.教育获得对初婚年龄的影响研究[J].人口学刊,2018,40(6):7–21.

③ 刘海猛,石培基,潘竟虎,等.中国城镇房价收入比时空演变的多尺度分析[J].地理科学,2015,35(10):1280–1287.

受教育程度性别不平等和高房价的综合结果；而在标准核心家庭比例增加的区域，经济发展的正向促进和较高的少数民族人口比例比其他因素发挥了更大的作用。直系家庭方面，隔代直系家庭比例变动的关键变量是流出人口的比例，对于隔代直系家庭比例下降的地理单元，当地受教育程度的性别差异发挥了一定的作用。三代直系家庭比例变动背后的影响机制随着时间的变化最为复杂，经济的发展、流动的加剧和生育率的下降共同抑制三代直系家庭的增长，老龄化、受教育程度的性别差异（男性偏好文化）和高房价可能在三代直系比例上升的城市作用突出。

至此，我们讨论了2000—2010年各影响因素对家庭结构变动的作用机制及其随时期的效应变动，并证实了一些影响因子的空间溢出效应的存在。因此，在分析某个地区的家庭结构成因时，不应孤立地考虑这个地区本身，而应该将其周围地域的相关特征也纳入考量，能够更合理地进行解释。

需要说明的是，上述各模型是空间固定系数模型，结果中汇报的系数为全国各区域"平均化"的效应，揭示的是家庭结构演变中的普遍性规律。某些模型自变量的系数不显著，并不意味着这个自变量的变动对于该家庭结构类型的改变，在中国任何地理单元都不发生作用，可能存在一些自变量在不同区位的影响方向有正有负，而这种特征会在固定系数模型中被抹去。所以当固定系数模型为我们揭示了普适性的规律，并证明空间溢出效应在某些影响因素与家庭结构类型互动机制中的存在后，需要使用空间可变系数模型（基于所使用的数据的结构，在下一节中我们将选择时空地理加权模型 GTWR），对全国各市的家庭结构受各影响因素的实际作用大小进行拆分（系数包括来自本地因素和周边地区因素变动的溢出效应），进一步寻找各地家庭结构异同的成因。

第四节 中国家庭结构的时空地理加权回归分析

一、时空地理加权回归模型

为了研究各影响因素在不同区域和不同时间作用的一致性，在这一小节内，我们将建立时空地理加权回归模型。由于所用的数据和解释变量与上一小节完全一致，在这里我们不再赘述，只先介绍一下所用的方法——时空地理加权回归。

空间面板计量模型是一种固定系数的估计方法，汇报研究对象在所研究区域内的平均水平。而地理加权回归是对全局空间计量模型的拓展，作为一种局部模型，并不对参数进行统一的估计，而是考虑空间非平稳性。假设被解释变量与解释变量间的关系是随着空间位置变化的，是一种常用的空间可变系数模型。[①] 如果在地理加权回归模型的基础上，加入数据的时间特征，就成了时空地理加权模型。[②]

回归模型表示如下：

$$Y_i = \beta_0(u_i, v_i, t_i) + \Sigma \beta_k(u_i, v_i, t_i) x_{ik} + \varepsilon_i \quad i=1, 2, \ldots n \quad (2.7)$$

其中 (u_i, v_i, t_i) 是第 i 个样本点的时空三维坐标，$\beta_k(u_i, v_i, t_i)$ 是连续函数 $\beta_k(u, v, t)$ 在 i 点的取值。如果 $\beta_k(u_i, v_i, t_i)$ 的取值没有波动，则证明空间不稳定性不存在。ε_i 是 i 点的随机误差，不同样本点的随机误差独立同分布。ArcGIS 10.3 软件可实现 GTWR 过程，并绘制系数分布图。

二、各影响因素在不同区域和时间的作用

结果参数的描述如表 2-16 所示，我们采用标准化处理使系数存在可比性，汇报通过显著性检验的系数。对 GTWR 每个自变量的系数结果与该自变量在 OLS 模型中的估计系数进行 F 检验，如拒绝原假设，则表示空间非平稳性存在。[③] 表格中的斜体字表示未通过空间非平稳性检验，可认为参数分布不存在空间异质性。

总体上，时空地理加权回归结果参数的显著性和空间杜宾模型较为一致。唯一例外是经济发展因子对单人户比例的影响，GTWR 结果显示，社会经济条件的进步对单人户的影响方向在中国全域内有明显的差异，负向作用和正向作用并存，而导致了前文模型中的回归系数不显著。

---

① 王梦晗.基于时空地理加权回归模型的北京市房价影响因素研究[D].泰安：山东农业大学，2018.

② Huang, B., Wu, B., BARRY, M. Geographically and Temporally Weighted Regression for Modeling Spatio-Temporal Variation in House Prices [J]. International Journal of Geographical Information Science, 2010, 24（3）: 383-401.

③ 王梦晗.基于时空地理加权回归模型的北京市房价影响因素研究[D].泰安：山东农业大学，2018.

横向比较各个模型的系数结果,对于单人户而言,暂且不看经济发展因子的复杂效应,2000年时,流入人口对单人户比例的促进作用几乎总是最大;而2010年,提高单人户比例的最主要成因是转换为老年人口比例。夫妻核心家庭和标准核心家庭的变动对少年儿童人口比例的变化最为敏感,夫妻核心家庭在2000年的次要解释变量是经济发展水平,而随着老年人口比例对夫妻核心家庭影响的增强,2010年的次要解释变量变为老年人口比例,老年人口比例对标准核心家庭的作用也仅次于0~14岁人口比例。经济发展因子是三代直系家庭比例变化的最主要成因,隔代直系家庭则是老年人口比例。少数民族人口比例的系数值在每一个显著的模型中都是最小的,说明少数民族人口比例在家庭结构变动中的贡献相对较小。

表2-16 时空地理加权回归系数描述

		eco		ip		op		shaoshu	
		Min	Max	Min	Max	Min	Max	Min	Max
单人户 R^2=0.620	2000年	−0.451	0.131	0.297	0.306	0.066	0.080	0.003	0.034
	2010年	−0.391	0.306	0.364	0.365	—	—	—	—
夫妻核心 R^2=0.647	2000年	0.401	0.465	—	—	0.092	0.139	−0.037	−0.017
	2010年	0.461	0.498	0.042	0.042	0.144	0.145	−0.017	−0.014
标准核心 R^2=0.599	2000年	0.311	0.517	−0.655	−0.526	—	—	—	—
	2010年	0.304	0.451	−0.319	−0.319	—	—	0.039	0.045
三代直系 R^2=0.470	2000年	−0.308	−0.032	—	—	—	—	—	—
	2010年	−0.444	−0.262	−0.049	−0.048	−0.123	−0.122	—	—
隔代直系 R^2=0.373	2000年	—	—	—	—	0.069	0.075	—	—
	2010年	—	—	—	—	0.040	0.040	—	—
		shaoer		laonian		dedu		sprice	
		Min	Max	Min	Max	Min	Max	Min	Max
单人户	2000年	—	—	0.109	0.310	—	—	—	—
	2010年	—	—	0.707	0.714	—	—	—	—

续表

		eco		ip		op		shaoshu	
		Min	Max	Min	Max	Min	Max	Min	Max
夫妻核心	2000年	−0.727	−0.409	0.117	0.180	—	—	—	—
	2010年	−0.678	−0.668	0.642	0.647	0.034	0.058		
标准核心	2000年	−1.460	−0.559	−0.569	−0.052	−0.170	−0.025		
	2010年	−1.195	−0.942	−0.692	−0.689	−0.320	−0.157	−0.146	−0.067
三代直系	2000年	0.019	0.247	0.008	0.245	0.011	0.083		
	2010年	0.017	0.230	0.147	0.150	—	—	0.001	0.094
隔代直系	2000年	0.079	0.107	0.189	0.199	−0.053	−0.002		
	2010年	0.177	0.178	0.440	0.443	—	—		

时空地理加权回归模型的重点在于关注系数分布的空间非平稳性并发现特征。因此，观察存在不平稳性的系数在不同时期空间上的变化，发现流入人口、流出人口和少数民族人口系数的空间一致性较强，且个别出现可变空间系数的都是在2000年，因此不对它们的系数分布模式做过多讨论。

按影响因素分类进行分析，先看经济发展因子，除单人户之外，其余家庭结构类型的经济发展因子系数的分布模式一致，而单人户在两个时期内的系数分布情况类似。当某个自变量的系数分布对于多个因变量模型都保持稳定时，所呈现的分布特征往往源于自变量本身，而非其他外生因素。

经济发展因子系数的普遍模式是，系数的绝对值由西向东递减。发现系数的中等水平界线与经济学者曾提出的"中国经济地理分割线"高度重合（中国经济地理分割线是依据就业密度和经济产值得出，连接呼和浩特和昆明的），分割线以东的综合经济水平高。因此，综合经济水平越低的区域，系数绝对值越高。中国西部地区经济落后，且生态脆弱，易受外界干扰[1]，这也意味着一定量经济水平的提高对于西部的经济、社会、环境的改善程度更大，边际效应高。2010年与2000年相比，经济发展因子系数在除单人户外的模型

---

[1] 王赞信，武剑. 西部边疆少数民族地区人口经济、资源与环境的协调发展研究[J]. 西北人口，2011，32（4）：115–120.

中的极差缩小了,这与21世纪国家对西部经济的扶持、东部产业向西部的转移离不开。[①] 单人户比例的经济发展因子系数分布的规律性不明显,经济发展与单人户比例正相关的区域主要在东北、西南边境和西北的少数地级市。

少年儿童人口比例方面,不同家庭结构类型为因变量时,统一的系数分布模式情况仍然存在。以2000年三代直系家庭和2010年的标准核心家庭系数分布作为示意。与经济发展因子相反,少年儿童人口比例的系数绝对值总是由东向西递减。两个时期的系数分布与同时期内总和生育率的空间分布存在某种一致性。2000年标准化处理的 TFR 水平最低的东北和东南沿海,家庭结构的变动对0~14岁人口比例的变化最为敏感,当2010年极低 TFR 的区域缩小时,系数分布图中的区域也有对应的缩小;西部 TFR 高而系数影响力低的变化特征也一致。这体现了,尽管0~14岁人口比例这个变量是过去一段时间生育水平的综合,但它的影响机制仍与当前这一时期的生育率最为相关。这在现实角度上存在合理性:夫妻核心、标准核心和三代直系家庭之间的转换关键,往往是成年子女是否诞下第三代孙子(女),而不是生育行为已经发生之后是否还要继续生育。因此,这一时期生育水平越低的地方,家庭结构与少年儿童比例的相关程度越高。

各个家庭结构类型的老年人口比例的系数分布既有较高的相似性,也保有一定差异。根据2000年老年人口比例对单人户和三代直系家庭的系数分布发现:对两种家庭结构类型而言,系数值最高的部分都在胡焕庸线以东,向西递减。胡焕庸线是中国人口老龄化的显著分界线,高老龄化区域主要位于该线的东南半壁,西北半壁则是低老龄化区域。[②] 系数值由东向西递减是由于只有当老龄化程度较深时,老年人居住模式的偏好才会对整体区域的家庭结构组成带来较大的影响。

此外,老年人口比例对单人户的系数极值处在东北方,而对三代直系家庭的系数最大值在东南方,体现了中国不同地区老年人居住选择的倾向差异。福建、广东一带的养儿防老、传宗接代观念有所保留,使得当地老年人更多

[①] 杨成洲,杨帆,刘金华. 当代西藏家庭的变动趋势分析——以人口普查数据为基础[J]. 西藏研究,2018(6):63-71.

[②] 武荣伟. 基于县域尺度的中国人口老龄化空间格局变化[D]. 兰州:西北师范大学,2016.

选择与子女同住。①② 利用"五普"相关数据计算各省三代及以上家庭户占所有户数的比例，老年人选择独自居住的比例以及老年人与其他成年人（及未成年）共同居住的比例3个指标。在老龄化程度最高的东南沿海省份中，江苏的三代户比例最高（20.29%，全国第11），其次是福建（17.78%，全国第15）和广东（16.29%，全国第18）；老年人与其他成年人共同居住的比例，广东为东南沿海最高（73.66%，全国第6），其次是福建（69.01%，全国第12）；老年人选择独自居住的比例，除直辖市外，山东是东部最高（34.80%，全国第2），辽宁（27.60%，全国第7）和黑龙江（25.57%，全国第14）也处在高位，而广东是东南沿海该指标最低的省份。这些数据给出的信息与系数分布的特点比较一致，东南和东北老年人的居住选择存在不同。

在受教育程度性别差异的系数分布模式方面，对于三代直系家庭、隔代直系和标准核心家庭比例是类似的（背后的机制实际上是同一个），绝对值最大的地方出现在西北和东北角，整体系数绝对值的分布与受教育程度性别差异水平本身的分布有相反的趋势，教育性别差异越小，家庭结构对其变动的反应越敏感，与经济发展因子类似，属于边际效应。但在中部区域，也有教育性别公平性和系数趋势不匹配的现象，其背后的原因需要进一步探索。

对于2010年的夫妻核心家庭，受教育程度性别差异的系数在东南半壁显著，且越靠近东南沿海，系数绝对值越高。在前一部分空间面板模型的分析中，我们推测该自变量与夫妻核心家庭的关系与初婚年龄相关。与第六次人口普查的分省初婚年龄数据对照显示，系数处于显著范围的省市中，有11个省市属于女性平均初婚年龄较高的地区；全部或大部分处于最高系数范围的省市中，有8个省市的女性初婚年龄位于全国前列。因此，女性平均初婚年龄相对较高的城市，具有男女受教育程度的差异会提高夫妻核心家庭比例的特点，可能是对原本延后的初婚行为有相对明显的提前效应。

标准化的每平方米房价对三代直系家庭和标准核心家庭的单位影响力由北向南逐渐降低。受制于所获取的数据，我们在分析中所使用的房价变量是

---

① 王晓燕，洪洁. 中国西南地区家庭规模和结构的定量研究［J］. 湖北社会科学，2013（8）：52-54.
② 阎志强，侯猛，白添泷. 广东家庭户规模状况及其变化特征分析［J］. 南方人口，2015，30（6）：1-10.

以平方米为单位衡量的，但在实际购买行为中，真正更直接影响房屋购买决策的是一套房屋的总价，其中涉及每平方米房价和对房屋面积的偏好两个方面。相关研究表明，2006—2015年，商品房的销售面积与房价呈现稳定而显著的负相关，房价/销售面积的相关系数绝对值从南至北递增，即销售面积随着房价的变动幅度由北向南递增①，而同一时期内房价在全国所有区域都是稳定上涨的。②因此，在北方的城市，每平方米房价的变动对商品房面积需求的影响比南方更大，当房价上涨时，购房需求减少，抑制家庭分爨，保留的直系家庭形态更多。

结合时空地理加权模型的结果，能够对所观察到的各家庭结构类型在2000—2010年的分布有更清晰的认识。各区域间单人户比例增加的主要成因是人口流动和老龄化，并且增加幅度东部高于西部、北部大于南部，这与老龄化加深对单人户的边际效应自东北向西南减小有关，此外，在控制其他因素的前提下，部分东北地区的单人户比例也随着社会经济的发展而提高，西南区域的单人户则与经济发展呈现负相关。

大部分地级市的夫妻核心家庭比例都上升，并且增加的幅度由东北向西南方向逐渐减小，这是由于夫妻核心家庭增加的核心动力是少年儿童比例的下降以及老龄化的加深，它们对夫妻核心家庭比例的作用大小都由东北向西南递减。尽管经济发展水平对夫妻核心的边际促进效应在西部最强，它的影响力未能超过人口年龄结构综合的结果。

近200个地级市的标准核心家庭比例下降，下降的幅度由西部向东北方向逐渐增大；西部偏北的地级市标准核心比例上升。一部分原因在于使标准核心家庭比例下降的因素，如老龄化、受教育程度的性别差异和房价，边际效应的极大值都在东北方向出现，越向西南影响力越小；而促进标准核心家庭增加的经济发展因子在西北部的作用强。

10年间三代直系家庭的比例在西北和东北有明显的减少，西部下降幅度更大；三代直系家庭比例增加的城市中，东部、南部城市的变动幅度要高于西部和北部，整体上中南部两湖一带的直系家庭比例提高最多。西北和东北

---

① 吴亚娟. 中国商品住宅价格的空间分布特征及影响因素研究［D］. 重庆：重庆大学，2018.
② 刘海猛，石培基，潘竟虎，等. 中国城镇房价收入比时空演变的多尺度分析［J］. 地理科学，2015，35（10）：1280-1287.

角的减少分别与对三代直系家庭有抑制作用的经济发展水平提高和少年儿童比例下降有关；而老龄化与三代直系的正相关在东南方向最明显；中南部城市的直系家庭比例提高主要是负向影响因素和正向影响因素具有相反的系数分布模式，互相重叠和消减的综合结果是中南部保留的促进作用最大。

隔代直系家庭比例上升的城市中，东南部城市的变动幅度最大；比例减少的城市中，西北的新疆、西藏最为明显。各影响因素对隔代直系家庭的系数多不存在空间非平稳性，变化的区域差异应当主要来自少年儿童人口比例与受教育程度的性别差异在时期初的空间差异化效应，以及各影响因素自身水平的变化差异。

第五节 中国家庭结构时空分布的四个结论

本章节借助多种空间分析方法，使用地市级的人口普查和调查数据对中国主要家庭结构类型的时空分布、集聚效应进行观察，对家庭结构和其影响因素之间的作用效应进行检验，并且关注影响机制在空间上的分异。总体而言，得到以下几点结论。

第一，中国各类家庭结构比例的水平分布在每个时期内都存在空间差异，变化的幅度也在区域间有较大区别，并可总结出一定的规律。具体来说，核心家庭的水平呈现出北方高于南方，东部高于西部的特征，这个特征对核心家庭的主要二级家庭也适用；南方城市的直系化水平高于北方，南方的中部区域直系化水平最突出；单人户比例的分布有突出的西部高于东部的特点。"低直系、高单人户"的特征在北方城市中明显，而"低核心、高单人户"在南方城市相对普遍。从单人户和二级家庭结构看变动的规律，北方单人户比例上升的幅度高于南方；夫妻核心家庭比例增加的幅度由东北向西南递减；西北地区的标准核心比例升高，中部和东部城市的标准核心家庭比例下降，且东北区域的下降幅度最高；南方城市的三代直系多增加，其中的湖南、江西和河南南部增长最多，北方主要区域三代直系家庭比例下降；中国东南半壁地级市的隔代直系比例上升，西北区域有所降低。最普遍的家庭结构变化模式是单人户、夫妻核心和三代直系家庭的比例均上升，标准核心家庭比例下降。

第二，中国家庭结构的分布模式存在显著的空间自相关性。2000年单人户比例的高值和低值热点区域分别是西部与东北区域,但2010年单人户的集聚效应明显减少,与全国范围内单人户的普遍性增多有关;核心家庭比例的"高—高"模式分布在东北地区及东部沿海城市,"低—低"模式主要是西藏、甘肃等西部地区,并蔓延至南部的广东中部;2000年直系家庭的高值聚集区主要在西南地区,2010年向中部和东部偏移和扩散,低值聚集区在东北和西北两端,广东、青海和山西的直系家庭分布模式存在显著的省内异质性。

第三,家庭结构比例的变化受到多个影响因素的共同作用。在控制其他因素的条件下,全国平均而言,经济水平的发展促进核心家庭的增多和三代直系家庭的减少;流动人口与单人户和夫妻核心这类极小化家庭结构正相关,与三代直系负相关,流出人口比例对隔代直系家庭比例有显著的影响;少数民族人口比例对家庭结构的影响体现在单人户的增加、夫妻核心的减少和标准核心的增多上;少年儿童比例的减少会促进核心化而抑制直系化;老龄化的加深对小型化的家庭结构和较大的直系居住模式都有正向的作用;受教育程度的性别差异与标准核心和隔代直系家庭比例呈负相关,与夫妻核心和三代直系家庭存在一定程度的正相关;2010年的高房价会抑制标准核心家庭的出现,维持三代直系家庭的居住方式。其中,社会经济发展水平和少年儿童比例在对核心家庭产生影响的过程中,具有对周边地区的空间溢出效应。

第四,多个因素的影响力在中国空间分布上有显著的分异。经济发展水平对家庭结构的影响力由西部较不发达地区向东部递减;少年儿童比例的系数绝对值由东北向西部递减;老龄化对家庭结构的影响力整体上是东部高于西部,对小型化家庭结构的作用在东北更突出而对直系家庭的作用在东南更显著;房价对标准核心家庭的抑制作用在北部最强,向南部递减,主要是北方城市对购房的需求随着房价上涨的波动更明显。流动人口和少数民族人口的系数大多数时候不存在显著空间差异。影响因素效应的空间分异能够在一定程度上解释中国各家庭结构类型的变动规律。

第三章 中国家庭结构的地区类型和变动轨迹

在这一章节中,我们将考虑各类家庭结构的联合分布并由此构建出地区家庭结构类型。基于这些地区家庭结构类型,我们探索了中国家庭结构变动的轨迹。研究发现,中国地区家庭结构可以分为大直系、大核心、小核心、直系混合以及小而多样型这5类。自1982年以来,中国几乎所有地区家庭结构都朝着小型化和多元化的方向发展,但是在2010年及以后形成了直系混合型和小而多样型这两类模式的分化。地区间存在显著的变迁路径差异,受文化、经济和发展速度等多种因素的共同影响,形成直系传统、核心阻滞、平稳多元化以及快速多元化这四类变迁轨迹。这些结果有利于增进对中国家庭结构变动的系统认识。

在第一节中我们首先展示如何构建中国家庭结构的地区类型测量;第二节聚焦家庭结构的地区类型分布;第三节揭示地区类型的变迁轨迹,最后的第四节概括类型化分析呈现的中国家庭结构变迁特点。

第一节 中国家庭结构的地区类型测量

在前面的章节中已经提到针对家庭结构既有研究的另一个缺陷:大多基于对家庭结构单一测量的分析,例如,家庭规模、核心家庭或者主干家庭比例等,缺乏对联合特征的整体把握与描述。这些研究尽管可以详尽展示家庭结构变动的细节,但陷入单一指标的分析可能会妨碍我们对家庭结构变迁整体图景的理解。首先,家庭结构各项指标之间存在很强的相关性,比如当直系或者复合家庭比例下降的时候,有非常大的可能性家庭规模会下降。又比如当单人家庭比例上升时,核心家庭的比例也会在一定程度衰减。因而家庭结构并非在所有测量维度上都呈现连续自由变动的模式。其次,关注不同家庭结构内部的关联性变动本身也是有意义的。依据联动模式的不同，我们可以把地区家庭结构进行类型化，从而用一个变量就能概括家庭结构的整体特征，有利于从整体上衡量地域间家庭结构的差异，并探索差异背后的决定机制。我们把这样获得的变量称为地区家庭结构类型，在这里是有别于核心家庭、直系家庭等家庭类型的概念，前者的测量对象是地区，后者的测量对象是单个家庭。

一、家庭结构的指标及其描述性特征

在本章节中，我们继续利用人口普查长表和1%人口抽样调查所获得的信息来构建第二章中提到的各个地级市细化到二级的家庭结构类型。除了上一章中用到的2000年和2010年数据，这里我们将数据拓展到自1982年以来的人口普查（1982年、1990年、2000年和2010年）以及2015年的1%人口抽样调查数据。需要指出的是，相对于后期普查，1982年与1990年一些地级市的行政区划有所不同。我们尽可能对这两次普查的行政区划进行调整，以保持与后面几次一致。最终纳入分析的地级市数量依次为291个、323个、338个、362个和362个。

在本章节中，利用聚类分析方法产生的地区家庭结构类型指标。依据家庭现代化理论，考虑以下5个指标作为聚类的基础变量：家庭平均人口数、单人家庭比例、核心家庭比例、直系家庭比例以及家庭类型多样性指标。家庭平均人口数代表家庭规模。在家庭现代化理论中，家庭规模总是趋于减小的。单人、核心以及直系家庭是现代化家庭体系中占据主流的一级家庭类型。在这里排除复合家庭以及其他家庭类型，是因为这些类型家庭所占比例很小。最后的多样性指标则对应于修正家庭现代化理论所强调的家庭类型的多样化。借用生态学中用来衡量物种多样性的熵指标来测量包括单身、夫妻核心、标准核心、单亲、三代直系等在内的主要二级家庭类型的多样性。熵的一般计算公式为 $entropy = -\sum p_i \log(p_i)$，其中 p_i 为单个主要二级家庭类型出现的概率。[1] 家庭结构指标的描述性统计特征可参见表3-1。

---

[1] SHANNON, C. E. A Mathematical Theory of Communication [J]. The Bell System Technical Journal, 1948, 27 (3): 379–423.

我们利用 k-means 聚类分析方法来获得家庭结构类型变量。这种快速聚类的方法可以根据样本在多维变量空间的距离远近，形成样本的类型划分，从而体现样本内在的分布模式。① 在获得分类结果后，再根据每一类型的变量均值特征来命名各个类型。相对于潜变量的分类方法，k-means 聚类对变量分布没有严格要求，因此更适合混合分布变量的聚类。采用统计软件 SAS9.4 来完成聚类分析。

表 3-1　中国家庭结构指标的描述性统计特征（1982—2015 年）

指标类型	变量	1982年	1990年	2000年	2010年	2015年
家庭结构指标	家庭平均人口数（人）	4.49	4.10	3.47	3.20	3.36
	单人家庭比例（%）	6.32	5.95	8.57	12.67	12.57
	核心家庭比例（%）	66.89	69.04	66.99	61.68	60.31
	直系家庭比例（%）	19.20	19.68	21.15	21.98	23.44
家庭多样性指标		1.21	1.16	1.29	1.40	1.41

二、家庭结构类型特征

我们把1982—2015年所有年份的地区作为单个样本放入聚类分析中，依据伪 F 值确定类型个数。当地区家庭结构被划分成5类时，模型达到最佳拟合。图 3-1 展示了地区家庭结构类型中各个聚类指标的平均值。值得说明的是，每一个指标均经过零均值和单位方差的标准化过程。也就是说如果某一指标的平均值大于 0，则说明属于该结构类型的地区在该指标上的取值高于全国平均水平，反之则低于全国平均水平。如上文所述，根据各个类型中聚类指标均值的联合分布来确定类型名称，并按家庭平均规模从大到小进行排列。对于第一种类型来说，家庭规模和直系家庭比例这两项指标远高于样本平均水平，而其他指标则处在较低水平。说明隶属这一类别的地区家庭规模大，家庭类型比较单一，直系家庭的比重很高。因此我们可以把这一类命名成大直系型。第二种类型家庭规模次之，但是比较突出的是核心家庭比例，我们

---

① MEYER, A.D., TSUI A.S., HININGS, C.R. Configurational Approaches to Organizational Analysis [J]. Academy. Management Journal, 1993, 36(6): 1175-1195.

将它命名为大核心型。对比第二种类型,第三种类型中核心家庭还要更加集中,但是家庭规模却有明显下降,我们将它命名为小核心型。第四类和第五类家庭结构类型中家庭规模都偏小,二级家庭类型多样化程度也较高。主要的区别在于第四类中直系家庭占比处于非常高的水平,挤占了核心家庭的空间。而在第五类中单人和核心家庭是主流。基于此我们把第四类命名为直系混合型,代表直系家庭与多元化并重的情形,而把第五类命名为小而多样型。在某种意义上,第五种类型非常符合家庭现代化理论所预测的方向。

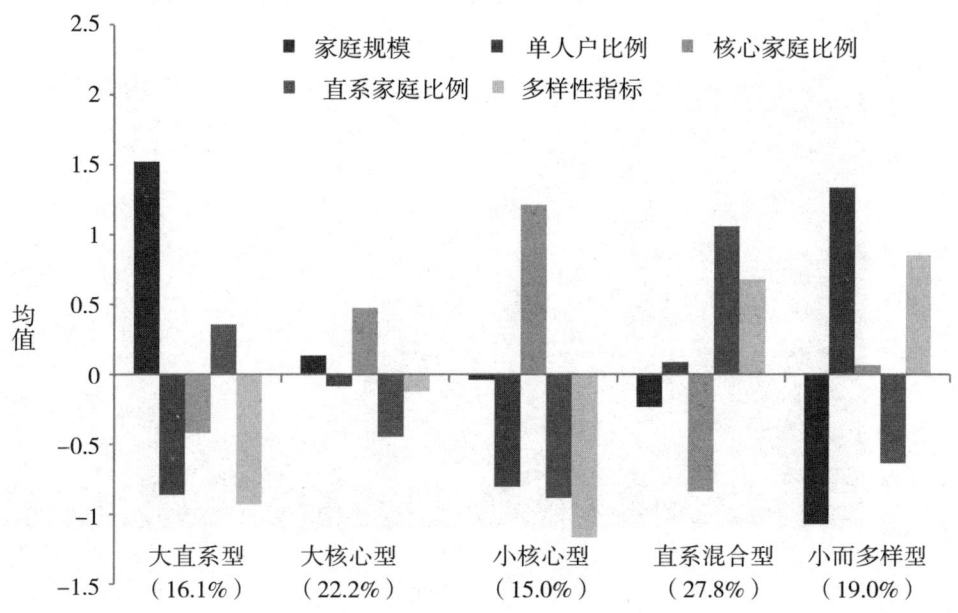

图3-1 地区家庭结构类型聚类结果

需要说明的是,大直系和直系混合型并不是代表在隶属于这一类型的地区中,直系家庭占比超过了核心家庭,只是表明直系家庭在这些类型中的比例大大超过其他类型中直系家庭的占比。

这5类地区家庭结构类型在总样本所占的比重比较接近,分别是16.1%、22.2%、15.0%、27.8%以及19.0%。然而分年份来看,这些类型呈现出截然不同的分布规律。如图3-2所示,在1982年占主流的是大直系型(40%)与大核心型(44%)家庭结构,其他类型占比很少。到1990年大直系型的比重基本保持不变(38%),但是小核心型(36%)的出现开始挤占大核心型(22%)

的空间。到了2000年直系混合型和小而多样型逐渐兴起，这5类家庭结构类型呈现出均衡的模式。2010年和2015年的类型分布非常类似，直系混合型和小而多样型占主导地位，其他3类地区家庭结构类型基本退出视野。

从图3-2呈现的初步趋势可知，中国地区家庭结构类型从20世纪80年代的以直系型或者大核心型为主逐步过渡到2010年以后的直系混合型和小而多样型平分秋色的状态。这从一方面体现了所有地区家庭规模的一致小型化和家庭类型的一致多样化倾向；而在另一方面小微家庭并未成为近些年来家庭结构唯一的主导模式，有很多地区还保留着相当高的直系家庭比重。

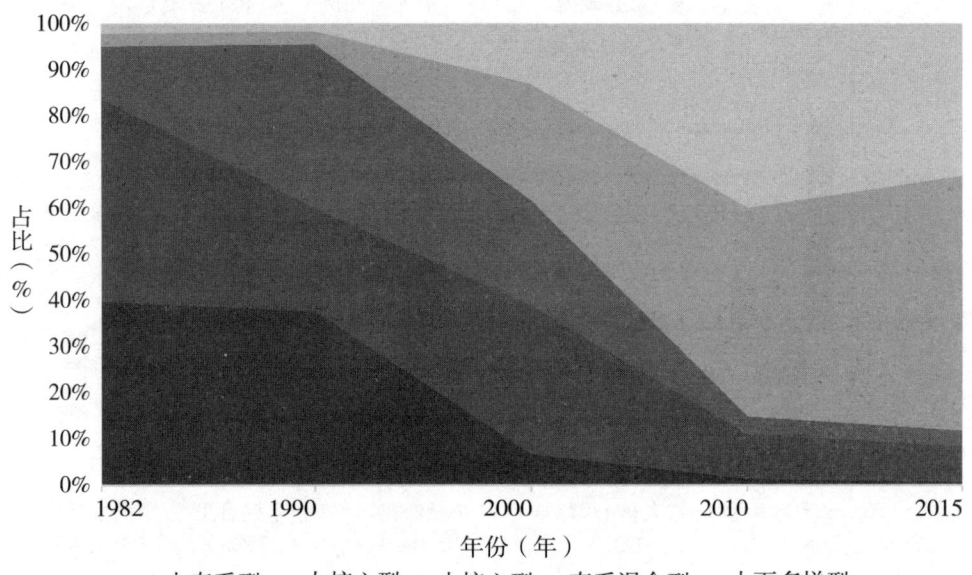

图3-2 地区家庭结构类型分布随年份变化趋势

第二节 中国家庭结构的地区类型分布

在前一小节中我们已经观察到各个年份之间的地区家庭结构类型存在显著差异，在这一节里，我们将利用多分类logistic回归来探索地区家庭结构类型的影响因素及其在各年份中的差异（由于2015年解释变量不全，这里仅展示1982—2010年的结果）。

一、对文化的测量及主要变量特征

这一节中所用到的解释变量与上一章节比较类似,但是考虑跨年份变量的可得性和可比性,我们主要保留以下一些变量:经济发展指标包括人均GDP、城镇化率、平均受教育年限;人口变量包括少数民族占比、15岁以下人口占比、65岁及以上人口占比、跨市流出率和跨市流入率。由于数据的限制,只能获得2000年与2010年的流动指标。考虑1982年和1990年人口流动情况相对较少,可以暂时忽略此类影响。

在这一章节里我们选用另外一个方法来代表各地区的文化差异。对文化的测量一直是一件很难的事情,这是由于文化概念本身的高度抽象性。同时由于要覆盖1982年以来所有地级市,可采用的宏观数据也相对有限。我们考虑利用各地区的主要方言类型来作为文化的一个测量指标。经典的人口转变理论很早就通过观察不同语言区生育率转变过程的差异来衡量文化的作用。[①]一方面,共同的语言代表相似的文化起源,并且便于信息的内部传递交流,容易形成较为同质的群体;另一方面,不同的语言形成的时间和历史存在差异,可代表传统文化存续的强度。例如,在中国一级方言中,官话形成的时间最晚,因此宗族文化的根基可能相对较弱。[②]在实际操作中,我们根据2012年版《中国语言地图集》标识出各地区的主要方言,一共辨别出晋语、吴语、闽语、客家话、粤语、湘语、赣语、东北官话、北京官话、冀鲁官话、胶辽官话、中原官话、兰银官话、江淮官话、西南官话共计15种主要汉语方言。其余少数民族聚居区被划分为藏族区、西北少数民族区(维吾尔族和回族等)、西南少数民族区以及东北少数民族区(蒙古族和朝鲜族等)共4个区域。主要变量的描述性统计特征可以参见表3-2。

考虑获得的地区家庭结构类型是一个多分类变量,因而用多分类logistic回归来探索在各个年份家庭结构类型的影响因素。

[①] COALE, A. J. The Demographic Transition [J]. Pakistan Development Review, 1984, 23(4): 531-552.

[②] 龚为纲,段成荣,吴海龙. 中国农村生育转变的类型与宗族文化的区域差[J]. 中国乡村研究,2013(1): 218-252.

表 3-2 主要变量描述性统计特征（1982—2010 年）

变量，均值（标准差）		1982年	1990年	2000年	2010年
经济发展指标	人均GDP（元）	590.37（388.76）	1907.57（1638.42）	7743.36（6366.31）	30389.44（21820.66）
	城镇化率（%）	19.23（17.25）	23.90（18.46）	36.45（18.85）	47.09（16.94）
	平均受教育年限	5.33（1.43）	6.15（1.45）	7.34（1.21）	8.75（1.08）
人口指标	少数民族占比	14.87（25.81）	15.14（26.68）	15.66（26.24）	16.14（26.19）
	15岁以下占比	33.88（5.27）	28.08（5.03）	23.95（4.99）	17.40（4.64）
	65岁以上占比	4.43（1.13）	5.14（1.34）	6.95（1.72）	8.64（1.97）
	跨市流出率	—	—	6.06（5.61）	9.09（4.89）
	跨市流入率	—	—	6.28（8.93）	7.32（10.70）

资料来源：人均 GDP 来自各省份相应年份统计年鉴；其余数据均来自对应年份人口普查或1%抽样数据汇算所得。

二、不同时期家庭结构类型的影响因素

鉴于因变量为5分类变量，两两对比结果呈现比较烦琐，表3-3仅显示在各个时期最主要的类型对比结果。此外，由于方言和民族区划类别较多，这里也仅展示显著的区域结果。依照前文论述，我们将解释变量划分为3类，人均 GDP 对数、平均受教育年限和城镇化率作为经济发展因素；方言和少数民族区划作为文化因素；少数民族比重、15岁以下及65岁及以上人口比重、人口迁入率和迁出率作为人口制度因素。

对1982年来说，我们主要关注影响因素对大直系型和大核心型的分化作用。以大直系型为参照组，所有的经济发展变量均不显著，起到主要作用的是方言和民族区划以及人口因素。相对于西南官话区，主要方言为客家话、粤语、赣语、中原官话的地区属于直系型结构类型的可能性更大。这显示出了文化的分化作用，以上区域也是传统上生育率较高的地区。人口变量中最显著的是15岁以下人口比重，占比越高反映该地区隶属于大直系型的可能性越大，说明抚幼是直系家庭存在的重要功能需求。另一方面，少年儿童占比较高也在某种意义上体现了地区生育率处在较高水平。在控制了经济发展变

量后，生育水平高低也与地方传统文化强弱有关。①

对于1990年来说，我们仍然关注直系型与大核心型的分化但同时也观察大直系和小核心型的区别。结果发现，人均GDP的增加有利于提高大核心型相对于大直系型的占比。同样，15岁以下人口比重影响了直系型和大核心型的分布。相对于西南官话区，闽语、客家话、粤语、中原官话和兰银官话区有更多的直系型地区。大直系型与小核心型的分化主要体现在人口比重这两个指标上，老年人和少年儿童越多越倾向于大直系型。同时，中原和兰银官话区有显著更少的小核心型地区。

2000年的结果相对比较复杂，因为各类家庭结构类型占比较为均衡。我们以直系混合型为参照组，可以发现经济发展因素已经开始对地区类型分化起到显著的作用。城镇化过程主要提升了核心家庭比重（大、小核心型增加），而受教育程度的提升主要促进了家庭规模的小型化，虽然相对来说核心家庭比重减少。少年儿童人口比的作用不太显著了，但是老年人占比提高会消减成为大、小核心家庭型地区的可能性。这也可以理解即便在规模小型化的过程中，养老依然是直系家庭的重要功能。流动的因素开始起到一定作用。地区人口流出率越高，传统大直系型家庭维持的可能性就越低。大核心型结构在赣语区相对更受欢迎；在冀鲁和中原官话区大、小核心型模式都更普遍，相反地，在藏族地区相对核心家庭为主的模式更倾向于直系混合型。

表3-3 分年份地区家庭结构类型的多分类 logistic 回归（RR：相对风险值）

变量	1982年（参照组：大直系）	1990年（参照组：大直系）		2000年（参照组：直系混合）		2010（参照组：直系混合）
	大核心（RR）	大核心（RR）	小核心（RR）	大核心（RR）	小核心（RR）	小而多样（RR）
经济发展指标						
人均GDP对数	0.86	5.55**	2.86	1.17	2.45	1.37

---

① 龚为纲，段成荣，吴海龙．中国农村生育转变的类型与宗族文化的区域差［J］．中国乡村研究，2013（1）：218-252.

续表

变量	1982年（参照组：大直系）大核心（RR）	1990年（参照组：大直系）大核心（RR）	1990年（参照组：大直系）小核心（RR）	2000年（参照组：直系混合）大核心（RR）	2000年（参照组：直系混合）小核心（RR）	2010（参照组：直系混合）小而多样（RR）
城镇化率	1.02	1.01	1.03	1.10**	1.10**	1.14**
平均受教育年限	1.48	1.65	0.94	0.29*	0.11***	0.49
人口指标						
少数民族占比	1.01	1.01	1.01	1.02	1.01	1
15岁以下人口占比	0.74**	0.85*	0.77***	1.05	1.07	1.20*
65岁以上人口占比	0.92	0.94	0.34***	0.63*	0.48**	1.57**
跨市流出率				0.94	0.98	1.08
跨市流入率				0.9	1.02	1.22***
文化区域（参照组：西南官话区）	客家话 0.03*	闽语 0.13*	中原官话 0.11*	赣语 14.38**	冀鲁官话 42.12***	客家话 0.02*
	粤语 0.11*	客家话 0.01*	兰银官话 0.04**	冀鲁官话 55.73***	中原官话 81.44***	东北官话 49.09***
	赣语 0.14*	粤语 0.03*		中原官话 13.44***	藏族 0.01*	江淮官话 0.16*
	中原官话 0.08***	中原官话 0.17*		藏族 0.01*		西北民族 30.12*
		兰银官话 0.02**				

注：*p<0.05；**p<0.01；***p<0.001

2010年最突出的对比是直系混合型与小而多样型。以直系混合型为参照，城镇化水平越高、老年人占比越高、人口流入率越高的地区成为小而多样型的可能性越大。对比西南官话区，东北官话、西北少数民族区成为小而多样型的可能性更大，而客家话、江淮官话区直系混合型占比更大。值得注意的是，在这一年老年人占比不再与直系家庭主导的类型正向相关了。

虽然模型结果看起来比较复杂，但概括而言，20世纪80年代家庭结构类型的地区分化主要由文化区域和人口因素主导，90年代以后经济发展因素开始发挥作用，到21世纪城镇化率以及人口迁入迁出率等带有制度色彩的人口因素起到越来越重要的作用。

第三节 中国家庭结构的地区类型变迁轨迹

一、基于组基发展模型的纵向路径分析

如果说分年份分析无法描绘出地区的变迁轨迹及其内部异质性，那么在这一小节里我们将通过组基发展模型来进行纵向路径分析。组基发展模型的目的是区分出不同的轨迹类型，同时考察地区特征如何影响总体中各轨迹类型的模式及其分布情况。该方法假定各轨迹类型内的地区具有相同的发展轨迹，通过不同类型之间的差异来描述发展轨迹中的个体变异。通过这种办法可以避免对家庭结构变迁轨迹进行主观分类。有关该模型的原理和公式的详细介绍可以参见 Nagin。[①] 数据来自第一小节中得到的1982—2015年各地级市家庭结构类型。

二、地区家庭结构类型的变迁轨迹

组基发展模型一般处理的是连续或者序次数据，本来这5类地区家庭结构类型并没有绝对大小关系。考虑操作的方便性，我们按照平均家庭规模大小对图3-1从左到右排序，以数字5到1赋值。从某种意义上讲，这也反映了家庭模式从传统到西方意义下现代化程度高低的排序，数字越小代表现代化倾

---

① NAGIN, D. S. Group-Based Modeling of Development [M]. Cambridge, MA: Harvard University Press, 2005: 5-96.

向越高。依据这样的考虑，我们采用组基模型的删截正态分布来拟合地区家庭结构类型的变迁轨迹。按照 BIC 的标准，当轨迹被划分为 4 类时，模型拟合达到最佳。

如图 3-3 所示，路径 1 所代表的这一类地区从 1982 年的大核心或者小核心型快速过渡到代表现代化程度最高的小而多样型，虽然在 2015 年有部分地区又转换到直系混合型。我们将此路径类型命名为快速多元化型。路径 3 与路径 1 非常相似，唯一的区别是路径 3 经过了小核心化的过程逐步在 2010 年才转变为小而多样型。因而我们将它称之为平稳多元化型。路径 2 与路径 4 也构成一对类似的路径，属于这两个路径的地区最后在 2010 年左右都汇聚成直系混合型。最大的区别是路径 2 是从大核心型出发，而路径 4 全部从直系型出发。我们把路径 2 和路径 4 依次命名为核心迟缓型和直系传统型。前者代表虽然从大核心型出发，最后并没有变成小微家庭主导的模式，变迁过程有一定阻滞。而后者代表从大直系到混合直系的过程，保存了直系家庭的传统。

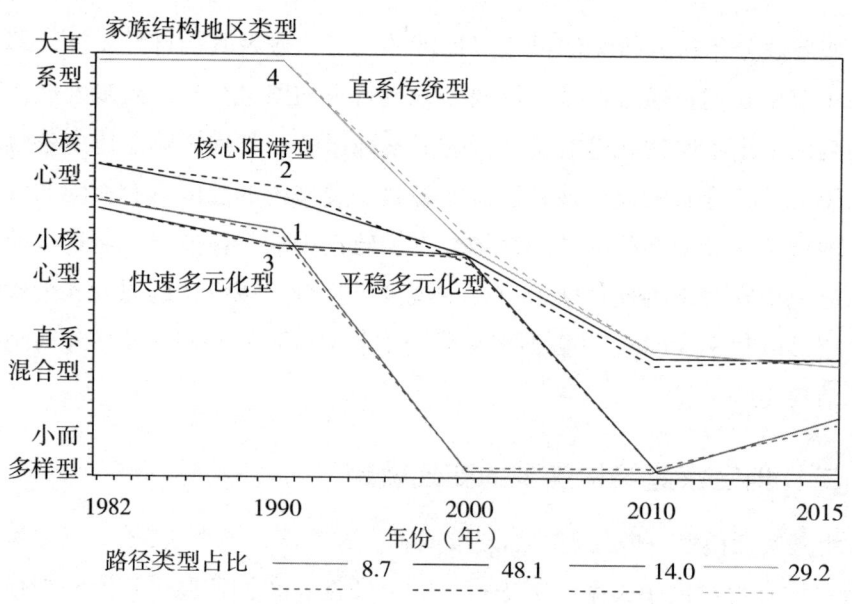

图 3-3　家庭结构变迁路径的组基发展模型结果

这些结果展示了虽然中国所有地区都经历了从家庭传统化程度较高到现代化程度较高的变迁，然而内部却出现了显著的路径差异。主要差别体现在 1982 年的起始状态、2010 年后的截至状态以及变迁的速度。比较有意思的是几乎所有从直系型出发的地区最后都转换成为直系混合型，也就是说直系家庭的传统在这类地区得到延续。而大部分成为小而多样型的地区一开始就呈现出以核心家庭为主的模式。这说明文化在中国家庭结构转变过程中的重要作用。

为了进一步呈现文化的影响，我们先观察各类路径的地域分布，发现这些分布都具有较强的地区聚集性，并且与方言和民族区划关联度很高。图3-4进一步呈现各类变迁路径在每个方言和少数民族区域的占比分布。可以看出4种路径在各个区划内有显著不同的分布（卡方检验 $p<0.01$）。快速多元型在总体中占比不到9%，但是在吴语、客家话、粤语、北京官话等区域比重超过了20%，特别是在吴语区超过了50%。这些地区都是经济相对发达的区域。平稳多元化型主要分布在东北、冀鲁以及胶辽官话区，在地理位置上比较接近。核心阻滞型在晋语、闽语、湘语、冀鲁官话、江淮官话、西南官话、西北少数民族等区域占主流。而直系传统型在客家话、粤语、赣语、中原官话、藏族、西南少数民族区域都超过了40%，这些地区也是相应传统生育率较高的区域。

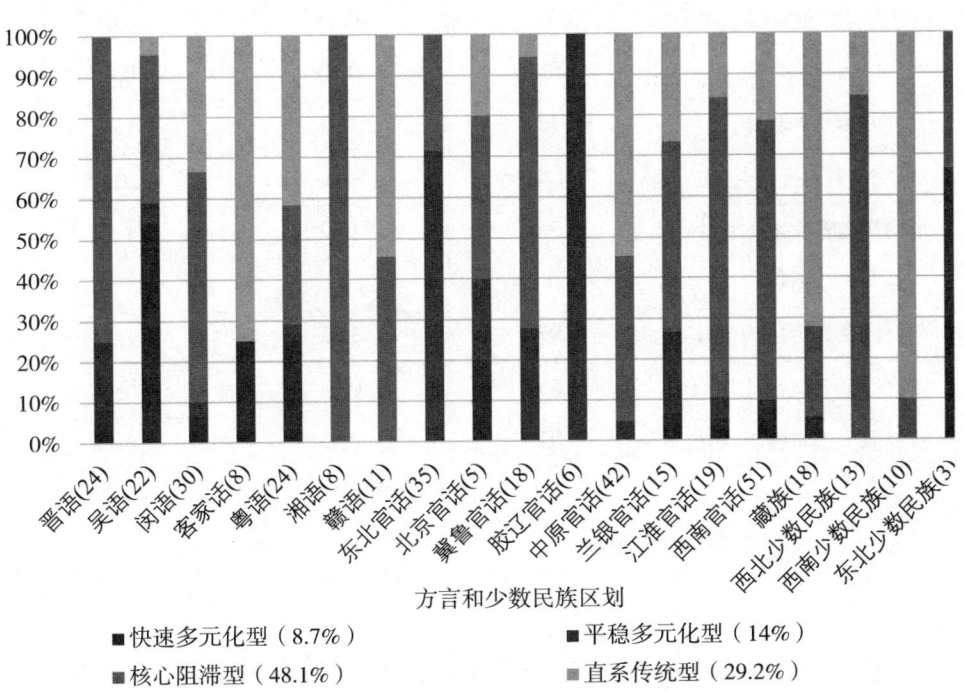

图3-4　家庭结构变迁路径分方言和少数民族区划分布（%）

注：括号内数字代表相应区划地区个数。

组基发展模型的一个缺陷是无法纳入时变变量来考虑轨迹的影响因素。我们需要做一定程度的简化，加入各个地区1982—2010年经济发展和人口指标的均值以及经济发展指标的增长率来做路径的多分类logistic分析（见表3-4）。以平稳多元化型为参照组，除了文化区域的影响以外，人均GDP增长率、城镇化程度和教育水平的提升速率也是路径的显著影响因素。人均GDP上升速度越快的地区，越不可能沿着直系传统型的路径变迁。城镇化平均水平越低的地区，更容易形成从直系传统或者核心阻滞型的变迁轨迹。而教育水平提升速度越快，快速多元化型相对于平稳多元化型发生的可能性越大。

表 3-4 家庭结构地区变迁路径的多分类型 logistic 回归

变量	参照组：平稳多元化型（RR）		
	快速多元化型	核心阻滞型	直系传统型
经济发展指标			
人均GDP对数均值	0.04	0.55	0.02
人均GDP对数增长率	1.37	0.53	0.01**
城镇化率均值	1.03	0.90*	0.81*
城镇化增长率	1.12	1.01	1.05
平均受教育年限均值	11.3	1.6	20.01
平均受教育年限增长率	1.35*	1.03	1.52
人口指标			
少数民族占比均值	0.97	1.02	1.01
15岁以下人口占比均值	0.55	0.74	0.98
65岁以上人口占比均值	1.02	0.32	0.45
	控制方言少数民族区划		

注：*$p<0.05$；**$p<0.01$；***$p<0.001$。

第四节 类型化分析呈现的中国家庭结构变迁特点

本章节利用1982—2015年的5次全国人口普查和小普查数据，通过对地区家庭结构及其变迁轨迹的两次类型化分析,展现了中国自改革开放以来家庭结构的变迁过程。表3-5给出了这两次类型化结果简化后的定义特征描述。用类型化方法对地区进行分类的最大优点是克服了只考察单一指标的片面性,发掘了家庭结构要素之间的联动模式,从而以联合分布类型这种方式更全面同时也更简洁地刻画了地区的家庭结构特征。举例来说,对于1982年和2010年看起来具有类似的直系家庭比例的一些地区,实质上其整个家庭结构的生态系统已经发生了很大改变,使用联合分布的优越性可由此体现。另一方面由组基发展模型所获得的变迁轨迹类型,避免了对轨迹的主观分类,并帮助呈现出家庭结构转变路径在地区间的异质性。

表3-5 两次类型化结果的特征描述

类型划分	定义特征		
地区家庭结构类型	家庭规模	主导一级家庭类型	多样化倾向
大直系型	大	直系家庭	单一
大核心型	大	核心家庭	单一
小核心型	中	核心家庭	单一
直系混合型	小	直系和单人家庭	多样
小而多样型	小	核心和单人家庭	多样
地区家庭结构变迁路径类型	路径起始主要类型	路径终止主要类型	变迁速度
直系传统型	大直系型	直系混合型	平稳
核心阻滞型	大核心型	直系混合型	迟缓
平稳多元化型	大、小核心型	小而多样型	平稳
快速多元化型	大、小核心型	小而多样型	快速

在这次类型化的建构下,我们可以回答3个问题。第一个问题,中国家庭结构变迁的路径是什么?当我们把各地区的家庭结构作为一个复合的生态系统来看时,几乎所有的地区都在朝着小型化多样化的方向进化,并且由小核心家庭主导的结构类型成为转变过程的中间形态。但是这种大生态系统也在2010年以后形成了直系混合型和小而多样型这两类模式的分化。

对于第二个问题：中国家庭结构地区变迁的路径是否存在差异？我们通过组基发展模型揭示了在大的变迁趋势下，变迁路径存在显著的地域差异。各地区一共呈现出4种典型的变迁轨迹，分别代表了快速多元化型、平稳多元化型、核心阻滞型以及直系传统型。这些轨迹的划分主要反映了地区起始点状态和变迁速度的差异。

为了清楚回答第三个问题，即变迁路径的影响因素，我们采用了分时期的截面类型回归和纵向路径类型回归这两种互补的操作方式。前者可以获得在不同时期地区家庭结构类型的影响因素及其变化，后者可以探索纵向轨迹差异的决定因素。结果发现经济、文化、制度以及人口等因素都会影响地区家庭结构类型，然而在各个时期这些因素的影响效力存在差别。20世纪80年代家庭结构类型的地区分化主要由地域文化和人口因素主导，90年代以后经济发展因素开始发挥作用，到21世纪城镇化率以及人口迁入迁出率等带制度色彩的人口因素起到越来越重要的作用。对于纵向的路径来说，地域文化、城镇化水平以及教育水平的提升速度成为最重要的分化因素。绝大部分在1982年隶属于直系型家庭结构类型的地区（81%），都沿着从大直系到直系混合型的轨迹发展，体现了直系家庭文化的延续性。在文化影响的基础上，城镇化水平进一步决定了家庭最终转化为直系混合型或是小而多样型的可能性。而以受教育水平提升速率为代表的现代化进程速度则解释了地区在小而多样化过程中的速度差异。

基于上述结论，我们重新审视各个理论在中国家庭结构变迁过程中的适用性和相互关系。从总的变迁轨迹来看，家庭现代化理论在中国情境下仍然具有强大的生命力，因为分析显示，家庭的小型化和多元化是一个全面而不可逆的过程。然而值得关注的是，核心化不一定是家庭现代化进程的必然终点。[①]虽然在中国很多地区都经历过以核心家庭为主的时期，但那只是一个过渡，最终还会向着多元化和产生新分化的方向继续转变。特别值得一提的是，直系家庭虽然从来不是中国家庭最主流的形态，但在中国却有异常稳固的地位。特别是2010年以后，直系混合型地区还呈现增多的态势。家庭现代化理论的另一个核心观点是，技术与经济发展是家庭变迁最重要的驱动力。在本

---

① 马春华，石金群，李银河，等. 中国城市家庭变迁的趋势和最新发现[J]. 社会学研究，2011(2)：182-216.

研究中，我们发现经济发展因子在一定阶段所产生的重要影响，并且会对变迁路径产生分化作用。发展越好、现代化进程越快的地区，越可能经历快速多元化的变迁轨迹。然而经济发展并不是中国家庭结构变迁唯一重要的影响因素，区域文化的作用自始至终贯穿变迁过程始终。因此，试图仅用家庭现代化理论来解释中国家庭结构的变迁，很显然是不全面和不准确的。

虽然文化决定论并不适合用来全面描述中国家庭结构的变迁过程，但是在这一过程中可处处感受文化的影响力。对于1982年来说，当经济发展因素还未能施加影响时，文化成为大核心型与直系型地区分化的主导，并且这些直系型地区到2010年以后有更大可能性会转化成直系混合型地区，保留着对直系家庭结构的青睐。在控制了经济发展变量后，华南的客家话、粤语、闽语、赣语以及中原官话区有更加浓厚的直系家庭传统，同时这些地区向现代化家庭形态转化的过程也更加缓慢。相对来说北方特别是东北、冀鲁和胶辽官话区，核心家庭的主导地位更加突出，也更容易形成小而多样型的地区类型。

需要承认的是，虽然文化的影响可以被感知，但是对其的测量却非常艰难。因为它不仅概念抽象而且内涵和外延都很难界定。本研究中我们跟随早期西方人口转变的研究思路，选择用方言或者民族区划来间接代表文化间的异质性。这种方式的优点在于能全面覆盖文化各个维度，但是其缺点也很明显，即无法分辨出文化的具体影响及其作用方式。例如，我们只能大致推断直系家庭结构更盛行的华南、中原等地区可能都是传统大家庭宗族文化更有约束力的地方。

人口一直都是对家庭结构有显著影响的直接因素。在制度变迁的视角下，我们希望透过人口因素的作用来折射有中国特色的制度性影响。从某种意义上来看，制度变迁的效果是在促进家庭结构向更加现代化的方向发展，并加速了变迁的进程。如前文所论述的一样，中国社会变迁中一个非常显著的特征是农村剩余劳动力向城市转移，从而形成了规模巨大的人口流动现象。以有流动测量的2000年和2010年来看，在控制了经济发展特征后，流出人口比重高的地区更不容易维持大直系型家庭结构，而流入人口比重高的地区更容易具有小而多样型家庭特征。前者是由于年轻一代的流出破坏了大家庭的居住模式，并且人口流动带来的思想变革对传统家文化造成了一定冲击；而后者是由于流入人口通常是以单人或小家庭形式流动,客观上提高了流入地小微家庭的比重。

另一个有意思的现象是,在2000年及以前老年人口占比与地区成为大直系或者直系混合型的可能性正向相关,说明直系家庭仍然担负起重要的养老功能。然而到2010年相对于直系混合型,老年人口比重的提高会增加地区成为小而多样型的可能性。也就是说,养老功能在这10年间有逐渐从直系家庭中析出的倾向。这也与其他研究发现老年人口逐渐核心化的趋势相一致。[①] 这样的变化一方面归功于现代化进程中养老观念的转变,另一方面也可以看作是家庭的养老功能在向公共领域让渡。如果从制度层面理解,在过去的十几年间中国一直致力于社会养老保障体系的建设,虽然仍有不尽如人意的地方,但是养老保险在全国的覆盖率已经达到85%以上。特别是对于城市老年人来说,有70%以上的老年人可以完全依靠养老金生活。[②] 养老保障体系的不断完善可以大大增加老年人生活的独立性,降低他们对直系家庭养老功能的需求。

综上可以看出,中国家庭结构的变迁是多机制混合塑造而成的。其中家庭现代化理论决定了变迁的大致趋势和方向,并在20世纪90年代以后逐渐发挥更强大的作用;文化因素贯穿始终构成了变迁内部的延续与传承;而制度因素在近些年来为变迁烙上了独特的中国印记,成为变迁进程的助推器并强化了地域间的分化。这些因素勾连融合在一起编织成中国家庭结构变迁的整体图景。

本章节所展示的中国家庭结构变迁图景的意义在于,一方面,通过定量分析的方式,相较现有文献中以定性为主的讨论,可更为准确地刻画家庭结构演变的过程以及经济、文化、制度等因素在此过程中的作用;另一方面,通过关注不同地区家庭结构特征在各个时点的差异及其在变迁路径上的分化,可生动呈现中国家庭结构变迁的动态性和多样性,这对于制定充分而有效的家庭政策具有重要的意义。因为在很长一段时间内,针对家庭的政策视角都相对静止而单一化。然而不同地区由于在发展阶段、文化传承以及受制度影响上的差异,家庭所呈现的主体形态不同,对应的功能需求也不同,相应的

---

① 沈崇麟,李东山,赵峰. 变迁中的城乡家庭[M]. 重庆:重庆大学出版社,2009:2-127.
② 杜鹏,孙鹃娟,张文娟,等. 中国老年人的养老需求及家庭和社会养老资源现状——基于2014年中国老年社会追踪调查的分析[J]. 人口研究,2016(6):49-61.

公共政策的服务对象和目标任务本应存在差异。

　　未来中国家庭结构将走向何方？小而多样化的家庭结构类型能否成为中国唯一的主流模式？虽然现在还很难断言，但从2010年与2015年非常相似的结构类型分布，可以看出直系家庭存续的力量仍然非常强大。一方面需要现代化力量继续消化传统的家文化，另一方面依赖于直系家庭功能持续公共化的过程。就目前来说，直系家庭仍然在养老特别是抚幼上发挥了重要的作用，未来制度和市场对这两类功能公共化的支持力度，将决定直系混合型家庭结构类型的走势。

第二编　中国家庭关系转变

第四章　中国婚姻关系转变

作为家庭关系中的首要关系，婚姻关系反映了夫妻个体及其原生家庭/家族在各方面的紧密联系。在现代化进程中，西方的婚姻关系是否以及发生了何种转变？这些转变在中国是否同样发生？婚姻关系转变会给家庭转变带来哪些影响？本章首先对婚姻关系的概念及其转变的相关理论进行辨析和梳理；在此基础上，以西方婚姻转变为线索，分时期探讨20世纪50年代以来中国婚姻关系转变的具体过程；之后，从家庭关系、结构、功能3个方面探讨婚姻关系转变对家庭转变带来的影响。

第一节　婚姻关系及其转变：概念与理论

在这一节，我们首先对婚姻关系相关概念进行辨析，包括婚姻、婚姻关系、法定婚姻关系、事实婚姻关系以及非婚同居关系。这些概念相互区别，又紧密联系。随后，结合理论，从中西方两个角度对婚姻关系转变的相关讨论进行梳理，概括西方婚姻关系转变路径并总结中国的现有观察。

一、婚姻关系相关概念辨析

（一）婚姻与婚姻关系

根据《社会学辞典》[①]，婚姻指为一定社会制度所确认的男女两性的结合及由此而形成的夫妇关系。在概念上，婚姻包括行为和关系两方面内容，男女两性结合的婚姻行为引发婚姻关系。在普遍的异性恋规式中，婚姻关系通常与夫妻关系、夫妇关系等概念替换使用。

对于婚姻关系的理解，不同学科因立场和视角不同而存在差异，如法学

---
① 邓伟志.社会学辞典[M].上海：上海辞书出版社，2009：277.

认为婚姻关系是当事人之间的权利义务关系；而社会学则更强调夫妻间社会、精神与情感层面的横向相互关系以及夫妻小家庭与大家庭间纵向的联系纽带。

在社会学视角下，婚姻关系具有社会建构性、封闭性、开放性和目的性，这些属性赋予了其可变性和能变性。首先，婚姻关系具有社会建构性。婚姻关系的建立/维持须遵循一定的婚姻规范以保证社会秩序，而婚姻规范是社会建构的结果，它不仅规定了法律或道德上合法的婚姻关系，还为人们提供了理想婚姻关系的样板。其次，婚姻关系是封闭性和开放性的统一。[①]法律对法定婚姻关系的保护以及现代性爱的排他性使婚姻关系具有相对的封闭性[②]。但这并不意味着婚姻是一个封闭的系统，当婚姻的吸引力下降，而替代选择出现时，婚姻关系解体的可能性就会增加，因而具有开放性。再次，婚姻关系具有目的性。宗族关系的延续（"上以事宗庙"）、合法的生殖和人种繁衍（"下以继后世"）、对浪漫之爱的追求（"有情人终成眷属"、因"感情破裂"而分开）、姻亲与财产关系的缔结（"好婚姻的标准，首先是亲家是不是好亲戚"[③]）以及对经济利益的理性计算（如"假结/离婚"）等都可以是婚姻关系建立/解体的目的。最后，社会婚姻规范的时空差异、封闭性与开放性的相对变化、婚姻关系建立/解体的不同目的使婚姻关系具有了可变性、能变性，这是婚姻关系发生转变的前提。

（二）"婚姻关系"的延伸概念

与"婚姻关系"这一概念具有密切联系的还有"法定婚姻关系""事实婚姻关系"以及"非婚同居关系"这三个概念。

现代意义而言，建立婚姻关系是指确立法定婚姻关系。1950年《中华人民共和国婚姻法》（以下简称《婚姻法》）正式规定，"结婚应男女双方亲到所在地人民政府登记"。[④]男女两性只有符合法定的婚姻成立要件，履行婚姻登记手续，法定婚姻关系才成立，否则法定婚姻关系不存在，即为"无婚"。[⑤][⑥]因此，

[①] 王淑芹.论婚姻的二维性［J］.社会，2004（10）：46-47，28.
[②] 王淑芹.论婚姻的二维性［J］.社会，2004（10）：46-47，28.
[③] 阎云翔.私人生活的变革：一个中国村庄里的爱情、家庭与亲密关系［M］.上海：上海书店出版社，2006：88.
[④] 中央人民政府委员会第七次会议.中华人民共和国婚姻法［N］.新华月报，1950（5）：33.
[⑤] 余延满.论婚姻的成立［J］.法学评论，2004（5）：40-49.
[⑥] 金眉.论中国事实婚姻制度之完善［J］.南京社会科学，2017（10）：81-88.

合法性是法定婚姻关系的重要特征，但合法性并非一成不变。一些国家对性别限定的放松（同性婚姻合法化）、最低法定婚龄的调整、同居非罪化等即是对合法性的调整。这些调整在一定程度上拓宽了合法婚姻关系的边界，进而会带来人们实际婚姻行为的变化。

法定"不在婚"并不表示婚姻关系的客观缺失，其可能以"事实婚姻关系"的形式存在。中华人民共和国成立以来最早对"事实婚姻关系"进行定义的1979年最高人民法院《关于贯彻执行民事政策法律若干问题的意见》规定："事实婚姻"是指没有配偶的男女未进行婚姻登记，以夫妻关系同居生活，群众也认为其是夫妻关系。事实婚姻关系与法定婚姻关系的根本区别在于其是否具有法定的结婚形式要件。① 历史上中国有以礼俗举行婚礼、向社会宣告婚姻成立的传统，因此尽管自上而下的登记婚姻制度已取得主流地位，但由于历史传统和习惯，总有一部分人选择以举行婚礼（甚至不举行婚礼却以夫妻名义共同生活②）而非登记形式成立婚姻关系，形成事实婚姻与法定婚姻并存局面。③ 在很长一段时期内，官方对事实婚姻持承认态度，但1994年《婚姻登记管理条例》后不再承认事实婚姻的效力，尽管随后2001年《婚姻法》司法解释缓和了对事实婚姻的态度，转采相对承认主义，但因存在理论和实践上的缺陷而形同虚设。④ 与法定婚姻关系相对照，从国家管理的角度来看，事实婚姻关系具有违法性。⑤

"非婚同居关系"是指没有合法婚姻关系的两性关系，既包括那些符合结婚实质要件，没有履行程序要件的男女共同居住生活⑥，也包括违反结婚实质要件的重婚、有配偶者与他人同居，如"临时夫妻"。⑦"非婚同居关系"与"婚姻关系"既有联系，又相互区别。两者的联系是，若同居双方具有婚姻合意且有事实婚

---

① 但淑华.中国事实婚姻制度之重构[J].中华女子学院学报，2013，25（2）：27-32.
② 如石金群对少数民族地区的研究发现，存在事实婚姻（共同居住、生育）先于社会婚姻（举办婚礼、婚姻登记）的现象。参看：石金群.流动背景下少数民族青年婚姻变迁——以湘西苗族为例[J].中国青年研究，2019（1）：70-77.
③ 金眉.论中国事实婚姻制度之完善[J].南京社会科学，2017（10）：81-88.
④ 但淑华.中国事实婚姻制度之重构[J].中华女子学院学报，2013，25（2）：27-32.
⑤ 金眉.论中国事实婚姻制度之完善[J].南京社会科学，2017（10）：81-88.
⑥ 于晶.青年非婚同居的财产权益保护问题研究[J].中国青年研究，2019（12）：37-43.
⑦ 陶自祥.临时夫妻：青年农民工灰色夫妻关系及其连带风险[J].中国青年研究，2019（7）：70-77.

姻的其他特征（如稳定、自愿地共同居住），此时的非婚同居关系等同于事实婚姻，此类同居关系更多被认为是"婚姻的前奏"，婚姻关系往往是同居关系进一步发展的目标和方向。两者的区别是，若非婚同居当事人主观上没有一致的结婚意愿而只强调同居关系，此时的同居关系可被认为是"婚姻的替代"。并且，当同居一（双）方存在与第三方既存的法定婚姻关系时，此时的非婚同居关系是对既存法定婚姻关系的侵犯，缺乏法律和社会道德上的合法性。

简单总结以上概念：法定婚姻关系强调法律意义上夫妻关系的确认，而事实婚姻注重婚姻关系在现实中的实质存在；非婚同居关系既可被认为是婚姻关系的"前奏"或"替代"，也可能是对既存婚姻关系的侵害。

二、婚姻关系转变的相关理论探讨

可变性和能变性是婚姻关系的内在属性，这是婚姻关系发生转变的前提。在现有文献中，单纯就婚姻关系转变或变迁的理论论述较少，而更多是将其置于人口、家庭等更大的范围中展开。第二次人口转变理论和家庭现代化理论指明，西方的婚姻关系呈现出自主化、情感化、平等化和主轴化转向；但关于中国的讨论，存在"转型"和"残余"两种并行的观点。

（一）西方婚姻关系呈现出自主化、情感化、平等化和主轴化转向

家庭现代化理论与第二次人口转变理论均涉及西方婚姻关系转变的相关内容。首先，婚姻关系是家庭现代化理论的重要内容，婚姻关系的转变是经典家庭现代化理论论述中判断家庭现代与否的重要标准。古德是经典家庭现代化理论的代表，他认为，在传统农业社会中，大家庭是主流家庭模式，父系家庭掌握土地等经济资源，纵向的亲子轴是家庭主轴，亲属体系非常重要。但随着工业化、城市化发展，夫妻式家庭模式更能适应社会需求而日益成为主流模式。在这种家庭模式中，青年人的婚姻更为自主，择偶制度从家族安排和家庭利益为目标转向自由恋爱和以爱情为基础；独立就业的妇女人数增加，妇女有了越来越多的平等权利，包括在家庭中的平等权利；夫妇式家庭的独立性增强，以代际关系为轴心的家庭关系转变为以夫妻关系为中心，夫妻关系成为最重要的家庭关系。[①] 西方婚姻关系由此呈现出自主化、情感化、

---

① 古德.家庭[M].魏章玲，译.北京：社会科学文献出版社，1986：153-156, 253-259.

平等化和主轴化的转向。尽管后续一些学者对经典家庭现代化理论中关于"传统"与"现代"的论述提出质疑和批评（如核心家庭制度的一元化、单线式演进；对工业化作用的过度强调以及对文化等非经济因素的忽略）[①]，但普遍认同夫妻关系自主、情感、平等以及日益重要性的观点。

第二次人口转变理论为西方婚姻关系的这种转变趋势提供进一步支持。该理论自提出之始即与西方国家在20世纪60年代以来在婚姻家庭领域出现的一系列变化紧密相关，这些变化是理论提出的基础、普适性检验的标准以及理论修正的来源。[②③] 具体到婚姻领域的变化包括初婚推迟、离/再婚增多，结婚率下降而同居趋于普遍等，这些变化均能够反映出婚姻关系的自主化、情感化转向。社会经济繁荣、个体主义发展以及高效避孕技术的普及是婚姻关系发生这种转向的重要原因，一系列的性别革命和性解放运动更使这种转向得到进一步确认和加强。

（二）中国的婚姻关系："转型"与"残余"

传统中国的夫妻关系是"从亲子关系上发生的"，婚姻的意义在于"确立双系抚育"，其目的是"确定社会性的父亲"。[④] 与以夫妻关系为主轴的西方家庭不同，"中国的家是一个绵续性的事业社群，它的主轴在父子之间，在婆媳之间"，"夫妻成了配轴"。[⑤] 在这种传统事业型家庭中，生育并由此生成的父子关系是家庭重心。家庭往往因为"事业"的需要而排斥普通的感情，夫妻情感往往不被强调，伴侣间是否关系亲密并不十分重要。

随着新政权的确立、现代化进程的开启，中国的婚姻关系也在发生着变化，但发生何种变化，以及变化的程度，不同学者基于不同的观察视角和时期而有不同的看法。一方面，一些学者认为中国的婚姻关系也在沿袭着西方国家所经历的方向发展。如阎云翔基于对中国北方农村的研究认为，从20世

---

① 唐灿. 家庭现代化理论及其发展的回顾与评述［J］. 社会学研究，2010，25（3）：199-222，246.

② VAN DE KAA, D.J. Europe's Second Demographic Transition［J］. Population Bulletin, 1987, 42（1）：1-59.

③ LESTHAEGHE, R. The Unfolding Story of the Second Demographic Transition［J］. Population and Development Review, 2010, 36（2）：211-251.

④ 费孝通. 乡土中国［M］. 上海：上海人民出版社，2013：445-448.

⑤ 费孝通. 乡土中国［M］. 上海：上海人民出版社，2013：39-40.

纪50年代开始，随着土改时期新《婚姻法》的颁布推行、集体化时代激进的社会主义改造运动以及非集体化后商品生产与消费主义的兴起，中国农村经历了私人生活的转型，即"家庭的私人化和家庭中个体成员重要性的增长"；通过对夫妻关系中爱情、性别角色、分工与决策三个方面的重新界定，"横向的夫妻关系日渐取代了纵向的父子关系而成为家庭的轴心。"①美国学者戴维斯（Davis）则从婚姻制度角度分析中国的婚姻关系变化。通过对2001年《婚姻法》修正案及其三次司法解释的解读，她认为《婚姻法》修订对婚姻自愿原则的再次强调、对夫妻感情的重视（表现为在离婚判决中，以"感情是否破裂"作为依据）、对个人隐私权利重视（主要表现为放松对夫妻私人关系的道德监视），以及对于个人财产的保护与夫妻共同财产主张的弱化，表明国家逐渐从私人领域退出，婚姻关系呈现出"私有化"特征，成为"个体基于情感满足而自愿确立的关系"。②③

但另一方面，无论是"马赛克家庭主义"④"家庭的流动性"⑤，还是"协商式亲密关系"⑥"新家庭主义"⑦，许多关于中国家庭的本土化论述表明，学者们似乎更加认同中国的婚姻关系变化并未呈现出与西方国家完全一致的变化，或在程度上并不彻底而保留着大量的"前现代的残余"。例如，有学者指出，当下中国年轻人的婚姻呈现出"自主而不自立"的特征⑧；并且这种"自主"也因80后青年群体大量的"父母干预型离婚"现象而有待商榷⑨；在婚姻关系

---

① 阎云翔.私人生活的变革：一个中国村庄里的爱情、家庭与亲密关系［M］.上海：上海书店出版社，2006：18-19，241.
② DAVIS, D. S. Privatization of Marriage in Post-Socialist China［J］. Modern China, 2014, 40（6）：551-577.
③ 赵刘洋.中国婚姻"私人领域化"？——当代中国法律实践中的妇女离婚［J］.开放时代，2019（2）：84-100，7-8.
④ 计迎春.社会转型情境下的中国本土家庭理论构建初探［J］.妇女研究论丛，2019（5）：9-20.
⑤ 吴小英.流动性：一个理解家庭的新框架［J］.探索与争鸣，2017（7）：88-96.
⑥ 钟晓慧，何式凝.协商式亲密关系：独生子女父母对家庭关系和孝道的期待［J］.开放时代，2014（1）：155-175，7-8.
⑦ Yan, Y. X. Neo-Familism and the State in Contemporary China［J］. Urban Anthropology and Studies of Cultural Systems and World Economic Development, 2018, 47（3）：181-224.
⑧ 马春华，石金群，李银河，等.中国城市家庭变迁的趋势和最新发现［J］.社会学研究，2011，25（2）：182-216，246.
⑨ 阎云翔，倪顺江.中国城市青年中的父母干预型离婚与个体化［J］.国际社会科学杂志（中文版），2016，33（1）：143-157，8，13.

的重要性上，有学者认为，与其说是夫妻轴取代了亲子轴，不如说是亲子轴的重点从上落到下，家庭资源向子代倾斜，呈现出所谓"恩往下流"的伦理转向。①② 即使是早前对亲密关系私有化转型相当认同的阎云翔，也基于近10年的观察调整了理论预设，转而推出"新家庭主义"，更加强调子代而非夫妻为家庭中心、代际与夫妻间亲密关系增长并行等。③

总结中西方关于婚姻关系转变／变迁的相关讨论，第二次人口转变理论和家庭现代化理论的相关论述表明，西方国家的婚姻关系在建立／解体上呈现出个体化、情感化趋势；夫妻横向关系趋于平等；在家庭关系中成为主轴。对中国而言，无论是"私人生活转型""婚姻的私有化"还是"现代化残余"，相关论述表明中国的婚姻关系也在发生着变化，但对于发生何种变化、其程度如何仍莫衷一是，这些变化可否称之为转变也尚无定论。那么，中国的婚姻关系经历了怎样的变化？是否与西方国家的转变方向趋同？婚姻关系的转变对中国的家庭又会形成何种影响？接下来，我们将逐一探讨这些问题。

第二节　中国婚姻关系的分时期转变过程

本节将以西方婚姻关系转变的趋向为线索，分时期探讨中国婚姻关系的转变过程。除了援引既有研究结果，我们也尽量在数据可得的情况下，使用多来源数据，包括历年人口普查、1% 人口抽样调查汇总数据以及中国综合社会调查数据（CGSS）、中国妇女社会地位调查等微观数据以进一步提供辅证支持。

一、新政权下的婚姻关系

（一）婚姻关系自主性提高但并不彻底，且未呈现情感转向

在古代社会，婚姻由政权、族权与神权联合支配，结婚必须符合"父母之命，媒妁之言"，而婚姻当事人的意愿和意见无足轻重，这不仅是习俗和家

---

① 沈奕斐.个体化与家庭结构关系的重构［D］.上海：复旦大学，2010.
② 狄金华，郑丹丹.伦理沦丧抑或是伦理转向：现代化视域下中国农村家庭资源的代际分配研究［J］.社会，2016，36（1）：186-212.
③ Yan, Y. X. Neo-Familism and the State in Contemporary China［J］. Urban Anthropology and Studies of Cultural Systems and World Economic Development，2018，47（3）：181-224.

规的要求，也是国家法律规范的约束。① 在这种传统婚姻中，情感、亲密从来都不是重点。

中华人民共和国成立后，于1950年颁布了《婚姻法》。该法以自由为基本的价值取向，明确婚姻自由原则。在一系列自上而下宣传、动员活动的作用下，婚姻自主性有了较大的提高。一方面，结婚自主成为当时年轻一代的风潮，自主婚姻大量涌现而包办婚姻减少。② 另一方面，《婚姻法》的"离婚自愿"原则推动了中华人民共和国成立以来的第一次离婚高潮。资料显示，1950年全国各地法院受理离婚案件186，167件，1951年409，500件，1952年上半年为398，243件，其中多数离婚由女方提出。③

但无论是结婚还是离婚，此时的婚姻自主并不彻底，且未呈现情感转向。就结婚而言，尽管法律赋予了个人婚姻自由，但由于私人领域的排外和封闭性质，完全由当事人做主的婚姻仍不普遍，而更多是子女同父母共同决定的结果。④ 事实上，当时的年轻人对婚姻自主这一概念仍非常陌生，"没有多少年轻人争取婚姻自主的愿望"，在集体化背景下，青年积极分子往往通过"不去谈恋爱"的做法表示他们的无私。⑤ 并且，此时情感并非婚姻关系建立的主要考量，男女青年以爱情为首要因素来选择对象的范围并不是很大，社会地位、家庭出身、本人成分仍是择偶的重要条件。⑥ 在离婚方面，20世纪50年代的离婚带有强烈的反封建色彩，法院受理的离婚案件多以反抗封建包办婚姻为主⑦，而以情感变化为由的离婚并不受到支持。1955—1956年《中国妇女》杂志发起了"我们夫妇关系为什么破裂"的读者大讨论。在第二轮讨论中，

---

① 史凤仪.中国古代婚姻与家庭[M].武汉：湖北人民出版社，1987：87.
② 贾大正.共和国初期北京地区婚姻文化嬗变研究（1949—1966）[J].婚姻·家庭·性别研究，2014（1）：266-325.
③ 李洪河.新中国成立初期贯彻《婚姻法》运动中的社会问题及其解决——以河南省为中心的历史考察[J].中共党史研究，2009（7）：96-103.
④ 贾大正.共和国初期北京地区婚姻文化嬗变研究（1949-1966）[M]// 婚姻·家庭·性别研究.第4辑.北京：社会科学文献出版社,2014:266-325.
⑤ 阎云翔.私人生活的变革：一个中国村庄里的爱情、家庭与亲密关系[M].上海：上海书店出版社，2006：57.
⑥ 贾大正.共和国初期北京地区婚姻文化嬗变研究（1949—1966）[J].婚姻·家庭·性别研究，2014，（1）：266-325.
⑦ 贾大正.共和国初期北京地区婚姻文化嬗变研究（1949—1966）[J].婚姻·家庭·性别研究，2014，（1）：266-325.

代表官方的发言认为维系夫妻关系的不仅仅是"性的吸引",还有亲情和恩情所在的人情,而枉顾人情是缺乏道德情操的体现,是属于资产阶级的思想和生活方式。①从这次读者大讨论中可以看出,尽管法律赋予了人们离婚自由,但这一法律意志往往需要与反封建、解放等政治话语相契合,"离婚自由"带有妇女解放、阶级解放和民族解放的政治意涵②,以情感变动为由的离婚往往被认为有违无产阶级的政治理念而遭到反对。

(二)夫妻关系的独立性、主导性增强,但夫妻间仍普遍不平等

这一时期农村的农业集体化与城市的单位制提高了夫妻的经济独立性,推动了家庭结构的小型化发展,婚姻关系的独立性增强,夫妻在家庭事务中的主导性由此提高。在农村,20世纪50年代的"土改"改变了农村家庭的生产、生活组织形式以及家庭财富的累积和继承模式。在传统家庭模式中,土地私有,家户主扮演家庭经济支配、指挥和管理的角色,家庭财富遵循"继承—累积—继承"的循环推进模式,源源不断地再生产出父权家长制。而随着农业集体化,家庭组织的生产角色消解,个体基于"工分"从生产队获得劳动报酬,当子代结婚建立新的家庭时,其财富的累积可以独立完成以避免稀释到父代控制的大家庭中,夫妻的经济独立性增强,而家长制权威由此被削弱。③在城市,单位制的实行开启了国家与个体之间一种崭新的分配方式,使个体在经济上得以部分摆脱家庭和家长的束缚。城乡夫妻普遍增强的经济独立性带来了家庭结构的变化,对农村家庭结构的研究发现,在20世纪50年代完成农业合作社后,调查的5个村庄中核心家庭的比例都超过50%,成为主导性的家庭形态;并且,1958年开始的食堂化运动也使得合爨形式的大家庭失去了存在意义,此后尽管取消了食堂恢复家庭生活单位,但经济困难使原有大家庭成员难以相互顾及,各自饮爨的核心型小家庭则可提高生存能力。④在脱离了大家庭的夫妻小家庭中,夫妻对家庭事务的主导性提高。

---

① 廖嘉晨.新中国重塑婚姻道德——以1955—1956年一场读者大讨论为例[J].中国国家博物馆馆刊,2019(10):36-46.
② 陈寒非.法权身体:1950年婚姻法的表达与实践[J].妇女研究论丛,2014(5):63-70.
③ 王天夫,王飞,唐有财,等.土地集体化与农村传统大家庭的结构转型[J].中国社会科学,2015(2):41-60,203.
④ 王跃生.社会变革与婚姻家庭变动 20世纪30—90年代的冀南农村[M].北京:生活·读书·新知三联书店,2006:218-220.

但这一时期纵向维度上夫妻关系独立性增强并未带来横向夫妻间关系的平等化发展。诚然，在一些城市家庭中，随着妇女走出家庭参加社会劳动，妻子在家庭中的地位提升，和睦、平等的夫妻关系成为楷模。① 然而在广大农村地区，夫妻关系仍普遍不平等。阎云翔对下岬村的研究发现，即使当时的年轻人不顾父母的反对因为爱情结了婚，在成家后，父权文化重新占据主要地位，丈夫对妻子仍要求无条件的服从，否则便毫不犹豫地用暴力来宣告自己在家中的权力和位置。② 美国历史学家贺萧对20世纪50年代陕西农村妇女的集体化记忆的田野研究也发现，国家话语除了与新旧社会相关的那套革命话语之外，对于妇女所在的关键领域即家庭生活相关的那部分日常没有丝毫撼动，对妇女传统美德的倡导贯穿当时整个时代，包括在贫困及家务的重压下要求妇女坚守贞洁、忍耐苦干和自我牺牲等。③

因此，在这一时期，尽管随着农村土地改革和城市单位制发展，夫妻的经济独立性增强并由此带来了夫妻婚姻关系的独立性增强、主导性提高，但在夫妻内部，传统男尊女卑的两性关系并未明显变化。

1960—1979年是中国的高度集体化时期，集体经济下的公共集体活动与劳动生产为青年男女提供了发展感情的渠道，促进了青年自由恋爱的发展，为婚姻自主开辟了新的空间。但这一时期的婚姻自主更多是满足政治性为前提的自主，无论是婚姻的建立还是解体，政治都成为关键性因素④，功利而非情感成为婚姻关系建立/解体的重要原因。

二、改革开放以来的婚姻关系

（一）婚姻自主性上升，并呈现情感化转向；家庭成为个体表达婚姻自主的捷径

20世纪70年代末开始，为调整高度集体化时代国家、家庭与个人之间的

---

① 李兴锋. 新中国成立北京地区家庭关系与家庭教育研究（1949—1966）[J]. 婚姻·家庭·性别研究. 北京：社会科学文献出版社，2013（3）：273-354.
② 阎云翔. 私人生活的变革：一个中国村庄里的爱情、家庭与亲密关系 [M]. 上海：上海书店出版社，2006：59.
③ 贺萧. 记忆的性别 农村妇女和中国集体化历史 [M]. 北京：人民出版社，2017：31-41.
④ 孟宪范. 家庭：百年来的三次冲击及我们的选择 [J]. 清华大学学报（哲学社会科学版），2008(3)：133-145，160.

失衡关系,并为回应当时社会普遍存在的"让社会生活正常化"的愿望,党和国家开始减少对个人家庭生活的干预。[①] 在这种氛围中,婚姻关系带来情感化发展,个人在婚姻关系的位置重新凸显。具体表现为平均初婚年龄因自主性提高呈现先降后升的变动、同居等非传统泛婚姻关系出现、离婚增多且多为情感性的离婚,以及再婚现象日益普遍等。

第一,平均初婚年龄因自主性提高呈现先下降后上升的趋势。利用1982年以来历次全国人口普查及1%人口抽样调查汇总数据计算发现(见图4-1),1982—1990年,两性平均初婚年龄有所下降,这主要是因为1980年《婚姻法》对于法定最低婚龄的规定(男22周岁、女20周岁)实际上要早于20世纪70年代"晚、稀、少"政策下对结婚年龄的限制(男性25周岁以后、女性23周岁以后结婚),人们意识到自己在20或22周岁时就拥有了结婚的权利,而晚婚只是"鼓励"而已[②],这是国家政治减少对婚姻关系的控制,自主性日益提升的表现。20世纪90年代以来,两性初婚年龄呈现稳步上升趋势,2015年中国男性平均初婚年龄为27.20岁,女性平均初婚年龄为25.39岁,分别比1982年提高了1.20岁和3.01岁。2005年以来《中国民政统计年鉴》公布的结婚登记人口的年龄分布情况也可以反映这种推迟趋势:在2005—2012年,当年结婚登记人口中20—24岁组人数比例最高,自2013年起变为25—29岁组,出现了明显的年龄后移现象。[③] 与中华人民共和国成立初期因《婚姻法》对法定婚龄的划定以及集体化时代对青年晚婚的倡导导致的制度性初婚推迟不同,20世纪90年代以来的初婚年龄推迟更多是个人因教育、职业发展、经济独立性增强等因素自主选择的结果。

---

① 陈映芳.社会生活正常化:历史转折中的"家庭化"[J].社会学研究,2015,30(5):164-188,245-246.
② 郭志刚,段成荣.北京市人口平均初婚年龄的研究[J].南京人口管理干部学院学报,1999(2):29-34,49.
③ 宋健.结婚率新低现象的人口学解读[J].人民论坛,2020(8):72-74.

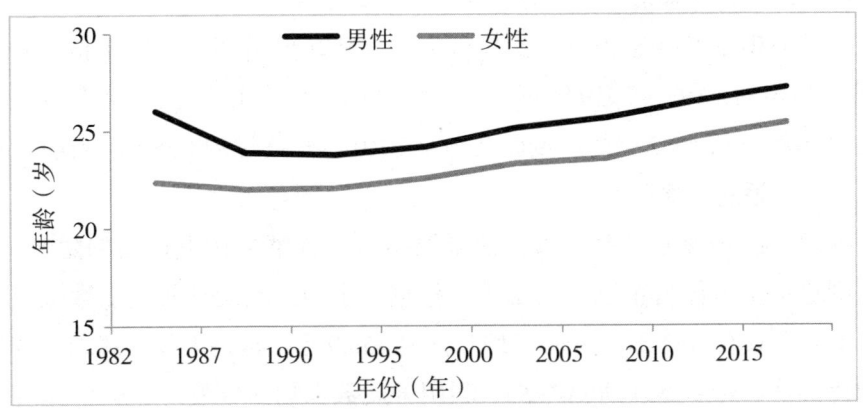

图 4-1 1982—2015 年两性平均初婚年龄估算

注：根据平均单身年龄（SMAM）间接估计平均初婚年龄，计算公式为：$SMAM=\frac{S-50U}{100-U}$，其中 S 为 0—49 岁的单身总人年数，U 为 45—49 岁和 50—54 岁人口未婚比例的平均值。由于 1982 年未公布 50—54 岁组的婚姻状况数据，仅有 50—59 岁组的婚姻状况数据，因此 1982 年的 U 为 45—49 岁和 50—59 岁人口未婚比例的平均值。

资料来源：1982 年、1990 年、2000 年、2010 年数据来自历年全国人口普查汇总数据；1987 年、1995 年、2005 年、2015 年数据来自历年全国 1% 人口抽样调查汇总数据。

第二，同居等非传统、泛婚姻关系现象增多。利用微观调查及对普查数据进行近似估计发现，中国 20—29 岁男女处于同居状态的比例在改革开放以来呈现明显上升的趋势[1]；婚前同居的比例也随着出生队列的推进上升，在 2000 年后初婚的队列中，有近 1/3 的男性与女性有过初婚前同居的经历。[2] 同居关系不仅涉及青年群体，还存在于中年群体（如"临时夫妻"）以及老年人中（如"黄昏同居"）。在同居关系中，以亲密和情感为特征的自主性得以充分表达。

第三，离婚率上升，且感情破裂是离婚的主要原因。1980 年新《婚姻法》明确规定"男女双方自愿离婚的，准予离婚"，并强调情感而非政治因素是判决婚姻关系结束的决定性条件，"双方感情确已破裂，经调解无效，可以判决离婚"。1980—1987 年中国出现了第三次离婚高潮，与 20 世纪 50 年代由"反封建"带来的第一次离婚高潮，以及 20 世纪六七十年代出现的"政治性"离

---

[1] 於嘉，谢宇. 中国的第二次人口转变［J］. 人口研究，2019，43（5）：3-16.
[2] 於嘉，谢宇. 中国居民初婚前同居状况及影响因素分析［J］. 人口研究，2017，41（2）：3-16.

婚高潮不同，以"感情不和"为由的离婚构成了此次离婚高潮。[①] 这之后，中国人口的离婚率及离婚人口比例呈现上升趋势，离婚率从1980年的0.35‰上升到2020年的3.1‰（2019年更高，为3.4‰），而在15岁及以上人口中，离婚人口比例也从1982年的0.59%上升至2010年普查时的1.38%。当前，感情问题已是离婚的主要原因。

第四，再婚现象日益普遍。如果说初婚是普婚文化下社会的隐性规范，再婚则更多是个体自主选择的结果。根据《中国民政统计年鉴》数据，1996年再婚人数只有86.2万，而到2019年达到455.9万；再婚人数占总结婚登记人数的比例从4.61%提升到24.72%。利用微观数据的研究发现，教育程度对两性再婚有负向影响，即教育程度越高，其再婚的可能性越低，一种可能的解释是教育不仅是一种择偶"资源"，同时还代表着个人的"内在特质"[②]，只有当个体间内在特质较为契合时，再婚才可能发生。这说明在再婚中，婚姻关系的确立不仅是自主性的表达，更是婚姻双方情感契合的结果。

对于新近出现的一些现象，如"白发相亲"（父母代理子女相亲）[③]、"父母包办型离婚"[④] 等，表面上看，父母家庭的意见对于个体婚姻关系建立/解体的作用似乎再次被强调，但实际上，与个人自主性完全无法表达的传统婚姻不同，这一时期家庭重新成为婚姻关系的考量更像是个体与家庭在婚姻脆弱性不断升级现实下的理性"合谋"。与其说"白发相亲"是父母谋划、操控子女亲事的一种方式，不如说是年轻一代在高强度和单调的工作环境中，利用父母表达自己的婚姻诉求，从而积极追求参与自我婚姻关系建构的捷径。事实上，"白发相亲"成功率不高在某种程度上也说明子女的个人情感和主观愿望仍是婚姻关系建立与发展的关键。而在"80后"的"家长包办式"离婚中，父母往往是作为处理家庭事务的能手帮助子女解决离婚问题，其目的是保障

---

① 刘玲.20世纪80年代中国婚姻伦理嬗变研究［M］//婚姻·家庭·性别研究.北京：社会科学文献出版社，2013：76–126.

② 彭大松.个人资源、家庭因素与再婚行为——基于CFPS2010数据的分析［J］.社会学研究，2015，30（4）：118–142，244.

③ 孙沛东.相亲角与"白发相亲"——以知青父母的集体性焦虑为视角［J］.青年研究，2013（6）：12–25，92.

④ 阎云翔，倪顺江.中国城市青年中的父母干预型离婚与个体化［J］.国际社会科学杂志（中文版），2016，33（1）：143–157，8，13.

离婚子女的个人利益,而非传统婚姻关系中以大家庭的利益为根本且要求子女的无条件服从。

(二)夫妻趋于平等,婚姻关系成为主轴与否具有流动性

20世纪80年代以来,伴随着女性受教育程度和收入水平的提高,广泛的社会经济政治参与以及社会整体性别平等程度的提升,夫妻关系正在从法律上、观念上的平等走向实际生活中的平等。第三期中国妇女社会地位调查结果显示,在家庭事务决策中,无论是"购买大件商品/大型农具""买房/盖房""从事什么生产/经营""投资/贷款",还是"孩子升学/择校",夫妻共同商量决定的比例均超过50%;超过80%的受访者(无论是男性还是女性)对"男人也应该主动承担家务劳动"这一观点持"非常同意"与"比较同意"态度。家庭暴力是夫妻关系不平等的一种极端表现,比较第二、三期中国妇女地位调查数据发现,2000—2010年,曾遭受身体暴力①的受访者比例从18.96%下降到4.05%,其中女性遭受身体暴力的比例由22.46%下降到5.43%。

夫妻双方趋于平等,但在家庭关系中,婚姻关系是否成为家庭主轴,不同学者因视角、标准、研究对象等差异存在不同的理解。一些学者认为,夫妻轴并未成为家庭关系的轴心,亲子主轴仍是家庭轴心,只不过是主轴的重心从父母落到孩子。② 家庭资源分配的"恩往下流"③、一切以子女为中心的"下行式家庭"④ 等即是这种变化的体现。也有一些学者认为夫妻已成为家庭关系的轴心。如有学者对儿童抚育中的代际合作与权利关系的相关研究发现,即使是与长辈共居,也并不会对夫妻继续维持家庭权力的主导造成影响。这是因为祖辈往往是以"帮忙者"的角色进入子女的生活家庭,承担的是孙辈生理性抚育方面的工作,在家庭事务决策和话语权上处于边缘位置;母亲仍然

---

① 2000年、2010年数据分别来自"在您的婚姻生活中,是否有过配偶动手打您的情况""您的配偶是否对您有过殴打行为"这两个问题,两个问题的提问用词虽有所区别,但意思表示一致,均是对受访者身体暴力情况的调查。
② 沈奕斐.个体化与家庭结构关系的重构[D].上海:复旦大学,2010.
③ 狄金华,郑丹丹.伦理沦丧抑或是伦理转向:现代化视域下中国农村家庭资源的代际分配研究[J].社会,2016,36(1):186-212.
④ YAN, Y. X. NEo-Familism and the State in Contemporary China[J]. Urban Anthropology and Studies of Cultural Systems and World Economic Development,2018,47(3):181-224.

是育儿"总管",主导儿童抚育的话语权和决策权。①全国性调查的数据结果似乎也更支持夫妻关系在现代家庭中的重要性,如2006年CGSS家庭卷数据显示,当被询问"与父母关系""与配偶关系"以及"与子女关系"三者的重要性排序时,有51.42%的受访者将"与配偶关系"排为第一重要,只有12.38%的受访者将其列为最末位(第三重要)。

事实上,无论城乡,当前中国的夫妻关系均存在主轴化和非主轴化的张力。一方面,城市高涨的房价、工作与家庭难以平衡的紧张关系等使许多成年子女在婚后仍需要父母在经济、生活和情感上的支持,年轻一代的婚姻关系呈现出自主,但不自立的特点。②而在农村,部分地区高昂的婚姻支付("天价彩礼")、浓厚的大家庭传统也使得年轻夫妇难以成为自立的共同体。此外,独生子女政策带来的大量独生子女家庭(特别是独女家庭),在客观上也为年轻一代婚姻关系"可以"不自立提供了条件。城乡年轻夫妻的这种不自立使得夫妻难以成为家庭事务最重要的决策者,婚姻关系也因此难以成为家庭主轴。但另一方面,城市新婚夫妇婚后与父母分开居住的普遍化、父母婚姻支付的单一货币化趋势、个人收入的非农化与多样化以及人口流动迁移政策放松后带来的农村人口进城务工现象增多等为这一时期夫妻成为家庭主导创造了空间和条件。③④⑤2010年普查数据显示,城市夫妇结婚当年即单独生活是主流的居住方式;在农村,尽管结婚之初与父母共同生活仍为主导,但农村新婚夫妇也更多受到迁移流动的影响⑥,城乡因而也都存在促使夫妻关系主轴化的动力。

尽管这种张力存在使得我们难以作出判断当前中国的婚姻关系已呈现出

---

① 肖索未."严母慈祖":儿童抚育中的代际合作与权力关系[J].社会学研究,2014,29(6):148-171,244-245.

② 马春华,石金群,李银河,等.中国城市家庭变迁的趋势和最新发现[J].社会学研究,2011,25(2):182-216,246.

③ 阎云翔.私人生活的变革:一个中国村庄里的爱情、家庭与亲密关系[M].上海:上海书店出版社.2006:162,176.

④ 吉国秀.婚姻支付变迁与姻亲秩序谋划——辽东Q镇的个案研究[J].社会学研究,2007(1):114-136,244-245.

⑤ 王跃生.中国城乡家庭结构变动分析——基于2010年人口普查数据[J].中国社会科学,2013(12):60-77,205-206.

⑥ 王跃生.中国城乡家庭结构变动分析——基于2010年人口普查数据[J].中国社会科学,2013(12):60-77,205-206.

一致而稳定的主轴化或非主轴化的发展趋势，但与传统家庭中夫妻关系从来都不是主轴的情况不同，在部分家庭或在家庭的部分生命周期阶段，夫妻关系是主轴，只不过这种主轴富有弹性和"流动性"，不同家庭，或同一家庭在不同的阶段可能会因面临的迥异现实而发生调整。家庭轴心的这种弹性和"流动性"与"家庭流动性框架""新家庭主义"等有着一致的内在逻辑。对年轻一代，特别是城市年轻人来说，结婚往往意味着将配偶带入各自的亲子关系中，可以看到有两组亲子关系与年轻夫妇的婚姻关系发生相互作用。[①] 夫妻间情感、生育安排、子女照料、社会经济条件、与长辈的互动以及个体生活方式都可能会影响这3组关系，使婚姻关系在主轴与非主轴之间随时调整。

中西婚姻关系相比，西方婚姻关系自主化转向的一个重要特征是，婚姻关系本身成了一种选择，而非必须。在很多国家和地区，同居成为人们婚姻之外的伴侣亲密关系形式。以美国为例，在1987年，19—44岁女性中，有1/3比例的女性曾有过同居经历，而在2013年，这一比例接近2/3。[②] 并且与20世纪80年代中期未婚女性的同居关系更可能以婚姻结束不同，在2010年，同居更可能以关系破裂而告终[③]，同居与婚姻间的必然联系逐渐削减。在一些北欧国家，婚姻关系的这种非必须性似乎走得更远，同居不但成为"婚姻的替代"，更衍生出婚姻、同居之外新的亲密关系选择"在一起而不共同生活"（live apart together，LAT），即人们选择保持长期亲密关系，但不共同生活。这种关系在年轻人和老年人中尤为盛行：瑞典的一项调查显示，在那些60岁之后建立的亲密关系中，70%以LAT的形式存在，不到30%属于同居关系，而婚姻关系所占比例微乎其微。[④]

[①] 阎云翔，倪顺江. 中国城市青年中的父母干预型离婚与个体化[J]. 国际社会科学杂志（中文版），2016, 33（1）: 143-157, 8, 13.

[②] HEMEZ, P., MANNING, W.D. Thirty Years of Change in Women's Premarital Cohabitation Experience [R/OL]. Family Profiles, FP-17-05: Bowling Green, OH: National Center for Family & Marriage Research. 2017. http://www.bgsu.edu/ncfmr/resources/data/family-profiles/hemez-manning-30-yrs-change-women-premarital-cohab-fp-17-05.htmI.

[③] LAMIDI, E.O., MANNING, W. D., BROWN, S.L. Change in the Stability of First Premarital Cohabitation Among Women in the United States, 1983—2013 [J]. Demography, 2019, 56（2）: 427-450.

[④] CONNIDIS, I. A., BORELL, K., KARLSSON, S. G. Ambivalence and Living Apart Together in Later Life: a Critical Research Proposal [J]. Journal of Marriage and Family, 2017, 79（5）: 1404-1418.

但对于中国而言，普婚仍是人口的重要特征，同居更多是婚姻的前奏，婚姻关系始终是最重要、最普遍的伴侣亲密关系形式。首先，中国的终身不婚比例很低，普婚仍是当前中国人的选择。1982—2015年的历次人口普查及1%人口抽样调查数据显示（见表4-1），尽管30—34岁大龄未婚人口比例在1990年后呈现上升趋势，但在35岁及之后，两性的未婚比例随即下降到很低水平；若以50岁作为终身不婚的起点年龄，终身不婚的比例始终很低，男性不超过6%、女性不超过1%。

表4-1 1982—2015年15—49岁年龄组未婚人口比例

年份	性别	未婚人口比例（%）						
		15—19岁	20—24岁	25—29岁	30—34岁	35—39岁	40—44岁	45—49岁
1982	男性	99.07	89.27	23.59	8.84	6.77	5.71	4.37
	女性	95.62	46.45	5.27	0.69	0.28	0.20	0.18
1987	男性	98.59	61.03	17.28	8.00	5.94	5.50	5.12
	女性	95.77	39.92	4.07	0.63	0.32	0.25	0.15
1990	男性	98.20	62.45	16.71	7.16	5.73	5.17	5.07
	女性	95.32	41.35	4.29	0.64	0.30	0.24	0.18
1995	男性	99.37	68.65	18.17	6.16	4.63	4.45	4.28
	女性	97.94	47.44	5.53	0.82	0.34	0.22	0.18
2000	男性	99.72	78.65	24.68	7.45	4.12	3.82	3.96
	女性	98.75	57.46	8.67	1.35	0.51	0.29	0.21
2005	男性	99.71	78.85	29.56	9.71	4.82	3.31	3.29
	女性	98.65	57.36	12.71	2.13	0.65	0.35	0.25
2010	男性	99.40	82.44	36.29	12.62	6.44	4.15	3.12
	女性	97.89	67.55	21.62	5.35	1.76	0.75	0.44
2015	男性	99.05	86.55	42.67	14.36	6.42	4.12	3.02
	女性	97.59	74.49	26.92	6.95	2.29	1.00	0.50

资料来源：同图4-1。

并且，同居现象日益增加，但在绝对数值上，仍远低于欧美国家水平，且更多是"婚姻的前奏"。利用人口普查数据的估计显示，在2010和2015年，

20—29岁的两性人口中仅约1%正处同居状态[①]；而对有婚前同居经历的样本计算发现，同居关系的持续时间并不长（男性为10.9个月、女性为10.5个月），两性在同居不到一年后即进入婚姻，表明同居在中国仍属于婚姻的前奏或者一种"试婚"。[②]人们的同居观念也可以侧面说明支持同居的"试婚"性质，2012年中国综合社会调查（CGSS）数据显示，仅有17.68%的受访者认同"男女同居但又不打算结婚，是可以接受的"（持"非常同意"和"同意"态度），而有近七成受访者持"不同意"或"非常不同意"态度，即使在提问中未预设婚姻与同居间的关系，仅询问受访者对"'未婚同居'是个人行为，他人不应该指责"这一观点看法，2015年的CGSS数据显示，认同者的比例也只有26.19%。因此，与西方婚姻关系转变过程中出现的婚姻关系本身变得"可替代"不同，中国的婚姻关系仍是伴侣亲密关系最重要的形式。

将各时期纵向比较发现，20世纪50年代以来中国的婚姻关系既展现出转变的一面，表现为与传统婚姻关系相比，婚姻关系的自主性有了很大提高、关系的建立/解体呈现情感化转向、夫妻间关系趋于平等，尽管过程中曾存在着国家政治性的强性干预；但同时也具有韧性的一面，表现为尽管在部分家庭或家庭在某段生命周期中，婚姻关系业已成为家庭主轴，但这种主轴具有"流动性"，当前中国的婚姻关系仍并未表现出稳定的主轴化趋势。并且，与西方婚姻关系本身逐渐变得可替代、可选择不同，中国的婚姻关系仍是伴侣亲密关系最重要的形式，普婚始终是人口重要的特征，同居比例仍相对较小且更多以结婚为前提，是"婚姻的前奏"。

第三节 婚姻关系转变对家庭转变的影响

借鉴人口转变中的生育、死亡等分要素间相互联系的思路，婚姻关系内嵌于家庭关系，而关系与结构、功能共同构成家庭的基本要素。接下来我们分析前述的一系列婚姻关系转变对代际、亲属等其他家庭关系以及对家庭结构、功能等其他家庭要素转变的影响。

---

① 於嘉，谢宇. 中国的第二次人口转变［J］. 人口研究，2019，43（5）：3-16.
② 於嘉，谢宇. 中国居民初婚前同居状况及影响因素分析［J］. 人口研究，2017，41（2）：3-16.

分析发现，首先，婚姻关系转变推动代际关系、亲属关系等家庭关系的转变：婚姻关系的平等化使妻子影响家庭代际关系的能力上升，妻子的亲代家庭被纳入家庭代际关系中；"姻亲"进入传统以血缘为基础的亲属网络，呈现出亲属关系的"泛化"。其次，婚姻关系转变带动了家庭结构的变化：婚姻关系的自主化与情感化发展推动了单身户、夫妇核心家庭户比例的上升，并促进了家庭类型的多样化发展；婚姻关系在主轴化与非主轴化之间的张力可能是导致20世纪80年代以来二代直系家庭占全部家庭户的比例波动变化的重要原因。最后，婚姻关系转变促进了家庭功能的变化，不同的家庭功能的重要性位序、部分家庭功能内部的重心、家庭功能的实现能力及其服务对象等受到婚姻关系转变的影响。

一、婚姻关系转变推动代际关系、亲属关系等其他家庭关系转变

婚姻关系本身作为家庭关系的一个重要组成部分，其转变会对其他家庭关系，如代际关系、亲属关系产生影响。

家庭代际关系主要指上下代之间所形成的抚育、赡养、继承、交换和交往关系，涉及经济支持、生活照料和情感交流等方面。[①] 婚姻关系的平等化发展使妻子影响家庭代际关系的能力上升，妻子的亲代家庭纳入家庭代际关系中。费孝通将中国传统家庭的代际关系概括为"抚育—赡养"，即亲代抚育子代、子代赡养亲代的"反馈模式"。[②] 这一传统模式蕴含着两个前提，一是夫妻作为一个整体存在，丈夫通常是代际关系的主要调控者；二是子代与亲代间的抚育、赡养、继承、交换与交往等主要发生在父系亲代中，未包含母系亲代。然而，随着婚姻关系的平等化发展，这两个前提可能都在发生变化。一方面，丈夫可能不再是代际关系的唯一主导者，妻子也对家庭代际资源分配的影响力上升。有研究基于CGSS数据发现，妻子的权力会影响对父系家庭的经济支持，且夫妻感情越好，对父系家长的经济支持会越多。[③] 另一方面，家庭代际关系拓展至妻子亲代家庭。传统家庭的代际关系主要发生在由妻子、

---

① 王跃生.农村家庭代际关系理论和经验分析——以北方农村为基础[J].社会科学研究,2010(4)：116-123.

② 费孝通.家庭结构变动中的老年赡养问题——再论中国家庭结构的变动[J].北京大学学报（哲学社会科学版），1983,20(3)：7-16.

③ 郑丹丹,狄金华.女性家庭权力、夫妻关系与家庭代际资源分配[J].社会学研究,2017,32(1)：171-192,245.

丈夫、子女、丈夫父母（甚至兄弟）组成的父系家庭中，但随着夫妻的平等化发展，以及计划生育政策下独女家庭大量存在的现实，"我们家"逐渐包括妻子自己的亲生父母（甚至兄弟姐妹）在内的母系家庭，家庭代际关系因此也就拓展至妻子的亲代家庭。城市地区女儿在经济支持和生活照料上更大、更直接的支持以及农村地区"儿子出钱、女儿出力"的养老分工模式[①]，也说明当前母系家庭已纳入夫妻所在的家庭代际关系网络之中。

将代际关系延伸至更大范围的亲属关系，母系家长被纳入家庭代际关系中意味着"姻亲"进入传统只包容血缘关系的亲属同心圆，呈现出"家族关系的泛化"。[②]在传统亲属关系中，无论是情感凝聚、资源交换还是财产继承，父系血亲都是第一序位，所谓的"差序格局"即是在父系家族中排序自我与他人间关系的远近和亲疏。[③]随着夫妻关系趋于平等、从夫居等父系社会规范放松以及计划生育家庭政策下独女户的大量涌现等，来自母、妻两方面的姻亲进入差序格局，母系的重要性增加，特别是在城市，父母双系并重的亲属网络已相当普遍。20世纪90年代一项对上海家庭亲戚往来情况的调查发现，亲属网络已呈现双系并重，甚至出现向女性倾斜的情况：与被访家庭来往最多、最密切的依次是女性的母系亲戚、男性的母系亲戚、男性的父系亲戚和女性的父系亲戚。[④]20世纪末开始出现的"并家婚"也许更能体现亲属关系的双系并重发展。在这种新婚姻结合形式中，新婚夫妇需要邀请双方亲属参加在男女双方分别举行的重要庆祝酒席（如婚礼仪式、孩子周岁酒等）、在重要民俗节日中"两边跑"以及参与、被参与双系亲朋的重要家庭仪式等。[⑤]通过这些方式，"血亲"和"姻亲"在亲属关系网络中获得平衡。

二、婚姻关系转变带动家庭结构转变

婚姻往往被视为家庭的起点，与家庭结构紧密相关，婚姻关系转变会带

---

① 许琪.儿子养老还是女儿养老？基于家庭内部的比较分析［J］.社会，2015，35（4）：199-219.
② 杨善华，侯红蕊.血缘、姻缘、亲情与利益——现阶段中国农村社会中"差序格局"的"理性化"趋势［J］.宁夏社会科学，1999（6）：51-58.
③ 费孝通.乡土中国［M］.上海：上海人民出版社，2013：25-26.
④ 徐安琪.城市家庭社会网络的现状和变迁［J］.上海社会科学院学术季刊，1995（2）：77-85.
⑤ 庄孔韶，张静."并家婚"家庭策略的"双系"实践［J］.贵州民族研究，2019，40（3）：41-45.

动家庭结构的变化。

首先，婚姻关系的自主性提高、情感化发展，如反映在20世纪90年代以来的两性初婚推迟、离婚率上升、同居现象增多并在年轻队列中趋于普遍等推动了单身户数量增加及其比例上升。1990—2010年历次普查数据显示，1990—2010年全国单身户比例由4.89%上升至14.53%，其中1990—2000年的增幅为3.42个百分点，2000—2010年的增幅为6.23个百分点。[①]但由于中国人口的普婚特征，尽管中国单身户的数量和比例都在上升，但其占全部家庭户的比例仍低于西方国家，如美国同期的单身户比例是中国的近3倍。[②]

其次，婚姻关系的情感化，如表现为年轻夫妇婚后晚育或选择不生育，这会推动夫妇核心家庭户比例的上升。第六次全国人口普查数据显示，2010年夫妇核心家庭户占全部家庭户的比例为18.71%，高出2000年6个百分点，更是1990年的2.9倍。城乡来看，2010年，城市夫妇核心家庭户比例最高（21.87%），镇次之（18.65%），乡村最低（16.65%）；时期变动而言，1990—2010年，城市比例增幅最大（14.15%），乡村最低（10.95%）。婚姻关系的情感化发展还催生了大量的"丁克"家庭，这促进了家庭类型的多样化发展。情感而非生育是丁克夫妻建立婚姻关系的重要原因。根据2010年普查数据，全国夫妇双方年龄大于35岁未生育的家庭共有344万户，其中一部分属于丁克家庭[③]；若以城镇夫妇核心户中户主为35—49岁的大龄未生育夫妇推算，则有41.1万夫妇核心户属于丁克家庭，数倍于20年前的数量。[④]

第三，家庭居住安排会影响婚姻关系是否成为家庭关系的主导，与此同时，婚姻关系是否主轴化发展也会对社会整体的家庭结构类型产生影响。1982年以来的历次普查数据显示，三代及以上直系家庭构成稳定，在17%上下波动；但二代直系家庭（由夫妇同一个已婚儿子及儿媳组成的家庭）呈现先下降后上升的趋势：从1982年的3.82%逐渐下降至2000年的2.35%，随后

---

① 胡湛, 彭希哲. 中国当代家庭户变动的趋势分析——基于人口普查数据的考察[J]. 社会学研究, 2014, 29（3）: 145-166, 244.
② 胡湛, 彭希哲. 中国当代家庭户变动的趋势分析——基于人口普查数据的考察[J]. 社会学研究, 2014, 29（3）: 145-166, 244.
③ 国家卫生和计划生育委员会. 中国家庭发展报告2016[M]. 北京: 中国人口出版社, 2016: 41.
④ 胡湛, 彭希哲. 中国当代家庭户变动的趋势分析——基于人口普查数据的考察[J]. 社会学研究, 2014, 29（3）: 145-166, 244.

又上升至2010年的3.03%①，直系家庭占全部家庭户的比例处于波动变化之中。这种波动意味着婚后是否与父母居住仍不具有稳定的发展趋势，婚姻关系是否在主轴化之间的拉扯可能是造成这种不稳定的原因。

三、婚姻关系转变促进家庭功能转变

家庭功能是一个复杂的系统结构，是家庭区分于其他社会组织的特质之一，包括生物功能、心理功能、经济功能、教育功能、抚育和赡养功能等。②家庭功能是历史的产物，婚姻关系的转变会影响家庭功能的转变，变化包括不同家庭功能的重要性排序、部分家庭功能的重心、家庭功能的实现能力以及家庭功能的服务对象等。

首先，婚姻关系转变使不同的家庭功能的重要性排序发生变化。例如，婚姻关系的情感化发展使家庭的心理功能变得越来越重要，而家庭的经济功能、抚育和赡养功能在社会化大生产、市场经济体制以及托幼与社会养老等制度日益建立健全的背景下有所减弱。家庭越来越被视为情感与亲密关系的私人场所，是提供幸福的"私人生活港湾"。③2010年第三期中国妇女社会地位调查数据显示，有90.18%的受访者符合"配偶能倾听您的心事和烦恼"这一情况。

其次，婚姻关系转变使部分家庭功能的重心发生变化。以家庭生物功能为例，性和生育共同构成生物功能。在传统婚姻中，生育（"下以继后世"）是婚姻缔结最重要的原因之一，但随着夫妻关系的自主性提升与情感主义发展，如表现为婚前性行为、同居的出现日益普遍，家庭生物功能的重心由生育转向性。20世纪80年代正式开始的计划生育政策使家庭生物功能的这种转变更为凸显。家庭性功能的日渐强调而生育功能的削弱与西方国家转变一致：在一些欧美国家，大量的丁克家庭表明生育已不再是家庭存在与延续的基础，而大规模、高比例的非婚生育也说明生育不仅仅囿于家庭内发生，生育与家

---

① 王跃生.中国城乡家庭结构变动分析——基于2010年人口普查数据[J].中国社会科学，2013（12）：60-77，205-206.
② 国家卫生和计划生育委员会.中国家庭发展报告2014[M].北京：中国人口出版社，2014：73.
③ 吴小英."去家庭化"还是"家庭化"：家庭论争背后的"政治正确"[J].河北学刊，2016，36（5）：172-178.

庭呈现出一定的脱离。

再次，婚姻关系转变会带来家庭功能实现能力的变化，即使是同样的功能，其实现程度也会因实现能力不同而存在差别。例如，婚姻关系的自主性增加，带来婚姻稳定性相对下降，这会影响家庭抚幼、赡老功能的实现。已有不少研究显示，与在双亲陪伴下成长起来的孩子相比，来自单亲家庭的孩子在教育、亲子关系甚至子女个人的婚姻等方面更容易存在问题。另一方面，离婚，特别对女性而言，可能意味着经济困境、精神创伤以及更多精力用于子女照养，这可能会使得离婚子女减少对父母的代际支持，从而影响家庭赡老功能的发挥。但随着婚姻关系自主性的进一步提升，离婚等现象的日益普遍，其带来的负面影响可能会趋于减弱，对家庭功能实现的影响是否也会随之发生变化还须后续进一步观察研究。

最后，婚姻关系转变使部分家庭功能的服务对象发生变化，变化的整体趋势是家庭功能正逐渐从服务于家庭整体转向服务于家庭中的个人。以家庭的生育功能为例，在传统生育观念中，生育是最基本、最不可推卸的人生使命，生育最重要的目的之一是延续香火和血脉。但随着婚姻关系的自主性、情感性发展，生育目的的认知逐渐丰富多元，"满足情感需要""实现自我价值"等逐渐取代"传宗接代"成为越来越多年轻人重要的生育目的。此外，如前所述，婚姻关系的自主化和情感化转向催生了数量庞大的单人家庭，在此类家庭中，个人是家庭功能最主要的服务对象。

四、中国婚姻关系转变：转变与特殊性

以西方婚姻关系转变为线索，本章分析发现，自20世纪50年代以来，中国婚姻关系也呈现出自主化、情感化和平等化的趋势；但同时，婚姻关系并未成为普遍家庭的主轴，且婚姻关系本身仍受到普遍地认可和追求，具有不可替代性，婚姻关系由此展现出转变和韧性并存的局面。那么，我们是否仍然可以说，中国的婚姻关系转变已然开启，且是具有趋势性、不可逆、有重大社会文化意涵的真正意义上的转变呢？

回答是肯定的。首先，婚姻关系自主化、情感化和平等化的背后是现代化对于婚姻自由和两性平等的需要，无论是政治上的民主化、精神上的文明化，还是经济上的工业化以及后来的市场化，现代化进程都需要婚姻自由和

两性平等来实现政权稳定、保证劳动力充足供应,并顺应世界发展浪潮。当这种自由和平等成为社会制度的核心、群众意志的基本,我们很难相信中国的婚姻关系会回到过去以家庭整体利益为首、个体意志无法表达、夫妻权力极其不对等的传统婚姻关系中去。

其次,对于婚姻关系韧性的一面,当前中国的婚姻关系并未呈现出稳定、一致的主轴化或非主轴化趋势,婚姻关系主轴与否更多是家庭现时、现地的安排而表现出"流动性",但与过去婚姻关系从来都不是家庭主轴不同,我们至少可以看到多组家庭关系间的重要性阶序在发生松动。阎云翔认为在中国家庭中,资源和能力越来越成为家庭成员间权力分配的基础[①],那么当掌握更多知识、技术的年轻一代步入婚姻,家庭关系间等级的这种松动也许最终将会朝着有利于婚姻关系主轴化的趋势发展。

而对于中国婚姻关系一如既往的不可替代性,我们认为,只要婚姻关系在福利获得、社会认同等方面始终是高于其他伴侣亲密关系的制度安排,那么这种不可替代性可能将一直延续。婚姻关系本身的不可替代性,与婚姻关系主轴化与否的"流动性"一同构成了中国婚姻关系转变的特性,是中西方婚姻关系转变进程的重要区别。

在本章中,我们试图利用宏微观数据,基于一系列指标(如结/离婚率、同居比例、对夫妻平等的主观看法等)为中国婚姻关系的转变提供数据辅证,但由于婚姻关系的相关数据仍相对欠缺,基于现有有限数据基础上的指标能否真实反映婚姻关系的多层维度、对婚姻关系转变的意义是否具有相同权重,对这些问题的回答将是更加准确勾勒中国婚姻关系转变图景的关键,还有待后续研究的进一步探索。

---

① Yan, Y. X. Neo-Familism and the State in Contemporary China [J]. Urban Anthropology and Studies of Cultural Systems and World Economic Development, 2018, 47 (3): 181-224.

第五章 中国代际关系转变

人口转变的发生与完成，极大影响了家庭中的代际关系。一方面，死亡率的不断下降使今天的人们相比以往更为长寿，几代人共享生活的时间变长，更复杂多样的代际关系也随之涌现[①]；另一方面，生育率的下降减少了子代人口数量，子代成员之间的联结相比跨代联结更少，也就更加凸显了代际关系对个体的重要性。[②] 与此同时，维系代际关系模式的社会因素也发生了改变，包括直接性制度中的正式制度（法律和政策）、非正式制度（民间关系）和间接性制度中的经济、人口、社会福利政策等。[③] 这些变革不仅使得代际关系的外在结构发生了改变，也使得代际关系具有了与先前不同的内涵，并因而促进家庭关系的其他方面和家庭中的结构、功能发生改变。本章通过对代际关系的概念、测量、理论和实践进行梳理，试图厘清中国家庭代际关系转变的逻辑及其与家庭其他要素转变之间的关系。

第一节 代际关系的概念、测量与相关理论

一、概念：代际关系具有多维内涵

代际关系研究从一开始就是社会学、青年学、文化人类学以及人口学等多学科共同关注的话题[④]，在不同的学科视角下有不同的含义。广义而言，代

[①] LÜSCHER, K. Intergenerational Ambivalence: Further Steps in Theory and Research [J]. Journal of Marriage and Family, 2002, (64) 3: 585–593.

[②] GAALEN, R. I. V., DYKSTRA, P. Solidarity and Conflict Between Adult Children and Parents: a Latent Class Analysis [J]. Journal of Marriage and Family, 2006, (68) 4: 947–960.

[③] 王跃生. 新中国成立以来家庭代际关系的调整、矫正和维系——以制度为视角 [J]. 中国高校社会科学, 2019（4）：14-25, 157.

[④] 沈汝发. 中国"代际关系"研究述评 [J]. 青年研究, 2002（2）：42-49.

际关系指社会上因地缘、业缘和其他关系产生的不同代际之间的交往关系；狭义而言，指家庭内因血缘（或收养关系）产生的纵向关系。① 本书中所指的代际关系是后者，即狭义层面的家庭代际关系。具体而言"家庭代际关系主要指上下代之间所形成的抚育、赡养、继承、交换和交往关系。代际关系不仅限于'家内'，而且存在于'家际'之间，它有性别和生命周期之分，有抚育—交换—赡养之差异，还因制度变迁而有时期和强势代与弱势代之不同"。②直系亲子关系是代际关系的基础，是代际关系的纽带，但是代际关系又不仅仅限于直系亲子关系③，还包括叔（伯）侄等"连代"关系、祖孙"隔代"关系、婆媳关系、翁婿关系等。④ 但由于直系亲子关系是代际关心的核心，因此在代际关系分析中，常常只研究直系亲子关系。

代际关系既有自然属性也有社会属性。自然属性是指夫妇与子女形成的包括血缘关系、收养关系等的生育关系或过继、收养关系；社会属性是指对亲子义务履行、责任担当和权利享有对等代际关系作出的社会规范。⑤ 这使得代际关系总是与社会相协调，表现出某一历史时期的阶段性特征，当某种类型的代际关系在某一历史时期表现出相对稳定的特征时，就形成了某种代际关系模式。在这方面比较经典的归纳来自费孝通。费孝通认为中西方在代际关系上的区别主要体现在方向上的差别，即中国的代际关系是双向的"反馈模式"——父母抚育幼年子女，子女成年后赡养老年父母；而西方的代际关系是单向的"接力模式"——子女不存在对父母赡养的义务。⑥ 这种概括是对代际关系模式的理想类型的划分，有助于区分理解中西方的差异。

代际关系模式除了会随着不同历史时期和社会情境发生改变，还会随着家庭生命周期发生变动。在对家庭生命周期进行细致的划分后，会发现在子

---

① 王跃生.中国家庭代际关系的理论分析［J］.人口研究，2008（4）：13-21.
② 王跃生.农村家庭代际关系理论和经验分析——以北方农村为基础［J］.社会科学研究，2010（4）：116-123.
③ 王跃生.中国家庭代际关系的理论分析［J］.人口研究，2008（4）：13-21.
④ 王跃生.农村家庭代际关系理论和经验分析——以北方农村为基础［J］.社会科学研究，2010（4）：116-123.
⑤ 王跃生.社会变革中的家庭代际关系变动、问题与调适［J］.中国特色社会主义研究，2019（3）：79-87.
⑥ 费孝通.家庭结构变动中的老年赡养问题——再论中国家庭结构的变动［J］.北京大学学报（哲学社会科学版），1983，20（3）：7-16.

女已婚但亲代未老时存在一个既不需要抚养也不需要赡养的时期，这一时期代际关系表现出交换的内容。王跃生在此基础上提出了"交换关系"的代际关系模式，这一模式既区别于抚育，又区别于赡养，指的是在子女长大、具有行为能力之后，特别是子女结婚之后代际之间所发生的交换关系。他完整概括出整个家庭生命周期3个阶段的代际关系，具体而言：在子女未成年阶段，代际关系表现出抚养的特征；在子女成年具有经济收入且父母尚且不需要赡养时，代际关系表现出交换的特征；在父母处于老年期时，代际关系表现出赡养的特征。如果忽略了前面两个家庭生命周期的代际关系，就难以理解其对于后续赡养关系的影响，因为如果仅仅完成对子女的抚养，而没有在此基础上发生具有互助、互惠性质的交换关系，后续赡养期的代际关系将会被削弱，并且这一时期的交换关系中加入了非血缘关系的儿媳这一角色，使得这一时期的交换性质体现得更为明显。[1] 这使得对于同一个家庭而言，代际关系表现出时间上的累积性和连贯性。

除此之外，在分析代际关系模式的时候，要注意代际关系既然是分析微观层面的个体与个体之间的关系，就必然包括普遍意义上研究微观个体之间关系时所涉及的维度，即不仅包括不同方向性（前述提及的抚育—交换—赡养），还包括不同程度（多少、紧密与否）、不同世代（亲代与子代或跨代）、不同类型（财务、情感、照料）等维度，这些维度共同决定着代际关系的模式。[2]

二、测量：分阶段多层面的测量模型

代际关系与人类社会的其他交换行为一样，包含主观层面的情感或态度和客观层面的行为，涉及经济、生活、情感这些内容。[3] 在家庭生命周期的三个阶段（抚育—交换—赡养），代际关系的测量都围绕着经济、照料、情感这三方面内容展开。当前社会学和人口学对于代际关系的测量更多地集中在交换和赡养（子女成年期后的代际关系）这两个后期阶段上，并因此根据代际关系的不同特征、基于不同的理论视角，发展了不同的测量模型和指标。

---

[1] 王跃生. 中国家庭代际关系的理论分析[J]. 人口研究，2008（4）：13-21.
[2] 黄庆波，杜鹏，陈功. 成年子女与老年父母间代际关系的类型[J]. 人口学刊，2017（4）：102-112.
[3] 王跃生. 中国家庭代际关系的理论分析[J]. 人口研究，2008（4）：13-21.

在代际团结理论视角下，发展了代际团结模型（intergenerational solidarity model），这一测量模型将父母和成年子女之间的互动视作一种资源，关注代际关系中积极、团结的一面，从三个方面测量家庭代际关系：行动（联系团结和功能团结——代际间联络、接触频率以及代际间经济的相互往来、交换）、情感（情感团结——代际间的正向情感）和态度（共意团结和规范团结——对家庭主义、孝道责任的认知强度和代际间价值态度的一致性）。① 该测量模型于20世纪70年代被提出，成为目前家庭代际关系研究的主导测量模型，其后许多定量研究中关于家庭代际关系的测量和分析，都是基于对这一测量模型的进一步发展。

"代际支持"（intergenerational support）这个概念在代际关系研究中也经常被提到。这一概念背后所隐含的是社会支持和代际团结的视角，将代际关系视作在需要时可提供帮助的潜在资源。② 其测量通常包含经济支持、照料支持及情感支持这3个层面，当采用代际间双向交换的视角时，则既包含代际支持给予也包含代际支持获得。③

由于代际团结的视角忽视了代际关系中冲突的层面，其后学者不断对其修改，引入了代际冲突（intergenerational conflict）范式和"团结—冲突"模型（solidarity-conflict model），关注到代际关系的消极面及其存在的合理性④。在早先对于家庭冲突的关注中，很容易把团结和冲突看成连续体的两端，即高团结总是伴随着低冲突，而低团结也总是伴随着高冲突。但事实上高团结的家庭也可能同时存在着高冲突。⑤ 这使得学者们逐渐意识到家庭冲突存在的不可避免性和普遍性。通常采用直接询问的方法对代际关系中冲突的一面进行测量，比如询问受访者"您过去三个月是否与父母产生过金钱/实际问题/观

---

① 石金群. 当代西方家庭代际关系研究的理论新转向［J］. 国外社会科学，2015（2）：74-80.
② SILVERSTEIN, M., GANS, D., YANG, F. M. Intergenerational Support to Aging Parents The Role of Norms and Needs［J］. Journal of Family Issues，2006，（27）8.
③ 王萍，李树茁. 代际支持对农村老年人生活满意度影响的纵向分析［J］. 人口研究，2011（1）：44-52.
④ LOWENSTEIN, A. Solidarity-Conflict and Ambivalence：Testing Two Conceptual Frameworks and Their Impact on Quality of Life for Older Family members［J］. The Journals of Gerontology Series B Psychological Sciences and Social Sciences，2007，（62）2：S100-7.
⑤ GAALEN, R.I.V., DYKSTRA, P. Solidarity and Conflict Between Adult Children and Parents：a Latent Class Analysis［J］. Journal of Marriage and Family，2006（4）：947-960.

念/政治/关系方面的冲突、紧张或不一致"。①

虽然冲突在代际关系中存在的合理性被接受，但"矛盾"（ambivalence）的概念和理论更进一步揭示了代际关系的复杂性。这一概念最初来源于心理学，认为代际情感并不是由代际团结理论或冲突理论所揭示的处于两个极端，而通常具有吸引与排斥同在、爱恨交织的特征。②③ 这一新的理论模型的贡献在于：第一，矛盾视角打破了原先对于家庭生活理解的二元视角（团结/冲突），展现了家庭生活和社会生活中存在同时对立的情感、期望、力量的一面；第二，其自带的多层次分析视角属性使得在研究中将社会制度、宏观层面的不平等、社会经济过程、全球化等与微观层面的个人经历进行联结成为可能。④ 对代际矛盾情感的测量关键之处在于测量出积极情感与消极情感同时存在的情况。一是直接测量法。比如罗温斯坦（Lowenstein）在其2007年的测量中，采用"家庭成员对于彼此的关系有时会产生混杂情感（mixed feelings）。回想你与你的父母/子女的关系，你多久会产生这种混杂的情感？"这个问题让受访者进行评分，1分为"经常发生"，5分为"从不"，从1分到5分频率变小。⑤ 但是这类测量也有弊端，它要求受访者本身对这种矛盾的情感有所察觉，如果受访者自身没有察觉，那么这一测量就是无效的。⑥ 二是间接测量法。其基本的策略是分别独立地询问受访者对于关系的积极情感和消极情感，最后研究者通过对这两种情感是否同时存在的判断确定是否存在矛盾情感。具体的技术包括被广泛接受的正负情感的平均值与相对值之差的公式［矛盾 =

---

① GAALEN, R. I. V., DYKSTRA, P. Solidarity and Conflict Between Adult Children and Parents: a Latent Class Analysis [J]. Journal of Marriage and Family, 2006 (4): 947–960.

② LÜSCHER, K, PILLEMER K. Intergenerational Ambivalence: a New Approach to the Study of Parent-child Relations in Later Life [J]. Journal of Marriage and Family, 1998, 60 (2): 413–425.

③ LÜSCHER, K. Intergenerational Ambivalence: Further Steps in Theory and Research [J]. Journal of Marriage and Family, 2002, 64 (3): 585–593.

④ CONNIDIS, I. A. Exploring Ambivalence in Family Ties: Progress and Prospects [J]. Journal of Marriage and Family, 2015, 77 (1): 77–95.

⑤ LOWENSTEIN, A. Solidarity-Conflict and Ambivalence: Testing Two Conceptual Frameworks and Their Impact on Quality of Life for Older Family Members [J]. The Journals of Gerontology Series B: Psychological Sciences and Social Sciences, 2007, 62 (2): S100–7.

⑥ LÜSCHER, K, Pillemer K. Intergenerational Ambivalence: a New Approach to the Study of Parent-child Relations in Later Life [J]. Journal of Marriage and Family, 1998, 60 (2): 413–425.

（积极维度＋消极维度）/2-|积极维度－消极维度|]①②以及诸如潜在类别分析之类的分类方法将情感分为矛盾和非矛盾的不同类别。③④有学者采用实证分析检验了直接测量和间接测量这两种方法的关联度和效度，发现两者尽管表现出一定的关联度，但是也在测量不同的群体时表现出效度上的区别。⑤这提示我们，在对具体的测量方法应用时要明确不同测量方法背后的意涵。

  西方学者对于代际关系测量工具的发展揭示了代际关系这一概念的复杂意涵，国内越来越多的学者意识到，代际关系的复杂特征决定了在测量时不能对其类型做粗糙简单的类型学划分。"同住与不同住、核心家庭与主干家庭两种类型划分以及所占比重的变化是代际居住安排研究常用的视角和方法。这种研究视角和方法以家庭代际成员的确定性和代际关系的稳定性为前提，但却忽视了家庭代际成员的临时性和代际互动形态的灵活性"，"虽然都是形式上的同住或不同住，但却呈现出不同的代际关系内容"。⑥即家庭成员的居住形式不仅仅包括是否共同居住这一维度，还包括居住时间长短、共同居住事由等维度上的分别，这正反映了代际关系的复杂流变的特征，如果没有把代际关系这一基本特征考虑在内，仅以某一时点的代际关系的状态，而非结合某一时期中代际关系相对稳定的结构和特征作为判断的依据，就很难对代际关系的全貌作出全面合理的判断。这也说明，以往粗糙的以类型划分为主的定量分析越来越难以满足当前对代际关系复杂多变的本质作出更为精细深入分析的要求，而结合定性研究方法进行分析或许可以弥补这一缺憾。

---

① WILLSON, A. Ambivalence in Mother-Adult Child Relations: A Dyadic Analysis [J]. Social Psychology Quarterly, 2006, 69（3）: 235-252.
② HOGERBRUGGE, M. J. A., KOMTER, A. E. Solidarity and Ambivalence: Comparing Two Perspectives on Intergenerational Relations Using Longitudinal Panel Data [J]. The Journals of Gerontology, Series B: Psychological Sciences and Social Sciences, 2012, 67（3）: 372-383.
③ GAALEN, R. I. V., Dykstra, P. Solidarity and Conflict Between Adult Children and Parents: a Latent Class Analysis [J]. Journal of Marriage and Family, 2006（4）: 947-960.
④ SILVERSTEIN, M., GANS, D., LOWENSTEIN, A., et al. Older Parent-Child Relationships in Six Developed Nations: Comparisons at the Intersection of Affection and Conflict [J]. Journal of Marriage and Family, 2010, 72（4）: 1006-1021.
⑤ SUITOR, J. J., GILLGAN M., PILLEMERK. Conceptualizing and Measuring Intergenerational Ambivalence in Later Life [J]. The Journals of Gerontology Series B: Psychological Sciences and Social Sciences, 2011, 66（6）: 769-781.
⑥ 石金群. 转型期家庭代际关系流变：机制、逻辑与张力 [J]. 社会学研究, 2016（6）: 191-213, 245.

三、代际关系变迁理论：从整体、个体到综合

代际关系变迁这一话题在现代化的背景下进入学者们的讨论范畴以来，代际关系变迁的动因就一直是被热议的内容。对转变动因分析的方法论差异决定了代际关系理论观点的分野。

（一）方法论分野：整体主义与个体主义

方法论个体主义（methodological individualism）和方法论整体主义（methodological holism）之间的争论存在已久。方法论个体主义坚持个体的意识和行动是解释任何社会现象的出发点，而方法论整体主义则认为解释社会现象时只需要在该现象出现之前的种种迹象中寻找原因，没有必要诉诸个体的意识和行动。[①] 简言之，前者从微观的个体行为寻找解释，后者诉诸宏观的结构性现象。

早期经典的家庭现代化理论认为，现代化所带来的宏观层面的社会经济结构变迁是造成家庭变革的最重要原因，即现代化带来了私人领域亲密关系的变革，代际关系中核心家庭成为主流。这一理论采取方法论整体主义的视角，秉持这样的观点：随着现代化席卷全球，不同的国家（地区）会走上相同的现代化道路，从而影响家庭领域变革的同一性。但随着各个国家（地区）家庭变革的差异性逐渐显现，国家、地区之间的文化差异重新得到重视，本土文化的差异使得这一代际关系转变趋同的观点被重新审视。[②] 中西方本土文化中存在的差异性被重新得到重视，学者们意识到并不是经济结构的趋同就必然导致代际关系的趋同，本土文化模式的差异也会对代际关系产生影响。在这一背景下费孝通所概括的"反馈模式"和"接力模式"这一中西方代际关系模式差异就有力地佐证了文化差异所带来的影响。

不论是经济结构还是本土文化差异，这两个理论背后所蕴含的基本假设都是：家庭是被宏观结构被动改造的对象。但学者们逐渐发现，代际关系的主体具有主观能动性，并不是之前所想象的被动被改造的对象。随着对宏观结构的反思，20世纪后期家庭理论开始关注个体，代际关系从静态的、整体

---

① 赵鼎新.论机制解释在社会学中的地位及其局限 [J].社会学研究，2020（2）：1-24，242.
② 唐灿.家庭现代化理论及其发展的回顾与评述 [J].社会学研究，2010，25（3）：199-222，246.

的分析逐渐变成更多关注动态、个体的分析。① 代际团结理论和代际冲突理论就在这一背景下聚焦于从微观个体层面分析代际团结如何实现和代际冲突如何发生,通过对行动、情感、态度等维度进行分析,对代际关系的内部过程有了更清晰的描述。

（二）理论综合的趋势

随着方法论整体主义和个体主义在解释力上的局限性显现,理论综合的趋势开始出现。以德国学者卢休（Lüscher）为代表的代际关系研究者沿袭个体化理论的分析传统,将个体的视角引入代际关系研究中,认为代际关系是结构和自我主体性之间不断博弈和协商的结果,在代际关系中既不能忽视微观层面代际关系主体的能动作用,也不能忽视宏观层面的角色与规范对代际关系的制约作用,试图在宏微观的连接上搭建桥梁。② 中国学者也提出不少新的概念或理论试图解释当前中国的代际关系转向和机制。如"协商式亲密关系"展现了中国父母在个体化过程中重新嵌入的努力,既表现出中国传统文化下集体主义的生活逻辑,也展现了现代化过程中的理性选择。③ "个体家庭"的概念区别于传统的"家庭主义",直指当前中国代际关系中这样一种现象:深受个体化的影响,但同时又区别于西方的"个体主义",沿袭传统文化从而重视代际之间的紧密联结和亲子主轴。④ "新家庭主义"这一概念体现了青年人对于家庭主义和个体主义的平衡⑤。这些新的概念和名词被不断提出,用以解释在代际关系变迁中所发生的新现象,不仅体现为方法论上的沟通,也体现为新旧理论观点上的综合。说明以往的非此即彼、直线式的理论观点不再成为主流,理论随着实践中不断产生的多元现象表现出融合的态势。

---

① 唐灿.家庭现代化理论及其发展的回顾与评述[J].社会学研究,2010,25（3）:199-222,246.
② 石金群.转型期家庭代际关系流变:机制、逻辑与张力[J].社会学研究,2016（6）:191-213,245.
③ 钟晓慧,何式凝.协商式亲密关系:独生子女父母对家庭关系和孝道的期待[J].开放时代,2014（1）:155-175,7-8.
④ 沈奕斐.个体化与家庭结构关系的重构[D].上海:复旦大学,2010.
⑤ 康岚.代差与代同:新家庭主义价值的兴起[J].青年研究,2012（3）:21-29,94.

第二节　中国家庭代际关系的转变

根据重大历史事件的发生，1949年以来，中国家庭代际关系主要经历了两个时间阶段的转变。

一是中华人民共和国成立后的集体化时代。1949年至20世纪80年代，中国社会经历了多次运动，完成了社会主义改造，土地私有制被废除，集体生产按劳分配的社会主义制度被建立。在农村地区，按劳动计工分的农村劳动制度冲击了原来小农经济下父权家长制为基础的家庭作为基本生产单位的经济制度，农村土地集体化彻底改变了传统家庭生产与生活的组织方式，改变了父权制度下的代际关系与结构，子代获得了经济自主权，"妇女解放"的话语成为主流意识形态，子代与父辈、婆媳之间的关系开始趋向平等，大家庭越来越难以维系，核心家庭快速增加。① 但与此同时，集体主义和主流意识形态对于老者弱者的保护使得代际关系仍然维持平衡，家庭内部仍然是各尽所能、各取所需的共产主义单位。②③ 在城市地区，机关及企事业单位职工退休后享受退休金制度在20世纪50年代开始实施，老年父母在晚年获得了稳定的收入，子女养老负担也大大减轻，同时1954年《中华人民共和国宪法》及其之后一系列法律对于家庭中所有成员平等的规定使得父母权威弱化、代际关系趋于平等。④

二是20世纪90年代以来受改革开放和计划生育的影响，原有的计划经济、集体主义的逻辑被市场经济所替代，经济发展、人口流动、城市化、现代化都在迅速影响中国的城乡家庭。在农村，大量年轻人涌入城市，年轻一代相比父辈拥有更多新的机会和经济优势，老年人留守、"空心化"的现象广泛存在，传统社会中通过"反馈模式"实现的代际平衡受到动摇，人民公社

---

① 王天夫，王飞，唐有财，等. 土地集体化与农村传统大家庭的结构转型[J]. 中国社会科学，2015（2）：41-60，203.
② 费孝通. 论中国家庭结构的变动[J]. 天津社会科学，1982（3）：2-6.
③ 贺雪峰. 农村家庭代际关系的变动及其影响[J]. 江海学刊，2008（4）：108-113，239.
④ 王跃生. 社会变革中的家庭代际关系变动、问题与调适[J]. 中国特色社会主义研究，2019（3）：79-87.

时期国家对于孝道的强有力干预也不复存在,再加上农村社会保障的薄弱,使得农村老年人的养老出现危机。这种变化使得老年人也开始反思对子女的责任,一些地方的老年人开始降低对子女的孝道期待,瞒着子女积攒养老钱,代际关系朝着一种更为理性化的方向变动。①城市相比农村最大的差异体现在计划生育的影响上。相比农村地区,计划生育政策在城市执行得更为严格,城市多数在正规单位就业的夫妇严格按计划生育,出现了大量的独生子女家庭,一方面使得对亲代履行赡养、照料义务由多子女分担变为一人承担,另一方面凸显了女儿在父母赡养、照料中的义务,与此同时,由于城市化带来的城市就业竞争压力使得年轻父母对子女教育过度投入,年轻夫妇在城市生活的巨大成本和养育子女的压力使得他们反过来还要依赖中老年父母的帮助,尽管城市相对完善的社会保障制度基本保障了老年人的经济来源,但在经济、照料上仍然需要扮演给予者的角色来缓解子女的负担。②

这两大时期重大历史事件的发生深刻地改变了代际关系的运行逻辑。围绕着代际关系的变动,学术上主要对两方面内容展开热烈广泛的讨论:(1)代际关系中以谁为中心(父母还是子女);(2)代际关系中是否存在性别差异。这两方面内容凸显了代际关系与其他家庭关系的差异,反映了代际关系的独有特征。③

一、代际关系重心的改变

对代际关系重心是否由父辈转向子代的讨论主要集中在20世纪90年代以来的历史阶段。

一部分学者认为自90年代以来中国家庭代际关系的重心已经下移,并且对传统的反馈模式构成侵蚀。这一观点主要基于对子女成年后的交换期或赡养期代际支持的方向和程度的观察。资源方面,一些实证研究指出,成年子女大量接受父母在经济、照料和情感上的支持,可能超过其给予父母的帮助,更多扮演"获得者"而非"给予者"的角色,出现了"恩往下流"或"眼泪

---

① 贺雪峰.农村家庭代际关系的变动及其影响[J].江海学刊,2008(4):108-113,239.
② 王跃生.社会变革中的家庭代际关系变动、问题与调适[J].中国特色社会主义研究,2019(3):79-87.
③ 边馥琴,约翰·罗根.中美家庭代际关系比较研究[J].社会学研究,2001(2):85-95.

往下流"的现象。①②③④ 文化方面,有研究指出,传统的代际平衡伦理消解,以义务和责任为本位的传统家庭主义代际观念正在发生一种"现代家庭主义"代际观的转向,带有个体主义色彩和强调子代主体性的家庭代际观念显露端倪。⑤ 这种转向同时体现在亲代和子代两方身上。在亲代身上,老年人对于代际关系开始向一种更为理性化的方向转变,不再强调无条件地付出,而是开始积攒老年钱,为自己的晚年生活做打算⑥,不认为只有子女与父母同住、随侍在侧、进行亲自照料才是合乎道德的,对个人主体性、情感和自由等需求有所提高。⑦ 在子代身上,对传统孝道的认知度越来越低,日常生活功利性色彩增加,年轻人对老年人的重视与否取决于其是否对他们过上更好的生活有作用⑧,开始强调从自身的利益出发构建新的家庭主义。⑨ 权力方面,有研究认为,传统的制度化的父母权威消失,取而代之的是一种更为动态化的权力运作机制,传统社会中相对固定化的权力制度消解为权力的运作留下空间,子代由于在职业、教育等社会地位上被认为高于祖辈、在文化观念上更接近现代理念,因而在权力的运作上相比父母更有优势,也就在家庭内部获得了更多的话语权,比如在代际合作育儿过程中,家庭内部形成了"严母慈祖"的分工和权力格局,母亲成为育儿"总管",以"科学育儿"为指导,对儿童发展进行总体规划,掌握主导孩子成长的话语权和决策权,承担社会性抚育的教育职责;祖辈以"帮忙者"的角色进入子女家庭,承担大量的儿童生理性

---

① 贺雪峰.农村代际关系论:兼论代际关系的价值基础[J].社会科学研究,2009(5):84-92.
② 马春华,石金群,李银河,等.中国城市家庭变迁的趋势和最新发现[J].社会学研究,2011,25(2):182-216,246.
③ 刘桂莉.眼泪为什么往下流?——转型期家庭代际关系倾斜问题探析[J].南昌大学学报(人文社会科学版),2005(6):1-8.
④ 刘汶蓉.反馈模式的延续与变迁:一项关于当代中国家庭代际支持失衡的再研究[D].上海:上海大学,2012.
⑤ 刘汶蓉.反馈模式的延续与变迁:一项关于当代中国家庭代际支持失衡的再研究[D].上海:上海大学,2012.
⑥ 贺雪峰.农村家庭代际关系的变动及其影响[J].江海学刊,2008(4):108-113,239.
⑦ 刘汶蓉.当代家庭代际支持观念与群体差异——兼论反馈模式的文化基础变迁[J].当代青年研究,2013(3):5-12.
⑧ 陈柏峰.代际关系变动与老年人自杀——对湖北京山农村的实证研究[J].社会学研究,2009,24(4):157-176,245.
⑨ 沈奕斐.个体化与家庭结构关系的重构[D].上海:复旦大学,2010.

抚育和家庭照料工作，但在家庭事务决策和话语权上处于边缘位置。①

另一部分学者态度相对乐观，看到了积极的一面。资源方面，有学者观察到代际之间在日常照料、经济支持、情感慰藉方面依然存在密切的互动，且这种互动是平等互惠的，代际之间的经济和照料支持仍然非常普遍。尽管在发达地区，完善的社会养老保险制度使得老年人的经济独立性提高，但是当老年人生病时子女仍然是照料支持的主要提供者，因此反馈模式并未被削弱，代际失衡现象并未切实存在。②③文化方面，一些研究认为，父母与子女之间的凝聚力在社会变革和家庭变迁面前仍然表现出强大的抗逆力性和适应性，深厚的文化积淀超越了现代化的作用。④权力方面，相比要么是"父母权威的衰落"要么是"年轻人权力的增长"这种非此即彼的说法，有研究者认为，父代和子代通过对孙代的一致共同的投入达成和解，基于致力于培养出更好的孙代这种共同家庭目标，形成了一种不再强调权力、更为平等、理性沟通、"孝而不顺"的新型家庭关系。⑤

前一类观点凸显了代际关系重心改变对老年人的消极影响，似乎子女在此中间扮演的是"啃老"的负面角色，老年人在这种代际关系变迁中扮演了"受害者"的弱势形象；而后一种观点则相对平和、中性，认为不管是资源还是权力，都是父母主动让渡的结果，比如父母通过主动发起或积极参与资助子女购房的行动，主动付出经济资源，以获得参与子女小家庭事务决策的机会，并以此来培养亲子间感情上的沟通、尊重和紧密联系，而并非完全的"受害者"形象⑥，是两代人的理性合谋。⑦

---

① 肖索未."严母慈祖"：儿童抚育中的代际合作与权力关系[J].社会学研究，2014（6）：148-171，244-245.

② 杨菊华，李路路.代际互动与家庭凝聚力——东亚国家和地区比较研究[J].社会学研究，2009（3）：26-53，243.

③ 徐勤.农村老年人家庭代际交往调查[J].南京人口管理干部学院学报，2011（1）：5-10.

④ 杨菊华，李路路.代际互动与家庭凝聚力——东亚国家和地区比较研究[J].社会学研究，2009（3）：26-53，243.

⑤ 阎云翔，杨雯琦.社会自我主义：中国式亲密关系——中国北方农村的代际亲密关系与下行式家庭主义[J].探索与争鸣，2017（7）：4-15，1.

⑥ 钟晓慧，何式凝.协商式亲密关系：独生子女父母对家庭关系和孝道的期待[J].开放时代，2014（1）：155-175，7-8.

⑦ 刘汶蓉.转型期的家庭代际情感与团结——基于上海两类"啃老"家庭的比较[J].社会学研究，2016（4）：145-168，245.

这两种观点都有合理之处，看到了代际关系的一体两面，而这也正反映了当前中国家庭代际关系的多元复杂之处。事实上，当前中国的代际关系很难用一种模式进行概括，在不同的视角下数据所呈现的结果也不同。

从整体上来看，当前中国总体上的代际关系情形仍然相对乐观。我们采用"中国老年社会追踪调查"（CLASS）2014年、2016年、2018年数据，将每一年数据中的每个子女的信息都与老年人的信息进行重新匹配、叠加，得到新的数据库后对每一位子女与老年人的经济、照料支持互动情况进行描述分析（见图5-1），发现在过去12个月子女给过老年人经济支持的占比总是超过八成，老年人给过子女经济支持的占比则在三成左右；而在照料支持方面，子女过去12个月给过老年人家务支持的占比在六至七成，老年人给过子女家务支持的占比则在二至三成。数据并未体现经济支持和照料支持的重心下移的现象，反而是老年人从成年子女处获得的经济、照料支持更多。

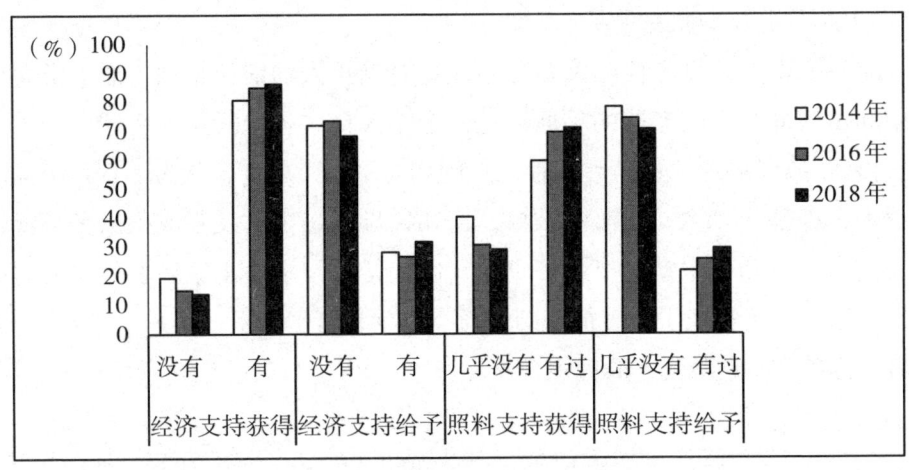

图5-1 老年人与成年子女间的经济支持与照料支持（%）

资料来源：2014年、2016年、2018年"中国老年社会追踪调查"（CLASS）。

同时，在老年人对成年子女的情感评价上，整体上也呈现出相对积极的色彩。依据问卷中"从各方面考虑，您觉得和这个子女感情上亲近吗"这个指向积极情感的问题，以及"过去12个月，您有没有觉得这个子女向您要求了过多的帮助和支持"和"您是否觉得这个子女对您不够关心"这两个指向消极情感的问题对老年人的代际情感评价进行测量。由于3个问题的变量分布都主要偏向于"亲近"或"从未"这两类表达强烈积极情感的选项，即评价普遍较好，因此我们将3个问题都同时选择强烈积极选项（"亲近"或"从未"）的合并为一项（"高评价"），其余所有选择合并为一项（"低评价"）。数据显示，3个年份中老年人对子女的情感评价表现为高评价的均占到六成以上，说明老年人对子女的情感评价总体上仍然相对较高，代际情感相对亲密（见图5-2）。

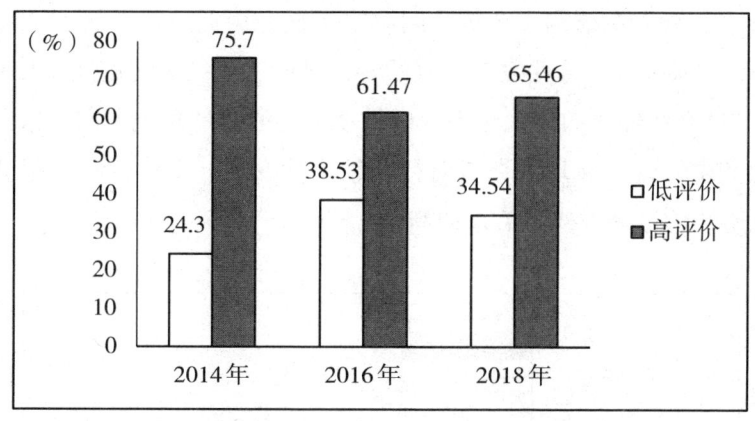

图5-2　老年人对成年子女的情感评价（%）

资料来源：2014年、2016年、2018年"中国老年社会追踪调查"（CLASS）。

在养老观念上，青年（18—35岁）和中年（36—59岁）群体对于子女养老的认同并不比老年（60岁及以上）群体低，甚至高于老年人。图5-3显示，CGSS2015数据中55.3%的青年人认为有子女的老年人的养老应该主要由子女负责，51.96%的中年人认为应该主要由子女负责，42.15%的老年人认为应该主要由子女负责。从中并未反映出"孝道衰落"的迹象，甚至某种程度还显示出"孝道回归"的态势。

以上数据从整体上反映了中国代际关系的反馈模式仍在延续的总体面貌，支持前述的后一种乐观观点。但这是否意味着中国代际关系的面貌就仅限于此呢？当抛开代际关系的整体面貌而着重分析其类型差异时，许多实证研究表明，当前中国代际关系远不止一种模式。在农村，研究者发现，越来越多的新型代际关系（包括亲近型、亲密有间型、近而不亲型、疏离型以及矛盾型等多种类型）不断涌现，且没有任何一种代际关系类型是"多数"或"典型"的关系模式，"混合"类型的关系模式（各维度方向不一致的类型）相对居于主导，反映了家庭成员在地理空间上分散但情感或功能上并未远离的特征。①②在城市，多元化代际居住安排已成为中国城市家庭代际关系的显性特征。并且即使是形式上的"同住"，根据共同居住时间的长短和代际关系主体的构成不同也形成了不同的代际居住模式。代际关系主体双方一方面想寻求个体的自由，另一方面又不得不受孝道文化中关于家庭责任的一整套生活逻辑以及与养老、抚育相关的社会制度的制约，代际关系主体通过选择形式各异的代际居住形式，努力在结构和个体之间寻求平衡，由此形成了转型期特有的流变的家庭代际关系。③ 这些复杂多变的特征被学者概括为转型期所具有的"流动性"，与家庭在经典的现代化理论中被动的、固化的角色不同，家庭被赋予了实践性和主体性，展现了在应对社会结构性变动、个体主义兴起和传统价值观念抗逆性的过程中代际关系的韧性。④

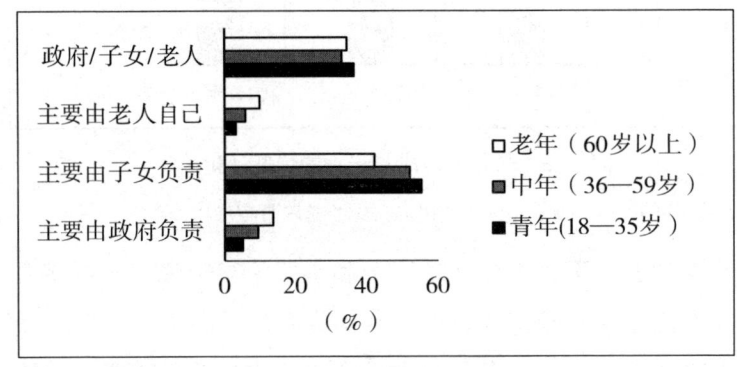

图 5-3 不同年龄人群的养老责任观念（%）

资料来源：2015年"中国综合社会调查"（CGSS2015）。

通过潜在类别分析的定量研究方法，许多学者归纳了老年父母与其成年子女的代际关系模式，也同样验证成年子女与老年父母的代际关系呈现出多样化的趋势这一结论。黄庆波等根据居住安排、情感亲密性、联系频率、代

---

① 宋璐，李树茁.农村老年人家庭代际关系及其影响因素——基于性别视角的潜在类别分析［J］.人口与经济，2017（6）：1–12.
② 龚继红，范成杰，巫锡文."分而不离"：分家与代际关系的形成［J］.华中科技大学学报（社会科学版），2015（5）：121–128.
③ 石金群.转型期家庭代际关系流变：机制、逻辑与张力［J］.社会学研究，2016（6）：191–213+245.
④ 吴小英.流动性：一个理解家庭的新框架［J］.探索与争鸣，2017（7）：88–96.

际冲突、功能性团结（经济支持、工具支持）的指标将代际关系模式划分为3类，包括紧密型（大多与父母同住，发生冲突的可能性一般，与父母比较亲密，常常与父母联系，向上和向下的代际支持比例都较高）、奉养有间型（大多不与父母同住，联系频率较高，代际冲突较少，但亲密的可能性一般，向上提供经济支持较多，向下提供支持的可能性较小）以及疏远型（大多不与父母同住，与父母不亲密、联系也少，发生冲突的可能性较大，向上和向下提供支持的可能性都不高）。采用2012年中国老年社会追踪调查（CLASS）的数据，他们发现，超过一半的样本属于奉养有间型，其次是紧密型（1/3），最后是疏远型（1/10）。① 除此之外，其他学者也采用了类似的方法进行研究，发现了多元模式的共同结论（见表5-1）。

表5-1　文献中中国家庭老年父母与成年子女代际关系类型总结

研究	区域年份	潜在类别（%）
中国城市家庭（马春华，2016）	广州、杭州、郑州、兰州和哈尔滨5个城市（2008）	亲密且互惠型（60.01） 亲密有距型（15.94） 实用主义型（7.59） 感情型（6.08） 疏离型（10.37）
中国农民工家庭（崔烨，靳小怡，2015）	深圳（2013）	紧密型（54.81） 近但有间型（17.73） 远但亲近型（12.88） 疏离型（14.58）
农村和城市家庭（Yang et al.，2013）	29个省（市、自治区）（2010）	紧密型（29.60） 亲密有间型（28.70） 不亲密型（14.70） 无扰型（11.40） 义务型（10.00） 疏远型（5.60）
中国农村家庭（Guo et al.，2012）	安徽巢湖地区（2001）	紧密型（22.50） 近但不和谐型（16.90） 远但不和谐型（14.90） 远且互惠型（12.10） 远且向上型（33.60）

---

① 黄庆波，杜鹏，陈功.成年子女与老年父母间代际关系的类型［J］.人口学刊，2017（4）：102-112.

续表

研究	区域年份	潜在类别（%）
农村和城市家庭（杨晶晶，2011）	29个省（市、自治区）（2010）	亲密有间型（42.90） 紧密型（21.70） 义务型（15.80） 超脱型（14.40） 疏远型（5.20）

资料来源：根据黄庆波，杜鹏，陈功.成年子女与老年父母间代际关系的类型[J].人口学刊，2017（4）：102-112.一文中表6的归纳整理得到。

总之，以上文献与数据表明，一方面，整体上代际关系的反馈模式尚未消解，仍在延续；另一方面，不论是在外在形态还是内在关系上，代际关系都呈现出越发复杂多变的特征。代际在资源上的密切互助、在文化上个体和理性因素的加入以及在权力上的情感性转向都反映了中国传统社会"反馈模式"的刻板印象已被打破，取而代之的是"新反馈模式"，即在代际资源互动上不再是单向的、由下向上的，而是双向的、更为平等的；在文化上，家庭凝聚力仍具有旺盛的生命力，不再固守共同居住的模式，空间上的距离通过其他纽带进行弥补；在权力上不再是权威主义的，而是情感主义的，是基于"双方都好"的理性策略。在这种转变下，"啃老"的意向也在新时期被家庭生活实践中被重新定义，不再由于固守中国家庭主义文化传统下的"反馈模式"而显得充满负面色彩，也不同于西方个体文化主义文化传统下的"自决个体"或"纯粹关系"，而是经济、照料、情感三位一体、糅合混杂的新型代际关系。①

这种多元模式并存现象的背后可能的原因在于：由于代际关系的传统制度尚未被消解、新的代际关系的制度还未被固定，更为灵活的实践空间被留出，更加多样化的代际关系实践因之被允许创造出来。因此，如果在传统的"反馈模式"的话语和分析框架下，代际关系的重心确实相比原来的"向上"出现"下移"，但是单单就家庭内部对家庭成员进行比较，就会发现代际关系只是相比原来制度化的、刚性的"过度向上"更加平等而已，父母和子女之间基于各自和共有的需求通过理性的家庭策略有了更多协商的空间，使家庭

---

① 刘汶蓉.转型期的家庭代际情感与团结——基于上海两类"啃老"家庭的比较[J].社会学研究，2016（4）：145-168，245.

生活的具体实践更为多样化、更具弹性。

二、传统性别角色的弱化

中国家庭代际关系转变中另一显著特征是性别角色的弱化。传统中国家庭不仅是一个基本的生活单位，也是一个基本的经济单位、一个自给自足的经济实体。农业社会中的家庭对土地拥有自主的支配权力，家庭依靠自己的力量从事经济生产，家庭中的男性长者作为家庭户主，在经济生产过程中扮演着支配、指挥和管理的角色，由此形成父权制度的经济基础，同时，家庭财富通过分家由儿子继承，由此形成父权家长制再生产的过程。[1]在父权家长制中，"父主子从"和"男主女从"是其两个最基本的特征，由这两个基本特征出发，家庭成员的角色分工、权利义务和财产继承等原则都有明确的"家法"。[2]随着农业社会的经济制度瓦解，向工业化社会转变的现代化帷幕拉开后，传统的父权家长制的经济基础不复存在，家庭代际关系中性别角色也发生了改变。

一是亲代对子代的抚育行为中传统性别角色的弱化。

"养儿防老""多子多福""母以子贵"通常被认为是中国传统的生育文化[3]，这一文化逻辑体现为抚育中对儿子的重视。而随着性别平等话语的崛起，现阶段的亲代对子代的抚育行为中这种现象已经发生改变。

这一点首先最直接体现在教育投入上。计划生育政策所带来的家庭生育子女数量的下降促进了家庭教育投入中的性别平等。一方面，在迅猛扩张的儿童校外辅导班和兴趣班中，独生子女家庭的子女能够获得更多的校外教育机会，独生子女家庭中的女孩因此能获得相比以往多子女家庭中更多的教育资源。另一方面，最近一些实证研究表明，由于女孩更好的学业表现，家长对女孩的教育投入甚至已经略多过男孩，即不管是在独生子女家庭还是多子

---

[1] 王天夫，王飞，唐有财，等.土地集体化与农村传统大家庭的结构转型[J].中国社会科学，2015（2）：41-60，203.
[2] 杨善华，沈崇麟.城乡家庭：市场经济与非农化背景下的变迁[M].杭州：浙江人民出版社，2000：108.
[3] 尹银.养儿防老和母以子贵：是儿子还是儿女双全？[J].人口研究，2012（6）：100-109.

女家庭，女孩参加课外补习或兴趣班的比例都略高于男孩。[1]且这种教育投入上的"女孩优势"不仅体现在物质性的教育投入（如教育支出）上，也体现在非物质性的教育投入（如父母陪伴时间）上。如表5-2所示，在2013—2014年中国教育追踪调查（CEPS）的基线数据中，不论是在参加课外补习的比例及其支出或总教育支出还是在父母陪伴时间上，女孩均高于男孩，且这一差异具有统计上的显著性。[2]由此带来的结果是：年轻一代的性别间教育获得不平等确实相对老一代而言降低了。[3]

表5-2 课外补习与教育投入的性别差异情况

变量类别		女孩	男孩	显著性差异（P值）
参加课外补习比例（%）		37.6	35.5	0.0016
家庭教育支出（元）	总体	1372.36	1084.81	0.0000
	参加课外补习的样本	4185.39	3798.95	0.0321
父母陪伴时间（小时）	总体	3.3	3.003	0.0000
	参加课外补习的样本	3.51	3.18	0.0000

资料来源：数据整理自崔盛，宋房纺.父母教育期望与教育投入的性别差异——基于中国教育追踪调查的实证研究［J］.中国人民大学教育学刊，2019（2）：154-168.一文中的表5。

那么生育儿子在当今社会仍具有传统文化中所蕴含的"养儿防老"的效应吗？一些研究者给出否定回答。在2008年中国老年人健康因素跟踪调查数据中发现，生育儿子或儿女双全并不比生育女孩更能提高老年母亲的家庭地位，甚至有儿子的老年母亲的经济决策权还更低。[4]这一结论说明当今社会对男孩的偏好已不再具有"养儿防老"的效应，因而也就更可能弱化代际关系中抚育行为的性别不平等。

二是子代对亲代赡养、财产继承观念和行为中传统性别角色的弱化。

---

[1] 林晓珊."购买希望"：城镇家庭中的儿童教育消费［J］.社会学研究，2018（4）：163-190，245.

[2] 崔盛，宋房纺.父母教育期望与教育投入的性别差异——基于中国教育追踪调查的实证研究［J］.中国人民大学教育学刊，2019（2）：154-168.

[3] 叶华，吴晓刚.生育率下降与中国男女教育的平等化趋势［J］.社会学研究，2011，26（5）：153-177，245.

[4] 尹银.养儿防老和母以子贵：是儿子还是儿女双全？［J］.人口研究，2012（6）：100-109.

在父系家族制度中，子代对于父母的赡养行为和财产继承行为存在明显的性别区分。一般认为，儿子是父母老年支持的主要提供者。而女儿通常被认为不是家庭主体成员，不需要承担赡养父母的主要责任。① 在这一制度约束下，赡养父母是儿子不可推卸的刚性责任，既包含经济性的支持，又包含道义上的孝顺。相比之下，女儿对亲生父母的赡养责任并不被父系家族制度所强调，她们只是作为其丈夫的依附性角色被赋予赡养公婆而非自己的亲生父母的责任。② 相应地，儿子也在传统上被认为是主要的财产继承人。

一些研究表明，现阶段家庭内部两性之间的关系已经发生改变，妇女特别是年轻一代的妇女对自己的生活有了更多的主动权，而且在家庭生活转型的过程中扮演了决定性角色。③ 在对老年父母的赡养方面，不再是以儿子为主，女儿和儿子在代际经济支持上发挥着同样重要的作用。④⑤ 在生活照料方面，女儿的作用甚至更为明显，女儿数量所占比重越高，农村老年人获得生活照料的可能性越大。⑥ 有学者进一步区分城乡差别发现，在农村的养老模式中主要存在"儿子出钱、女儿出力"的性别分工模式，而在城市，女儿在经济支持和生活照料两个方面的直接效应都超过儿子，说明中国传统的以儿子为核心的赡养方式虽然没有彻底瓦解，但是已发生明显变化。⑦

在财产继承方面，自1985年《中华人民共和国继承法》提出保障"继承权男女平等"以来，子代财产继承权中的性别不平等有所缩小，促进了财产继承行为与观念的变迁。⑧ 对1990年和2000年妇女地位调查中18—64岁受

---

① 唐灿，马春华，石金群. 女儿赡养的伦理与公平——浙东农村家庭代际关系的性别考察[J]. 社会学研究，2009（6）：18-36，243.
② 狄金华，尤鑫，钟涨宝. 家庭权力、代际交换与养老资源供给[J]. 青年研究，2013（4）：84-93，96.
③ 阎云翔. 私人生活的变革：一个中国村庄里的爱情、家庭与亲密关系（1949—1999）[M]. 上海：上海书店出版社，2006：240.
④ 丁志宏，游奇，魏海伟. 谁更会给老年父母经济支持？[J]. 中国农业大学学报（社会科学版），2017（2）：102-111.
⑤ 王跃生. 中国家庭代际功能关系及其新变动[J]. 人口研究，2016（5）：33-49.
⑥ 聂建亮. 养儿还能防老吗？——子女人口经济特征、代际关系与农村老年人养老资源获得[J]. 华中科技大学学报（社会科学版），2018（6）：33-41.
⑦ 许琪. 儿子养老还是女儿养老？基于家庭内部的比较分析[J]. 社会，2015（4）：199-219.
⑧ 王跃生. 社会变革中的家庭代际关系变动、问题与调适[J]. 中国特色社会主义研究，2019（3）：79-87.

访者的数据分别进行描述,在对"您认为已出嫁的女儿应怎样继承家里的财产?"这一问题的回答中,认为"应该与兄弟平分"的受访者占比在1990—2000年增加了7.15个百分点,也一定程度上反映了20世纪90年代以来的这种观念的变迁(见图5-4)。

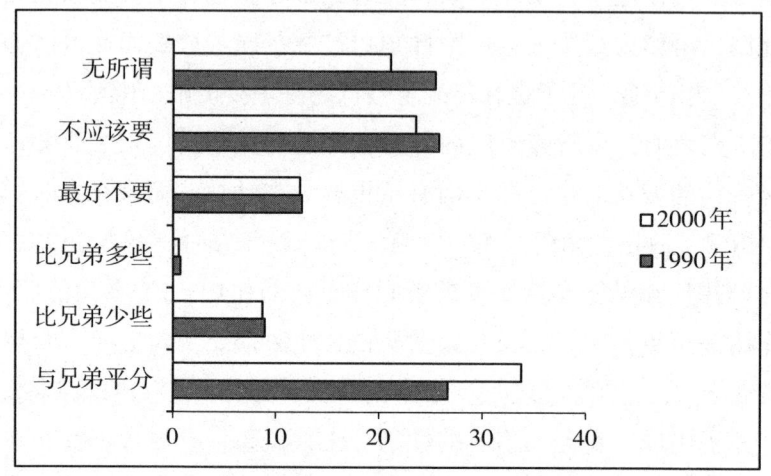

图5-4 受访者对于"已出嫁的女儿应怎样继承家庭的财产"的回答分布(%)

资料来源:1990年、2000年妇女地位调查数据。

这种养老中传统性别角色的弱化受到多方面因素的影响。首先,自中华人民共和国成立以来,法律、政策等正式制度中对于性别平等、家庭成员平等的宣传在潜移默化中改变了人们的观念和行为;其次,计划生育制度所带来的快速人口转变造成传统养老资源萎缩,依靠女儿养老成为老年人不得不作出的策略选择;最后,女性外出工作、社会经济地位的提升是这种转变发生的重要原因。[①]

除了上述两点重要变化外,更深入地分析代际关系内部不同要素的变动后会发现,代际关系内部不同要素的变动并不总是一致的。如果说代际关系中的经济、照料支持被家庭功能社会化所弱化,那么代际关系中情感因素却是不减反增。具体而言,经济方面,养老保险制度的完善使得老年人能够获得经济收入,获得独立养老的经济基础;在生活照料方面,由于共同居住的

---

① 许琪.儿子养老还是女儿养老? 基于家庭内部的比较分析[J].社会,2015,35(4):199-219.

减少和社会养老机构的兴起,代际之间生活照料支持的频率有所下降;但是越来越多研究指出,代际关系中的情感因素反而增加了:不同于传统的单向的晚辈对长辈的顺从,代际之间产生了更多沟通、情绪的分享和几代人的相互理解。① 父母甚至不惜通过主动采用更多的经济、照料付出的方式换取与子女之间的亲密关系,比如通过为子女购房和帮忙照料孙子(女)的方式进入子女的生活,与西方纯粹独立的关系不同,通过在经济上对子女进行资助②,通过帮助子女照料孙辈并在育儿过程中"让步"和"放权"的方式③,父母得以重新建构与子女"不分彼此"的情感联系。④

总之,不论是在代际关系的整体层面还是在代际关系的内部各要素中,都发生了不同程度的变动。这些变动的发生在于维系传统代际模式的社会人口经济制度已经发生了根本改变:农业社会向工业社会的迈进从根本上改变了农业社会中家庭作为自给自足的基本经济生产单位的特性,家庭由经济生产单位和生活单位这一复合体成为单纯的基本生活单位,随之配套的家庭资源分配模式、家庭角色模式、代际关系模式也都因之发生改变。正是由于这一社会变迁所具有的不可逆性,使得传统的代际关系模式的存在基础随之崩塌,新的代际关系模式被重新构建,因此可以说,代际关系在当前中国家庭所发生的这些变动也同样具有不可逆性,可以被称之为"转变"。

第三节 代际关系转变与家庭转变

从家庭整体的角度看待代际关系的位置和作用,代际关系是家庭关系中的核心要素,家庭关系又是整个家庭系统中的核心要素,因而代际关系的转变不仅对家庭关系的变迁也对家庭系统各要素的变动产生影响。

---

① 阎云翔,杨雯琦.社会自我主义:中国式亲密关系——中国北方农村的代际亲密关系与下行式家庭主义[J].探索与争鸣,2017(7):4-15,1.
② 钟晓慧,何式凝.协商式亲密关系:独生子女父母对家庭关系和孝道的期待[J].开放时代,2014(1):155-175,7-8.
③ 肖索未."严母慈祖":儿童抚育中的代际合作与权力关系[J].社会学研究,2014(6):148-171,244-245.
④ 阎云翔,杨雯琦.社会自我主义:中国式亲密关系——中国北方农村的代际亲密关系与下行式家庭主义[J].探索与争鸣,2017(7):4-15,1.

一、代际关系与家庭结构转变

家庭结构是家庭成员关系、生存方式和家庭功能的外在直接体现①，家庭关系则隐含家庭结构的内在状态。

一方面，由于共同居住需要相对稳定的家庭关系，家庭结构因此会受到代际关系的影响和制约。

"分家"这一家庭生命周期中的重大生命事件承接着改变家庭结构的作用。在传统社会中，大家庭是家庭结构的偏好形式与文化理想，因此尽管在家庭生命周期中存在大小家庭的变动，即通过分家的形式产生小家庭，在小家庭的基础上又会产生新的大家庭。具体而言：分家后，一对夫妇生育多个子女，随着子女相继长大成婚，家庭结构从核心家庭成长为主干家庭或扩大家庭，但是这种大家庭不会一直持续下去，而是在某个阶段通过分家的形式分裂为多个小家庭，分裂出来的多个小家庭又继续朝着大家庭的方向演化，由此形成"小家庭—大家庭—小家庭—大家庭"的发展周期，大小家庭总是稳定交替出现。这种基本的发展周期使得在每个人的生命历程都几乎可能有过在大家庭里生活的经历。②

传统家庭制度被消解后最大的改变在于家庭生命周期的改变，随着家庭制度被现代化消解，以父权家长制为核心的代际关系消失，父权被削弱，取而代之的是一种更为平等化的代际关系，复杂家庭结构的偏好和理想因此难以为继。子代要么是通过"成家即分家"的策略实现使大家庭没有产生的可能性，要么是即使大家庭得以短暂存在，但由于原有的父权制基础和经济生产方式不存在，使得子代更倾向于在小家庭中独立积累家庭财富，因而小家庭成为新的社会理想，父权的削弱无力阻止子女分家自立的行为，大家庭相比传统社会也因此更加难以长久维系。③ 由此，代际关系通过影响家庭生命周期这一关键事件，产生了不同于传统社会的家庭结构。

---

① 王跃生.中国城乡家庭结构变动分析——基于2010年人口普查数据[J].中国社会科学，2013（12）：60-77，205-206.
② 王天夫，王飞，唐有财，等.土地集体化与农村传统大家庭的结构转型[J].中国社会科学，2015（2）：41-60，203.
③ 王天夫，王飞，唐有财，等.土地集体化与农村传统大家庭的结构转型[J].中国社会科学，2015（2）：41-60，203.

但另一方面，家庭结构除了受到家庭关系特别是代际关系的影响外，还受外在客观条件的制约，这就导致有时候内在的家庭关系并不完全在外在上表现出相对应的家庭结构。

比如在代际关系中，由于住房的短缺，家庭现实的居住方式会与期望的理想模式之间存在落差。即尽管青年夫妇更崇尚与父母"分而不远"的居住模式，希望单独居住，但由于他们新婚时暂无租房或购房能力，只能与父母同居，只有在他们工作一段时间后才有购房能力，彼时与父母分居才增多。[①]因此可以说，外在的家庭结构某些时候并不是内在的家庭关系的直接反映。即代际关系理想并不完全等同于代际关系意愿，更不完全等同于代际关系行为。从代际关系理想到代际关系意愿再到代际关系行为，它们之间存在一种对客观制约的平衡和妥协。

一直以来，为了对家庭结构进行理想类型的划分，有关家庭的"大/小"二分都是代际关系分析中的主流话语，现代化理论进一步强化这种表述，小家庭或核心家庭成为现代社会的基本特征，对家庭结构"大/小"与否的测量是判断代际关系外在形态的重要依据。但事实上自"大家庭"的神话被打破之后，学者们发现不管是传统社会还是当代社会，日常生活世界中的家庭结构并非总能归到某一类家庭中去。在传统社会，"大家庭"的理想并非总能实现，比如有记录显示历朝历代的家庭人口数少则低于3人，多则超过6人，大多居于5人左右，一些散见的民国数据记载显示，当时的家庭人口数也在5人左右，而三代及三代以上的复杂家庭结构比例仅仅在15%左右[②]；在当代社会，"临时主干家庭"（父母基于家庭事务与夫妇临时居住在一起）这种新家庭结构形态也在验证这种理想与现实之间的平衡。按照传统的类型学划分，"临时主干家庭"很难被完全归到某一类家庭结构类型中去。首先，从结构的时间长短和稳定性而言，此种家庭结构受制于家庭生命周期和家庭成员发生的重大生命事件，具有"临时性"的特点；其次，家庭成员对家庭结构的认同也具有"临时性"和灵活性的特点。由此使家庭结构的选择成为一种家庭策略，

---

① 徐安琪.家庭结构与代际关系研究——以上海为例的实证分析[J].江苏社会科学，2001（2）：150-154.

② 王天夫，王飞，唐有财，等.土地集体化与农村传统大家庭的结构转型[J].中国社会科学，2015（2）：41-60, 203.

会随着新的家庭策略的出现而改变。①

总而言之，家庭结构会受到代际关系的影响和制约。如传统家庭价值观的消解、个体主义价值观的进入会首先影响家庭代际关系，进而使家庭结构发生流变。②但与此同时，家庭结构虽然是代际关系的外在反映，却并不能直接等同于代际关系，这中间存在从理想到现实的妥协，对核心/主干/联合这样的家庭结构分类只是一种理想类型的划分，在具体的生活实践中家庭结构与内在的代际关系存在偏差，因此在家庭结构的具体测量中，需要同时考虑代际关系的生命周期性等特征，进而考虑家庭结构的灵活性、稳定性、时间长度以及发生事由，更综合全面地看待外在的家庭结构和内在的代际关系之间的相互影响。

二、代际关系与家庭关系转变

在费孝通先生的研究中，婚姻关系是家庭结构的横轴，代际关系则是家庭结构的纵轴，中国传统社会中代际关系是家庭关系中最为基本的关系，发挥维系人类人口再生产和社会再生产的作用，因此中国传统家庭中通常认为代际关系比夫妇关系重要得多。③这种以亲子关系为主轴的家庭关系的存在基础在于：中国家庭的首要目的在于传宗接代，夫妻的情感让位于传递子嗣，未孕的妻子在家中没有地位；同时中国的家庭还负担经济、政治、宗教等多种功能，传统代际伦理使得家庭主义贯穿家庭生活的方方面面。

而在西方社会，以美国家庭为例，夫妻是家庭关系主轴，子女只是配角，父母的爱是"有条件的"，"一个青年人想结婚就得先准备自筑香巢。他自己的'家'是另起炉灶的，和父母的家在历史过程中是隔断的"。④夫妻间的情感居于家庭的首位，家庭更像以情感生活为主的生活单位。⑤

随着现代化进程的影响，个体主义在中国发酵，原有的家庭主义价值观念被解构，新一代年轻人在家庭生活中不再不假思索地接受旧的价值观，而

---

① 姚俊."临时主干家庭"：城市家庭结构的变动与策略化——基于N市个案资料的分析[J].青年研究，2012（3）：85-93，96.
② 沈奕斐.个体化与家庭结构关系的重构[D].上海：复旦大学，2010.
③ 沈关宝.费孝通家庭社会学研究的时代性[J].探索与争鸣，2016（3）：9-15.
④ 费孝通.美国人的性格[M].北京：北京联合出版公司，2018：14.
⑤ 沈关宝.费孝通家庭社会学研究的时代性[J].探索与争鸣，2016（3）：9-15.

是在个体和家庭的需求间寻求平衡。同时1949年以来法律等正式制度中对于家庭所有成员平等权利的强调使得妇女地位提升、个人权利意识增强，父子主轴的伦理基础弱化。计划生育制度带来的家庭规模缩小使得夫妇相处空间增加，夫妇、父母与子女之间有了更多的情感交流。种种背景下，原先绝对的亲子关系主轴的根基受到动摇。经典的现代化理论对家庭关系的变迁有一个基本判断：随着家庭的小型化和核心化，家庭内部关系更为平等，夫妻轴取代亲子轴成为家庭关系的主轴。①那么在现代化的过程中，中国家庭是否真的如同家庭现代化理论所断言的那样向西方社会靠拢，实现由完全的"亲子主轴"向完全的"夫妻主轴"的转变呢？

基于当前代际关系多元复杂的现实，不同学者对这一问题给出了不同的回答。有学者赞同家庭现代化的论断，认为随着家庭的小型化和核心化，家庭内部关系更为平等，夫妻轴取代亲子轴成为家庭关系的主轴。但另外一些学者则认为亲子关系变得越来越平等，亲密关系越来越重要，并不意味着亲子轴已经被夫妻轴所取代或超越，亲子轴和夫妻轴在中国城市家庭中仍然非常重要，至于何者更重要则不同家庭有不同的现实选择。②③

具体而言，在支持夫妻轴已取代亲子轴这一观点的学者中，徐安琪认为，纵向的亲子关系单轴已经让位于横向的老少夫妇并行的双轴，长者为尊、家无二主的父权家长制已经失去存在的基础，夫妇关系成为维系家庭的第一纽带。这体现在子代在价值取向、生活方式和权力模式方面保持与亲代相对的独立自主性，同居共财、合灶同桌的习俗日渐为经济独立、伙食自理的方式所替代。④张文宏等在1999年通过对农村家庭讨论网（讨论重要问题的对象）的亲属关系网进行分析时发现，按关系构成比重依次是配偶（42.9%）、兄弟姐妹（16.5%）、父母（11.8%）和子女（8.8%），从中体现了与传统家庭的不

---

① 马春华，石金群，李银河，等. 中国城市家庭变迁的趋势和最新发现[J]. 社会学研究，2011（2）：182-216，246.
② 林晓珊. "购买希望"：城镇家庭中的儿童教育消费[J]. 社会学研究，2018（4）：163-190，245.
③ 马春华，石金群，李银河，等. 中国城市家庭变迁的趋势和最新发现[J]. 社会学研究，2011（2）：182-216，246.
④ 徐安琪. 家庭结构与代际关系研究——以上海为例的实证分析[J]. 江苏社会科学，2001（2）：150-154.

同之处，即婚姻关系不仅上升到社会网构成的第一位，而且其在讨论网关系构成中超出其他关系的比重值非常明显。①

但是也有越来越多的学者开始持有更为综合的观点。杨善华等从婚姻自主性的角度对这一问题进行考察，认为在以夫妻为轴心的家庭中婚姻关系的确立是婚姻当事人个人的私事，因此婚姻当事人对婚姻的建立应该会具有很大自主性。这就导致与以夫妻为轴心的家庭制度相匹配的婚姻必定是自主婚；相反，以父子关系为轴心的家庭，婚姻并不是婚姻当事人的私事，而是为丈夫家族传宗接代的公共事务，婚姻当事人对于婚姻建立与否，并无自主性可言，婚姻是家族的事，决定权在家长，因此这样的婚姻可以被称之为"家族婚"。由此通过考察婚姻自主性程度可以判断家庭是以代际关系为轴心还是以夫妻关系为轴心。同时，他还采用如"1.对'为了子女有好工作，家庭可以不惜一切代价'；2.真正关心自己的是配偶而不是子女……"这类态度量表的方式对受访者的夫妻轴心和家庭轴心的倾向进行判断。通过这些测量，杨善华等在其2000年的实证研究中认为，代际轴心和夫妻轴心并存，是当前农村家庭中代际和夫妻关系的普遍方式。但比较亲子两代，亲代更重亲子轴心，而子代更重夫妻轴心，体现了夫妻轴心的转向。②康岚在2009年的研究中，通过询问城市家庭受访者哪个家庭成员更重要对这一问题做了回答，他发现，对于亲代而言，配偶的重要性超过子女，而在子代那里则相反，即认为亲代的重要性超过配偶。③林晓珊通过中国教育追踪调查（CEPS）2013—2014年基线调查数据中儿童教育消费的情况发现，当前儿童对于父母而言情感价值提升，即孩子可以给父母带来欢乐、愉悦，是父母心灵的寄托和希望所在，可以使父母感到生命更有意义，且这种情感价值随着少子化现象日益突出，使得亲子关系成为家庭关系主轴的地位越发不可动摇，但林晓珊并不认为亲子关系仍是当前中国家庭关系绝对的主轴，而是认为这种情况具有多

---

① 张文宏，阮丹青，潘允康. 天津农村居民的社会网[J]. 社会学研究，1999（2）：110-120.
② 杨善华，沈崇麟. 城乡家庭：市场经济与非农化背景下的变迁[M]. 杭州：浙江人民出版社，2000：136-151.
③ 康岚. 反馈模式的变迁：代差视野下的城市代际关系研究[D]. 上海：上海大学，2009：139-140.

元性，随不同家庭的选择而定。①

这些观点迥异的判断也正好说明，当前中国家庭并没有绝对的主轴，家庭关系的重心是随着个体、家庭成员以及家庭生命周期的需求发生改变的，这种变动具有协商性和灵活性，夫妻关系在家庭中的重要性尚未完全超过代际关系，处于一种相对中和的、多元的过渡时期。

三、代际关系与家庭功能转变

20世纪90年代中国社会所发生的一系列转型所带来的代际关系重心下移是既有研究中已达成的基本共识。认为这种代际关系重心下移破坏了中国代际关系原有的施予—回馈的异时性，打破了代际平衡，父母权威不复存在，同时在老年父母本该颐养天年时期，经济、照料资源仍要流向子代，这使得家庭养老这一传统时代家庭的重要功能是否在当代仍能发挥作用受到热议。②而这也是代际关系在当前研究中备受关注的重要原因。

大部分学者对这个问题持悲观态度，认为家庭养老功能正在逐步弱化。这一担忧不无道理。首先，从代际平衡的维系方式来看，传统的家庭代际关系维系手段相对多元，包括法律、政策、道德、家规族训、风俗和惯习，但随着现代化和城市化的影响，非正式制度如道德、家规族训、风俗和习惯的制约力量越来越弱，代际关系维系手段的减少使得代际平衡的制约条件越来越少，不利于代际平衡的实现。③其次，家庭规模的缩小、核心家庭的增多使得留守老年人、空巢老年人的现象不断涌现，而人口预期寿命延长所带来的越发严重的养老负担以及子代教育负担、城市生活成本的增加对于家庭养老资源的挤占都在客观上显示严重的养老危机。最后，年轻人传统孝道、家庭观念的式微、家庭主义与个体主义之间的博弈和平衡、社会养老的合理性增长从根本上弱化了家庭养老的话语权。④对这个问题的担忧在理论上还来源

---

① 林晓珊．"购买希望"：城镇家庭中的儿童教育消费［J］．社会学研究，2018（4）：163-190，245.
② 王跃生．农村家庭代际关系理论和经验分析——以北方农村为基础［J］．社会科学研究，2010（4）：116-123.
③ 王跃生．中国家庭代际关系的维系、变动和趋向［J］．江淮论坛，2011（2）：122-129.
④ 刘桂莉．眼泪为什么往下流？——转型期家庭代际关系倾斜问题探析［J］．南昌大学学报（人文社会科学版），2005（6）：1-8.

于家庭现代化理论的影响。家庭现代化理论认为世界的家庭转变具有同一的、线性的转变趋势，西方社会代际之间的"接力模式"通常被认为父母对子女有抚育的义务，而子女对父母却没有赡养的义务，中国家庭的代际关系是否会由于受到现代化的影响走上和西方趋同的道路，是学者研究家庭现代化理论在中国家庭中的适用性时所探讨的主要问题。

但是也有一小部分学者持乐观态度。比如有学者在研究中国农村家庭的养老资源后发现，虽然当前农村家庭养老的功能可能会被人口社会发展趋势所影响，并被社会化的养老保障削弱，但以子女供养老年人为核心的家庭养老在农村仍然占据重要地位。[①] 城市家庭也发现了类似的结论：赡养父母仍被认为是无法推卸的责任和义务，六成以上成年子女通过与父母居住在附近或同城的方式尽可能缩短居住距离，并在父母日常生活和生病时提供资助和照料。[②] 这种父母与成年子女之间仍保持着大量的经济和生活照料上的互动，导致家庭的边界得以扩展，即涵盖了老年父母和成年子女相对独立的家庭，而且家庭养老能够在没有来自国家或个人家庭负面惩戒的情况下得以保证。

正反观点都有，那么究竟如何理解代际关系变动与家庭养老功能变动之间的关系呢？有学者另辟蹊径地指出，这实际取决于父母权威的衰落究竟是否会弱化家庭的养老功能。如果说过去家庭的养老功能是靠父母权威来维系的，那么在父母权威衰落之后是否存在新的机制来代替父母权威所发挥的养老功能的作用。事实上，家庭养老功能的实现是一种家庭责任的体现，因此，尽管老年父母控制成年子女的能力显著弱化，但老有所养的经济逻辑依然存在，从理论选择的角度来看，维持良好并持久的亲子关系的客观经济需求仍然存在，这使得中国家庭养老得以广泛存在，并使得中国家庭的演变并不一定会沿袭西方家庭变化的轨迹。因而要注意区分代际间的养老（intergenerational support）（或者在其他文献中也称"代际支持"）与代际关系这两个概念的区别：代际间的养老是一种社会资源在代际之间流动的社会行为，目的在于为长辈提供日常生活所需的帮助。因此，尽管代际间的养老与

---

① 聂建亮.养儿还能防老吗？——子女人口经济特征、代际关系与农村老年人养老资源获得[J].华中科技大学学报（社会科学版），2018（6）：33-41.

② 马春华，石金群，李银河，等.中国城市家庭变迁的趋势和最新发现[J].社会学研究，2011（2）：182-216，246.

代际关系之间存在紧密联系，即养老是代际关系的一项功能性内容，反过来代际关系也是养老行动的结构性条件，但是代际关系不能直接等同于代际间的养老或代际间的支持。[①] 这一观点从传统家庭养老功能维系基础的角度进行阐释，区分了代际关系与家庭养老功能之间的差异，澄清了学术概念上的混淆之处和学术分析上的惯性思维。这启示我们，代际关系和家庭养老功能之间确实存在联系，但是代际关系和家庭养老功能毕竟是两个独立的概念，其产生和维系的基础、包含的内容均存在差异，代际关系的重心下移或者式微不能直接等同于家庭养老功能的弱化。

综上所述，伴随着中国农业社会的结束，中国社会在经济、制度、文化上都发生了剧烈的变革，土地改革、市场经济、计划生育、"妇女解放"、人口转变，种种变革裹挟着家庭在其中或被动或能动展现出变动、焕发出新的活力。代际关系在这场变革浪潮中扮演了重要的角色。一方面，代际关系展现出普遍性的转变：如在方向上，代际关系在资源、文化、权力上都表现出由原来的绝对的重心向上转为相对平等或向下的趋势；在性别角色上，传统抚育关系、赡养关系、财产继承中的性别角色相对弱化；代际关系内部要素中，沟通、相互理解、情绪分享的情感色彩越发浓厚。但是另一方面，代际关系复杂多元的一面也被不断展现，随着刚性的代际关系制度被消解，代际关系不再被认为只有一种固定的模式，代际之间更为平等的身份使得更多灵活协商的空间产生，代际关系实践随着主体策略和家庭生命周期的差异表现出更多的流变性。相比传统社会中的代际关系，新的代际关系存在的社会基础、维系的方式、具体的模式都完全不同，社会情境的彻底转变使得代际关系的变动具有不可逆性，从而展现出"转变"的特点。代际关系这些不可逆的转变在多方面推动着家庭的变革。父权的削弱和个体化对代际关系的侵入使得家庭结构产生核心化的趋势，但受制于其他因素的影响，家庭结构表现出更多"流变"的特征；家庭关系中亲子主轴的现象弱化，夫妻的重要性被提到和亲子同等重要的位置；代际关系的变动在一定程度上影响了家庭养老功能，但并未完全动摇家庭养老的根基和逻辑。这些相互关联的变动共同形塑了家庭转变错综复杂的面貌。

[①] 陈皆明.中国养老模式：传统文化、家庭边界和代际关系[J].西安交通大学学报（社会科学版），2010（6）：44-50，61.

第六章 中国亲属关系转变

家庭成员以血缘与姻亲为纽带，形成了一种庞大而可靠的亲属关系体系，亲属关系是维系家庭与社会的黏合剂。在现代化进程中，亲属关系率先在西方世界发生了个体化、单一化与工具性的转变。在传统到现代的维度中，中国亲属关系转变的路径是否与西方世界一致？亲属关系的转变对家庭转变有何影响？如何正确认识并看待中国家庭亲属关系的转变，值得我们详细而深入地研究。本章首先对亲属关系的内涵及相关理论进行梳理；其次基于理论分别阐述西方亲属关系转变与中国亲属关系转变的历程；最后探讨亲属关系转变对家庭转变的影响。

第一节 亲属关系的内涵及相关理论

亲属关系是以血缘和姻亲为基础产生的社会关系，是人类学、社会学和历史学认识家庭和社会变迁的重要指标。[1] 亲属关系的研究发端于人类学，并在后工业时期成了社会学领域的研究焦点。人类学与社会学家将反映人们实际亲属关系的社会规范体系称为亲属制度，"探讨关于亲属关系与社会组织在不同的社会中的内在结构和功能特点及其在剧烈社会变迁中的角色调整与适应"。[2] 由于各学科视角与理论基础不同，学者们对亲属关系的界定具有差异性。

一、人类学：亲属关系的生物性与文化性

早期人类学家摩尔根（Lewis Henry Morgan）开辟了对亲属关系的研究先

---

[1] 唐灿. 家庭现代化理论及其发展的回顾与评述 [J]. 社会学研究，2010，25（3）：199-222，246.
[2] 麻国庆. 从非洲到东亚：亲属研究的普遍性与特殊性 [J]. 社会科学，2005（9）：111-121.

河，他认为亲属关系有两种，"第一，由血统而产生的亲属关系，即血族；第二，由婚姻而产生的亲属关系，即姻族"。① 在这里，摩尔根指出亲属关系有"持续性的倾向"，是通过血统传递的。亲属关系的存在是由于习俗，而不是立法，因此，其中的每一种关系都不能随意改变。雷蒙德（Raymond Firth）将亲属关系定义为"因血统和婚姻而产生的联系，是根据世系关系建立的社会联系体系。也就是由合法的两性结合及后代的繁衍所产生的结果"。② 布朗（A.R.Brown）利用结构分析法将家庭看作是"父—母—子"所组成的基本单位，认为一切亲属关系都是通过这种简单的生物性基本单位所拓展的，并通过生殖产生的亲子关系形成"世系群"。③ 早期对亲属关系的研究，受生物学影响极深，后续学者们对亲属关系的解释，都是以摩尔根提出的血缘论为主旨，把生理基础作为亲属关系的本质，认为生物性是亲属关系的根本属性。

然而，列维－斯特劳斯（Levi-Strauss.C）认为布朗忽视了亲属关系中所包含的社会性，指出"亲属关系存在于人们的意识中，而不是存在于个体之间血亲或继嗣的客观联系中"。④ 他强调亲属关系是一种文化现象，"血缘之间性禁忌的出现表明血亲（consanguinity）这一自然事实转变为联姻（alliance）这一文化事实"。⑤ 与之相似的观点有，普洛格（F.Plog）与贝茨（G.D. Bates）认为通过继嗣和姻亲的结合而相互有关系的人称作亲属，亲属间共有的与相互有关的信念和期望构成的思想领域，称为亲属关系。⑥ 学者们对亲属关系的研究从原有的生物性认知，逐渐转变为更具有抽象意义的社会文化性。例如，涂尔干（Durkheim）认为氏族是最早的家族形态，他们凭借着相同的图腾，作为确认亲属关系的依据。因此，氏族中亲属关系建立的基础不是血亲关系，而是建立在图腾这种共同体之上。⑦

---

① 摩尔根.古代社会（第三册）[M].北京：商务印书馆，1971：679.
② 雷蒙德·弗思.人文类型[M].费孝通，译.北京：商务印书馆，1975：95.
③ A.R 拉德克利夫－布朗.原始社会的结构与功能[M].北京：中央民族大学出版社，1999：74-75.
④ 克洛德·列维－斯特劳斯.结构人类学[M].张祖建，译.北京：中国人民大学出版社，2006：49.
⑤ LEVI-STRAUSS. C. The Elementary Structures of Kinship [M]. Boston：Beacon Press，1969：30.
⑥ F.普洛格，D.G.贝茨.文化演进与人类行为[M].吴爱明，邓勇，译.沈阳：辽宁人民出版社，1988：373-392.
⑦ 爱弥尔·涂尔干.乱伦禁忌及其起源[M].汲喆，等译.上海：上海人民出版社，2006：4-5.

由此，对亲属关系的研究出现了"亲属关系没有特定属性"的一种建构论，即"以人口生育、亲嗣（filiation）或继嗣来构建的任何关系，也同样可以通过文化上恰当的行为在出生以后或在人为（performatively）的意义上得以建构"。[1] 施耐德（David Schneider）认为在文化范畴中研究的亲属关系只是人类学家的一种虚拟分析工具，在我们所研究的任何社会文化中都没有具体的与之相对应的实物。因此，亲属关系如图腾主义、母系复合体与母权制一样，不是一种研究的对象，不存在于所有已知的人类文化中。在后续的研究中，施耐德对早期的"亲属关系是生物学的再生产"这一认知提出了批判[2]，并提出"血浓于水"一直是欧洲学者们研究亲属关系的公理，也代表了欧洲文化的基本公理，但是，这一公理并不是纯生物性的，而是由人类学家自身的文化背景所建构的。[3] 因此，施耐德认为亲属关系是一种虚假的研究领域，它并不存在也不能从自然世界中衍生出来。继施耐德1984年发表《对亲属关系研究批判》以后，人类学家对亲属关系的理论研究达到了尽头。亲属关系研究在人类学中，一度不再作为一种专门的研究领域。[4]

近年来，也有学者试图用新的概念来超越传统的研究。萨林斯（Marshall Sahlins）认为亲属关系是文化性的而不是生物性的，他提出亲属关系的属性是"存在的相互性"，即亲人相互是成员，内在于彼此的身份和存在之中，它可以适用于以生育建立亲属关系，也适用于以社会建构方式形成亲属关系。[5] 他列举了一系列民族志，证明生殖的血缘关系并不是亲属关系的源头，而是"祖先与姻亲身份和能力的有意义的社会性赋予"[6]，即在逻辑上与时间顺序上文化构建的社会关系是亲属关系的起点，而生殖行为只是嵌入在原有的社会关系中的一种隐喻。

与其他人类学家相似，萨林斯对亲属关系的研究依旧未能摆脱文化性与

---

[1] 马歇尔·萨林斯.亲属关系是什么，不是什么[M].陈波，译.北京：商务印书馆，2018：5.

[2] SCHNEIDER, D. M. What is Kinship All About？ In Kinship Studies in the Morgan Centennial Year[M]. P. Reining, ed. Washington, D.C.：The Anthropological Society of Washington, 1973：32–63.

[3] SCHNEIDER, D. M. A Critique of the Study of Kinship[M]. Ann Arbor：University of Michigan Press, 1984：181.

[4] 蔡华.人思之人：文化科学和自然科学的统一性[M].昆明：云南人民出版社，2009：134.

[5] 马歇尔·萨林斯.亲属关系是什么，不是什么[M].陈波，译.北京：商务印书馆，2018：55.

[6] 马歇尔·萨林斯.亲属关系是什么，不是什么[M].陈波，译.北京：商务印书馆，2018：57.

生物性争论框架，所谓"存在的相互性"也是基于这两种属性所构建而成的。可以看出，人类学对亲属关系的研究以生物性为起点，以文化性作为突破点，由此界定亲属关系的属性，但是并没有出现新的研究范畴。

人类的亲属关系作为自然性要素和社会性要素的组合体，虽然是以生物性为起点，但最终是经济文化的产物。① 我们认为，传统亲属关系是由血缘、亲缘、继嗣构建的扩大家庭，他们不仅有共同的血缘关系，也有相同的社会文化属性，由多个夫妻及未婚子女组合而成。

二、社会学：亲属关系的现代化

20世纪中叶，随着工业化社会的发展，对后工业社会的亲属关系的研究成为家庭社会学领域一个热点话题。学者普遍认为农业社会向工业社会的过渡，使得亲属关系变得更加简单，在工业社会中失去了核心地位。② 工业化生产和城市化生活的迅速发展，规模大、结构复杂的扩大家庭随着农业社会的瓦解逐渐解体，小型化、简单化随之成为家庭生活的主要形式，传统的宗教伦理观念与亲属间的血缘关系弱化，在这种更为开放的新社会环境下，核心家庭逐渐显现。

对于亲属关系现代化的研究可以追溯到帕森斯（Talcott Parsons）提出的"孤立的核心家庭（isolated nuclear family）"理论，指现代社会的核心家庭是独立于其他亲属而存在的。他认为美国传统家庭向现代性转变的特征是亲属关系的分解与核心家庭的出现，在核心家庭中，家庭成员不会遵循传统重视亲属关系，因为在工业社会强调的公平、竞争的价值观与传统扩大家庭的忠诚、互助义务的价值观不同。帕森斯特别指出，"传统的亲属关系在人的生命周期中具有延续性，在美国社会中最年长的家庭成员应受到最高尊重并具有最大的责任与权威，而现代社会中，我们身边没有人尊重他们，为他们承担责任或拥有权力"。③

---

① 丁文. 家庭学［M］. 济南：山东人民出版社，2009：137.
② FURSTENBERG, F. F. Kinship Reconsidered: Research on a Neglected Topic［J］. Journal of Marriage and Family, 2020, 82（1）: 364-382.
③ TALCOTT P. The Kinship System of the Contemporary United States［J］. American Anthropologist, 1943, 45（1）: 22-38.

古德沿用并拓展了帕森斯的理论，他对印度、中国、日本等国家的家庭模式进行了详细的描述，并提出随着工业化的普及，世界家庭模式应该向西方夫妻式（核心）家庭趋同。古德指出由于工业经济中地理与社会流动率高等原因，夫妻式（核心）家庭更适合工业经济。因此，他预测家庭模式会随着工业化的发展而变化，传统的亲属关系削弱，核心家庭开始出现并且成为一个更独立的亲属单位。[1]

然而，也有学者对帕森斯、古德等人的研究提出了质疑，认为帕森斯所说的远离亲属的核心家庭是虚构的，在工业社会中，亲属关系虽然被削弱、分解，但是它在功能上依旧很重要。[2] 亲属间的互惠原则，是由家庭文化所决定的，父母、成年子女和其他亲属之间亲密的联系、交流贯穿并一直在延续，而植根于各文化中的社会价值观为这些互惠义务提供了意识形态上的支持。[3] 古德也说明了过去有关家庭研究的局限性，指出"如果我们说的核心家庭是指与亲戚没什么关系的多数家庭，那么，这样的核心家庭制度是根本不存在的。"[4] 古德虽然否定了现代家庭独立于亲属关系而存在，而他依旧认为工业化会削弱亲属群体的影响力。需要肯定的是，在现代化的冲击下，由亲属关系组成的氏族、家族在消失，但是在社会中，承认并维系广阔的亲属关系网是非常重要的。古迪（Jack Goody）将这种亲属定义为除夫妻之外的亲属关系，并强调"这种关系仍在人与人的关系中起主导作用，而且其重要性由于一个简单的原因而增加：家庭本身越来越小，家庭成员之间的关系更加脆弱"。[5]

在帕森斯、古德等人的家庭现代化理论背景下，学者们研究聚焦于传统亲属关系是否被侵蚀、逐渐衰落甚至消失在现代化的进程中，研究范畴集中在核心家庭内部的夫妻关系与亲子关系上，对各个核心家庭之间亲属关系的变化研究较少。因此，本书将亲属关系定义为除婚姻、代际关系以外，具有

---

[1] GOODE, W. J. World Revolution and Family Patterns [M]. Glencoe, II: Free Press, 1963: 179-182.

[2] SUSSMAN, M. B. The Isolated Nuclear Family: Fact or Fiction [J]. Social Problems, 1959, 6 (4): 333-340.

[3] HAREVEN TAMARA K. Family Time and Industrial Time [M]. New York: Cambridge University Press, 1982: 474.

[4] 古德.家庭 [M].魏章玲，译.北京：社会科学文献出版社，1986: 153.

[5] 杰克·古迪.家庭史·序 [M]//安德烈·比尔基埃.家庭史现代化的冲击.北京：生活·读书·新知三联书店，1998: 5.

血亲和姻亲关系的各核心家庭成员之间的关系,并围绕体系、结构与功能3个层面展现核心家庭亲属关系的现代化转变路径。

第二节 世界视域下的亲属关系转变

家庭现代化转变首先出现在西方世界,具有现代化特征的家庭以欧洲作为最早的发源地并向世界各国扩散。从19世纪末期开始,西方家庭亲属关系伴随着工业化的进程呈现出个体化、单一化、工具性的特征。

一、亲属体系的个体化

费孝通认为体系是抽象的格局,或者是与范畴性有关的概念。一个地方的社会结构有它构成的原则,这些原则也表现在亲属体系里,亲属体系本来就是社会结构中的一部分。[①] 作为亲属关系的构建原则,亲属体系与社会结构有着密切的联系,其个体化路径体现在原有社会形式的解体,例如阶级、社会地位、家庭等范畴日益弱化,继而促使人们拥有了自主选择亲属关系的权利。

封建庄园制是中世纪欧洲的经济基础,这种封闭且独立的社会结构,由自给自足的家庭企业组成。欧洲人对于"家庭(family)"与"家户(household)"的概念是模糊的,并没有做明确的区分。"家庭"的概念相当于现代意义上的"家户",即把家庭视作一种居住与生活单位,而家庭成员是指在同一屋檐下的劳作群体。在早期欧洲社会中,家庭表现为一种永久性的住所,所涵盖的对象范围包括佣人、学徒、帮工等没有亲属关系的人,他们在道德和法律意义上都归属于领主,没有个人自由。家庭与住户合一的观念是欧洲前工业化时代长期存在的社会现象,家庭中既包括血亲与姻缘而构建的亲属成员又包括共同居住的非亲属群体,说明欧洲对家庭的界定不以亲属关系做划分。[②] 家庭作为一种生产资料提供的单元,是劳动组织的主要形式,家庭中的每一个成员都是劳动力,成员间具有强烈的责任性互助和物质性的依赖。有研究表明,在欧洲中部农村,父母往往将年幼的子女送去富有的农庄

---

① 费孝通.乡土中国[M].上海:上海人民出版社,2013:581.
② 俞金尧.西欧婚姻家庭与人口史研究[M].北京:现代出版社,2015:257.

当佣人，而户主也会收养他们当养子并视为自家子女，在家庭企业中，兄弟、姐妹、侄甥、远亲以及收养的孩子都要如仆人般一同劳作。① 在庄园制经济背景下，欧洲家庭是一种生产共同体，亲属体系并不是区分家庭成员的方式，在家庭生产中不同的劳动角色才是决定家庭成员资格的标准。

近代早期，工业革命加速了庄园制经济的瓦解，社会工业化发展削弱了家庭的生产职能，家庭企业被新兴的劳动组织工厂所代替。传统大家庭的劳动关系转变为商业化的短期雇佣关系，亲属关系独立于劳动力关系而存在，成为维系核心家庭关系的纽带。

由于社会结构的转型促进了个人的高度社会化，西方传统的封建制度已经不再成为构建亲属关系的原则。所以，亲属关系成为一种可供选择的体系，逐渐从传统的亲属责任与义务中独立出来，呈现出个体化的特征。而家庭关系也从需求共同体转变为可选择的亲密关系，不同社会关系和社会网络的形成取决于个人的选择，即使在家庭成员中间，人们也开始选择独立的关系，并生活在自己建立、维持和更新的关系网络中。② 因此，可以说社会结构的转型带动了亲属体系的转变，促使个人在亲属体系中更具有自主性，在现代化进程中个体化的趋势更为明确。

二、亲属关系结构的单一化

亲属关系的原子结构可以分为夫妻关系、兄弟姊妹关系、父母子女关系以及舅甥关系③，从中延伸出来的姑侄、叔伯、表兄弟姊妹等关系形成了核心家庭之间的亲属关系结构。由于西方亲属制度主要是以个人为中心拓展的亲属关系网的双系制，父系亲属与母系亲属同等重要，每一代人拥有一个独特的亲属关系结构。从亲属称谓来看，西方人对直系亲属的称谓较为明确，而对核心家庭以外旁系亲属的称谓没有做明确的区分，对母系亲属与父系亲属的称呼也较为模糊，例如"Cousin"有堂兄又有表弟的意思。对远亲的称呼，西方人也不会烦琐地描述其亲属关系，仅仅会以小家庭成员的称谓加上前缀

---

① 迈克尔·米特罗尔，雷音哈德·西德尔.欧洲家庭史［M］.赵世玲，译.北京：华夏出版社，1991：18.
② 乌尔里希·贝克.风险社会［M］.和博闻，译.南京：译林出版社，2004：70.
③ LEVI–STRAUSS, C. The Elementary Structures of Kinship［M］. Boston: Beacon Press, 1969: 98–119.

来表达。① 因此，西方的亲属关系结构缺乏连续性。②

有研究表明，人口转变除了对人口结构与人口增长产生影响，还会影响亲属规模、亲属关系结构，一个地区居民的亲属关系结构、规模、属性取决于该地区历史生育率、死亡率和移民模式。③ 从队列角度来看，死亡率的降低会增加父母一代在世的兄弟姐妹的数量，但持续的低生育率会减少子女一代的兄弟姐妹的数量。有研究发现，在1950年的英国，80岁以上的老年人一生平均会有8个左右的兄弟姐妹，但是由于婴儿死亡率较高，实际存活的数量很少。在第一次人口转变后，1900年出生的队列在他们50岁时兄弟姐妹的存活率会上升至60%。然而，由于生育率持续地走低，19世纪末期开始，适龄儿童出生的兄弟姐妹数量急剧下降。④ 在战争时期，法国独生子女家庭与空巢家庭的数量显著上升，从20世纪20年代以来二孩家庭才开始普遍增加。⑤ 可见，第一次人口转变导致西方家庭规模不断缩小，亲属数量也逐渐减少。随着第二次人口转变的到来，婚姻观念的转变致使西方国家结婚率再创新低、同居现象增多。在美国，同居伴侣极有可能在孩子出生几年后经历同居解体，最终成为单亲家庭。⑥ 因此，西方亲属关系结构随着人口转变而发生着不同程度的变化，两次人口转变造成的西方家庭亲属规模的减少、婚姻解体、家庭重组的现象加剧了家庭成员对亲属关系的不确定性，导致原本较为松散、独立的亲属关系结构逐渐单一化。

三、亲属关系功能的工具化

随着西方社会福利制度的完善，亲属之间责任性互助逐渐转变为工具性

---

① HOMANS, G. C. English Villagers of the Thirteenth Century [M]. Cambridge: Harvard University Press, 2013: 216.
② 艾略特. 家庭：变革还是继续？[M]. 北京：中国人民大学出版社，1992: 48.
③ VERDERY, A. M. Links Between Demographic and Kinship Transitions [J]. Population and Development Review, 2015, 41 (3): 465–484.
④ MURPHY, M. Changes in Family and Kinship Networks Consequent on the Demographic Transitions in England and Wales [J]. Continuity and Change, 2010, 25 (1): 109–136.
⑤ SANDRA, B. Changes in Family Size over the Generations in France (1850—1966) [J]. Population English Edition, 2017, 72 (2): 297–332.
⑥ BIANCHI, S.M. A Demographic Perspective on Family Change [J]. Journal of Family Theory and Review, 2014, 6 (1): 35–44.

保障。在帕森斯等人提出核心家庭亲属关系逐渐弱化的观点后，有不少学者认为没有证据能正面指出美国亲属关系的弱化。20世纪中期，美国先后进行了两次全国性的家庭与家庭户调查（NSFH），数据表明，美国核心家庭成员与其扩展的亲属关系（如第二、第三个堂兄）互动频率很高，这些核心家庭外的亲属关系可能是人们物质、情感支持的重要来源。[1]在一项对美国芝加哥地区亲属关系的调查中发现，亲属关系普遍存在于社会各阶层，但在赋予亲属关系的功能和意义上有着广泛的差异，社会阶层在亲属功能方面的差异随着亲属履行职能的不同而不同。[2]下层阶级时常需要亲属的救助，而在中上层阶级中，亲属的作用只是延续家庭的传承，加强家庭的象征性意义。[3]例如，欧洲贵族们相信自己的血统是高贵的，因此都是在欧洲王室内部互相通婚，这导致了现代欧洲王室之间的血缘关系很亲近。研究表明在20世纪60年代，工人阶级的亲属关系比中产阶级的亲属关系更加强烈。[4]这通常归因于较低阶层亲属的居住距离更近。随着城市化的推进，越来越多的农民涌向城市，即使是在贫穷的社区中，人们也形成了基于地缘、亲缘相结合的紧密的亲属关系网络。而在英国城市的贫困社区中，亲属之间往往居住的很近，一些信托基金政策条件也是优先考虑亲属，社区住房协会更是规定"独生子女或者其他亲属有权获得空缺的房屋"[5]，说明工具化的亲属关系功能具有阶级梯度性，但是作为一种桥梁，这种亲属关系功能依旧是亲属在大都市获得工作与居住地等援助的主要来源。

在移民国家中，亲属关系纽带的存在是防备危机、规避风险的保险单。20世纪中期，由于贸易的全球化扩张，移民潮在西方世界兴起。新兴城市的建立通常是由"链式移民（chain migration）"形成的，这种"链式移民"促进

---

[1] FURSTENBERG, F. F.Kinship Reconsidered: Research on a Neglected Topic [J]. Journal of Marriage and Family, 2020, 82（1）: 364–382.

[2] SMITH, R. T. Class Differences and Sex Roles in American Kinship and Family Structure [M]. New Jersey: Prentice-Hall, 1973: 77–90.

[3] BERNARD, F. Kinship and Class, A Midwestern Study [M]. New York: Basic Books, 1971: 24.

[4] ADAMS, B. Isolation, Function and Beyond: American Kinship in the 1960's [J]. Journal of Marriage and the Family, 1970, 32（4）: 575–597.

[5] YOUNG, M., PETER, W. Family and Kinship in East London [M]. London: Routledge, 2011: 26.

了更密集的亲属关系网络。① 在美国，非裔黑人比当地白人拥有强大的亲属支持网络，尤其是贫困黑人家庭，但是政府救济依旧是移民收入的主要来源。② 因此，在工业化时代下的不稳定经济体制中，亲属关系的功能更具有工具性，是最基本的唯一不变的经济援助和安全资源，在促进移民安置工作方面起到了重要作用。③

从西方社会现代化的转变可以看出，西方家庭亲属关系随着社会结构、人口转变形势、社会福利的不同而变化。从传统到现代，西方家庭亲属关系并不必是对立存在的，而是一种厚此薄彼的过程，亲属关系的工具化也并不代表着亲属情感的消逝，它依旧是维系核心家庭之间联系的桥梁，可以通过个人偏好在需要的时候被激活。

第三节 中国亲属关系转变

中国家庭的亲属关系作为传统经济文化的产物，一直作用于家庭发展活动，形成了与西方家庭截然不同的亲情文化。改革开放以来，急速的社会变革推进了中国家庭转变的进程，而中国家庭亲属关系也随之呈现出异于传统的转变。这种转变是否与西方亲属关系的转变相一致，还是有其独特的转变路径，转变方向是否也出现了个体化、单一化、工具化的趋势，这些都有待进一步证实。

一、中国传统的亲属关系

亲属是经济文化的产物，不同社会文化习俗与道德伦理对亲属的认知不同，从而形成了不同的亲属关系范围。在谈论亲属关系时，中国与西方国家存在较大的差异性，由于受到传统文化的影响，中国对"家庭"的观念与西方国家大相径庭。相比西方夫妻式的家庭，中国家庭的主轴是在父子之间，

---

① KATHERINE, A. L. Kinship in Britain and Beyond from the Early Modern to the Present: Postscript [J]. Continuity and Change, 2010, 25 (1): 185-90.
② STACK, C. All Our Kin [M]. New York: Harper, 1974: 155-163.
③ HAREVEN, T.K. Cycles, Courses and Cohorts: Reflections on Theoretical and Methodological Approaches to the Historical Study of Family Development [J]. Journal of Social History, 1978, 12 (1): 97.

在婆媳之间，是纵向的而不是横向的，夫妻成了配轴。①许烺光提到，"当一个美国人谈论家庭时，他指的是他的父母和家里其他未成婚的兄弟姐妹。而中国人谈到家庭时，他是指除了父母、同胞外，还包括祖父祖母、外祖父外祖母以及他兄弟姐妹结婚的所有人。即使这些人并不生活在一起，但他们也常是居住在同一个村子，或者是邻居、邻区。这是中国传统的特征"。②

在中国，亲属一词来源已久，且"亲""属"二字也具有不同的含义。早在东汉末年时期的《释名》中记载着"亲，衬也，言相隐衬也。属，续也，恩相连续也。"体现了中国亲属之间特有的亲密无间且持续稳定的情感性关系。家庭是社会关系的养成所，其中亲属就是从生育和婚姻发出的社会关系。③中国作为一个农业大国，小农经济下的自给自足使人们束缚于土地，忠于家庭，形成了一种独特的亲情文化。

《尔雅》第四章"释亲"中，将中国古代的亲属关系分为宗族、母党、妻党、婚姻四类。④宗族是一个以父系单系世系为认定原则、以某一父系先祖为共同敬奉对象、其成员范围有明确界定的世系集团。⑤宗族社会中，有严格的宗法制度，这是由父系血缘关系亲疏远近确定的，来分配权力和财产的制度。各个成员的富贵贫贱都依赖于宗族，因此，宗族的利益高于一切。宗族由多个家族组成，作为一种血缘与地缘相结合的社会组织，有祭祖、互助、司法（宗法）、经济（以家庭为生产组织）、教育、生育等功能，是中国早期亲属关系体系形成的雏形。

宗族内部的血缘关系就是族人的社会关系，社会关系就是血缘关系。有较高地位的宗子除了拥有极大的权利，也具有联络和庇护本宗族人的义务，各级宗子要定期集合族人会食，以联络感情。⑥由于严苛的等级制与族内人口的增多，造成了宗族内部出现财产争夺等矛盾，各个家族间兼并征战，最终导致宗族制的瓦解。尽管宗族形态解体，但对中国传统的家庭文化影响颇深，

---

① 费孝通.乡土中国[M].上海：上海人民出版社，2013：39–40.
② 许烺光.美国人与中国人：两种生活比较[M].彭凯平，等译.北京：华夏出版社，1989：80.
③ 费孝通.乡土中国[M].上海：上海人民出版社，2013：575.
④ 候光复.儒家道家经典全释·尔雅[M].大连：大连出版社，1998：10.
⑤ 钱杭.中国宗族史研究入门[M].上海：复旦大学出版社，2009：20.
⑥ 王玉波.中国家庭的起源与演变[M].石家庄：河北科学技术出版社，1995：57.

尤其是在农村地区，直到现代，中国浙江的某"宗族—家庭双结构"村落中，村民们都认为彼此是亲属关系。①宗族内部各成员之间"尊敬祖宗""兄友弟恭"等家庭伦理一直在中国传统家庭关系中得以延续。

传统的宗族制瓦解后，以父权为基础的封建家长制出现。与我们所了解的"几世同堂"的传统扩大家庭不同的是，中国的扩大家庭是一套松散的亲属网络，它虽然是由分散和各自独立的小家庭组成，但却重视和维护超核心亲属关系。②费孝通将中国乡土社会中这种松散的亲属网络称为"小家族"。在家族的运行机制中，常常用根与枝的关系来寓意家族的动态关系。③例如，家族中的已婚兄弟，通过分财产从原有的大家庭中分离出去，但是经济上的独立并没有使亲情产生隔阂，如同树枝联结于树根，各种社会义务仍然把他们联系在一起，在生产生活上相互帮助，关系密切。封建家庭制中人们重视的是家族的利益，亲属关系是家族的核心。

传统的亲属关系最直接的表现形式为亲属称谓。亲属称谓是表示亲属关系的名称，每一种亲属名称都含有一定的社会意义，它将一个人归属于一定的亲属类型、亲等、亲系之中，同他人联系在一起，从而确定这个人在他的亲属关系网络之中应有的身份、地位和社会责任。④中国的亲属称谓体系形成于周代，由于扩大家庭亲属关系牵扯甚远，又长期受到封建礼制的影响，中国亲属名称的区分很细，在称谓上呈现出复杂且完备的特点。例如，父之姊妹之子称为中表，有表兄、表弟等，母之兄弟姊妹之子女，分别称为姑表、姨表等。中国古代的亲属称谓，呈现着明确的阶级属性，反映了财富在血缘关系群体中的传承形式。例如，中国只有长子才能继承家产，区分兄长还是胞弟十分重要，因此"父族亲属的称谓不仅在纵面上拉得很长，共计十三世，而且在横截面上也拉得很广，自同胞兄弟至同族兄弟共有四从"，而母系是外姓属于旁系亲属，没有继承权，因此"纵面自母至外曾祖父母不过三代，横面至从母兄弟姊妹不过二从"。⑤中国传统的亲属称谓，是封建社会制度的产

---

① 曹锦清，张乐天.传统乡村的社会文化特征：人情与关系网——一个浙北村落的微观考察与透视[J].探索与争鸣.1992（2）：51-59.
② 李银河.一爷之孙：中国家庭关系个案研究[M].呼和浩特：内蒙古大学出版社，2009：8.
③ 麻国庆.分中有继也有合：中国家庭分家制度研究[J].中国社会科学，1999（1）：3-5.
④ 丁文.家庭学[M].济南：山东人民出版社，2003：152.
⑤ 丁文.家庭学[M].济南：山东人民出版社，2003：100.

物，体现了古代时期中国社会的家庭关系体系，凸显了具有封建等级制色彩的复杂的亲属关系。

早期中国民间社会有"收义子""认干爹"的现象，这实际上是将没有血缘关系的人，用"拟血缘化"的方式固定下来。在古代社会，一些宗族组织为了扩大自身力量与规模，会以同姓联合的方式吸收规模较小的宗族，也有因同地缘关系而组成的虚拟的宗族。[①] 人类学家称之为"拟亲属关系"，这一概念主要指"在社会结合的人与人的关系中，在生理上、血缘上、没有亲属关系的人们，用以与家和亲属相类似的关系来设定他们之间的关系"[②]，"拟亲属关系"属于中国的民俗文化，在乡土社会中亲属和外人是截然不同的两种概念，乡土社会总是用拟亲属的方法，将没有亲缘关系的人拉入亲属结构中。[③] 不同的村落有不同特色的"认干亲"仪式，具有扩展亲属范围，弥补家庭功能的作用，如收养关系是弥补家庭生育功能，也有家庭将其作为一种宗教仪式，以求得子女的平安。"拟亲属关系"的维持与延续，不仅在于亲属称谓的转变，更是在于认亲双方责任与义务、情感与态度之间的交换。

以血缘与姻缘为基础形成的亲属关系是中国传统社会的主要人际关系。虽然受到宗法制的影响且具有明显的阶级性，但是在小农经济社会中，亲属之间依然具有强大的凝聚力，他们重视血缘关系的维系，个人的存在以维护家族整体利益为目的，亲属们相互依赖、重视家庭责任与义务，形成了一种安全的生存共同体。与西方不同的是，中国的亲属关系是单系制，以父系血缘为主，亲属称谓会以血缘、性别等特征对亲属角色有不同的称呼。

二、现代化背景下中国亲属关系的转变

（一）从"等级性"到"个体化"

中国传统的亲属体系从宗族社会开始就具有等级制色彩。在封建社会中，人们的社会地位和社会行为更多受父尊子卑、男尊女卑等纲常伦理的道德体

---

① 麻国庆.从非洲到东亚：亲属研究的普遍性与特殊性［J］.社会科学，2005（9）：111-121.
② 曹锦清，张乐天.传统乡村的社会文化特征：人情与关系网——一个浙北村落的微观考察与透视［J］.探索与争鸣.1992（2）：51-59.
③ 徐平.乡土社会的血缘关系——以四川省羌村调查为例［J］.中国农业大学学报（社会科学版），2007（2）：16-29.

系的制约。由于各家族共同生产生活是家族制的基础，即使各族人都是同根同源，也不得不依赖上层阶级。这种不平等的封建伦理思想在中国已经根深蒂固，因此，亲属体系从"等级性"到"个体化"的转变难度大、所需时间长，需要有一定的政策干预。

改革开放以来，中国政府在宏观层面施行"减政放权"政策，让国有企业获得自主经营权，使市场在资源配置中起决定性作用；在微观层面让个人脱离单位制与农村集体生产组织，促使人们积极投身于市场竞争的环境中。这时家庭已经不再是个人获取生存资料的决定性场所，而是退化为一种暂时躲避市场风险的保护伞。这一系列措施，促进了个人自主意识逐渐从家庭关系的束缚中挣脱出来，并拥有独立选择、支配自身生活的权利。在现代社会网络中，中国亲属关系体系并不是群体本位的，而是自我本位的。费孝通曾用"差序格局"来描述中国家庭的亲属关系，他指出，"我们社会中最重要的亲属关系就是这种丢石头形成同心圆波纹的性质"。而在亲属关系所联系成的社会关系网络中，都是以"己"作为网络的中心。① 作为"同心圆"的核心，现代个人的生产生活不再对家庭具有极强的依赖性，亲属之间在道德基础上是一种平等并各自独立的关系。"亲子情，手足情"已经代替了中国传统家庭中父系父权成为家庭网络的主要纽带，亲属网络从父系为主轴的单系化，转变为双系化。② 随着现代化的转变，中国的亲属关系越来越趋向于西方亲属关系，并形成以个人为中心扩散的独特的亲属体系，并逐渐带有个体化的趋势。

因此，中国亲属体系个体化的过程可以被理解为：随着社会变迁，原有严格的封建制度变得松散和不稳定，个体从阶级、性别、家庭等结构性力量中被释放出来，但是个人并不会被动地失去来自家庭、邻里等关系网络的支持，而是在现代化社会中，对是否要维系一段亲属关系有了主动选择的权利。对于充斥着个体性的现代社会，随着个体的重要性增加，权利得到认可，使得亲属关系的特点从不平等的阶级属性，转变为具有现代个体化特征。

（二）从"繁杂性"到"单一化"

不同的社会经济形态及其经济发展水平都有与之相对应的家庭和亲属关系，家庭与亲属关系的繁简、亲疏程度以家庭的结构、规模和子女数为前提。

---

① 费孝通.乡土中国［M］.上海：上海人民出版社，2013：25.
② 徐安琪.城市家庭社会网络的现状和变迁［J］.上海社会科学院学术季刊，1995（2）：77-85.

但是，判断其合理程度，则取决于社会经济发展水平对它的要求。[1] 亲属并不是血统的社会印版，而是为了生活需要，在因生育及婚姻所联系的许多人中，划出一个范围来，认为是亲属。在亲属范围之内，再分若干类别，每一项规定着一套相互的权利和义务，和特定的态度与行为。[2] 传统社会为了延续父系血统，倡导多子多福、崇尚生育，从而扩大亲属团体，使得家族子嗣众多，亲属范围也就不断增大。中国亲属关系的繁简程度可以从亲属称谓中展现出来，在《尔雅·释亲》与《仪礼·丧服经传》中，就记录了129种称谓。[3] 还有在不同语境下对亲属的称呼，例如直接与亲属说话、用书面语表达的亲属关系、用通俗的口语描述亲属关系等[4]都会使用到不同亲属的称谓名词，亲属称谓的烦冗复杂性表明了中国复杂的亲属关系结构。

正如拉格尔斯（Ruggles）所提到的"对亲属关系的分析应该考虑人口状况对现有亲属的潜在影响。"[5]一组由多个兄弟姐妹组成的队列，将会在很长一段时间内影响着后代的亲属关系结构，其子女会有更多的表亲，其父母一代会有更多的侄子、侄女，而这种影响会随着时间的推移重塑一个社会。[6] 自计划生育政策实施以来，中国家庭平均户规模从1982年的4.47人下降到2020年的不足3人，家庭规模的缩小促使家庭中子代的兄弟姐妹的数量减少，独生子女家庭数量逐渐增长。2000年中国独生子女数约为9000万，[7] 到2010年全国独生子女数总量在1.45亿左右。[8] 中国亲属关系结构的转变在一定程度上受到了政策导向的影响，家庭规模的缩减、独生子女家庭的增多加快了亲属关系结构的单一化。

阎云翔曾提出"亲属关系的扁平化"的概念，所谓"扁平化"意指从纵

---

[1] 边燕杰.试析中国独生子女家庭生活方式的基本特征[J].中国社会科学，1986（1）：91-106.
[2] 费孝通.乡土中国[M].上海：上海人民出版社，2013：578.
[3] 谢维扬.周代家庭形态[M].北京：中国社会科学出版社，1990：94.
[4] 费孝通.江村经济[M].北京：北京大学出版社，2012：256.
[5] RUGGLES, S. Family Demography and Family History: Problem and Prospects [J]. Historical Methods, 1990, 23（1）: 22–30.
[6] MURPHY, M. Long-Term Effects of the Demographic Transition on Family and Kinship Networks in Britain [J]. Population and Development Review, 2011, 37（Supplement）: 55–81.
[7] 宋健.中国的独生子女与独生子女户[J].人口研究，2005（2）：16-24.
[8] 王广州.独生子女死亡总量及变化趋势研究[J].中国人口科学，2013（1）：57-65.

向的代际关系联系到横向的同代关系的中心转移。① 而在现代化家庭环境下,核心家庭的独生子女由于没有直系的兄弟姐妹,拥有共同血亲和姻亲关系的各核心家庭子女之间的关系开始逐渐紧密。亲属称谓是对文化特点有适应性的,这些特点根据人们需要的运用而变化。② 由此,同辈亲属在亲属称呼上忽略了旁系冠"表"的习俗,以直系称谓的兄弟姐妹相称,以此凸显其亲密的感情。

现代亲属关系结构的转变虽然在亲属称谓、亲属规模上呈现出单一化特征,但是核心家庭亲属之间发展出的一套新的亲情文化,依旧体现着中国人特有的亲缘关系。

(三)从"义务性的互助"到"工具性的交换"

在传统中国社会,人们生活在固定的土地上,以农作物作为主要生活资料。由于劳动力水平低下,大部分人的生活处于贫穷的状态,加上自然灾害、战争的频发,个人为了抵御生存危机,必须生活于家庭团体之中,家庭成员间相互帮助、分享劳作成果,是一种生存共同体。因此,传统的亲属关系表现为一种互通有无、互济缓急的义务关系。③ 早期的家族企业,受宗族文化中"团结互惠"观念的影响很深,亲属成员之间通常以捐赠、奖励或者私人借贷的方式相互帮扶。④ 改革开放之后,随着市场经济的发展,家族企业逐渐趋向"现代理性运作的经济体",充斥着资本的竞争,家族企业也面临着亲属身份与企业职责之间的矛盾,这是家族感情与企业理性两种价值观的碰撞。⑤ 这也是早期亲属关系的义务性互助与工具性互惠之间相互博弈的表现形式之一。

费孝通认为,亲密的血缘社会中商业是不能存在的,主要是因为以血缘关系为基础的交易是以人情来维持的,是一种相互馈赠的方式。费先生所说的"人情"原则,在工业化的道路上发生了变迁,亲属之间关系的亲疏越来越取决于他们在生产经营中相互合作的有效和互惠的维持,理性全面进入人

---

① 阎云翔.中国社会的个体化[M].路洋,译.上海:上海译文出版社,2009:136.
② 雷蒙德·弗思.人文类型[M].北京:商务印书馆,1975:95.
③ 金耀基.人际关系中人情之分析[M].北京:中国人民大学出版社,2012:118.
④ GREIF, A, TABELLINI, G. Cultural and Institutional Bifurcation: China and Europe Compared[J]. The American Economic Review, 2010, 100(2):135-140.
⑤ 杨茜.家族企业中的亲属关系功能变迁研究[D].长春:吉林大学,2015:58.

们生活。① 但有研究表明，在中国城市社会中亲属间交往的频度和亲密度依然呈现出按照血缘、亲缘关系的亲疏远近排列的差序格局：依父母、兄弟姐妹、父辈亲属和祖辈亲属的次序，关系越远，情感联系与互动互助越少。② 亲属关系是生育和婚姻基础上发生出来的社会关系，社会现代化使得权利、财富和声望等社会资源嵌入社会网络中，这些资源并不为个体所直接占有，而是通过个体直接或间接的社会关系来获取。

林南的社会资源论通过情感性行动与工具性行动两个维度去分析社会的"强关系"与"弱关系"。③ 情感性行动是指个性特征相似度高，个体间横向联系的相互影响，能加强社会团体或组织的稳定团结。而工具性行动是纵向联系间的相互影响，能产生更好的社会流动和社会资源分享。④ 一个分层的社会结构中，当行动者采取工具性行动时，如果弱关系的联系纽带处于比行动者更高的地位，弱关系将比强关系获取更多的社会资源。⑤ 在工业化社会中"强关系"内部的人们同质性比较强，他们不能带来新的资源和信息，而"弱关系"的扩散性往往连接着不同团体的成员，信息可以传递到更远的距离并得到新的资源。中国经济不发达地区亲属关系的集聚程度远低于发达城市，而流动性高于发达城市，虽然亲属们走动频率不高，但是在重病或借钱时，亲属们是最重要的求助对象。⑥ 随着中国社会的转变，"弱关系"相当于现代社会中的远亲，当亲属需要帮助时，这一关系就会被激活，提供物质援助与情感支持。

---

① 杨善华，侯红蕊.血缘、姻缘、亲情与利益——现阶段中国农村社会中"差序格局"的"理性化"趋势 [J]. 宁夏社会科学，1999（6）：51-58.

② 唐灿，陈午晴.中国城市家庭的亲属关系——基于五城市家庭结构与家庭关系调查 [J]. 江苏社会科学，2012（2）：92-103.

③ 格兰诺维特在《弱关系的力量》一文中，通过关系网络中成员的互动频率、感情的深度、亲密程度和互惠交换的次数来区别"强关系"和"弱关系"。"强关系"就是网络成员之间的互动频率高、感情较深、较亲密以及互惠交换次数较多的关系，"弱关系"则相反。

④ 林南.社会资本：关于社会结构与行动的理论 [M]. 张磊，译.上海：上海人民出版社，2005：76.

⑤ 肖鸿.试析当代社会网研究的若干进展 [J]. 社会学研究.1999（3）：3-5.

⑥ 马春华，石金群，李银河，等.中国城市家庭变迁的趋势和最新发现 [J]. 社会学研究，2011，25（2）：182-216，246.

在现代亲属关系中，利益成为亲属之间关系亲疏的最大砝码。①随着社会的发展，趋利避害使人们与拥有良好资源的亲属的互动开始频繁起来，形成了一种工具性的交换，这种互惠互利的方式是以利益为基础的，也是人们理性选择的结果。因此，人们与亲属之间的关系从为了生存而进行的"义务性的互助"逐渐倾向于趋利避害的"工具性的交换"。然而，传统亲属关系并没有在现代化进程中衰退甚至消失，只是被一种新的形式所取代②，与西方亲属关系相似的是，中国家庭现代化大大改变了亲属成员之间互动的途径与方式，但是亲属关系功能的工具化只是在现代化转变中出现的一种新属性，并不会改变亲属关系得以维系的情感纽带。

（四）亲属关系的弹性

亲属关系在社会生活中最大的影响是通过家庭表现出来的，并随着家庭的转变而发生变化，传统亲属关系的等级性、繁杂性和义务性的转变，并不代表着亲属关系的消失。中国亲属关系持续存在及其功能的延续，归因于中国人对于传统关系的历史感、归属感、责任感等的需求。③而亲属关系实际上是一套相当有弹性的人际关系，个体行动者根据更大范围的社会变化对这套关系加以变通和利用。④亲属关系的弹性，是它能不断改变其形态适应于时代的发展，随着个体能动性的发展，人们能灵活地利用现代化的亲属关系，并与之相契合。例如信息网络发展，亲属的居住距离不再会影响亲属间的互动频率，互联网产生的具有交流功能的媒介，为亲属间的联系提供了便利，而亲属关系也适应了原有的交流场域的改变，这对亲属关系的维系起到很大的作用。

中国家庭的亲属关系在现代化发展中并没有衰颓，与西方亲属关系相似的是出现了个体化、单一化与工具化的转变趋势。然而，中国亲属关系的转变并没有完全依照西方亲属关系的转变路径，原因首先在于西方家庭现代化

---

① 杨善华，侯红蕊. 血缘、姻缘、亲情与利益——现阶段中国农村社会中"差序格局"的"理性化"趋势 [J]. 宁夏社会科学，1999（6）：51-58.
② 徐征，齐明珠. 代际关系的影响因素及如何建立正向的代际关系 [J]. 人口与经济，2003（3）：55-60.
③ 钱杭. 现代化与汉人宗族问题 [J]. 上海社会科学院学术季刊，1993（3）：148-156.
④ 阎云翔. 中国社会的个体化 [M]. 路洋，译. 上海：上海译文出版社，2009：129.

进程要早于中国发生，且西方家庭的亲属关系并没有受到封建社会思想的固化，而是随着社会不断转变发生着动态的变化。相较之下，中国亲属关系长时间受到封建思想的渲染，现代化转变所需时间较长，但是亲属关系的弹性能促使传统的亲属关系在现代社会中运作得更加变通，并积极与家庭现代化相适应。其次，亲属关系作为一种文化传承的载体，在不同国家与地域有着不同的特点，中国传统文化的独特性使亲属关系的转变有异于西方世界。等级森严、关系复杂的亲属体系是中国特有的文化现象，亲属关系从烦琐性到单一化的转变，影射的是中国封建纲常伦理的巨大转变。在世界视域下，现代化过程并不意味着与传统关系的断裂，亲属间坚韧的情感纽带依旧是亲属关系得以延续的桥梁，而亲属关系也呈现出与时俱进的新特征。

　　亲属关系作为维系家庭关系正常运行的枢纽，与家庭一同经历着现代化的转变，出现了体系个体化、结构单一化、功能工具化的转变趋势，并且推动着家庭现代转变的进程。其中亲属体系的个体化趋势是依附于社会结构的转变而发生的。在现代化实践过程中，由于封建阶级社会的瓦解，传统的家庭关系被打破，人们的思想更为自由，崇尚个性化的发展，原有的纲常伦理关系被公正的契约关系所替代，利益关系逐渐超越了亲情。亲属体系的个体化，促进了家庭关系从生存共同体转为更具有平等性的亲密关系，自由、平等的家庭观念逐渐渗透到家庭关系中，改变了家庭成员的交往方式，妇女在家庭中的地位也逐渐上升，使现代家庭中的夫妻关系更为平等，加速了以夫妻关系为主轴的家庭模式的发展。中国亲属关系结构的转变有其独特性，在一定程度上受计划生育政策的影响，家庭规模不断缩小、独生子女家庭在短时间内激增，加快了中国亲属关系结构单一化的进程，促进了家庭关系重心的转移，并逐渐集中在以父母与未婚子女组成的主干家庭中，推动了家庭结构的核心化转变。亲属关系作为一种能动的要素，在工具性转变的同时，不断为家庭关系提供情感动力，成为维持家庭关系的纽带并趋向于塑造新型家庭关系。中国工具化的亲属关系是亲属间互动效用提升的效果，即传统亲属间互惠互利的原则得以有效维持的结果。亲属关系功能的工具化促进了家庭内部的理性分工，使家庭内部人力资本的投资更加专业化，为家庭的赡养、抚育功能提供了有效保障。

总体而言，中国家庭的亲属关系呈现出不可逆性和弹性相并存的特点，体现为现代性与传统性的杂糅互嵌，不可逆性似乎预示着转变的开启和延续，弹性则彰显了文化的强大韧性与模式的独特性。作为家庭最具能动性的要素，成员之间的关系呈现动态变化的特点，还需要不断追踪探索以确定转变的方向与路径。

第三编 中国家庭功能转变

第七章 中国家庭功能转变

家庭功能转变是家庭转变中最为重要的内容之一。作为家庭系统的一个关键要素，家庭功能在保持延续性的同时也在发生着变化。在现代化进程中，中西方家庭的功能是否转变以及发生了何种转变？两者转变的过程是否相同？本章首先对家庭功能的概念及其相关理论进行辨析和梳理；然后根据家庭功能发展阶段，将家庭功能划分为本质性功能、目的性功能和工具性功能3个类型，在历史视野下审视家庭功能的转变进程；之后，在现代化背景下观察西方家庭功能的转变经验，分时期探讨20世纪50年代以来中国家庭功能转变的具体实践，并比较中西方家庭功能转变的异同。

第一节 家庭功能的概念与相关理论

自20世纪70年代"家庭功能"概念被提出以来，相关定义可谓纷繁复杂，不同学科语境下的含义也有所差异。相比于家庭规模、家庭结构和家庭关系均有较为清晰的内涵和外延，家庭功能却无明确边界[①]，且家庭功能往往附着在家庭结构和关系的相关讨论中，因此难以准确定义家庭功能和判断家庭功能的变化。家庭功能的正常发挥，影响着家庭的平稳运行和社会的和谐发展，因此有必要首先厘清家庭功能的概念。

一、家庭功能的概念

"功能"的字面含义是"事物或方法发挥的有利的作用"[②]，因此"家庭功

[①] 杨菊华，何炤华. 社会转型过程中家庭的变迁与延续 [J]. 人口研究，2014，38（2）：36-51.
[②] 陈凯. 现代汉语词典（英汉双语）[M]. 北京：外语教学与研究出版社，2002：673.

能"指家庭发挥的有利作用。然而，不同学科的释义各有侧重。如社会医学认为，家庭功能体现在家庭成员间相互爱护、相互支持、彼此间情感沟通，以及共同承担对生活事件和压力源的能力等方面。心理学将家庭功能理解为影响家庭成员心理发展的原因变量，以及被家庭其他因素影响的结果变量，特别关注家庭内部要素与家庭功能的关系。[①]社会学将家庭功能视为家庭关键要素之一，常将家庭与社会相结合进行考量，认为家庭功能是在家庭与社会的联系和作用中，所具有的满足人类生存的各种需要，以及适应和改变社会环境的功用和效能。[②]

既有研究对家庭功能有两种理解。一是以米勒（Miller）为代表，将家庭功能理解为家庭的适应性和有效性，认为家庭功能（family functioning）是对家庭系统运行状况、家庭成员关系和家庭环境适应能力等方面的综合评定。[③]奥尔森（Olson）认为，家庭功能是家庭系统中家庭成员的情感联系、家庭规则、家庭沟通以及应对外部事件的有效性。比文斯（Beavers）用家庭的关系结构、反应灵活性、家庭成员交往质量和家庭亲密度、适应性来表示家庭的功能。二是以爱泼斯坦（Epstein）和斯金纳（Harvey Skinner）为代表，认为家庭功能是为家庭成员生理、心理、社会性等方面的健康发展提供一定的环境条件，以使家庭正常运转。为实现这一基本功能，家庭系统必须完成一系列的任务，如满足个体在衣、食、住、行等方面的物质需要，适应并促进家庭及其成员的发展，应付和处理各种家庭突发事件等。

二、家庭功能的分析层面

家庭功能由于其"发挥作用"的特质，理论多见于心理学、社会工作等实践操作型学科，社会学及人口学中自成体系的相关理论并不多见，这也与家庭社会学的后兴发展历程有关。在家庭功能的相关理论中，分类标准分别有以结果／过程为取向和以结构／过程为取向两种。我们认为这两种分类方法

[①] 池丽萍, 辛自强. 家庭功能及其相关因素研究 [J]. 心理学探新, 2001（3）: 55-60, 64.
[②] 丁文. 家庭学 [M]. 济南: 山东人民出版社, 1997: 327.
[③] MILLER, I. W., RYAN, C. E., KEITNER, G. I., et al. The McMaster Approach to Families: Theory, Assessment, Treatment and Research [J]. Journal of Family Therapy, 2000, 22（2）: 168-189.

实际上都是基于家庭功能的两个不同分析层面所进行的分类，即家庭功能的应然层面与实然层面。应然与实然是哲学中的思辨视角，后常用于法律中探讨法的应然与实然。①我们采用此跨学科的视角来分析相对成熟的家庭功能相关理论。

（一）家庭功能的应然层面

家庭功能的应然层面侧重于分析家庭应该具备和发挥哪些功能，与此相对应的理论旨在讨论家庭功能的理想层面。由于应然层面关注家庭在发挥功能的过程中"应该如何"，因此更强调功能发挥的过程与形式；在这一层面，也表露了家庭作为组织较为被动的、理想化的画像，贴近长期以来人们固化印象中的家庭以及理想中的家庭功能实现。

首先，应然层面的家庭功能理论强调的是家庭有哪些功能以及家庭系统实现各项功能的过程，这一取向的代表理论是麦克马斯特（McMaster）家庭功能模式（the McMaster model of family functioning）和斯金纳（Skinner）等人的家庭功能过程模式（process model of family functioning）。这两个理论的提出者都认为，家庭系统实现功能的过程是影响家庭成员身心健康和情绪问题的原因，家庭实现其功能的过程越顺畅，家庭成员的身心健康状况就越好。反之，则容易导致家庭成员出现各种心理问题以及家庭出现危机。

1.麦克马斯特家庭功能模式

这一理论由爱泼斯坦（Epstein）等人在1978年提出，以家庭系统运作过程为核心。该理论的基本假设是，家庭的主要功能是为家庭成员的社会、心理和生物学发展与维持提供一定的环境条件。②在执行这些功能的过程中，家庭系统必须完成一系列任务以适应并促进家庭及其成员的发展，这些任务包括基本任务、发展任务和风险任务。基本任务是指家庭满足其成员基本生存的需求；发展任务是指家庭为其成员发展提供支持；风险任务则是指家庭在面临困境时处理危机的任务需求。家庭在运作过程中如果没能实现其各项基本功能，就很容易导致家庭成员出现各种临床问题。家庭完成上述任务的能力主要表现在6个方面：（1）问题解决能力（problem solving）；（2）沟

---

① 李步云.法的应然与实然［J］.法学研究，1997（5）：68-77.

② EPSTEIN, N. B., LEVIN, S., BISHOP, D. S. The Family as a Social Unit［J］. Canadian Family Physician Médecin De Famille Canadien, 1976, 22（22）：53.

通（communication）；（3）家庭角色分工（family role）；（4）情感反应能力（affective response）；（5）情感卷入程度（affective Involvement）；（6）行为控制（behavior control）。根据家庭在上述6个方面的表现，可以明显看出家庭功能发挥良好与否。

2. 家庭功能过程模式

这一理论由哈维·斯金纳等人于1980年提出，它把和家庭相关的不同概念有机地结合在一起，形成了一个全面而清晰的家庭功能的概念与结构。该理论认为，家庭的首要目标是完成各种日常任务，包括完成危机任务，每项任务都需要家庭一起去应对。① 在完成家庭任务的过程中，家庭成员之间的亲密度增加，家庭的完整度得以保持，家庭及其成员得到发展，家庭作为社会单位的各项功能由此发挥。

过程模型描述了进行家庭评估概念框架的7个关键维度：任务完成、角色表现、沟通、情感表达、参与、控制、价值观和规范。其中，任务完成是核心维度。要完成各项家庭任务，需要家庭成员承担不同的角色，并通过沟通解决问题；情感表达可以阻碍或促进任务完成和责任承担，家庭成员的参与度也对家庭任务的完成有影响；控制是家庭成员相互影响的过程，家庭应该能够维持自己的家庭功能，同时在任务发生变化时去适应变化的需要；最后，家庭任务的确定以及家庭如何完成任务受到家庭成员的价值观和家庭规则，特别是家庭背景的影响，价值观和规则是家庭任务完成的背景。这样，7个维度有机地联系在一起，共同评价一个家庭的功能发挥效果。

基于家庭功能过程模型提出的家庭评估措施（family assessment measure，FAM）可以有效评估家庭功能，并提供强有力的解释和预测工具。考虑家庭评估的内在复杂性和挑战性，在大多数情况下，FAM的测量特性可信度很高。FAM在各种临床和非临床环境中进行的研究均具备有效性，是提供有关家庭功能的丰富信息来源。

（二）家庭功能的实然层面

家庭功能的实然层面侧重观察家庭功能在实践中运行的成果，将家庭从

---

① SKINNER, H., STEINHAUER, P., SITARENIOS, G. Family Assessment Measure（FAM）and Process Model of Family Functioning [J]. Journal of Family Therapy, 2000, 22（2）: 190-210.

被动、固化的角色中解放出来,将之赋予实践性、主体性。[①]奥尔森环状模型理论(The Circumplex Model)和比文斯系统模式理论(The Beavers Systems Model of Family Functioning)是这一取向的家庭功能理论的代表,认为可根据家庭功能的发挥结果区分家庭类型,家庭功能在实际层面能够有效实行的家庭为健康的家庭,否则为不健康的家庭。

1. 环状模型理论

环状模型理论由奥尔森于1978年提出,主要用于家庭研究、临床评估、训练、婚姻和家庭治疗。环状模型以家庭系统理论为基础,侧重于描述家庭功能的3个主要方面:凝聚力、灵活性和沟通能力。[②]家庭凝聚力指家庭成员之间的情感关系;家庭灵活性指家庭系统为了应付外在环境压力或婚姻、家庭的发展需要,而改变其权力结构、角色分配或家庭规则的能力;家庭沟通能力指家庭成员之间的信息交流,它对家庭亲密度和适应性的发展具有重要的促进作用。

该理论的主要假设是:与不平衡的家庭系统相比,平衡的婚姻状态和家庭系统功能更强大。家庭适应性和内聚量表(FACES)(一种线性自我报告测度)和临床评定量表(CRS)(一种曲线观察方法)这两个评估工具被设计用于研究临床评估以及夫妻和家庭的治疗计划,在使用这两项量表的研究中,均为上述假设提供了支持。家庭实现其基本功能的结果与其凝聚力和灵活性之间是一种曲线关系,亲密度和适应性过高或过低均不利于家庭功能的发挥,平衡型家庭比不平衡型家庭的功能发挥要好;家庭沟通是一个促进性因素,平衡型家庭比不平衡型家庭有更好的沟通。

环状模型理论把家庭亲密度从低到高划分为4个水平:毫无联系(disengaged)、彼此分离(separated)、彼此联系(connected)和相互纠缠(enmeshed);家庭适应性从低到高也分为4个水平:刻板(rigid)、组织(structured)、灵活(flexible)和混乱(chaotic)。两个维度四个水平两两组合形成16种家庭,而16种家庭又被划分为三大类型:平衡型、中间型和极端型。在两个维度上都表现为中等程度的4种家庭属于平衡型家庭,即适应良好的健

[①] 吴小英.流动性:一个理解家庭的新框架[J].探索与争鸣,2017(7):88-96.
[②] OLSON,D.H.Circumplex Model of Marital and Family Systems[J].Journal of Family Therapy,2000,22(2):144.

康家庭；在一个维度上表现为中等程度，而在另一个维度上表现为极端程度的8种家庭称为中间型家庭；在两个维度上均表现为极端程度的4种家庭称为极端型家庭，这类家庭及其成员常常出现适应不良等问题。

奥尔森在1991年对自己最初的曲线模型假设进行了修订，将其修改为三维（3-D）线性模型理论。这一线性模型认为，在亲密度和适应性上得分高的家庭的功能是良好的，而得分低的家庭的功能是不良的；同时，他还认为，虽然曲线和线性模型的假设不同，但两者并不存在本质上的冲突。[①] 在2000年的一份研究报告中他指出[②]：是线性还是曲线关系，这与家庭功能发挥的水平有关，在家庭功能发挥比较正常的家庭中，线性关系成立；在有问题的家庭中，曲线关系成立。随着研究的深入和理论的发展完善，奥尔森越来越强调使用多种方法（临床观察和自我评价法等）、多报告者（让所有家庭成员进行评价）、多维度（从家庭亲密性、适应性和家庭沟通3个维度来综合评价）、多系统（不仅仅评价家庭成员中的个体，也包括夫妻关系、亲子关系、家庭整体以及家庭与家庭外成员的关系等）对家庭功能进行评价。

2. 系统模式理论

系统模式理论由比文斯等人于1977年提出，认为家庭系统的应变能力与家庭功能的发挥之间存在线性关系，即家庭系统的能力越强，家庭功能的发挥越好。[③] 该理论从家庭能力（family competence）和家庭风格（family style）两个维度考察家庭功能：一是家庭在关系结构、反应灵活性等方面的特征，它与家庭功能发挥的效果之间呈线性关系；二是家庭成员的交往风格，它与家庭功能发挥的效果之间呈非线性关系，处于两个极端的向心型和离心型交往风格均不利于家庭功能的发挥，家庭成员常会出现适应障碍。根据家庭能力维度，可将家庭分为5种类型：严重障碍型、边缘型、中间型、适当型和最佳型。其中，适当型和最佳型家庭为健康家庭。中间型家庭根据其成员交往模式又可分为3类：向心型中间家庭、离心型中间家庭和混合型中间家庭。

---

① CYNTHIA, F., CALVIN, L. S. Validity of the 3-D Circumplex Model for Family Assessment [J]. Research on Social Work Practice, 1993, 3（3）: 258-276.

② OLSON, D. H. Circumplex Model of Marital and Family Systems [J]. Journal of Family Therapy, 2000, 22（2）: 144-167.

③ BEAVERS R, HAMPSON, R. B. The Beavers Systems Model of Family Functioning [J]. Journal of Family Therapy, 2002, 22（2）: 128-143.

边缘型家庭根据其成员间的交往风格又可分为两类：向心型边缘家庭和离心型边缘家庭。严重障碍型家庭根据其成员间的交往风格也可分为两类：向心型严重障碍家庭和离心型严重障碍家庭。

从应然与实然两个层面分析家庭功能相关理论，反映了其实现的"理想"与"现实"，应然部分为实然部分提供了前提条件，但不同的家庭所发挥的功能并不一致，家庭只有在需要的时候才会激活应然部分的功能，从而体现为家庭功能的实际发挥。一方面，随着社会的发展和人们思想观念的变化，家庭应然与实然部分的功能也在发生着变迁。另一方面，家庭功能的两个层面之间存在差异甚至错位。例如，在应然层面的家庭很多功能如生育、抚育、养老等，并不一定呈现在所有家庭中，例如无子女、子女的离去等就使得丁克家庭、失独家庭等这些特殊类型家庭无法像其他家庭那样发挥家庭全部的功能；老年人选择社区养老、机构养老等其他形式也使得家庭养老功能在应然与实然层面出现偏离。

三、家庭功能的类别划分

家庭功能的分类标准各不相同，涉及生物、经济、教育、文化、心理、政治、娱乐等多个维度，[①] 由此划分的类型有很多。如家庭的本原功能、经济功能、衍生功能[②]；生产、消费、人口再生产、养育子女和赡养老年人、满足家庭成员生理和心理需要等功能。[③] 本章节从家庭整体出发，以家庭与个人、社会、国家的关系为参照，根据不同时期家庭功能发挥的侧重点，将家庭功能分为本质性功能、目的性功能与工具性功能3种类型。家庭的本质性功能是为维持家庭这一组织模式所必须具备的功能。目的性功能与工具性功能是家庭在发展较为成熟的阶段所演化出来的功能。此时，家庭所能控制的资源较多，因此可以通过整合内部资源以实现特殊的目的或目标。当家庭功能服务于家庭本身时所表现出的是目的性功能；当其服务于家庭中其他成员时所表现出的是工具性功能。

首先，本质性功能区别于目的性功能与工具性功能。当家庭处于发展的

[①] 杨菊华，何炤华.社会转型过程中家庭的变迁与延续[J].人口研究，2014, 38（2）：36-51.

[②] 刘茂松.论家庭功能及其变迁[J].湖南社会科学，2001（2）：30-34.

[③] 唐灿.中国城乡社会家庭结构与功能的变迁[J].浙江学刊，2005（2）：202-209.

初级阶段时，家庭本身所能掌握的资源相对有限。此时，家庭功能主要侧重于适应与模式维持方面，通过利用有限的资源，使得家庭这一组织模式得以存续。对于处于这一发展阶段的家庭，其功能的发生并不出于服务特定对象的目的，而只是为了自身的存续，因此，在发挥本质性功能的过程中，家庭本身既非目的也非手段。就本质性功能的具体内容而言，其核心是家庭的生育功能与传承功能。正如恩格斯所言，"历史中的决定性因素，归根结底是直接生活的生产与再生产。但是，生产本身又有两种，一方面是生活资料即食物、衣服、住房以及为此所必需的工具的生产；另一方面是人类自身的生产，即种的繁衍"。维持家庭这一组织模式，就必须维持物质资料与人本身不断的生产与再生产。对于人的生产与再生产而言，所需实现的家庭本质性功能便是生育功能，亦即作为合法的生育单元实现生育行为的规范化；对于物质资料的生产与再生产而言，所需实现的家庭本质性功能则是传承功能，亦即实现物质资料生产所必需的生产资料在代际间的合法传递。家庭本质性功能的发挥并不是出于服务特定对象的目的，家庭本身既非目的也非手段。本质性功能更多地是作为家庭的特征而存在，这些特征是构成家庭这一概念本身所必要。从历史上来看，人们并非天然地拥有着稳定的关于家庭的概念，而正是在家庭的发展与演变过程中，这些本质性功能不断地发生作用，建构并最终形塑了人们现有的对于家庭的基本概念。不同历史时期家庭的具体概念尽管会因时代的不同而产生差异，但其基本内容相对确定，也正因此构成了家庭这一概念中不可分割的核心部分。

其次，目的性功能与工具性功能存在两方面的区别。第一，从目的与手段的关系上看，目的性功能服务于家庭自身而非其他对象。尽管其他对象如社会、个人可能因家庭所具有的目的性功能而受益，但家庭并不因此而成为用以实现更高目的的手段。但工具性功能则是家庭为服务其他对象所具有的功能。此时家庭本身并非该功能之所以存在的目的，而是作为用以实现更高目的的手段而存在。第二，从产生原因上看，目的性功能多源于自然发生，或在家庭演变过程中因家庭的自我发展与强化而出现；但工具性功能则多是被外界所赋予的，通过对家庭本身的重新塑造，来借此实现其他对象的发展需要。从应然与实然两个分析层面来看，家庭目的性功能的应然层面是人们对于理想家庭所具特征的想象，这种想象源于社会与文化导致的偏好与共识，源于现实但又独立于现实；实然层面则是在人们所认知的在现实生活中家庭所具有的特征，个体通过不断努力修正现实家庭相较于理想的偏差，以推动自身拥有的家庭向自身所期待的家庭靠近。家庭工具性功能的应然层面是出于其他对象现实利益与发展需求的考虑所反推出的、最能符合其利益、实现其需要的家庭所应具有的功能，虽然这一塑造本质上也是一种对家庭的想象，但这种想象根植于现实，因塑造者现实利益与现实需要而决定；其实然层面是从外界的需求角度所衡量的家庭能力，是家庭在现有状况与条件下，能够在多大程度上满足外界的期待，个体通过调整家庭的内部结构重塑家庭，使其能力足以实现其被赋予的功能。

第二节 历史视野下的家庭功能转变

基于上节所述的家庭功能的本质性、目的性和工具性分类回溯历史，理论上这3类家庭功能随着时间推移逐渐显现并在不同时期各自占据主要地位，体现为家庭功能的转变。早期历史阶段，家庭功能的发挥主要以呈现本质性功能为主；前工业革命时期，家庭功能的发挥以呈现目的性功能为主；工业革命中后期以及现代化进程中，家庭功能的发挥逐渐过渡到以实现工具性功能为主。这3类家庭功能无法完全割裂与分离，因此在实践中呈现重合与异质性交融的局面。

一、较早历史时期本质性家庭功能凸显

家庭是以婚姻、血缘关系和共同经济为纽带组成的亲属团体。[①] 这一定义的要点有二：一是强调家庭成员彼此之间具有亲属关系。这里所说的亲属关系，包括血缘关系、婚姻关系与收养关系，在这3种关系之下，人们承认彼此互为家人，同时具有对自身属于这一家庭的认同。二是强调家庭建立于共同经济之上，这里的共同经济，是指以私有财产为基础的私有制经济。由于诸如氏族等许多由其他特定社会制度凝聚而成的团体，都是以一定的共同经济为基础而形成的，并且往往也对其所拥有财产的管理做出一定的规定。所以，

---

① 杨大文.婚姻家庭法[M].北京：中国人民大学出版社，2005：2.

当同一群个体同时隶属于多个由不同社会制度而组建的团体时，对这些团体的概念理解也就容易发生混乱。因此，为将家庭区别于其他团体，必须对家庭所具有的财产属性进行规定。

家庭为保证自身在历史发展与演变的过程中得以续存且免于异化，形成了确保上述两个要点在时间维度上不断得到重复实现的功能需求，亦即马克思两种生产理论[①]所反映的人类自身的再生产与物质资料的生产。婚姻实现同时期不同个体间的亲属关系缔结，家庭需要通过生育使得亲属关系在代际间的传递成为可能；劳动分工实现同时期不同个体间的共同生产，家庭需要通过私有财产继承使得物质生产在代际间的重复实现成为可能。因此，生育和传承成为家庭的本质性功能，即反映家庭本身特征的必备功能。作为家庭的基础功能，家庭本质性功能的应然与实然层面可以较大程度地重合，即生育与传承在大多数家庭中基本得到实现，尤其是在较早历史时期。

（一）生育功能

生育功能伴随家庭发展始终。生育与家庭原本相互独立，且生育先于家庭而出现。从人类社会的发展历程来看，在家庭制度建立之前，生育就已经在历史舞台上发挥了巨大的作用，并延续至今。随着婚姻家庭制度的建立，生育内嵌于家庭之中，开始呈现为家庭的基本功能，并被赋予了法律与道德意义。

在原始群落和氏族社会，人类的繁衍生息多出于本能，生育是两性结合的必然结果。在认识到血亲乱伦带来种群生殖力衰退等问题后，氏族外婚制开始出现，进而过渡到母系氏族时代，家庭萌芽。母系家庭与父系家庭相继出现，由于社会发展的不平衡性和民族、地区的差异性，从母系家庭到父系家庭的过渡，不仅时间早晚不同，过渡形式也各式各样。[②]

（二）传承功能

生育功能为传承功能的实现提供了前提，因为生产资料私有制确立了传承内容，父系继嗣制度确立了传承对象。

---

① 赵家祥.澄清对"两种生产"理论的误解［J］.北京大学学报（哲学社会科学版），2009，46（5）：11-18.

② 杨堃.家族、婚姻发展史略说［J］.北京师范大学学报，1982（1）：33-44.

1. 生产资料私有制确立传承内容

家庭并非在人类文明伊始便天然存在。虽然仅从亲缘层面考察，早期人类社会中氏族等其他团体在一定程度上具有与家庭相似的特征，但这些团体并非现代意义上的家庭。在这一时期，决定家庭与氏族间区别的，是成员是否拥有以私有财产为基础的共同经济。

财产的私有与公有属性是随着社会发展而确立的。在早期人类社会中，氏族财产并没有两种类型的区分，生产力的发展造成了产品的剩余，进一步为产品的交换创造了可能，即恩格斯所说的"使产品成为商品"的过程[①]；与此同时，单位劳动力所需配置的生产资料不断增加，突出表现为单位人口所能耕作的土地面积的增加。氏族部落原始的组织形式无法继续通过统一管理土地及其他生产资料，以实现生产资料在劳动者间的合理配置，需要对土地及其他生产资料进行流转以优化配置。生产资料如同其他作为生活资料的产品一样，成为商品并被货币化，而"古老的氏族制度，不仅无力反对货币的胜利进军，而且它也绝对没有办法能在自己的结构内部给货币、债权人、债务人以及逼债等找到立足之地"[②]。氏族财产便被分为两类：一是氏族在力所能及的范围内依然能够控制的生产资料，二是超出氏族之外，其剩余产品或其本身寻求流转的生产资料。财产的公有与私有属性由此产生。

对财产私有的意识与财产私有的合法性并非同一件事。对财产私有的意识，产生于公有财产与私有财产的分离，但财产私有的合法性，却并非在一开始便得到确立。《孟子》记叙商周时的情形，所谓"方里而井，井九百亩，其中为公田。八家皆私百亩，同养公田，公事毕，然后敢治私事"[③]。此时对于财产私有的意识显然已经产生，但这种私有形式的合法性则是不完全的。一方面，它必须通过"同养公田"作为交换才能成立，"公事"的优先程度高于"私事"；另一方面，尽管其剩余产品被允许进行流通，但土地本身的流通受到限制。

---

① 恩格斯.家庭、私有制和国家的起源[M].中共中央马克思、恩格斯、列宁、斯大林著作编译局，译.北京：人民出版社，1999：110.

② 恩格斯.家庭、私有制和国家的起源[M].中共中央马克思、恩格斯、列宁、斯大林著作编译局，译.北京：人民出版社，1999：111.

③ 万丽华，蓝旭.孟子[M].北京：中华书局，2006：105-106.

2. 父系继嗣制确立传承对象

对母系社会转变为父系社会的解释，一般将其归结为生产力水平的提高[①]：随着生产力水平提高，男性在生产劳动中发挥着越来越重要的作用，进而拥有了更高的地位与更多的财富，并产生了将财富留给自己子女的愿望，从而推动了母系社会向父系社会转变。首先，这一解释预设了在生产力发展到某种水平之后，男性相较于女性具有更适宜劳动的如体格、力量等方面的自然特征；其次，预设了劳动能力与权力间的必然关系；最后，预设男性拥有将财富留给自己子女的愿望，即男性产生了"改变传统的继承制度使之有利于子女的意图"[②]，并将这种意图的产生归结于财富增加导致的"丈夫在家庭中占据比妻子更重要的地位"。

男性与女性从事不同形式的生产劳动，使其所用的生产资料存在一定的差异。性别分工越是细致，生产资料上的差异就越是明显。在母系继嗣制度下，由母系亲属中的男性成员（一般而言，即其兄弟或外甥）继承男性所拥有的生产资料，但若在某一男性死亡之后，其母系亲属中并无适合继承的成年男性，合法的父系继嗣方式存在的必要性便凸显出来。

父系继嗣方式与母系继嗣方式在一定的历史时期内曾同时存在，并都具有合法性，所谓"一继一及，鲁之常也"。[③] 其中，父死子继是典型的父系继嗣制度，而兄终弟及则属母系继嗣制度。在中原王朝中，夏、商两朝曾同时实行这两类传承[④]；而在少数民族的历史中，如匈奴、金等，除父死子继外，也都实行过兄终弟及。[⑤] 相较于父系继嗣，母系继嗣在人类社会早期更具优势，

---

① 杨堃.家族、婚姻发展史略说[J].北京师范大学学报，1982（1）：33-44，53.
② 恩格斯.家庭、私有制和国家的起源[M].中共中央马克思、恩格斯、列宁、斯大林著作编译局，译.北京：人民出版社，1999：52.
③ 左灿丽.二十四史·史记·鲁周公世家第三[M].北京：中国戏剧出版社，2008：333.
④ 夏共十四世十七帝，传位十六次，其中传子十三例，传弟两例，传堂兄一例；商共十七世三十一王，传位三十次，其中传子十三例，传弟十三例，传兄侄三例，传堂兄一例。以上计算不考虑传位过程的正常与否。
⑤ 匈奴自呼韩邪单于后，复株累若鞮单于、搜谐若鞮单于、车牙若鞮单于、乌珠留若鞮单于、乌累若鞮单于、呼都而尸道皋若鞮单于，与乌达鞮侯单于、蒲奴单于，两代八主兄终弟及；金朝自景祖乌古乃后，世祖劾里钵、肃宗颇剌淑、穆宗盈哥，与康宗乌雅束、太祖阿骨打、太宗吴乞买，两代六主兄终弟及。引自：王可宾.从匈奴单于的继承看父死子继与兄终弟及[J].社会科学战线，1984（1）：144-147；赵聪.论述金代兄终弟及传统与政治动荡之联系[J].沈阳工程学院学报（社会科学版），2017，13（4）：531-535.

原因在于此时人类的平均预期寿命很低，当男性个体去世时，其子女往往尚未成年，这时由母系亲属中的弟弟进行继承更为合适。但当人类的平均预期寿命普遍提高后，母系继嗣易于引起混乱的缺点便暴露出来。首先，母系继嗣的顺序关系混乱。以兄终弟及为例，尽管弟弟作为第一梯队顺位继承人的身份是确定的，但第二梯队顺位继承人的确定却十分困难。当上一代兄弟中，最为年幼的弟弟去世后，就会出现王国维先生提出的问题"特如传弟即尽之后，则嗣立者当为兄之子欤，弟之子欤？"[①]此时，儿子与侄子似乎都具有继承的合法性。特别是在儿子相较于兄侄更加年幼时，这种继承顺序关系的混乱就更为突出。其次，母系继嗣相较于父系继嗣，继承者与被继承者之间的年龄差往往更小，这便导致了继嗣更替更为频繁地发生。以匈奴为例，自冒顿单于至儿单于之间实行父死子继制，106年间仅6位单于，平均每人在位将近18年之久，但在呼韩邪单于确立兄终弟及制后，仅77年便出现了8位单于，平均每人仅在位不足10年。[②] 如此频繁地更替，无疑加剧了继嗣过程的不稳定性。综合上述原因，母系继嗣相较于父系继嗣更易引起混乱的特点，使得母系继嗣在历史的发展过程中逐渐为父系继嗣所替代。

二、从本质性功能到目的性功能

在家庭制度建立初期，生育与传承作为本质性家庭功能占据主导地位，家庭功能的发挥并不具有明确服务于任一对象的目的性。随着家庭的发展，家庭逐步从以发挥本质性功能为主转变为以发挥目的性功能为主。实现这一过程需要内部与外部两方面的条件。在家庭内部，通过姓氏与家谱的出现，赋予个体作为家庭成员的身份并进行标识，塑造个体对于家庭的归属感，以此形成支持家庭不断扩张的内部结构；在家庭外部，通过封建制的确立，家庭上升为正式的社会治理单元，以此形成适宜家庭不断扩张的外部环境。而最终实现这一魅化与扩张过程的家庭则在历史中获得了新的形式，也就是家族。

（一）姓氏与家谱塑造个体对家庭的归属感

姓氏在家庭发展的历史过程中，第一次为家庭标识出其成员以区别于他人。所属家庭成员为了识别同名个体的身份标识，个人身份同时也就被附着

---

① 王国维. 观堂集林［M］. 北京：中华书局，1959：452.
② 王可宾. 从匈奴单于的继承看父死子继与兄终弟及［J］. 社会科学战线，1984（1）：144–147.

在家庭之上。同时，使用同一姓氏的人之间也形成了"五百年前是一家"这样超越血缘近亲的同族身份认同，弥补了过去近亲身份认同所具有的、因世代不断更替而导致的亲缘不断疏远的缺陷，使得家庭成员间的联系更加紧密。家庭也因此具有了更强的凝聚力，获得了良好的内部结构以进一步发展的可能。

在中国的姓氏制度中，姓与氏最初是分离的。姓表母系，而氏表父系，但姓氏并非人人拥有，《通略》云："氏所以别贵贱，贵者有氏，贱者有名无氏。""故姓可呼为氏，氏不可呼为姓。"① 但三代之后，春秋战国时期礼制崩坏，诸侯国大量湮灭，贵族频繁更替。"古之诸侯诅辞多曰坠命亡氏，踣其国家，以明亡氏则与夺爵失国同"②，那么反之，失国也就意味着亡氏。特别是在秦灭六国后，大量过去的贵氏流入民间，氏也就失去了"别贵贱"的功能。人们"或以国为氏、或以姓为氏、或以氏为氏"③，此时姓氏才开始真正普及起来。欧洲的姓氏制度也有着类似的发展过程。早在罗马时期，被作为家族名使用的姓氏便存在，但此时的姓氏仅为贵族所拥有，平民无姓氏。欧洲姓氏的普及，一直到中世纪才得以实现，如英国直到1066年威廉一世诺曼征服后，才开始大规模地使用姓氏。

姓氏的补充产物——家谱的出现，进一步强化了姓氏的作用。一方面，家谱使得家族对于其成员的识别更为精确，保证家族在规模扩大的同时依然具有强大的凝聚力；另一方面，家谱明确了家族成员之间的亲缘关系，其中辈分关系逐渐发展成为一套家族内部的等级体系。

姓氏与家谱的出现与普及是家庭魅化过程中的重要环节。用以标识个体称谓的职能从氏族转移到家族，原始时期个体对于氏族的归属感，通过姓氏转变为对于家族的归属感。同时，由于姓氏与家谱的存在，个体也在实际上从对家族的归附中获益。由于姓氏在早期仅为贵族所独享，即使在姓氏普及之后，拥有显赫姓氏依然在一定程度上与社会地位挂钩，个体从家族的归附，同样也换来了家族所提供的社会资本作为回报。而家谱更是保证了作为家族的偏远支系享用继承遗产的合法性。因此，姓氏与家谱为个体与家族之间的

---

① 郑樵.通志二十略［M］.北京：中华书局，1995：73-74.
② 郑樵.通志二十略［M］.北京：中华书局，1995：73-74.
③ 郑樵.通志二十略［M］.北京：中华书局，1995：73-74.

良性互动循环提供了保障,使个体归附于家庭的过程得以顺利实现。

(二)封建制的确立使家庭成为社会治理单元

考察封建制确立对于家庭的影响,首先需要厘清封建制的概念。《说文解字》云:"封,爵诸侯之土也。""建,立朝律也。"① 所以封建的原本意思是天子分封土地爵位,建立诸侯国。但现今常用的封建词义,一般源于严复将"feudalism"译为封建制,并在其所翻译的《社会通诠》一书的译者序中称"由唐虞以讫于周,中间二千余年,皆封建之时代",并且"乃由秦以至于今,又二千余岁矣"。② 由此,中国夏、商、周三代皆被归为奴隶制社会,秦至清归为封建社会。但钱穆、陶希圣、张荫麟等史学泰斗皆不认可秦后至清属于封建社会这一说法。许倬云所著的《西周史》、吕思勉所著的《先秦史》中,也仅将西周所实行的制度称为封建制。③ 对于秦以前三代的历史,尽管所实行的制度与欧洲中世纪的封建制不完全相同,但其相似性得到承认,其中以西周尤为明显。因此,下文所述的封建制,仅指欧洲中世纪与中国先秦时期所实行的制度。

封建制对于家族的影响可以分为两个层面。首先,封建制将家庭上升为社会治理结构中不可或缺的重要部分。无论是欧洲还是中国的封建制,其实均以家庭作为基础性的结构单元,这就为家庭的扩展提供了外部的制度保障。对于那些获封土地的大家族而言,封建制确立了家族与领土之间的法理关系。这不仅是对家庭与作为农业社会最重要生产资料的土地之间私有关系合法性的再确认,同时更是赋予了大家族对该土地上所居住的农民的统治权,使农民成为为大家族提供兵役与劳力的领民,也就成为大家族私有财富中的组成部分。在继土地之后,家庭实际上通过封建制变相具有了对非家庭成员个体劳动力私有化的合法性,尽管实际实现这一私有过程的仅是其中少数的大家族而已。

其次,封建制实际上间接起到对家庭的汰选作用,加速了家庭扩张的进程。一方面,封建制加剧了大家族与小家族间的分化。在封建制的约束下,

---

① 许慎.说文解字[M].北京:中华书局,2015:44,287.
② 爱德华·甄克斯.社会通诠[M].北京:北京时代华文书局,2014:25-26.
③ 黄敏兰."封建":旧话重提,意义何在?——对"封建"名实之争的理论探讨[J].史学月刊,2009(8):95-110.

领土的获取主要依靠武力扩张，或进行政治联姻以获得领土继承的合法性。如英王亨利二世通过与阿基坦女公爵埃莉诺的再婚，以及对法国的军事进攻，兼并了法国将近一半的法理领土。但无论是武力扩张所需的军力，还是政治联姻所需的声望，都只有大家族才可能具备。对于那些未获封领土或仅有少量领土的小家族，其所能选择的方式仅有向大家族效忠以期待获封领地，或从事诸如十字军东征这样危险的征服活动以获取法理上无主的领地。前者实际上变相增强了大家族的实力，后者则加速了多数小家族的消亡。另一方面，封建制也通过这样的汰选，为家族间的更替准备了充足的预备队。在各个历史时期几乎总是存在着大量渴求领土而不得的小家族，一旦某一大家族因无嗣或内乱发生衰落，总有一个或多个小家族会趁势而起，接替其原有的位置。战国时期的三家分晋、田氏代姜，均是大家族衰败后，迅速为小家族取代的事例。这样一来，尽管单个家族可能发生兴衰更替，但整体上大家族能够保持兴盛，家庭扩张的进程不会因某个家族的衰落而中断。

第三节　现代化背景下中西方家庭功能的转变

现代化背景下的家庭转变，其过程已被古德等诸多学者所观察并详细阐述。这一转变过程中家庭功能表现为从以目的性功能为主转向以工具性功能为主。欧美国家较早实现了这一转变过程，并成为后来诸多理论中一般化的模板。尽管现代化理论强调后发国家对于欧美的不断趋近与学习，但从事实上看，后期世界各国家庭功能的转变实践与欧美国家的发展历程并不完全相同，而是形成了自身独特的发展路径。中国的家庭功能转变实践，便是有别于欧美国家发展历程的一个特殊案例。

一、西方家庭功能转变

（一）从以目的性功能为主转向以工具性功能为主

历史视野下的家庭在实现本质性功能后，逐步从以发挥本质性功能为主过渡到以发挥目的性功能为主，并诞生了"家族"这一新形式。此后逐渐从以目的性功能为主转向以工具性功能为主，即家庭弱化了为自身发挥作用的目的，通过扮演"工具"的角色，以服务其他对象（如个人、社会、国家等）

为主，成为其他对象实现目的的手段。

在相当长的历史时期，个人社会身份地位的高低与其所出身的家族挂钩。包括生产资料在内的财富掌握于家族手中，个人通过为家族奉献以换取回报，积累财富和名望，个人成就与家族密不可分，甚至为了完成家族的存续而牺牲个人选择；个人同时承担延续家族荣耀的使命，家庭兴衰成为个人奋斗的目标。这一时期家庭是自给自足的经济单位，家庭成员一起分工合作，形成彼此依赖的单位。因此，无论从经济层面还是社会层面，前资本主义时期的西方，个人生活在家庭中，以服务家庭为主，家庭群体观念是社会的主流思潮。①

随着工业革命的兴起，家庭与其他对象的关系发生变化，家庭工具性功能的发挥主要体现在经济层面和意识观念（如家庭代际关系）层面。家庭生产是家庭的主要职能之一。家庭的生产包括物质生产和人口生产两个方面，其中物质生产又包括直接物质生产和生产组织形式两种。②以英国为例，工业革命时期，家庭的直接物质生产功能退隐，家庭生产的组织形式发生根本性变化，雇佣制度出现、劳动力队伍扩容。工业革命的发展使家庭企业逐渐让位于工厂，家庭成员成为独立的雇佣劳动者。③个人从事劳动生产所需的生产资料，特别是土地，不再需要依赖于家族取得。新兴的工业生产方式摆脱了土地的束缚，并通过雇佣的方式将劳动者与生产资料进行匹配。工业化的生产条件缩小了个体间劳动能力的差异，个体从事生产劳动的门槛被降低。妇女和儿童开始大量被现代经济部门雇佣，部分地获得经济权利。过去在农业生产方式下难以凭借自身维系经济支持的女性成员和年幼成员，与男性成员和年长成员的强依附关系被打破。

物质生产的发展改变了人类单一依靠土地的生产方式，增加了财富，使人口增长成为可能，人口增长又反过来成为英国工业革命的推进剂，当两者发展不协调时通过控制生育来达到平衡。④生育作为家庭的本质性功能一直在

---

① 丁雪明. 英国工业革命时期的家庭体制变迁[J]. 湘潭大学学报（哲学社会科学版），2005（S2）：62-64.
② 恩格斯. 家庭、私有制和国家的起源、马克思恩格斯全集：第21卷[M]. 北京：人民出版社，1972：29-30.
③ 舒小昀. 英国工业革命时期的家庭生产[J]. 史学月刊，2000（3）：72-78.
④ 舒小昀. 英国工业革命时期的家庭生产[J]. 史学月刊，2000（3）：72-78.

家庭中发挥作用,但是随着人们对家庭的诉求发生变化,生育不再是家庭的主要目标,家庭如何更好地发展成为主要问题。

工业革命时期也是家庭群体观念向个人主义思潮转变的关键期。在传统社会中大家庭成员要忠于家庭群体观念,然而工业革命时期资本原始积累进一步加剧了对个人财富的追逐,由于经济发展和社会进步,新的一代不再仰赖传统家庭所传授的不切实际的知识和对自己职业的安排,只要有技术和财富,任何人都可以在新的开放社会中寻找到更多更好的机会。这种个人主义思潮也体现在婚姻家庭的变革中,例如核心家庭的出现以夫妻关系为中心,家庭代际支持的变化等。

西方社会经历了从家庭到市场再到国家的"去家庭化"以及寻求"再家庭化"的过程。[①]以家庭养老为例,前资本主义时期,市场经济还未出现,国家也没有具体的福利政策,养老主要在家庭内部作为家庭本应承担的责任运行,"大家庭"观念深入人心,正因如此,家庭间的代际支持主要以服务家庭本身为目的。工业革命后,市场经济逐步发展,家庭的兜底保障作用不再凸显,而市场追逐优胜劣汰,加之各种风险因素的存在,社会不平等现象增多,进一步推动了国家出台福利保障政策。国家接替了家庭之前承担的部分保障责任。但是随着20世纪80年代欧洲经济陷入低增长、高通胀、高失业的困境,加之老龄化进程不断加深,国家财政压力增大,西欧国家开始提出"把家庭找回来",希望借此减轻国家福利保障压力,超越"个人主义",重拾家庭群体观念。欧洲国家在完善社会保障制度的同时,寻求"再家庭化"[②]的社会改革。这一社会变革过程是对"家庭主义"的再重视,此时,家庭作为分担国家保障压力、解决个人养老需求的存在,区别于前工业革命时期"为家庭服务"的目标,此时的家庭是作为个人、市场和国家解决养老问题的手段而存在,发挥着工具性功能。

(二)应然与实然两层面家庭功能的错位

家庭功能发生现代化转变的同时,一系列家庭问题也随之产生,其根源

[①] 张莉.西方家庭代际关系理论综述及对中国家庭建设的反思[J].人口与健康,2019(6):29-32.

[②] 刘中一."去家庭化"还是"再家庭化":家庭公共服务模式探析[J].理论界,2017(3):60-65.

在于家庭功能在应然层面与实然层面上的错位。事实上，关于理想家庭的期许与家庭所能实现的部分总是存在偏离，但当家庭呈现目的性功能时，个人成为服务于家庭的手段，这时期家庭功能在应然与实然层面错位后果的承担者是个人，个人为应然层面家庭功能的实现作出奉献和牺牲。当家庭功能完成由目的性向工具性转变，其在应然与实然层面错位所产生的矛盾，便无法由个人来消解而转由家庭自身承担。

相较于公领域中的其他正式机构，家庭易塑性更强。在个人本位确立后，个人的自我实现与发展在主流价值中被提升到相当的优先等级。而个人自我发展要么在公领域要么在私领域中得到实现。相较于令公领域中的正式机构作出调整，家庭的调整更为可行而便捷。家庭功能转向工具性之后，家庭承担起满足个人需要的期许，家庭根据现实的需要被不断重塑。

相较于公领域中的其他社会组织，家庭对个人实现自身发展的成败更加敏感。个人自我实现与发展的成功虽然不一定意味着对家庭的回馈，但个人发展的失败则会对家庭造成伤害。为规避个人失败所带来的对家庭的负面影响，家庭努力为个人提供支持，以将个人失败的可能性最小化。在这一过程中，家庭成为用以实现个人发展的工具。

二、中国家庭功能转变

（一）中国家庭功能从目的性到工具性转变

基于欧美国家家庭发展历程提出的家庭现代化理论是否同样适用于中国？中国家庭功能转变是沿袭西方道路还是有其独特性？研究表明，中国家庭转变在现代化进程中既有一般性特征，同时也呈现出自己的独特性。家庭在发挥本质性功能的同时，实现了从目的性到工具性功能的转变，但是这一转变过程并不完全循迹于西方。

在传统中国，家庭是重要的福利组织，责任义务是家庭价值观中重要的内容。家庭成员间彼此不仅负有义务，而且负有无限的义务[1]，个人生命周期中的大部分发展任务多为家庭承担。在传统的中国社会，社会生产能力有限，国家服务能力较弱，家庭作为基本的社会细胞大多自给自足，生产和消费大

---

[1] 石艳. 费孝通家庭社会学思想研究［D］. 上海：上海大学，2013.

多在家庭中进行，对社会依赖较弱，家庭大多是为发挥本质性功能存在，着重于生育、抚育、代际传承等内容。由于社会资源有限，子女的社会化大多在家庭中进行，可以说，传统中国社会的家庭基本以发挥本质性功能为主。

中华人民共和国成立后，土地改革引发大量农村家庭分家立户，家庭户数量激增，平均家庭户规模锐减，之后，高生育率和快速下降的死亡率使得平均家庭户规模略有增加。社会化大工业生产出现后，工厂企业成为社会生产的基本单位，相当一部分家庭工业生产转移到社会化的工厂企业，家庭只保留着部分物质资料的生产和为生活消费服务的家庭生产。[①] 家庭的生产功能逐渐外化，为社会生产所承接。家庭的消费主要以代币制、集体分配形式包含在集体消费中，家庭的消费功能间接被弱化。社会主义革命建设时期，以集体主义为主导的社会变革推行，人民公社制和单位制一定程度取代了大家族和封建家长的地位，提供终身雇佣、免费住房和养老、育儿、医疗、家务等方面的福利，个人从家庭中抽离，嵌入集体单位生活，此时家庭虽然持续发挥生育、抚育等本质性功能，但是相当一部分的职责由国家和集体承担，家庭在分离原先诸多功能的同时开始发挥目的性功能。然而，由于国家发展程度不足，提供福利的能力有限，个体的生存依然受制于家庭，家庭成为个体难以脱离的消费共同体和福利共同体。[②]

改革开放以后，随着人民公社的退潮和典型单位制的式微，公私分离的趋势渐渐出现。1978年，中国实行经济体制改革，推行家庭联产承包责任制，农民家庭又成为基本农业生产单位，但此时的家庭生产与以往的家庭农业小生产不一样，是与市场化农业和现代化农业相联系且逐渐市场化、现代化的家庭生产，所以虽然家庭的经济生产功能有所回归，但并非旧时的复制再现，而是在原先生产功能基础上的升级转变。典型单位制消解后，相当一部分城市家庭脱离原先的单位生活，家庭重新回到私人领域。同期社会生产进步重新激发了家庭消费功能，家庭在市场经济的浪潮下成为重要的消费组织。

随着现代化的推进，加之中国计划生育政策的影响，核心家庭数量增加，成为主要家庭形式。在传统家庭，生育和养育子女是为了传宗接代、养儿防

[①] 刘茂松.论家庭功能及其变迁[J].湖南社会科学，2001（2）：30-34.

[②] 陈映芳.国家与家庭、个人——城市中国的家庭制度（1940—1979）[J].交大法学，2010,1（1）：145-168.

老以及增加劳动力等，而在现代家庭，生孩子已经不再以追求满足传统家庭的需求为目的，而将子女视为精神受益或心理满足的来源①，在衡量子女数量和质量之间偏向更为理性的选择，即不再单纯追求孩子数量，转而追求孩子质量。同时市场上育儿照料机构、养老机构不断涌现，市场化和社会化程度加深，家庭在发挥基础养育、照料功能的同时，也转移一部分功能给社会。社会照料机构的出现为个人腾出更多的发展时间和机会，个人进一步从家庭中抽离。②然而在社会高速发展的过程中，双职工家庭面临着市场和社会再生产的巨大压力，加之社会照料机构发育不充分，他们不得不在代际、性别分工方面重新协商③，个人重新转投家庭，希望取得家庭支持，隔代照料情况增加。但很多父辈在帮助照看孙子（女）后，会重新返回原有家庭，改变与子女同住的居住安排，核心家庭重新出现。因此这并不是传统中国社会家国同构的复现，而是家庭中个人在市场经济下理性的选择。这也是中国家庭转变不同于欧美国家现代化转变的重要且独特的一点。

物质生活质量提升后，家庭开始更多地满足家庭成员随之提升的对感情生活、心理支持的需求，情感功用趋强。④ 现代化生产高度紧张，快速，社会压力巨大，使得个人工作负荷和心理压力加重，个人希望从家庭中得到心理安慰和感情补偿，家庭成为个人精神支持的直接源泉和心灵归宿，家庭中的情感关系和亲密关系为个人的调节提供了缓冲。激烈的社会竞争下，人际关系复杂脆弱，家庭成员更多地期待亲密关系的支持和私密空间的安慰，从家人处获得情感慰藉的需求增加。家庭的情感支持功能得以强化，在弱经济共同体的情况下形成面对急剧变迁社会的强精神共同体。

在社会变迁的过程中，家庭不断改变其角色和定位，家庭功能的发挥随之经历起伏。家庭的经济生产功能外化，消费功能作为社会消费的重要部分被留存。家庭的本质性功能虽然遭到弱化，但不可能完全消失，幼儿抚育、老年照顾等功能仍须在家庭内部实现，来自家庭内部的代际支持迄今仍是中

---

① 罗淳.贝克尔关于家庭对孩子需求的理论［J］.人口学刊，1991（5）：18-23.
② 唐灿.家庭现代化理论及其发展的回顾与评述［J］.社会学研究，2010，25（3）：199-222，246.
③ 计迎春.社会转型情境下的中国本土家庭理论构建初探［J］.社会科学文摘，2020（1）：64-66.
④ 徐安琪，张亮，刘汶蓉.家庭：和谐社会建设中的功能变迁和政策支持［J］.社会科学，2006（4）：31-38.

国幼儿抚育和老年人照料的主要来源。家庭的情感功能在提升，家庭作为个人避风港的作用不断被强化并为个人所需，无论何时，家庭仍然是寄托情感关系和亲密关系的场所。家庭功能的排列组合使家庭功能的重心发生转移。例如家庭关系中心从"代际关系"转向"夫妻关系"，进一步体现了生育功能的弱化和情感功能的强化。再者，为适应复杂多变的社会环境，家庭从"生育合作社"转变为"社会人的摇篮"。① 近年来，政府对家庭功能的强调与日俱增，"减轻国家负担，增加家庭和个人责任"逐渐成为多支柱社会保障体系的主导思想，地方政府也习惯性地将社会福利打包给家庭，相关压力和矛盾也顺带被一并转移。② 家庭发挥原有功能的同时，为国家、个人提供服务的角色突出，工具性功能不断被强化。

（二）代际间家庭功能应然与实然的错位

中国家庭功能在由目的性转向工具性的过程中，也存在应然与实然的错位现象，主要表现为家庭内部老年人和年轻人不同代际间对家庭功能转变的理解与应对不同。长辈父母仍较推崇"大家庭"观，但实际上空巢家庭的比例逐渐增多，年轻子女很少选择与长辈居住在一起，直到他们认为长辈需要自己的帮助。以隔代抚养为例，长辈照顾孙子（女）在很大程度上是为了减轻子代家庭的抚养压力，以帮助子女家庭更加从容地发展，而年轻子女则通过父母帮助照看孩子，获得人生更多的发展机会。在这一过程中，长辈以服务家庭为目标，子女则将家庭作为实现个人目标的工具，家庭在长辈和年轻父母两代人中扮演了不同的角色。

当今中国家庭传统与现代、后现代特征并存，随着社会的转型，家庭经历着矛盾和冲突。家庭结构和家庭关系的变化，在一定程度上改变了家庭功能的存在方式及实践活动本身。尤其在近二三十年中，部分功能的执行主体、执行方式、执行重心发生转移，执行空间和执行时间发生变化。表征着现代家庭的功能出现了许多新的元素，或外化，或强化，或调适，或弱化。但是"无论时代如何变化，无论经济社会如何发展，对一个社会来说，家庭的生活依托都不可替代，家庭的社会功能都不可替代，家庭的文明作用都不可替

---

① 丁文.家庭学［M］.济南：山东人民出版社，1997：327.
② 陈映芳.国家与家庭、个人——城市中国的家庭制度（1940—1979）［J］.交大法学，2010（1）：145-168.

代"。① 家庭的稳定有利于国家、社会的稳定，家庭作为社会的基本单位始终承担着重要的角色与责任，发挥着社会风险兜底机制的作用。

尽管家庭功能体现在多个层面，由于篇幅所限，接下来我们只选取最具代表性的养老和抚幼两个功能进行阐述，着重讨论家庭功能转变对老年人和儿童的影响。

---

① 习近平. 在会见第一届全国文明家庭代表时的讲话 [M]. 北京：人民出版社，2017.

第八章 中国家庭转变对老年人生活的影响

老年人大多已经退出社会工作，家庭成为其主要的生活居住场所。家庭转变对老年人生活的影响主要体现在两个方面，一是与其他家庭成员特别是与子女居住安排的变化对代际支持的影响；二是子女流动引发的家庭代际关系与养老功能的变化。因此，本章首先以居住安排为核心变量，比较几种主要居住安排类型下老年人代际支持的差异；同时，把子女流动、代际分离作为另一个重要维度，刻画其对老年人生活的影响。考虑空巢化是老年人家庭转变的显著趋势，本章也对老年人空巢家庭这一当前及未来占据主体的家庭类型加以分析和讨论。

第一节 家庭转变与老年人的居住安排

一、家庭转变与老年人居住安排的研究回顾

（一）家庭基本形态发生变化

20世纪90年代，中国生育率低于更替水平，完成了以"低死亡率、低出生率和低自然增长率"为标志的人口转变。家庭转变也同时快速进行。家庭转变不同于一般的家庭变化，转变意味着长时期、不可逆的革命性变化，且变化的方向具有稳定性和规律性。纵观西方发达国家家庭转变的历史进程，家庭结构趋于小型化是家庭转变标志性和共识性的特征。这种家庭形态的转变是家庭的基础性转变，进而影响家庭其他方面如家庭关系与家庭功能的改变。

中国家庭在规模、结构上已发生了显著变化。全国人口普查数据显示，中国家庭户平均规模持续减小，由1982年的每户4.43人降低到2010年的3.10人，2020年进一步降低到2.62人；在户内人口数量分布中，2人户比例最高，为37.7%，1人户、3人户、4人户、5人及以上户的比例分别为14.4%、25.5%、12.3%和

10.2%。① 可见3人以下的小家庭已经成为中国家庭的主体。从户内代数来看，家庭户代数以一代人为主，占46.2%，其次是二代户，占34.1%，三代户为18.7%，四代及以上户仅占1.1%。从家庭户类型来看，核心户已成为主导类型，占所有户的59.5%，主干家庭占24.2%，单人户占14.4%，其他类型合计占1.9%。②

（二）家庭形态转变与老年人居住安排

一般而言，家庭人口规模、家庭成员结构是基于家庭户内的人口数或成员关系来计算的，而家庭户则通常以家庭成员共同居住为前提，因此某一家庭户的居住安排即哪些家庭成员共同居住可以同时展现家庭人口规模以及家庭成员结构两方面的内容。家庭规模变小、家庭结构趋于核心化体现在家庭居住安排上即是共同居住的家庭成员数量减少，多代（三代及以上）同住的家庭减少而二代核心家庭以及一代夫妻家庭和独居家庭增多。

尽管生育水平降低带来的子女数量减少是导致家庭成员数量减少的重要因素，但对于中国老年人而言，家庭规模缩小、结构核心化的转变主要是由于子女流动以及代际双方独立居住意愿增强而导致的代际居住分离而非单纯的孩子数量减少。从当前老年人口的队列特征来看，他们中绝大多数人在生育子女时还未受到计划生育政策的影响，平均现存子女数为2.89个，有56.96%的老年人现存子女数在3个及以上。③因此，老年人家庭形态的转变在居住安排上就集中表现为与子女同住的家庭减少而空巢、独居以及隔代居住的老年人家庭增多。如果超出家庭户范畴，将老年人所有子女纳入老年人家庭范围内，那么当前中国老年人家庭形态的转变不仅体现在居住安排的代际分离上，还表现出代际居住距离扩大的特点。

（三）老年人居住安排和代际居住距离对代际关系的影响

代际关系作为家庭多种关系中最重要的关系形式，其核心是亲子关系。④中国的家庭代际关系属于"抚育—赡养型"，是一种反馈模式，即甲代抚育乙

---

① 国家卫生计生委家庭司编著.中国家庭发展报告2016[M].北京：中国人口出版社，2016：20-21.
② 国家卫生计生委家庭司编著.中国家庭发展报告2016[M].北京：中国人口出版社，2016：22-24.
③ 王广州.中国老年人口亲子数量与结构计算机仿真分析[J].中国人口科学，2014（3）：2-16，126.
④ 王跃生.中国家庭代际关系的维系、变动和趋向[J].江淮论坛，2011（2）：122-129.

代，乙代赡养甲代；乙代抚育丙代，丙代赡养乙代[①]，因此"赡养"是老年父母与成年子女之间关系的重要特征。代际关系可视为亲子代际之间义务、责任、权利、亲情和交换诸种行为和功能的复合体。不仅有成年子女赡养和照料老年父母的义务，代际间还存在着交换关系和亲情关系。代际间交换关系的本质是均具有行为能力的两代人之间的生产、生活及经济互助行为，因此成年子女与老年父母之间的交换关系转向赡养关系主要以老年人能否自食其力、不依赖子女为标准。而代际亲情关系是亲子之间所形成的生活关心、情感沟通等关系，在代际关系维系中是不可缺少的。[②] 在功能主义取向下，老年父母与成年子女之间的代际关系意味着家庭赡养功能的发挥。近年来，也有学者基于代际团结理论，综合代际结构如代际间地理距离、代际联系如互动活动的频率、代际情感如感情亲近度以及代际功能即代际间支持和交换等多个亲子互动的不同维度来呈现不同的代际关系类型，包括亲近型、近而不亲型、亲密有间型和疏离型等。[③][④]

　　成年子女与父母的地理临近性决定了其给父母提供工具性日常活动帮助和情感支持的便利性。[⑤] 代际间分爨别居并没有改变中国家庭代际关系的内涵，但对代际关系的维系水平产生了影响。[⑥] 有研究发现，如果将代际居住距离分为与父母同住、不同住但住得近和不同住但住得较远3类，与父母同住显著增加子女在料理家务方面的可能性，但对于父母身体照料方面没有显著影响。[⑦] 居住距离越远的子女对父母的日常照料和情感支持频率越低，居住距离不影

[①] 费孝通.家庭结构变动中的老年赡养问题——再论中国家庭结构的变动[J].北京大学学报（哲学社会科学版），1983，20（3）：7-16.

[②] 王跃生.中国家庭代际关系内容及其时期差异——历史与现实相结合的考察[J].中国社会科学院研究生院学报，2011（3）：134-140.

[③] 崔烨，靳小怡.亲近还是疏离？乡城人口流动背景下农民工家庭的代际关系类型分析——来自深圳调查的发现[J].人口研究，2015（3）：48-60.

[④] 宋璐，李树茁.农村老年人家庭代际关系及其影响因素——基于性别视角的潜在类别分析[J].人口与经济，2017（6）：1-12.

[⑤] Lei, L. Sons, Daughters, and Intergenerational Support in China[J]. Chinese Sociological Review, 2003, 45（3）：26-52.

[⑥] 王跃生.中国家庭代际关系的理论分析[J].人口研究，2008（4）：13-21.

[⑦] 鄢盛明，陈皆明，杨善华.居住安排对子女赡养行为的影响[J].中国社会科学，2001（1）：130-140，207-208.

响子女给予父母经济支持的频繁程度。① 虽然成年子女外出增加了与父母之间的距离，使得代际间的照料帮助和情感交流的成本和难度大大增加，但远距离外出意味着经济状况的改善，子女可能通过增加对父母的经济支持来补偿其在日间照料和情感交流方面的匮乏。② 相比于与子女同住，空巢老年人得到子女照料支持和情感支持的可能性明显减小，但获得子女经济支持的可能性提高。③④ 空巢老年人虽然与子代分开居住，但在生活照料方面处于相互帮助的状态；且子女与空巢老年人居住距离越近联系得越紧密。⑤ 从整体来看，在城乡亲子同居家庭中，养老即向上支持仍是代际支持关系的主流。⑥

二、老年人的居住安排现状与变动趋势

（一）中国老年人居住安排的变化

全国人口普查数据能够呈现中国老年人居住安排的变化概况。我们使用目前可得的1982—2010年共4次全国人口普查数据对老年人居住方式变迁进行展示，发现一个鲜明的特点是，自1982年以来，城乡65岁及以上老年夫妇核心家庭的比例均呈明显上升态势（见表8-1）。

分城乡来看，城市老年夫妇核心家庭比例上升幅度更大，从1982年的12.77%上升至2010年的34.27%；直系家庭比例明显降低，从1982年的60.07%下降至2010年的41.45%。到2010年城市老年人空巢家庭（夫妇核心＋单人户）的比例（46.41%）已经超过直系家庭比例。农村老年人夫妇核心家庭比例也在增长，且直系家庭比例有所降低，但其变化幅度均明显小于城市。2010年农村老年人家庭类型仍以直系家庭为主导，占所有家庭类型的50.66%。

---

① 谢桂华. 老年人的居住模式与子女的赡养行为 [J]. 社会，2009，29（5）：149-167.
② 张文娟. 成年子女的流动对其经济支持行为的影响分析 [J]. 人口研究，2012（3）：68-80.
③ 王硕. 家庭结构对老年人代际支持的影响研究 [J]. 西北人口，2016，37（3）：78-83.
④ 殷俊，刘一伟. 子女数、居住方式与家庭代际支持——基于城乡差异的视角 [J]. 武汉大学学报（哲学社会科学版），2017，70（5）：66-77.
⑤ 韩枫. 城乡空巢老年人代际支持状况分析——基于2014年中国家庭发展追踪调查数据 [J]. 西北人口，2017，38（1）：77-84.
⑥ 伍海霞. 啃老还是养老？亲子同居家庭中的代际支持研究——基于七省区调查数据的分析 [J]. 社会科学，2015（11）：82-90.

表 8-1 1982 年以来四次人口普查年份城乡 65 岁及以上老年人居住方式（%）

年份 家庭类型	城市				农村			
	1982年	1990年	2000年	2010年	1982年	1990年	2000年	2010年
核心家庭	24.93	26.79	37.33	44.82	27.47	29.15	31.62	34.93
其中：夫妇核心	12.77	17.47	28.51	34.27	13.58	16.41	21.73	26.63
直系家庭	60.07	59.81	51.07	41.45	58.49	59.41	58.18	50.66
复合家庭	2.37	3.95	1.20	0.74	1.17	1.29	0.67	0.80
单人户	11.86	8.76	9.91	12.14	12.33	9.88	9.28	12.45
残缺家庭	0.56	0.47	0.08	0.07	0.28	0.23	0.12	0.21
其他	0.21	0.23	0.41	0.78	0.25	0.05	0.13	0.95
夫妇核心和单人户	24.63	26.23	38.42	46.41	25.91	26.29	31.01	39.08

资料来源：王跃生.中国城乡家庭结构变动分析——基于2010年人口普查数据[J].中国社会科学,2013（12）：60-77,205-206.;"夫妇核心"指只有夫妻二人同住的家庭。

（二）当前中国老年人居住安排的现状与特点

由于2020年普查更详细的数据尚不可得，我们使用2016年中国老年社会追踪调查①（China Longitudinal Aging Social Survey,CLASS）数据呈现当前中国老年人居住安排的现状（见表8-2）。2016年中国独居老年人占12.49%，仅与配偶居住的老年人占42.56%，意味着空巢居住的老年人超过一半（55.05%），已成为中国老年人最主要的居住方式；与子女同住的老年人占38.46%，隔代居住的为4.41%，其他居住安排占2.07%。

---

① 中国老年社会追踪调查是由中国人民大学老年学研究所设计、中国人民大学中国调查与数据中心负责具体实施的一项全国性、连续性大型社会调查项目。该调查以60周岁及以上的老年人为调查对象，调查内容不仅涉及老年人个体的多方面信息，同时也涵盖了其子女的信息以及代际互动等情况。CLASS项目于2014年开展第一次全国范围的基线调查，采用分层多阶段的概率抽样方法，以县级区域（包括县、级市、区）为初级抽样单位，村/居委会为次级抽样单位，调查范围覆盖了除香港、台湾、澳门、海南、新疆和西藏之外的全国28个省（自治区/直辖市）。2016年进行了追踪调查，样本量为11471。

表 8-2　2016 年不同特征老年人的居住安排（N=11471）

样本特征		总体（%/均值）	独居	仅与配偶同住	与子女同住	隔代居住	其他
总体		100.00	12.49	42.56	38.46	4.41	2.07
性别***	女	49.15	15.18	36.11	42.30	4.54	1.86
	男	50.84	9.89	48.78	34.76	4.29	2.28
年龄（岁）***	60—64	27.10	7.82	44.32	38.76	5.82	3.28
	65—69	26.79	9.37	48.91	34.66	5.08	1.99
	70—74	19.06	14.27	45.15	35.77	3.61	1.19
	75—79	13.70	17.57	39.08	39.34	2.86	1.15
	80+	13.36	20.50	26.11	48.43	2.94	2.02
居住地***	城镇	58.66	11.78	44.31	38.15	3.45	2.31
	农村	41.34	13.62	40.20	38.66	5.78	1.74
IADL失能***	自理	64.95	11.34	46.90	35.21	4.56	1.99
	轻度失能	24.98	15.91	38.17	39.29	4.61	2.02
	中重度失能	10.07	11.43	25.45	57.40	2.94	2.77
ADL失能***	自理	86.63	12.45	44.16	36.80	4.61	1.98
	失能	13.37	12.78	32.20	49.22	3.13	2.67
个人年收入（万）***	0-0.23	25.71	16.05	36.22	40.31	6.06	1.36
	0.23-1.2	24.24	13.22	44.16	36.15	4.29	2.19
	1.2-3.0	21.00	10.40	43.54	38.64	4.09	3.33
	3.0以上	29.04	10.63	47.70	35.94	3.69	2.05
婚姻状况***	有配偶	71.01	2.55	58.11	32.51	4.89	1.94
	无配偶	28.99	36.83	0.00	53.04	3.25	6.89
子女数量***	均值	2.65	2.87	2.51	2.76	2.65	2.35
子女结构***	有儿子	86.12	11.58	41.59	40.38	4.51	1.94
	只有女儿	13.88	11.96	49.77	31.87	4.40	2.00
子女流动***	子女均未外出	70.29	11.76	40.69	42.09	3.70	1.76
	部分子女外出	17.34	11.17	39.06	42.58	5.02	2.17
	子女全部外出	12.37	11.60	59.39	18.06	8.27	2.68

注：表中 *** 表示卡方检验/F 检验 P 值 <0.01。

资料来源：如无特殊说明，本章图表数据均来源于 CLASS2016 数据。

不同特征的老年人居住安排差异显著。男性老年人最主要的居住方式是仅与配偶居住，占48.78%；女性老年人最主要的居住方式是与子女同住，占42.30%，但女性独居老年人比例比男性老年人高出5.29个百分点，为15.18%。随着年龄增长，独居老年人比例持续增长，65—69岁老年人仅与配偶居住的比例最高，与子女同住的比例最低，65岁以下或70岁及以上老年人与子女同住的比例均更高，但同住原因可能有所差异；80岁及以上高龄老年人与子女同住的比例最高，为48.43%。分城乡居住地来看，城乡老年人最主要的居住方式均是仅与配偶居住，但城市仅与配偶居住的老年人比例高出农村老年人4.11个百分点，而农村老年人中独居和隔代居住的比例均高于城市老年人。

老年人的居住安排与个体的失能情况有显著相关性：仅与配偶居住是自理老年人主要的居住方式；与子女同住的比例随着失能程度提升而增加，工具性日常生活自理能力为中重度失能的老年人与子女同住比例达到57.40%。从个人年收入来看，收入在贫困线2300元以下的贫困老年人独居、与子女居住和隔代居住的比例均是最高的，高收入（个人年收入≥3万元）老年人以仅与配偶居住为主，比例达到47.70%。

从家庭特征来看，有配偶老年人以仅与配偶居住为主，比例达到58.11%，而无配偶老年人独居和与子女同住比例较高，分别为36.83%和53.04%。只有女儿的老年人仅与配偶居住的比例明显高于有儿子老年人的比例，在独居比例上差异不大。相比于无子女外出或部分子女外出的老年人，子女全部外出的老年人空巢比例最高，高达59.39%；隔代居住的比例也是最高的，为8.27%；但独居的比例差别不大，在子女全部外出的老年人中，还有18.06%的老年人是和儿媳妇或女婿同住。

通过上述对不同类别老年人居住方式的比较，发现当前中国老年人居住安排的特点体现为：空巢独居家庭占一半左右，年龄增长、丧偶或生活自理能力下降均会大大提升老年人与子女同住的可能性，子女流动是老年人家庭空巢化的重要因素。

三、不同居住安排下老年人的社会支持网络

观察在不同的家庭居住安排下老年人能获得的支持程度，以便说明究竟怎样的居住安排更能为老年人提供有力支持。社会网络作为衡量社会支持的

重要指标，可有效度量社会支持的来源与规模。老年人通过社会网络获得所需的支持，社会网络规模在一定程度上可以预测老年人获得社会支持可能性的大小。

2016年CLASS调查问卷中采用了卢本（Lubben）等人在2006年编制的简版社会网络量表（Lubben Social Network Scale6，LSNS-6），用来测量老年人的社会网络规模。该量表分为家庭网络和朋友网络两个维度，分别采用3个条目来测量老年人可以联系、谈私事和获得帮助的家人/亲戚与朋友的数量。针对每一题项的回答分为6个等级，分别赋值为0、1、2、3、4、5分，总体得分在0—30分之间，家庭网络和朋友网络的分值各在0—15分之间，得分越高表示老年人社会网络规模越大，获得社会支持的可能性更高。

表8-3 不同居住安排下的老年人社会网络得分

分类		M	SD	F检验
社会网络	独居	12.98	5.78	41.14***
	仅与配偶	14.02	5.41	
	与子女同住	15.02	5.90	
	隔代	14.76	5.50	
	其他	14.47	5.59	
	合计	14.32	5.70	
家庭网络	独居	6.85	2.99	63.95***
	仅与配偶	7.49	2.74	
	与子女同住	8.13	2.93	
	隔代	7.87	2.77	
	其他	7.81	2.92	
	合计	7.68	2.89	
朋友网络	独居	6.13	3.33	15.97***
	仅与配偶	6.53	3.24	
	与子女同住	6.89	3.57	
	隔代	6.88	3.21	
	其他	6.66	3.17	
	合计	6.64	3.39	

注：表中 *** 表示 F 检验 P 值 <0.01。

在社会网络整体得分中，与子女同住的老年人得分最高，其次是隔代居住的老年人，独居老年人得分最低（见表 8-3）。分家庭网络和朋友网络来看，老年人朋友网络得分普遍低于家庭网络得分，这表明家庭网络仍是中国老年人最为重要的社会支持来源。比较不同居住方式下的家庭网络情况，与子女同住的老年人家庭网络得分最高，排第二位的是隔代居住老年人，独居老年人的得分最低，且差异十分显著。由此可见，当老年人自己居住或仅与配偶居住时，其家庭支持网络规模明显低于与子女同住的老年人。

独居以及仅与配偶居住的老年人不仅家庭支持网络规模相对较小，其朋友网络得分也低于与子女同住的老年人，说明与子女同住更有助于老年人获得他人的帮助等社会支持。

第二节　居住安排差异与老年人的代际支持

代际关系是老年人家庭关系中最重要的维度，主要表现为亲子关系。代际支持是家庭亲子关系互动的重要体现，本节分别从经济支持、照料支持、情感联系 3 个维度分析不同居住安排下老年人代际支持的差异。

一、居住安排与代际经济支持

本章节采用代际间经济流动来量化代际间的经济支持。2016 年 CLASS 调查中问及老年人及其每个子女在过去一年内给对方的经济总值，包括钱、食品或礼物，以了解老年父母与子女两代人之间的经济流动情况。回答选项为"1—199 元""200—499 元"等区间分类变量，在研究中取每个区间的中位数以比较经济值大小。

如表 8-4 所示，在调查时的过去一年内，老年父母给予子女的经济支持平均值为 1005.37 元，远低于子女给父母的经济平均值（3600.88 元），代际间经济流动仍以向上流动为主。分居住安排来看，独居的老年人给予子女的经济值最低，得到子女的经济供给值也最低，这种居住安排下代际间经济流动量最小；与子女同住的老年人和仅与配偶同住的老年人过去一年给予子女的经济值均在 1000 元以上且差别不大，但与子女同住的老年人得到子女的经济供给值要明显高于仅与配偶居住的老年人。因此，和其他居住安排相比，与子女同住的老年人代际间双向经济流动量更大，特别是子女对父母的向上流动。

表 8-4 不同居住安排下代际间经济流动（元）

分类	均值	标准差	F 检验
父母给予子女			
独居	664.73	2280.60	
仅与配偶同住	1045.55	2993.27	
与子女同住	1062.90	3238.07	6.82***
隔代居住	793.91	2095.93	
合计	1005.37	3006.75	
子女给予父母			
独居	3318.04	4267.25	
仅与配偶同住	3507.66	4315.71	
与子女同住	3796.98	5326.23	3.63**
隔代居住	3456.29	4318.11	
合计	3600.88	4747.34	

注：表中 *** 表示 F 检验 P 值 <0.01。

二、居住安排与代际照料支持

老年人家庭内部的代际照料支持主要体现为家务互助、失能后的家务提供、生活起居照料等几个方面。家务支持是家庭中最普遍的成员间日常互助行为。CLASS2016 调查问及老年人及其每个子女在过去一年内帮助对方做家务的频率。整体来看，在过去一年里，64.82% 的老年父母几乎没有给子女做过家务，29.55% 的老年父母每周至少一次及以上帮子女做家务。再看过去一年子女给父母做家务的情况，有 24.21% 的老年父母几乎天天得到子女的家务帮助，25.61% 的老年人每周至少有一次得到子女的家务支持，而 34.77% 的老年父母几乎没有得到过子女的家务支持。

分不同居住安排来看（见表8-5），与子女同住和隔代居住的老年父母几乎天天帮子女做家务的比例明显高于空巢老年人，特别是与子女同住的老年人几乎天天帮子女做家务的比例高达34.84%，而空巢老年父母天天帮子女做家务的比例不足6%。父母得到子女的家务支持也与其是否与子女同住有关，与子女同住的老年人几乎天天得到子女家务支持的比例将近一半（46.97%），空巢老年人仅为10%左右；空巢老年人、隔代居住的老年人在过去一年里几乎没有得到子女家务支持的比例分别超过40%、50%，明显高于与子女同住老年人获得的支持比例（22.29%）。

表8-5 不同居住安排下代际间家务支持频率对比情况（%）

分类	几乎没有	每月至少一次	每周至少一次	几乎天天	合计
父母给予子女					
独居	81.19	4.55	8.64	5.63	100.00
仅与配偶居住	75.89	7.03	11.19	5.88	100.00
与子女同住	47.63	4.55	12.98	34.84	100.00
隔代居住	70.26	4.39	7.39	17.96	100.00
其他	57.60	5.53	11.98	24.88	100.00
合计	64.82	5.63	11.44	18.11	100.00
子女给予父母					
独居	42.87	18.58	27.91	10.64	100.00
仅与配偶居住	41.83	20.37	29.32	8.48	100.00
与子女同住	22.29	9.22	21.52	46.97	100.00
隔代居住	54.09	14.77	19.36	11.78	100.00
其他	38.25	13.36	27.19	21.20	100.00
合计	34.77	15.40	25.61	24.21	100.00

相比于能够自理的老年人，他人在家务上的帮助对于失能老年人来说更为重要，因此考察失能老年人的主要家务提供者情况是了解其代际支持的必要内容。2016年中国老年社会追踪调查数据结果表明，中国失能老年人中

56.09%的人首要家务提供者来自子代,包括儿子、儿媳和女儿、女婿,配偶作为首要提供者的接近四成(37.78%),孙代作为首要家务提供者的只有1.26%。分居住安排来看,独居和与子女同住的老年人首要提供者均以子代为主,比例均超过75%;二者有所区别的是,与子女同住的老年人由配偶提供主要家务帮助的占20.36%,而独居老年人中主要提供者除了子代外,大部分是其他人员,孙代发挥作用有限。超过8成的仅与配偶居住的老年人主要家务提供者为配偶,以子代为主的不足15%;隔代居住的老年人中近6成主要由配偶提供家务帮助,孙代的照料比较突出,比例接近15%,而其他居住安排下的老年人由孙代主要提供家务帮助的比例均不足3%。

通过对不同居住方式下老年人与子女、配偶等家人的代际家务与照料支持比较,发现相比于与子女同住的老年人,独居、仅与配偶同住以及隔代居住的老年人得到子女生活起居照料的频率更低,表现在接近一半的与子女同住的老年人几乎天天得到子女的起居照料,而这种频率下的支持在独居、仅与配偶居住以及隔代居住这3类老年人中仅在10%左右。当老年人失能或部分失能时,仅与配偶同住的老年人首要依靠子代和孙代提供家务帮助的不足15%,首要依靠子代和孙代提供生活起居照料的不足17%;隔代居住的老年人首要依靠子代孙代提供两类照料的比例均在38%左右;但独居老年人以子代孙代为首要家务帮助者的比例达到78.84%,与子女同住的老年人相比几乎没有差异;独居老年人以子代孙代为主要生活起居照料者的比例为72.06%,略低于与子女同住的老年人比例(75.52%)。

三、居住安排与代际联系互动

代际联系互动是代际间情感支持的重要体现。我们采用老年人与子女见面和打电话频率来体现代际联系互动情况,以反映两代人之间的情感交流密切程度。在调查中这两方面的指标具体操作为:老年人与每个子女在过去一年内见面或打电话的频率,见面的频率包括"几乎天天""每周至少一次""每月至少一次""几乎没有";老年人与子女打电话的频率包括"不需要通电话""几乎天天""每周至少一次""每月至少一次""几乎没有"。对于有多个子女的老年人,我们选取见面、打电话频率最高的选项作为代际间联系互动的频率。

图8-1显示,独居老年人中每周至少见子女一次的比例最高,为35.26%;

其次是几乎不见面，占24.12%。仅与配偶居住的老年人与子女见面频率每周至少一次、每月至少见一次的频率排前两位，分别占40.39%、23.31%。绝大多数与子女同住①的老年人和子女天天见面，将近70%，还有近15%的每周至少见一次。隔代居住的老年人中几乎不与子女见面的比例是最高的，占28.94%。可以看出，不与子女同住的老年人家庭中子女与父母见面的频率明显更低。

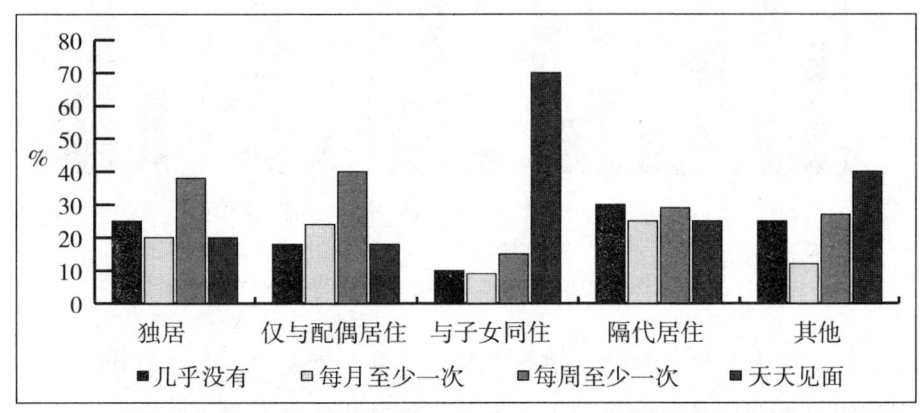

图8-1　不同居住安排下老年人过去一年中与子女见面的频率

再看父母与子女打电话的联系情况。如图8-2所示，空巢老年人和隔代居住的老年人在过去一年中每周至少和子女通话一次的频率比例均是最高的，与子女同住的老年人不需要和子女通话的比例最高，为46.66%。由于一同居住的缘故，增加了直接面对面互动的机会，因此不需要打电话进行交流的可能性大，但与子女同住的老年人几乎天天与子女打电话的比例在不考虑其他居住安排下的老年人时比例是最高的，这可能是因为同住增加了日常生活的交集，大大增加了需要电话沟通的可能性。需要注意的是，17.07%的独居老年人过去一年中几乎很少和子女通电话，比例是所有居住安排中最高的。

---

① 本文的与子女同住这种居住安排包含与儿子或者女儿或者儿媳或者女婿同住的居住安排，因此不一定每天都能和子女见面。

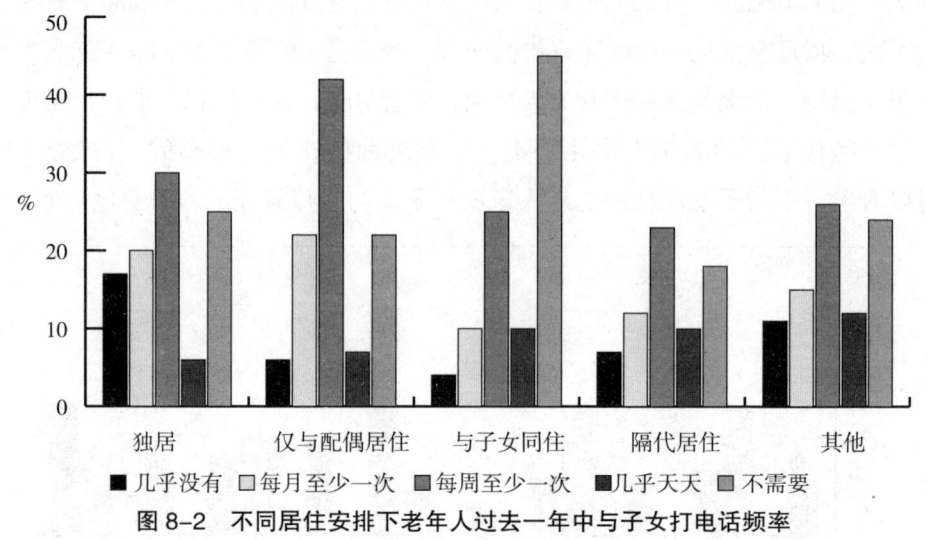

图 8-2 不同居住安排下老年人过去一年中与子女打电话频率

综上,相比于与子女同住的老年人,空巢老年人与子女见面和通电话的频率都明显更低,其中独居老年人过去一年里几乎没有与子女见面、通电话的比例均是最高的。而与子女同住的老年人与子女的联系互动确实远高于非同住的老年人。

四、老年空巢家庭中的代际支持

在经典家庭生命周期理论中,空巢被视为子女长大成人离家后家中仅剩父母的阶段,之后随着配偶的离去,老年人家庭还可能经历鳏寡独居阶段。目前空巢家庭已经成为中国老年人最主要的居住方式,空巢老年人总量突破一亿,且随着现代化进程的持续,空巢老年人的规模还将继续上升。[①]

前述的比较分析显示,尽管空巢老年人在代际联系互动、获得子女的家务和照料支持等方面低于与子女同住的老年人,但作为日益占据主流的老年人家庭类型,居住在空巢家庭中的老年人可能由于有无配偶、子女居住距离远近的差异而使得老年空巢者的代际支持有很大差别。以往的研究大多把空巢老年人作为代际支持方面的弱势群体来看待,政策支持也多向空巢老年人倾斜。但相对于有配偶同住的空巢老年人,独居的空巢老年人可能才是最需

---

① 翟振武,陈佳鞠,李龙.中国人口老龄化的大趋势、新特点及相应养老政策[J].山东大学学报(哲学社会科学版),2016(3):27-35.

要社会支持的群体，因此我们把空巢中的独居、有配偶同住这两类家庭进行区分，并结合子女居住距离变量进行观察。

（一）空巢老年人基本特征和子女的居住分布

空巢家庭可分为独居空巢和有配偶同居空巢两种类型。CLASS2016数据显示，空巢老年人中男性比例略高于女性老年人，但独居老年人中女性比例超过60%。空巢老年人平均年龄为70.05岁，独居老年人平均年龄比偶居老年人高4岁；在年龄段分布上，独居老年人中75岁及以上的老年人占43.33%，高出同年龄段偶居老年人22.39个百分点。60.29%的空巢老年人居住在城镇；日常生活自理能力（ADL）失能的空巢老年人占10.89%，其中独居老年人ADL失能比例高于偶居老年人。从个人年收入来看，独居老年人中贫困的比例更高，偶居老年人高收入的比例较高，在其他研究中也发现独居老年人经济水平远低于偶居空巢老年人。[①]

从家庭特征来看，80%的空巢老年人均有已婚配偶。空巢老年人平均子女数为2.6个，独居老年人平均子女数为2.91个，略高于偶居老年人；独居老年人中现有3个及以上健在子女的超过54.20%，偶居老年人中有3个及以上子女的超过42.84%。

关于子女居住距离分布，83.4%的空巢老年人至少有一个子女住同区/县内。对于独居老年人，他们的子女中至少有一个住同村/居委会的比例超过40%，12.34%的子女均住区/县外；偶居老年人中子女均住区/县外的比例达到17.20%。

（二）子女居住距离与老年空巢家庭的代际支持

1. 老年空巢家庭中的代际经济支持

表8-6是老年空巢家庭中的代际双向经济支持情况。从父母给子女的经济支持来看，过去一年里空巢老年父母平均给子女经济支持金额为964元，子女不同居住距离情形下空巢老年人给子女的经济值差异十分显著。一个鲜明的趋势是，子女居住距离越远，空巢老年人给子女的经济值越高，有子女住同村或居委会的空巢老年人过去一年平均给子女631元，子女均住区或县外的空巢老年人平均给子女高达1567元。从老年人自身居住安排来看，独居老年

---

① 孙鹃娟. 中国老年人的居住方式现状与变动特点——基于"六普"和"五普"数据的分析 [J]. 人口研究, 2013 (6): 37-44.

人过去一年平均给子女665元，远低于偶居老年人平均给子女的经济值1046元。不管是偶居还是独居的老年人，随着子女居住距离增大，父母给子女的经济值均呈增加趋势，有子女住同村或居委会的偶居老年人过去一年平均给子女的经济值为662元，而子女均住在区或县外的偶居老年人平均给子女的经济值达到1709元。

表 8-6 不同子女居住距离下空巢老年人代际间经济流动（元）

分类	空巢总体	独居空巢	偶居空巢
父母给予子女			
至少有一个子女住同村/居	631.17	538.26	661.89
至少有一个子女住同乡/街道	798.61	726.72	820.10
至少有一个子女住同区/县	1122.66	733.79	1215.12
子女均住区/县外	1567.47	845.31	1708.55
合计	964.03	664.73	1045.55
子女给予父母			
至少有一个子女住同村/居	3086.17	3070.06	3091.50
至少有一个子女住同乡/街道	3512.15	3551.94	3500.26
至少有一个子女住同区/县	3685.17	3346.56	3765.68
子女均住区/县外	3845.51	3752.50	3863.68
合计	3467.07	3318.04	3507.66

对于子女给空巢父母的经济支持，数据结果表明，过去一年空巢老年父母平均得到的子女经济支持金额接近3500元，独居老年父母平均获得子女经济支持金额要略低于偶居的老年父母。随着子女居住距离增大，父母获得的子女经济支持金额明显增加，特别是偶居老年人，子女均住在区/县外的老年人获得子女的经济支持金额比有子女住同村/居委会的老年人高了近780元。

2. 老年空巢家庭中的代际照料支持

如表8-7所示，在过去的一年中，有77.03%的空巢老年人几乎没有帮子女做过家务，16.48%的空巢老年人帮子女做家务的频率在每周一次及以上。有子女住同村/居委会的空巢老年人几乎天天帮子女做家务的比例最高，接近

8%；有子女住同区县内，不管离最近的子女是住同村/居委会，还是同乡/街道，或者区/县，空巢老年人帮子女做家务的频率在每周一次及以上的均在16%左右，而子女均住区/县外的空巢老年人帮子女做家务的频率在每周一次及以上的不足12%。

从子女给空巢老年人提供的家务帮助来看，在过去的一年中，37.96%的空巢老年人得到子女家务帮助的频率在每周一次及以上，也有42.05%的老年人在过去一年里几乎没有得到过子女的家务支持。比较子女居住距离发现，有子女住同村/居委会的空巢老年人中有14.1%的老年人能够几乎天天得到子女的家务支持，而没有子女住同村/居委会的空巢老年人能天天得到子女家务支持的低于5%；但只要不是子女均居住在区/县外，空巢父母得到子女每月至少一次及以上频率的家务支持比例均在60%左右。

表8-7 不同子女居住距离下空巢老年人代际间家务支持频率对比情况（%）

分类	几乎没有	每月至少一次	每周至少一次	几乎天天
父母给予子女				
至少有一个子女住同村/居	77.58	5.65	9.14	7.63
至少有一个子女住同乡/街道	78.57	5.46	10.71	5.26
至少有一个子女住同区/县	72.51	8.34	13.4	5.75
子女均住区/县外	82.94	5.92	8.58	2.55
合计	77.03	6.5	10.65	5.83
子女给予父母				
至少有一个子女住同村/居	38.03	19.84	28.02	14.1
至少有一个子女住同乡/街道	41.57	18.55	30.56	9.33
至少有一个子女住同区/县	37.84	22.22	34.09	5.86
子女均住区/县外	59.65	17.47	19.82	3.06
合计	42.05	19.99	29.01	8.95

对于失能的空巢老年人来说，整体上需要家务照料的空巢老年人首要照料者以配偶为主（65.25%），以子代为首要家务照料者比例近30%。分子女不同居住距离来看，子女住在区/县或区/县外的空巢失能老年人以子代为首要

照料者的比例均在20%左右,但有子女住同乡/镇/街道的空巢失能老年人以子代为首要照料者的比例接近30%,而有子女住同村/居委会的空巢失能老年人以子代作为首要照料者的比例接近40%。

帮忙照顾(外)孙子(女)也是老年人支持子女的重要表现。虽然空巢老年人不与子女同住,但是仍有33.17%的空巢老年人在过去一年里每天都照顾(外)孙子(女)。分子女的居住距离来看,距离最近的子女在同区/县的空巢老年人每天帮子女照顾(外)孙子(女)的比例最高,为37.96%;其次是有子女住同村/居委会的空巢老年人,每天帮子女照顾(外)孙子(女)的比例为34.47%;子女均住区/县外的空巢老年人每天帮忙照顾(外)孙子(女)的比例最低,为26.14%。

偶居的空巢老年人过去一年每天都有帮子女照顾(外)孙子(女)的比例高出独居老年人15.48个百分点,距离最近的子女在同区/县的偶居空巢老年人过去一年每天都有帮子女照顾(外)孙子(女)的比例超过40%。

3. 老年空巢家庭中的代际联系互动

对于空巢老年人而言,居住分离往往会带来与子代联系互动频次的降低。如表8-8所示,16.7%的空巢老年人在过去一年里几乎没有或只和子女见过几次面。子女均住区/县外的空巢老年人中有超过40%的老年人过去一年里只和子女见过几次面甚至没有见面;有子女住同村/居委会、同乡/街道或同区/县的空巢老年人与子女见面频率每月至少一次及以上的比例均在87%以上,其中有子女住同村/居委会的空巢老年人天天与子女见面的比例超过30%。

表8-8 不同子女居住距离下空巢老年人代际间见面频率(%)

	子女居住距离	一年几次/没有	每月至少一次	每周至少一次	天天见面	卡方检验
空巢总体	至少有一个子女住同村/居	11.90	16.72	38.31	33.07	932.62***
	至少有一个子女住同乡/街道	10.42	32.04	43.75	13.79	
	至少有一个子女住同区/县	12.88	27.18	46.60	13.35	
	子女均住区/县外	41.27	22.78	31.56	4.39	
	合计	16.70	23.52	40.72	19.06	

续表

	子女居住距离	一年几次/没有	每月至少一次	每周至少一次	天天见面	卡方检验
独居空巢	至少有一个子女住同村/居	12.38	14.05	39.93	33.64	236.99***
	至少有一个子女住同乡/街道	8.62	37.50	40.95	12.93	
	至少有一个子女住同区/县	14.84	26.10	42.58	16.48	
	子女均住区/县外	50.00	20.00	21.25	8.75	
	合计	17.04	22.36	38.55	22.05	
偶居空巢	至少有一个子女住同村/居	11.74	17.6	37.78	32.89	720.06***
	至少有一个子女住同乡/街道	10.95	30.41	44.59	14.05	
	至少有一个子女住同区/县	12.41	27.43	47.55	12.61	
	子女均住区/县外	39.56	23.32	33.58	3.54	
	合计	16.61	23.83	41.31	18.25	

注：*** 表示 $p<0.01$。

分独居和偶居来看，子女均住区/县外的独居老年人中有一半在过去一年几乎没有或仅和子女见过几次面；子女均住区/县外的偶居空巢老年人过去一年没有和子女见过几次面的比例接近40%，比独居老年人低了10个百分点。总体而言，随着子女居住距离加大，空巢家庭的老年人与子女见面频率也相应降低，相比之下，有配偶同住的空巢老年人与子女间的见面频率相对较高，独居老年人的代际支持问题更加突出。

第三节 子女流动、代际分离对老年人生活的影响

一、老年人子女流动和居住距离的变化态势

20世纪80年代国家放宽了对农村人口进入中小城镇就业生活的限制，中国流动人口规模随之快速增长。1982年中国流动人口670万[1]，2018年达到2.41

---

[1] 国家卫生健康委员会编.中国流动人口发展报告2018[M].北京：中国人口出版社，2018：1.

亿。① 根据2020年第七次全国人口普查，中国流动人口又进一步快速增长到3.76亿，其中跨省流动人口1.25亿。

流动人口具有鲜明的年龄选择性特点，16—59岁劳动年龄人口在流动人口中的比重从1982年的53.3%增加至2015年的84.1%，但老年流动人口比例自1990年以来就稳定在5.3%左右。② 这意味着有大量的成年子女身处异乡，不在老年父母身边。成年子女的外出流动已经成为中国老年人家庭的普遍现象，而子女流动无疑会对传统乡土中国下形成的家庭养老模式带来影响。为了观察子女流动对老年人生活的影响，有必要对流动的子女具备哪些特征进行分析，特别是与那些并未流动的子女相比，流动子女群体呈现的特点有何差异，这也是了解子代流动对老年人生活影响的基础。

CLASS2016数据显示，在受访老年人所有子女中有20%的子女流动外出。如表8-9所示，相比于非流动子女，流动外出子女中女性的比例略高于男性，平均年龄为42.94岁，以30—44岁年龄段为主，高中/中专及以上学历超过45%。78.21%的流动外出子女都是有工作的，近30%的流动子女经济富裕，61.47%在经济上基本够用，经济困难的比例为9.51%。在非流动子女中男性的比例占55%，平均年龄为45.37岁，比流动子女高2.43岁；高中/中专及以上学历为30%，明显低于流动子女同等学历的比例。61.21%的非流动子女有工作，23.42%的非流动子女家境富裕，基本够用的占65.20%。

表8-9 老年人流动子女与非流动子女特征（N=29005）%

分类		总计	非流动	流动
		100.00	79.88	20.12
性别***	女	46.60	45.00	52.92
	男	53.40	55.00	47.08
年龄	均值	44.88	45.37	42.94

---

① 国家统计局.2018年国民经济和社会发展统计公报［EB/OL］.（2019-02-28）. http://www.stats.gov.cn/tjsj/zxfb/201902/t20190228_1651265.html.

② 国家卫生健康委员会编.中国流动人口发展报告2018［M］.北京：中国人口出版社，2018：4.

续表

分类		总计	非流动	流动
		100.00	79.88	20.12
年龄***	10—29岁	2.72	2.44	3.81
	30—44岁	46.38	44.22	54.94
	45—59岁	45.03	46.98	37.26
	60+岁	5.88	6.35	3.99
受教育程度***	小学及以下	28.97	31.44	19.14
	初中	37.31	38.28	33.48
	高中/中专	21.09	19.64	26.85
	大专及以上	12.63	10.64	20.54
工作***	有	64.63	61.21	78.21
	无	35.37	38.79	21.79
经济状况***	富裕	24.55	23.42	29.02
	基本够用	64.45	65.20	61.47
	困难	11.01	11.38	9.51

注：*** 表示 P 值 <0.01。

通过两类子女的人口社会特征比较，流动外出子女总体明显更年轻、受教育程度更高、经济状况也更好。或者说流动对人口的选择性会使得家庭中更具人力资本优势的成年子女离开原家庭外出谋生，相对来说年龄、学历等缺乏优势的子女更有可能留在父母身边。具有人力资本优势的子代流动既可能是引发家庭转变的动因，也可能是家庭转变的突出特征之一。

关于子女的居住距离，有研究显示，2011年农业户口子女中，有1/4的子女与父母同住，可以在30分钟内到达父母亲家里的子女占80%；在非农户口子女中，与父母同住的占比接近20%，可以在30分钟内到达父母亲家里的子女超过65%。① 有研究发现，未与子女同住的农村老年人中子女均居住在其所

---

① 张翼.中国老年人口的家庭居住、健康与照料安排——第六次人口普查数据分析[J].江苏社会科学，2013（1）：57-65.

在市/区/县外的接近70%，未与子女同住的城市老年人中子女均居住在其所在市/区/县外的占45%。[①]不论城乡，父母与子女居住的距离变得越来越远。[②]

二、代际居住距离、子女代际支持对情感亲密的影响

代际情感紧密度是衡量代际团结的重要维度之一，老年父母在情感上感到与子女亲近是良好亲子关系的直接展现。随着人口流动加剧，一个现实而普遍的问题是子女居住距离增大会对代际之间的亲密感产生何种影响。

为了探究代际间的亲密程度是否会受到子女居住距离远近的影响，以及考虑亲密关系可能与不同类型的子代支持程度有关，首先采用交叉分析描述居住距离、不同类型的子女支持与代际亲密间的关系。

表8-10 不同代际居住距离和代际支持下的代际亲密程度（%）

分类		不亲近	亲近	合计
子女居住距离***	同住	9.92	90.08	100.00
	同村/居	16.87	83.13	100.00
	同乡/街道	13.85	86.15	100.00
	同区/县	15.01	84.99	100.00
	县外	16.67	83.33	100.00
子女经济支持***	没有给过	22.00	78.00	100.00
	1—999元	17.69	82.31	100.00
	1000—1999元	9.65	90.35	100.00
	2000元及以上	7.91	92.09	100.00
子女做家务频率***	天天	8.83	91.17	100.00
	每周至少一次	12.60	87.40	100.00
	每月至少一次	13.75	86.25	100.00
	几乎没有	17.81	82.19	100.00

[①] 唐天源，余佳. 中国老年人居住安排状况分析——基于2012年中国家庭追踪调查数据[J]. 南方人口，2016，31（4）：50-58.

[②] 杨舸. 社会转型视角下的家庭结构和代际居住模式——以上海、浙江、福建的调查为例[J]. 人口学刊，2017，39（2）：5-17.

续表

分类		不亲近	亲近	合计
子女见面频率***	几乎天天	9.77	90.23	100.00
	每周至少一次	11.63	88.37	100.00
	每月至少一次	14.91	85.09	100.00
	几乎没有	23.03	76.97	100.00
子女通电话频率***	几乎天天	4.80	95.20	100.00
	每周至少一次	8.85	91.15	100.00
	每月至少一次	17.48	82.52	100.00
	几乎没有	28.06	71.94	100.00
	不需要通话	15.34	84.66	100.00

注：*** 表示 P 值 <0.01。

结果发现（见表8-10），不同居住距离的子女与父母的亲近感差异十分显著，90%与父母同住的子女在情感上与父母感到很亲近，高于其他居住距离的子女，同村/居委会居住以及居住在县外的子女让父母感到不亲近的比例均超过16%。从子女的支持来看，过去一年里子女给的钱越多，帮父母做家务、见面、打电话的频率越高，父母对子女感到亲近的比例越高。交叉分析的结果表明代际间的居住距离越近、子女对父母的各种支持强度越高，越有助于加强代际的亲密程度。

为了进一步检验代际居住距离和代际支持对老年人对子女亲近感的影响，采用随机效果模型探讨居住距离、子女支持等变量对亲近感影响作用。因变量为"是否对子女在情感上感到亲近"二分类变量（0是不亲近，1是亲近）。自变量为子女居住距离、子女支持（做家务、见面、经济支持、通电话）。控制变量包括：老年人个体特征变量（性别、年龄、婚姻状况、自评健康、居住地）和子女特征变量（性别、年龄、受教育程度、经济）。

如表8-11所示，在模型3中，控制了父母和子女的特征后，子女的居住距离和代际支持对父母亲密感均有显著影响。相比于同住的子女，居住在同村/乡镇/区县内的子女让父母感到亲近的发生比显著降低，居住在区县外的子女发生比下降得幅度更大。在子女支持方面，不管是帮父母做家务、与之见面还是通电话，频率越高，父母对子女感到亲近的可能性越大；子女经济支持越多，父母更可能觉得子女越亲近。可见，代际之间的地理接近性以及子女对父母各种不同形式的代际支持均有助于促进父母对子女的亲近感。模型结果验证了子代的居住距离会降低两代人的亲密度，子女的流动迁移特别是远距离迁移会在一定程度弱化代际情感关系。而多种形式的代际支持程度如果也降低，则会进一步削弱代际情感关系。因此如何在迁移流动频繁、代际居住分离已成为普遍趋势的背景下，通过多种形式的代际支持保持老年人与子女的联系互动，是维系良好代际关系的现实途径。

表 8–11　代际居住距离和代际支持对老年父母亲近感影响的随机效果模型结果

	变量	分类	模型1	模型2	模型3
父母基本特征	年龄（60—64岁=0）	65—69岁	0.76*	0.79	0.77
		70—74岁	0.60***	0.62***	0.62**
		75—79岁	0.67**	0.69*	0.72
		80+岁	0.57***	0.57***	0.56**
	性别（女=0）	男	0.80**	0.80*	0.88
	婚姻（有配偶=0）	无配偶	0.83	0.78*	0.80
	自评健康（不健康=0）	一般	1.06	1.08	1.02
		健康	2.04***	2.11***	1.83***
	居住地（城镇=0）	农村	0.36***	0.34***	0.49***
子女基本特征	性别（女=0）	男	0.64***	0.51***	0.49***
	年龄（10—29岁=0）	30—44岁	0.46***	0.47***	0.35***
		45—59岁	0.35***	0.35***	0.26***
		60+岁	0.22***	0.22***	0.15***
	受教育程度（小学及以下=0）	初中	1.23**	1.25**	1.09
		高中/中专	1.91***	2.03***	1.36**
		大专及以上	2.42***	3.00***	1.77***
	经济状况（富裕=0）	基本够用	0.59***	0.57***	0.66***
		困难	0.27***	0.22***	0.33***

续表

变量		分类	模型1	模型2	模型3
子女居住距离	居住距离（同住=0）	同村/居		0.28***	0.63***
		同乡/街道		0.27***	0.71*
		同区/县		0.22***	0.63**
		县外		0.12***	0.47***
子女支持	家务支持（天天=0）	每周至少一次			0.37***
		每月至少一次			0.42***
		几乎没有			0.33***
	见面（天天=0）	每周至少一次			0.50***
		每月至少一次			0.37***
		几乎没有			0.23***
	经济支持（没有给过=0）	1—999元			2.84***
		1000—1999元			5.74***
		2000元及以上			7.62***
	通电话（天天=0）	每周至少一次			0.60*
		每月至少一次			0.24***
		几乎没有			0.10***
		不需要通话			0.20***
		父母数	11039	11039	11038
		子女数	28760	28760	28755

注：括号内为参照类；*$P<0.1$，**$P<0.05$，***$P<0.01$。

三、代际居住距离、代际支持对空巢老年人养老意愿的影响

空巢居住已成为中国老年人最主要的居住方式。庞大的空巢老年群体未来养老居住地的选择将对中国的养老格局产生难以忽视的影响。中国养老模式、养老政策和产业也将在积极应对以空巢老年人为主体的老年人养老需求的背景下作出相应调整。代际居住距离不同的空巢老年人的养老打算或意愿

有多大差异？那些子女居住距离较远的老年父母是否觉得未来依靠子女养老不太现实而期望去养老院养老呢？子女在各类代际支持上的差别是否会影响空巢老年人的养老意愿？对此本部分以空巢老年人为研究对象，分析代际居住距离和代际支持对空巢老年人养老意愿的影响。

变量的交叉分析结果显示（见表8-12），绝大多数（77.88%）空巢老年父母未来打算在自己家养老，未来打算在子女家养老的比例为17.07%，去养老院养老的比例为5.04%。与子女居住距离远近不同的空巢老年人养老意愿差异十分显著。子女均住在区/县外的空巢老年人未来打算住子女家的比例为13.74%，低于子女住同区/县老年人3.98个百分点，打算去养老院养老的占8.23%，几乎是有子女住同区/县空巢老年人的2倍。很明显，子女居住距离越远，空巢老年人越有可能选择入住养老机构，降低了其未来住子女家的打算。

表8-12 不同代际居住距离和代际支持下的空巢老年父母养老意愿（%）

	分类	自己家	子女家	养老院	合计
	合计	77.88	17.07	5.04	100.00
子女居住距离***	至少有一个子女住同区/县	77.86	17.72	4.42	100.00
	子女全部居住在区/县外	78.03	13.74	8.23	100.00
子女经济支持***	0元	82.22	12.1	5.69	100.00
	[1, 2000]	75.56	20.32	4.12	100.00
	[2001, 4000]	79.92	15.76	4.31	100.00
	4000以上	77.44	16.03	6.54	100.00
子女家务支持***	几乎没有	79.97	15.95	4.08	100.00
	每月至少一次	74.16	19.47	6.37	100.00
	每周至少一次	78.24	16.08	5.68	100.00
	几乎天天	75.15	20.28	4.57	100.00
子女见面频率***	几乎没有	77.34	18.94	3.72	100.00
	每月至少一次	78.52	15.94	5.54	100.00
	每周至少一次	79.63	14.33	6.04	100.00
	天天见面	73.82	22.75	3.44	100.00

注：*** 表示卡方检验P值<0.01。

为了检验代际居住距离和代际支持对老年人未来养老地点选择的影响，我们采用多分类 Logistic 回归进行分析。因变量是未来主要的养老地点（包括在自己家、子女家、养老院养老三类），以未来主要在自己家养老的老年人为参照类。自变量为子女居住距离和子女支持（做家务、见面、经济支持、通电话），控制变量包括老年人个体特征变量（性别、年龄、自评健康、收入、居住地）和家庭特征变量（有无配偶、子女数量和子女结构）。

代际支持方面，从子女经济支持来看，过去一年没有得到子女任何经济支持的空巢老年人未来打算在自己家养老的比例最高，在子女家养老的比例最低；得到子女经济支持金额在 1—2000 元的空巢老年人未来打算在子女家养老的比例最高；但随着子女经济支持程度增加，未来打算在子女家养老的比例反而降低，而打算居住在养老院的比例逐渐升高，得到子女经济支持在 4000 元以上的空巢老年人未来打算在养老院居住的比例最高。由此可见，未得到子女经济支持的空巢老年人可能缺乏子女的必要支持而更可能在自己家养老，子女经济支持较低的老年人对子女未来的养老照料意愿更高，而得到经济支持最高的老年人会强化其入住养老院的意愿。

从子女的家务支持频率和见面频率来看，能够与子女天天见面或天天得到子女家务支持的空巢老年人未来打算在子女家养老的比例均是最高的，与子女见面或子女帮忙做家务的频率在每月至少一次和每周至少一次的空巢老年人未来打算在养老院养老的比例较高。

表 8-13 子女居住距离及其支持对空巢老年人养老意愿影响的多分类 Logistic 回归分析

变量		模型1（自己家）		模型2（自己家）	
		子女家	养老院	子女家	养老院
年龄（60—64 岁 =0）	65—69 岁	1.02	0.89	1.02	0.90
	70—74 岁	0.93	0.93	0.92	0.97
	75—79 岁	0.72**	1.42	0.72**	1.45*
	80+ 岁	1.51***	0.92	1.53***	0.93
性别（女 =0）	男	0.96	0.89	0.97	0.90

续表

变量		模型1（自己家）		模型2（自己家）	
		子女家	养老院	子女家	养老院
自评健康（不健康=0）	一般	0.86	0.57***	0.87	0.56***
	健康	0.62***	0.64**	0.62***	0.63***
个人年收入（贫困=0）	中低收入	0.54***	1.43	0.54***	1.37
	中高收入	0.57***	0.81	0.61***	0.76
	高收入	0.36***	1.66**	0.38***	1.48*
居住地（城镇=0）	农村	1.24**	0.43***	1.23**	0.48***
婚姻（有配偶=0）	无配偶	1.10	1.04	1.08	1.09
子女数量	子女数量	1.04	0.82***	1.03	0.81***
子女结构（有儿子=0）	只有女儿	0.94	1.31*	0.94	1.26
居住距离（有子女住同区县=0）	子女均住区县外			0.88	1.60***
家务支持（几乎没有=0）	每月至少一次			1.51***	1.54**
	每周至少一次			1.21	1.17
	几乎天天			0.93	1.73*
见面（几乎没有=0）	每月至少一次			0.68***	1.00
	每周至少一次			0.69**	1.00
	天天见面			1.26	0.70
经济支持（无=0）	1—2000元			1.80***	0.77
	2001—4000元			1.51**	0.78
	4000元以上			1.71***	1.10
通电话（几乎没有=0）	每月至少一次			0.90	0.99
	每周至少一次			0.91	1.29
	几乎天天			1.01	1.21
	不需要通话			0.80	1.32
样本数		4761		4761	
Pseudo R2		5.13		6.54	

注：*P<0.1，**P<0.05，***P<0.01。

如表8-13所示，模型2的控制变量中，空巢老年人的年龄、健康和收入状况、城乡因素均显著影响老年人的养老意愿，80岁及以上高龄老年人更可能选择在子女家养老，收入越高、越健康的老年人更倾向于在自己家养老；农村空巢老年人选择在子女家养老的意愿明显高于城镇空巢老年人，但空巢老年人的性别、有无配偶、子女数量对其养老意愿的影响并不显著。人口社会特征变量对养老意愿的影响作用表明，那些自理能力、经济独立能力较强的老年人更倾向于在自己家养老，而高龄、较不健康、农村的空巢老年人对子女养老的期待更高。

对于自变量子女居住距离和代际支持的影响作用，模型2的结果显示，子女均住区县外的老年人打算未来在养老院而非自己家养老的发生比是有子女居住在区县内的1.6倍；得到子女经济支持、偶尔得到子女家务支持会增强空巢老年人在子女家养老的意愿，偶尔与子女见面的老年人选择在自己家养老的可能性更大，但与子女通话频率的影响不显著。可见，空巢老年人有子女居住在同区县对其未来打算在养老院养老具有显著的抑制作用。

上述模型分析结果表明，对于当前处于空巢家庭中的老年人而言，个人禀赋（健康、收入）越高，老年人的独立性越强，期望在自己家养老的意愿越高，但进入高龄期后与子女同住的期望会显著提升。即便不是共处同一屋檐，有无子女就近居住（表现为住同一区县）会显著影响空巢老年人选择机构养老的意愿，对于那些子女不在同一区县而远在其他地区的空巢老年人，他们入住养老院的意愿明显更高。子代提供的几种支持中，一定程度的经济支持、家务支持可能会提高在子女家养老的意愿。

第四节　家庭转变中的老年人家庭

家庭形态与结构的转变是家庭的基础性转变，其不可避免地会对家庭的养老功能产生全面而深刻的影响。本章聚焦居住方式与子女迁移流动这两个与老年人及其家庭密切相关的因素，围绕不同的居住方式类型、不同的子女居住距离刻画家庭转变对老年人的影响。

一、空巢化已成为中国老年人家庭的鲜明特征

自1982年以来，无论是城市还是农村，中国65岁及以上老年夫妇核心家庭的比例均呈明显上升态势。2016年中国独居的老年人占12.49%，仅与配偶居住的老年人占42.56%，有超过一半（55.05%）的老年人空巢居住，与子女同住的老年人占38.46%，空巢家庭已成为中国老年人最主要的居住方式。但年龄增长、丧偶或生活自理能力下降等均会大大提升老年人与子女同住的可能性。

二、家庭依然有助于提升老年人的社会网络资源

在不同的家庭居住安排之下，老年人能获得怎样的支持程度可说明究竟怎样的居住安排更能为老年人提供有力支持。采用卢本等人的简版社会网络量表（LSNS-6）测量老年人的社会网络规模后发现。在社会网络整体得分中，与子女同住的老年人得分最高，其次是隔代居住的老年人，独居老年人得分最低。老年人朋友网络得分普遍低于家庭网络得分，表明家庭网络仍是中国老年人最为重要的社会支持来源。

就居住方式而言，与子女同住的老年人家庭网络得分最高，独居的老年人得分最低，且差异十分显著。由此可见，当老年人自己居住或仅与配偶居住时，老年人家庭支持网络规模明显低于与子女同住的老年人。说明与子女同住更有助于老年人获得他人的帮助等社会支持。

三、代际居住分离弱化了子女与老年父母间的多方面支持

在中国家庭中，代际间的支持是双向的，即不仅仅是子女为老年人提供经济资助、生活照料、情感慰藉等支持，也普遍存在着老年父母给子女提供的多种帮助，如孙辈照顾、家务帮助等。以老年人的居住方式为核心，通过对代际支持的多维度分析发现，在经济支持方面，代际间的经济流动仍以向上流动为主。独居的老年人给予子女的经济值最低，得到子女的经济供给值也最低，这种居住安排下代际间经济流动量是最小的；与子女同住的老年人和仅与配偶同住的老年人过去一年给予子女的经济值均在1000元以上且差别不大，但与子女同住的老年人得到子女的经济供给值要明显高于仅与配偶居

住的老年人。因此与子女同住的老年人代际间双向经济流动量更大，特别是子女对父母的向上流动。

在家务支持与生活照料方面，与子女同住的老年父母几乎天天帮子女做家务的比例远高于空巢老年人。反过来，与子女同住的老年人几乎天天得到子女家务支持的比例将近一半，空巢老年人仅为10%左右。值得注意的是，中国失能老年人中56.09%的人首要家务提供者来自子代（包括儿子、儿媳、女儿、女婿），配偶次之（37.78%）。超过8成的仅与配偶居住的老年人主要家务提供者为配偶，以子代为主的不足15%。显然空巢家庭中配偶的照顾作用更加显著，而与子女同住则有助于缓解配偶照料压力。

代际间的见面、电话联系等互动是情感交流的重要体现，对2016年CLASS调查数据分析发现，以见面频次为例，绝大多数与子女同住的老年人和子女天天见面，将近70%，独居老年人、仅与配偶居住的老年人每周至少见子女一次的比例分别为35.26%、40.39%；而隔代家庭中的老年人中几乎不与子女见面的比例达到28.94%。独居、隔代家庭中的老年人与子代间的情感交流程度较低。

四、子女居住距离与代际支持对空巢老年人家庭的"互补"作用

老年空巢家庭的代际支持分析结果显示，随着子女居住距离的增加，代际间向上与向下的双向经济流动值均增大。或者说，子代与老年父母居住距离的远近与代际间的经济支持可能存在着正向相关关系。另外，子女居住越远，空巢老年人得到的子女家务支持比例越低，交往互动也越低。而对独居与偶居的比较分析发现，那些有配偶的老年人即使空巢，如果有子女就近居住，相对能够保持较为密切的代际互动，特别是在家务帮助、生活照护、情感关怀方面体现得尤为明显。这一结果意味着子女的远离虽然削减了对空巢父母的照料功能和情感交流功能，但却强化了子女的经济支持功能，即类似于经济换照料的互补作用。因此，现阶段中国家庭在向空巢化发展的进程中，对老年人的影响可能在于驱使代际支持由传统的亲侍养老向经济助老转变。

五、成年子女流动对代际亲密感与老年人的未来养老意愿均产生显著影响

成年子女的外出流动已经成为中国老年人家庭的普遍现象。通过老年人流动与非流动两类子女的比较，本章节研究发现流动外出子女总体更年轻、受教育程度更高、经济状况也更好。流动对人口的选择性使得家庭中更具人力资本优势的成年子女离开原家庭外出谋生，而年龄、学历等缺乏优势的子女更有可能留在父母身边。具有人力资本优势的子代流动既是家庭转变的重要表现，也是家庭功能转变的重要原因之一。

随着人口流动加剧，不同居住距离的子女与父母的亲近感差异十分显著，90%与父母同住的子女在情感上与父母感到很亲近，高于其他居住距离的子女。而且代际间的居住距离越近、子女对父母的各种支持强度越高，越有助于加强代际间的亲密程度。随机效果模型结果显示，即使控制父母和子女的特征后，子女的居住距离和代际支持对父母亲密感仍均有显著影响。相比于同住的子女，在外子女让父母感到亲近的发生比显著降低，可见代际之间的地理接近性以及子女对父母各种不同形式的代际支持均有助于促进父母对子女的亲近感。因此子女的流动迁移特别是远距离迁移会在一定程度弱化代际情感关系。在迁移流动频繁、代际居住分离已成为普遍趋势的背景下，通过多种形式的代际支持保持老年人与子女的联系互动，是维系良好代际关系的现实途径。

关于代际居住距离和代际支持对老年人未来养老地点选择的影响，多分类 Logistic 回归模型的结果表明，子女均住区县外的老年人打算未来在养老院而非自己家养老的发生比是有子女居住在区县内的老年人的1.6倍。个人禀赋（健康、收入）越高，老年人的独立性越强，期望在自己家养老的意愿越高，但进入高龄期后与子女同住的期望会显著提升。随着中国新的人口队列迈入老年期，他们在健康、收入水平、教育程度等个人禀赋或积累会逐渐高于之前的老年人群。老年人独立性的提高将增强他们自我养老的意识与能力，缓解传统家庭养老模式下的养老负担。但家庭对于高龄、失能、独居老年人的日常照料、精神慰藉功能依然相当重要，如何在家庭养老功能日渐式微的基础上，维持家庭对于老年人的照护功能并补充以必要的社会照护是当前及今后中国老龄化问题的一个重点。

第九章　中国家庭转变中的养育功能与儿童发展

"饮之食之，教之诲之"，养和育长期以来被视作中国家庭最重要的两项职能。迄今这两项基本职能不仅没有被弱化，反而有不断强化的趋势，表现为家庭重心普遍下移、子女养育成为现代家庭的重中之重，家庭资源特别是养育资源伴随家庭经济水平普遍提高不断增多，精细化育儿、科学育儿、高质量育儿等一些新理念被越来越多的家庭重视和实践。但另一方面，养育尚未被公共领域所重视，儿童照料被视为家庭的内部事务，社会和政府承担的部分非常有限[①]，这更加突出了家庭养育功能在儿童发展过程中所起的至关重要的作用。与此同时，现代化浪潮所带来的婚姻和家庭观念变化、人口迁移流动以及生育转变都在影响着家庭的规模、结构，冲击着家庭的养育功能，影响着儿童的发展。本章首先讨论中国家庭转变过程中家庭养育功能的变化，然后深入分析与家庭养育功能密切相关的迁移流动、婚姻稳定性和家庭规模这三个因素如何影响儿童发展。具体回答以下四个问题：家庭转变中家庭养育功能呈现哪些特征与变化？婚姻稳定性的变化对家庭养育功能产生了何种影响及其如何影响儿童发展？人口流动对家庭养育功能的影响及其如何影响儿童发展？家庭规模与家庭养育功能有什么关系及其如何影响儿童发展？

第一节　家庭转变中的家庭养育功能

一、家庭养育功能的概念

家庭作为一种组织形式，是社会的基本构成单元，对个体发展发挥着关

[①] 郭瑜，庄忠青，李雨婷.国家责任与家庭功能：德国儿童照顾制度及其对中国的启示［J］.经济社会体制比较，2020（2）：49-56.

键的作用。对于个体而言,家庭功能意味着包含情感联系、家庭规则、家庭沟通和应对外部事件的复杂综合体。① 从功能类型上划分,家庭功能大致可分为情感支持功能、经济支持功能和工具性支持功能,其中情感支持功能包括家庭内部成员之间的情感支持、亲密关系构建等,经济支持功能包括财务支持、经济风险应对等,工具性支持功能包括照料、教育等。从人群视角划分,家庭功能可以分为向上对老年人的赡养,横向夫妻关系的维持和向下的孩子养育。本章重点讨论的是家庭的养育功能。

养育功能是家庭功能的重要组成部分。一个人从出生到成长为一个健康、独立的个体,依赖于家庭的养育资源。这些资源既包含物质的,比如衣食住行、医疗、教育等方面的支出,也包含非物质的,比如情感支持、照料、家庭关系、文化环境等。从具体功能类型看,家庭的养育功能分为养和育两大部分:养,其实是保障孩子获得一定的资源(尤其是物质资源)而健康成长,这里主要包括经济上的支持和生活上的照顾;育,即教育,家庭是个体社会化的起点,家庭教育对儿童认知能力和非认知能力上的发展至关重要。尽管教育看起来主要是社会的责任,是在学校完成的,但大量研究表明,家庭教育在儿童发展过程中起着越来越重要的作用,家庭环境、父母的教养模式等都会影响儿童的发展。

具体而言,养育功能主要包含以下一些维度:(1)儿童照顾。儿童照顾是指建立在婚姻和亲属关系上的无偿的家庭服务,是一种无偿的非正式照顾。②(2)经济支持。孩子的衣食住行教育等各方面的支出都需要家庭提供,消费水平高低、质量高低取决于家庭特征(比如居住环境的选择,食物/衣物消费品牌选择,择园择校,是否参加课外辅导班/兴趣爱好班)。(3)家庭教育,即父母在教育孩子过程中所表现出来的态度和行为,比如父母参与学习辅导,父母对孩子行为习惯、性格、认知/非认知能力的培养等。(4)亲子关系培育。父母在陪伴孩子以及亲子交流、互动过程中形成的亲密关系。家庭所承载的养育功能在高度重视下一代的当今社会甚至形成一种养育模式,即父母

---

① OLSON, D. H. Circumplex Model of Marital and Family Systems [J]. Journal of Family Therapy, 2000, 22(2): 144-167.

② DALY, M., JANE, L. The Concept of Social Care and the Analysis of Contemporary Welfare States [J]. The British Journal of Sociology, 2000, 51(2): 281-298.

在抚养、教育孩子过程中所表现出来的具有共性特征的行为和态度倾向，是其行为选择与观念的综合体现，反映的是父母抚育和培养孩子的方式、人选、质量的问题，直接涉及对孩子衣食住行、医疗保健、教育等的投入和行为选择，也通过父母所付出的心血甚至作出的牺牲折射出父母的价值取向与观念。①

二、中国家庭养育功能的特征

（一）养育下一代成为家庭的核心任务

古德在《世界革命与家庭模式》一书中指出，伴随着现代化的发展，家庭从扩大的血亲家庭制度转变为夫妻式家庭制度，个人服从家庭和整体利益的传统家庭关系被瓦解，原来由家庭承担的生产、教育、养老等功能开始部分外移；与此同时，家庭变得越来越核心化，这一变迁被称为"家庭革命"。②传统中国家庭呈现代际关系向上倾斜、资源集中于老一辈的特点。在以家庭就业和农耕为主的传统农业社会中，老年人在家庭中占据主导和权威地位。③但随着工业化和现代化的推进，家庭中这种自上而下的权力地位结构发生了革命性的变化，老年人的社会地位和家庭地位都逐渐衰落，家庭的重心逐渐向下转移，孙辈的养育成为家庭中祖辈和父辈的核心任务。根据国家卫生和健康委员会2015年发布的《中国家庭发展报告》，中国3人及以下家庭户数占比达到70.2%，而由夫妻和独生子女构成的核心家庭占比为64.3%。反映到家庭消费选择上，以儿童为中心的消费模式逐渐形成。④阎云翔用"下行式家庭主义"来描述家庭资源向下流动，各代人聚集在一起培养"承担整个家庭希望的完美孩子"的现象。⑤对于老年父母和成年子女来说，生活的意义在于第三代的幸福和成功。所以，在"家庭革命"过程中，尽管家庭功能发生了一些变化，但作为核心功能的养育功能并没有被弱化，甚至在现代社会环境中有不断强化的趋势。

---

① 刘爽，商成果.北京城乡家庭孩子的养育模式及其特点［J］.人口研究，2013，37（6）：62-76.
② 唐灿.家庭现代化理论及其发展的回顾与评述［J］.社会学研究，2010，25（3）：199-222，246.
③ 邬沧萍，姜向群.老年学概论［M］.北京：中国人民大学出版社，2015：191.
④ 魏易，薛海平.中国基础教育阶段家庭校外培训的消费行为研究——基于2017中国教育财政家庭调查的分析［J］.教育学报，2019，15（6）：68-81.
⑤ 阎云翔，杨雯琦.社会自我主义：中国式亲密关系——中国北方农村的代际亲密关系与下行式家庭主义［J］.探索与争鸣，2017（7）：4-15，1.

（二）公共政策缺位背景下，家庭成为育儿主体，祖辈高度参与儿童照料

在养育功能的"养"上，长期以来，家庭是责任主体。儿童被视为私人物品，儿童事务属于私人领域，对儿童的投资被当作家庭和父母的责任。[①] 中国家庭政策体系中关于儿童照护政策是缺位的，儿童照护政策主要发挥社会救助功能，只是在家庭功能完全缺失后承担责任，照顾目标群体多为弃婴、孤儿与困境儿童。儿童照护政策一般包括公共领域的托幼服务，对家庭照护的时间支持政策（比如产假、陪产假、育儿假制度）和直接的经济支持（儿童补贴）。目前，除了在产假/陪产假制度上各省有相对完善的政策外，其他各方面基本是缺失的，中国的公共托幼政策体系尚不完善。同时，由于公共领域照护服务的缺失，祖父母成为家庭照料支持的重要来源，祖父母高度参与家庭儿童照料成为中国家庭的普遍现象。一项由中国老龄中心2014年开展的调查显示，全国0—2岁儿童中，由祖辈照顾的比例高达60%以上，其中30%的儿童完全交由祖辈照顾。[②]

家庭教育也被国家和社会高度重视。在全国教育大会上，习近平总书记从"四个第一"的高度明确了家庭教育的重要地位，指出"家庭是人生的第一所学校，家长是孩子的第一任老师，要给孩子讲好'人生第一课'，帮助扣好人生第一粒扣子"。《中国教育现代化2035》将家庭教育全面纳入国家教育整体现代化体系之中。父母是孩子的第一任老师，父母的陪伴是最好的教育，家长对子女的教育价值在一般情况下是其他教育所不能代替的。[③]

可见，育儿对家庭的高度依赖性使得家庭在儿童养育过程中的角色更加重要，无论哪一方面的功能受到影响或缺失，儿童的发展都将可能受到负面影响。

（三）重视教育是中国社会的普遍现象

深受儒家文化和科举制度的影响，长期以来，中国社会一直强调教育对个人发展、成功和幸福的重要性。中国家庭的一个普遍特点就是重视教

---

① 马春华.重构国家和青年家庭之间的契约：儿童养育责任的集体分担[J].青年研究，2015（4）：66-75.
② 钟晓慧，郭巍青.人口政策议题转换：从养育看生育——"全面二孩"下中产家庭的隔代抚养与儿童照顾[J].探索与争鸣，2017，1（7）：81-87，96.
③ 王永祥.培育时代新人要从家庭教育抓起[J].中国德育，2019（5）：12-13.

育，对下一代甚至下下一代的教育期望非常高。2016年"中国家庭追踪调查（CFPS）"显示，仅有0.3%的儿童家长认为儿童不必读书。在中国国家级贫困县甘肃华池进行的一项儿童早期发展调查显示，96%的两岁以下儿童家长希望其获得学士学位，53%的家长希望孩子获得博士学位。[①] 在西方文化中，父母和儿童的教育期望、对教育重要性的认识、儿童的学业表现等都与家庭背景呈显著的正向相关关系；而在中国文化里，儿童这些变量与家庭背景的关系则较弱。[②] 中国家庭较普遍的高教育期望促进了家庭教育投资的升高，"再苦不能苦孩子，再穷不能穷教育"成为一个社会的普遍现象。子女教育支出成为家庭经济支出的重要组成部分，各阶层家庭表现出在可承受范围内为孩子选择更高质量教育的倾向。

伴随着教育市场化的推进，中国家庭教育支出也迅猛增长。刘保中利用2014年"中国家庭追踪调查（CFPS）"数据计算不同群体家庭子女教育支出状况发现，随着家庭收入的提高，子女教育支出总体上呈现出逐渐增加的趋势。[③] 魏易、薛海平利用2017年中国教育财政家庭调查（CIEFR-HS2017）数据，对中国中小学生校外培训支出状况的研究发现，随着学段的升高，课外补习参与率上升，到高中阶段学生课外补习费用均值已达到8600多元。[④] 中国家庭对教育的重视也体现在教育储蓄上，根据CFPS2016年数据，有14.8%的家庭为子女（0—15岁）教育存钱，教育储蓄均值达11487元。

全社会对教育过度重视的环境又进一步强化了家庭教育的作用。学校教育越来越依赖家长的参与，有一部分学习指导甚至直接转移到家庭，家庭的经济条件、父母的受教育水平、父母是否可以参与和愿意参与孩子的教育成为影响儿童教育结果的重要因素。家庭养育功能在某些方面的缺失将会直接和间接影响儿童的教育。

[①] Lyu, M. Li, W., Xie, Y. The Influences of Family Background and Structural Factors on Children's Academic Performances: A Cross-country Comparative Study [J]. Chinese Journal of Sociology, 2019, 5（2）: 173-192.

[②] Liu, A. Xie, Y. Why Do Asian Americans Academically Outperform Whites? ——The Cultural Explanation Revisited [J]. Social Science Research, 2016, 58: 210-226.

[③] 刘保中．"扩大中的鸿沟"：中国家庭子女教育投资状况与群体差异比较 [J]．北京工业大学学报（社会科学版），2020，20（2）：16-24．

[④] 魏易，薛海平．我国基础教育阶段家庭校外培训的消费行为研究——基于2017中国教育财政家庭调查的分析 [J]．教育学报，2019，15（6）：68-81．

三、家庭转变对家庭养育功能的影响

近几十年来,家庭外部环境和内部资源都发生了重要的变化。父母是儿童发展的主要影响力量,父母不仅为孩子提供教育上的硬件资源(如教育环境、学习资源、教育投资等),也通过其教育方式影响孩子发展。所以,因父母的变化所带来的家庭变化将对家庭的养育功能产生重要影响,比如父母经济能力和文化水平的提高有利于儿童的成长,而父母关系恶化、一方角色的缺失等则可能对儿童成长带来不利的影响。

家庭的物质和非物质资源共同影响儿童的发展。其中,家庭的物质资源(比如收入、财产等)通过影响家庭的消费,特别是在儿童教育、健康等方面的消费和投资,从而影响儿童的发展;物质资源也会通过影响父母的心理状况而影响儿童的发展。家庭的非物质资源比如父母的受教育程度、家庭的文化资本、成员之间的关系等会通过影响父母的教养方式从而最终影响儿童的发展(见图9-1)。

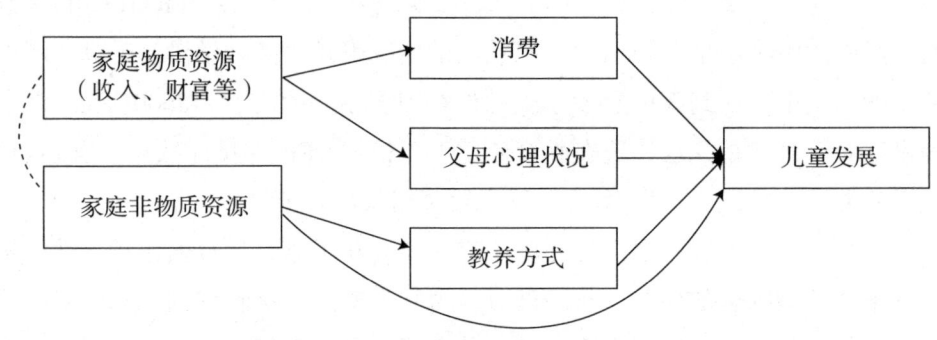

图 9-1 家庭背景对儿童发展的影响

资料来源:Liu, A., Xie, Y. Why Do Asian Americans Academically Outperform Whites?——the Cultural Explanation Revisited [J]. Social Science Research, 2016, 3(4):210–226.

在近几十年中国家庭发生的重大变化中,不可忽视的是家庭整体的经济能力提升、生活条件改善、父母受教育程度提高,这些是伴随着社会经济发展的一个普遍趋势。改革开放以来,中国居民的收入和支出大幅度提升,受教育程度普遍提高。从经济能力到文化资本的提升,对儿童的认知能力、非认知能力、营养健康都会产生非常积极正面的影响。尽管无法直接测量这样的变化对儿童发展的定量影响,但是从近几十年的发展趋势可以看到儿童发展取得了很大的进展,根据全国教育事业发展统计公报数据,2020年小学学龄儿童净入学率达到99.96%，高中阶段毛入学率达到91.2%；5岁以下儿童低体重患病率和生长迟缓患病率大幅度下降。[①]儿童健康素质的提高、对教育重要性认识的提升，这些都与家庭经济水平提高、父母文化素养提高密不可分。另外，生育水平下降，家庭中孩子数量减少，平均每个孩子获得的家庭资源的增多也是儿童发展的重要促进因素。

当然，除了上面提到的家庭变化给儿童发展带来的正面影响外，与家庭变化相关的一些不稳定因素也对家庭的养育功能产生了一定程度的冲击，其中城镇化进程中人口迁移流动和第二次人口转变背景下婚姻不稳定性增加对家庭养育功能的冲击更为明显。

迁移流动和婚姻不稳定都在一定程度上导致家庭原本的养育功能受损。在家庭养育功能概念部分我们提到，养育应包含照料、经济支持、教育和亲子关系培育，迁移流动和婚姻不稳定使得家庭这些方面的养育功能都会受到一定程度的影响。迁移流动对家庭最直接的影响就是父亲或母亲一方或父母双方与孩子居住的分离，这些儿童往往被称为留守儿童，留守儿童面临的普遍问题是缺乏父母照顾、亲子交流减少、监管缺失、教养缺位等，这些对儿童早期的成长都是不利的。与婚姻不稳定性相关的夫妻关系恶化、离婚、再婚等事件，直接改变了儿童成长的家庭环境，带来了完整家庭受损、父亲或母亲角色缺位等问题，从而使得儿童照料、健康、教育等各方面受到负面影响。这些都反映了家庭某些功能缺损对儿童发展会产生不利影响。根据2010年中国家庭追踪调查，留守儿童和单亲/孤儿家庭的儿童在健康状况上是最差的（见表9-1），与来自完整家庭的儿童相比，留守儿童和单亲/孤儿家庭的儿童发生出生体重低的比例更高，上个月生病的比例更高，上个月进行锻炼的比例更低。

表9-1 2010年分居住类型中国儿童健康状况分布（%）

分类	农村完整家庭	城市完整家庭	留守儿童	流动儿童	单亲/孤儿家庭
出生体重低（0—3岁）	9.1	4.6	9.9	5.9	28.5
上个月生病（0—3岁）	43.3	38.9	56.7	43.4	51.2
去年有探访医生经历	46.7	55.8	55.6	49.1	46.9

---

① 中国发展研究基金会.中国儿童发展报告2017［R］.北京：中国发展出版社，2017：35.

续表

分类	农村完整家庭	城市完整家庭	留守儿童	流动儿童	单亲/孤儿家庭
去年有住院经历	6.9	8.1	9.0	8.5	7.4
有医疗保险	66.1	60.7	61.9	48.5	62.0
自评健康（10—15岁）	73.6	73.4	73.9	71.5	71.3
上个月进行了锻炼	71.5	74.5	69.9	73.6	69.8

资料来源：Chen, L. J., Yang, D. L., Ren, Q. Report on the State of Children in China [R]. Chicago: Chapin Hall at the University of Chicago, 2015: 18.

从家庭养育功能角度看，家庭规模也是一个值得讨论的因素，因为家庭规模的大小直接影响家庭资源的分配，包括经济上的投入和父母时间、精力的投入。中国家庭子女规模经历了从多到少的过程，这个家庭转变的过程对家庭养育功能也产生了不可忽视的影响。目前在三孩生育政策环境下，家庭从一个孩子到两个或三个孩子，是否会影响家庭的育儿功能，也是一个值得讨论的话题。

综上所述，"望子成龙、望女成凤"几乎是全社会的期盼，整个家庭生活围绕孩子转成为社会潮流。家庭的养育功能及其在儿童发展过程中扮演的角色在这样的社会背景下尤为重要。家庭照料、经济投入、家庭教育、父母陪伴这些养育功能中的要素对儿童成长起着至关重要的作用。在家庭重心普遍向下移的今天，某些功能的缺失或不足将可能拉大儿童发展差距。在家庭转变过程中，一些可能冲击家庭功能的重大社会因素尤其值得关注，第二次人口转变背景下婚姻的不稳定和人口迁移流动可能会影响家庭照料、对孩子的投资、家庭教育、亲子互动等这些关键的养育功能，从而影响儿童的发展。生育转变带来的家庭规模缩小也会通过影响以上养育功能（经济资源分配、父母时间和精力的分配等）从而影响儿童的发展。以下三节将从这3个维度深入分析这三大因素是如何通过影响家庭养育功能从而影响儿童发展的。

第二节 婚姻稳定性、家庭养育功能与儿童发展

一、婚姻稳定性与家庭结构变动

离婚率是反映婚姻稳定性的重要指标。中国的粗离婚率在2002年以前都稳定在1‰以下,但是2003年以后,呈现快速增长的态势,无论是诉讼离婚还是自愿登记离婚,都在快速增加。根据民政事业发展统计公报数据,2020年中国粗离婚率达到3.1‰,而且在越年轻的队列里,离婚风险越高。

离婚给家庭带来的影响是深远的,家庭的结构、形式和功能都会随着离婚事件发生巨大的变化。从儿童发展角度,父母婚姻的解体意味着原有完整家庭的破裂,无论是随父还是随母生活,父母有一方的角色在儿童成长过程中将变得缺失,从亲子交流、教育参与、教养方式到物质资源的提供,单亲家庭的功能都是不完整的。众多研究表明,不完整的家庭对儿童的健康、教育和长期发展都可能产生负面影响,尤其是对儿童早期发展的不利影响更大。2017年全国生育状况抽样调查数据显示,中国离婚人群中有6岁以下儿童的比例达到10.98%;再婚人群中,有6岁以下儿童的比例达到24.91%。鉴于中国人口的庞大基数,生活在不完整家庭的儿童是一个规模不可小觑的群体,未来随着离婚率的增加,这个群体的规模还将进一步扩大。

表9-2呈现了2010—2016年18岁以下的未成年人生活在各类型家庭的比例,可以看出,生活在离婚后再婚重组家庭的孩子的比例上升较快,从2010年的1.55%上升至2016年的4.66%,而生活在离婚后单亲家庭的比例基本维持在2%以下水平,2016年为1.68%。

表9-2 18岁以下未成年人居住在各类型家庭中的比例(%)

分类	2010年	2012年	2014年	2016年
父母婚姻完整家庭	96.73	95.64	93.18	92.22
离异后再婚重组家庭	1.55	2.06	3.47	4.66
丧偶后再婚重组家庭	0.19	0.73	1.47	1.40
双亲家庭小计	98.47	98.43	98.12	98.28

续表

分类	2010年	2012年	2014年	2016年
离异单亲母亲家庭	0.64	0.61	0.59	0.44
离异单亲父亲家庭	0.78	0.88	1.22	1.24
离异单亲家庭小计	1.42	1.49	1.81	1.68
丧偶单亲母亲家庭	0.09	0.03	0.02	0.03
丧偶单亲父亲家庭	0.02	0.04	0.04	0.01
丧偶单亲家庭小计	0.11	0.07	0.06	0.04
合计	100.00（9453）	100.00（8254）	100.00（6790）	100.00（5314）

注：历轮次数据已使用全国总样本个人横截面权数加权。括号中为样本数；表中数据来源是CFPS。
资料来源：张春泥.离异家庭的孩子们［M］.北京：社会科学文献出版社，2019：46-47.

研究发现，无论子女性别是什么，在父母离婚后，子女都更可能与父亲一起生活（见表9-3）。离异单亲家庭以单亲父亲和儿子的组合为主，但这一类型的比例在不断下降，1982年的比例为41.0%，2000年下降至35.8%，2010年为35.3%；其次是单亲父亲与女儿的组合，1982年比例为29.8%，2000年为28.8%，2010年为27.5%。在父母离婚后，女儿和儿子随母亲居住的比例都在不断上升，女儿相较于儿子更可能与母亲一起生活，单身母亲和女儿一起生活的组合的比例还在不断上升，1982年为15.3%，2000年为19%，2010年达到22.2%。单身母亲与儿子一起生活的比例1982年为13.9%，2000年为16.4%，2010年略有下降，为15%。

表9-3 离婚后的单亲家庭子女居住安排（%）

类型	1982年	1990年	2000年	2010年
单身母亲+儿子	13.9	15.9	16.4	15
单身母亲+女儿	15.3	17.7	19.0	22.2
单身父亲+儿子	41.0	37.5	35.8	35.3
单身父亲+女儿	29.8	29.0	28.8	27.5
合计	100.0	100.0	100.0	100.0
样本量	12372	20962	37911	153

资料来源：ZHANG, C. N. Are Children from Divorced Single-Parent Families Disadvantaged? New Evidence from the China Family Panel Studies［J］. Chinese Sociological Review, 2020, 52（1）: 84-114.

二、父母婚姻变动、家庭养育功能与儿童发展

父母婚姻关系变动主要通过养育模式（如父母任何一方甚至双方角色的缺失）、家庭资源（物质和非物质资源）、教育机会、亲子关系、社会交往等影响儿童的照料、教育、健康等各方面的发展（见图9-2）。本部分主要分析单亲家庭的儿童在照料、教育、亲子关系和心理健康上受到的不利影响。

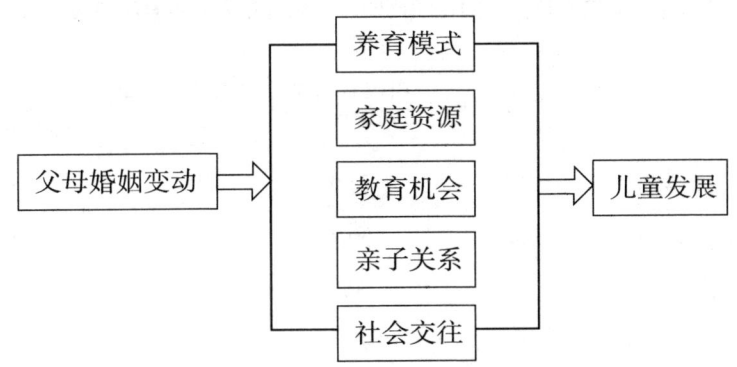

图 9-2　父母婚姻变动对儿童发展的影响

（一）儿童照料

父母婚姻完整家庭中未成年人的主要照料者通常是父母，若父母婚姻破裂，儿童由祖辈照料的比例就会大幅度上升，其中在离异单亲父亲家庭中，跟祖辈同住的超过70%，祖辈承担主要照料人的超过一半，而离异单亲母亲家庭中也有约1/3由祖辈担任主要照料人，在重组家庭中，有40%由祖辈承担主要照料工作（见表9-4）。

以往研究表明，隔代抚养对青少年的健康状况、学习和认知的发展、社会化发展和适应会产生一定程度的负面影响。在控制个体、家庭和环境因素后，完全隔代抚养儿童健康水平明显低于亲代抚养儿童[1]；隔代抚养方式不利于婴幼儿神经心理行为的发育，在大运动、精细动作、适应能力、语言及社交行为等方面均落后于父母抚养组[2]；基于中国家庭追踪调查（CFPS）2014年和2016年数据的研究发现，隔代抚养对儿童学业成绩存在明显消极影响，不

---

[1] 满小欧，王学工，孟繁元.隔代抚养对儿童早期健康状况的影响[J].中国公共卫生，2019，35（12）：1671-1674.

[2] 张月芳，王伟，朱亚宁，等.隔代抚养对婴幼儿体格及神经心理发育的影响[J].中国儿童保健杂志，2015，23（10）：1044-1046.

同隔代抚养类型对学业成绩的影响存在差异。① 隔代抚养下的儿童容易产生厌学、成绩不理想等学习问题,部分隔代抚养下的学生学习成绩处于中等及中等以下水平,尤其到了初中阶段,随着课程难度的提高,学生的学业表现更为糟糕。② 毫无疑问,父母婚姻变动加剧了家庭关系的复杂化和问题多样化,使得儿童发展面临更多挑战。

表 9-4 各类家庭与祖辈同住的比例以及未成年人的主要照料人(%)

分类	与祖辈同住	由祖辈主要照料	由父/母主要照料	由父/母主要照料(祖辈同住)
父母婚姻完整家庭	36.8	22.6	55.2	56.1
离异单亲母亲家庭	45.3	30.2	64.2	54.2
离异单亲父亲家庭	71.0	50.9	31.1	22.7
离异后再婚重组家庭	39.0	40.1	43.9	38.0
丧偶后再婚重组家庭	16.8	10.5	57.1	44.4

资料来源:张春泥.离异家庭的孩子们[M].北京:社会科学文献出版社,2019:52.

注:此题仅对年龄在15岁或以下的少儿采集;丧偶单亲家庭的有效样本数仅为6人,这里不呈现结果;数据来源于 CFPS。

(二)儿童教育

父母离婚会对儿童的教育机会和教育成就产生负面影响,使得期望受教育水平与实际受教育水平差距拉大,家庭收入的减少和家庭的不稳定是主要原因。婚姻解体往往会降低家庭生活水平,家庭收入的减少通常会影响儿童的教育资源。一些针对美国的研究表明,家庭收入的下降解释了父母离婚对儿童教育的负面影响的 1/3—2/3,特别是当离婚发生在儿童早期,家庭资源的减少对儿童教育成就获得的解释力更强。③ 在美国和一些亚洲社会,离婚者往往是社会经济地位较低的夫妇,而离婚中的财产分割使得妇女更易遭受经济

---

① 姚植夫,刘奥龙.隔代抚养对儿童学业成绩的影响研究[J].人口学刊,2019,41(6):56-63.
② 方方.农村留守儿童教育问题的社会学分析[J].当代教育论坛(管理研究),2010(8):58-59.
③ BRAND, J. E., MOORE, R., SONG, X., et al. Why Does Parental Divorce Lower Children's Educational Attainment? A Causal Mediation Analysis[J]. Sociological Science, 2019, 6(11):264-292.

窘迫[1]，与单亲母亲生活在一起的儿童更容易发生儿童贫困。父母的再婚、同居等关系的转变会扰乱儿童的生活和学校教育，对儿童的学习行为、教育投入、教育获得等各方面产生不利影响。[2]

1. 对儿童学习效果的影响

婚姻的变动会影响儿童的学习效果。一般来说，离婚对于儿童的学习效果存在负面影响。在离婚家庭中，子女的在校表现更差，自控性和学习习惯更差，成年后的教育成就更低。[3] 这一状况在其他国家也得到了验证。[4]

但离婚可能并不一定会导致儿童学习效果变差。在上海的调查分析显示，父母离婚以后监护人尽心尽责与儿童学习效果呈显著正相关，即离婚以后监护人对儿童更负责可能改善儿童的学习效果。[5]

研究之间的差异也许能够通过家庭功能的实现来解释。麦克马斯特（McMaster）家庭功能模式理论认为家庭的基本功能是为家庭成员生理、心理、社会性等方面的健康发展提供一定的环境条件。家庭系统实现家庭基本功能和完成基本任务的能力主要表现在6个方面：问题解决（problem solving）、沟通（communication）、家庭角色分工（family role）、情感反应（affective response）、情感介入（affective involvement）、行为控制（behavior control）。[6] 在学习不良儿童的家庭中，其家庭功能在6个维度及功能总分上均比一般儿童家庭差[7]，所以一般情况下，离婚对儿童的学习效果起消极作用。但在父母离

---

[1] ANDRESS, H. J., BORGLOH, B., BROCKEL, M., et al. The Economic Consequences of Partnership Dissolution—A Comparative Analysis of Panel Studies from Belgium, Germany, Great Britain, Italy, and Sweden [J]. European Sociological Review, 2006, 22（5）: 533–560.

[2] BRAND, J. E., MOORE, R., Song, X., et al, Y. Parental Divorce is not Uniformly Disruptive to Children's Educational Attainment [J]. Proceedings of the National Academy of Sciences of the United States of America, 2019, 116（15）: 7266–7271.

[3] 张春泥. 当代中国青年父母离婚对子女发展的影响——基于CFPS 2010—2014的经验研究 [J]. 中国青年研究, 2017（1）: 5–16.

[4] GHARAIBEH, F. M. The Effects of Divorce on Children: Mothers' Perspectives in UAE [J]. Journal of Divorce & Remarriage, 2015, 56（5）: 347–368.

[5] 徐安琪, 叶文振. 父母离婚对子女的影响及其制约因素——来自上海的调查 [J]. 中国社会科学, 2001（6）: 137–149.

[6] EPSTEIN, N. B., BISHOP, D. S., LEVIN, S. The McMaster Model of Family Functioning [J]. Journal of Marital and Family Therapy, 1978, 4（4）: 19–31.

[7] 辛自强, 陈诗芳, 俞国良. 小学学习不良儿童家庭功能研究 [J]. 心理发展与教育, 1999（1）: 23–27.

婚后，监护人一方尽职尽责可能使得家庭功能中沟通、问题解决等维度得到一定的加强，从而可能改善儿童的学习效果。

家庭功能的缺失在不同的家庭类型中表现也有所不同。把家庭分为父亲离婚单亲家庭、母亲离婚单亲家庭、重组家庭、完整家庭和父/母外出家庭时，我们能够从家庭结构功能论的视角来理解不同类型家庭的儿童表现。父亲离婚单亲家庭的儿童在自评优秀程度、学习努力程度这两个指标上显著较低；虽然在学习努力程度上，母亲离婚单亲家庭的子女同样显著不及完整家庭的子女，但母亲单亲家庭的子女在学习压力和考入重点学校的可能性上还要显著优于完整家庭的子女；重组家庭的子女在所有指标上都未显示出与完整家庭子女的显著差距，这可能是由于父/母外出家庭和重组家庭事实上家庭功能是没有缺失的。[①]

2. 对儿童教育投入的影响

父母婚姻状况变动对于儿童教育投入的影响可以通过家庭经济剥夺的机制来理解。经济剥夺论主要关注因离婚而导致的人力资本和经济资本资源变化对儿童的影响。离婚割断了父母之间对收入的转移和分享，减少了家庭的经济规模和来源，减少了非监护人对儿童的经济投入，并削弱了父母之间分工合作的可能[②]。父母本身就是儿童的社会资本，婚姻的破碎必然减少父母一方与儿童的联系，儿童也会因此失去父亲或者母亲其中一方的社会网络和人脉关系。[③] 同时，由于仅仅由一方抚养，而拥有抚养权的一方育儿技能以及精力都是有限的，所以育儿时间的投入较之以前也会在很大程度上减少。

当对家庭类型细分时，研究发现，仅父亲离婚单亲家庭的子女在获得教育支出投入上显著不及完整家庭的子女，而母亲离婚单亲家庭的子女则未呈现这种状况，这很可能母亲单亲离婚家庭的平均社会经济地位要高于完整家庭有关。[④]

[①] 张春泥.当代中国青年父母离婚对子女发展的影响——基于CFPS 2010—2014的经验研究[J].中国青年研究，2017（1）：5-16.

[②] 韩晓燕，魏雁滨.父母离婚影响孩子的四大理论视角——西方文献分析[J].浙江学刊,2004(1)：207-214.

[③] 张思齐.离婚对家庭成员影响的差异性探讨——基于当代西方社会学者研究的视角[J].国外社会科学，2017（2）：108-119.

[④] 张春泥.当代中国青年父母离婚对子女发展的影响——基于CFPS2010—2014的经验研究[J].中国青年研究，2017（1）：5-16.

3. 对儿童教育成就的影响

研究显示，父母离婚的儿童往往比父母未离婚的儿童受教育程度低[①]，离婚的家庭在经济方面受到影响，父母其中一方教育角色的缺失等是造成下一代受教育程度低的原因。阿马托（Amato）等的研究甚至发现，离婚对后代的影响不仅局限于两代之间，甚至会扩展到三代：第一代祖父母的离婚会导致一些家庭问题，并对其子女（第二代）产生负面影响，最终限制孙子（女）受教育水平的提高。从生命历程理论与家庭冲突理论的视角分析，祖父母一代人的事件和环境会对后代产生长期影响，即祖父母一代的离婚导致了家庭内部问题及呈现出家庭冲突，这些家庭冲突对子女（第二代）产生了负面影响，而这些对子代的负面影响起到中介作用，并最终对孙代产生不利影响。[②]

4. 离婚的异质性对儿童的影响

也有研究提出，离婚不是对儿童的成就和幸福始终产生负面影响，简单地把儿童区分为父母离婚的儿童和父母未离婚的儿童，过分简化了父母离婚对儿童教育成就的影响。父母离婚与否本身就存在选择性，也就是说，不同家庭其离婚的可能性是不同的。如果父母离婚的可能性较小，而突然发生离婚事件，这对儿童而言是一个巨大的冲击，将对儿童的教育成就获得产生显著的负面影响。[③]然而，如果父母离婚可能性越大，一旦离婚发生，父母离婚对子女教育成就取得的影响越小。符号互动论为这种现象的发生提供了有力的解释，即由于父母离婚可能性大，那么父母对于离婚事件的发生越有准备，清楚离婚事件对夫妻双方以及子女的意义，父母也越能适应离婚后的状态并与子女进行沟通。而从"危机—弹性"模型角度来看，儿童长期处于父母有很大可能离婚的状态下，儿童更可能拥有一种应对家庭内部压力的心理状态，

---

① BRAND, J. E., MOORE, R., SONG, X., et al. Parental Divorce is not Uniformly Disruptive to Children's Educational Attainment [J]. Proceedings of the National Academy of Sciences of the United States of America, 2019, 116（15）: 7266-7271.

② AMATO, P, CHEADLE, J. The Long Reach of Divorce: Divorce and Child Well-Being Across Three Generations [J]. Journal of Marriage and Family, 2005（1）: 191-206.

③ BRAND, J. E., MOORE, R., Song, X., et al. Why Does Parental Divorce Lower Children's Educational Attainment? A Causal Mediation Analysis [J]. Sociological Science, 2019, 6（11）: 264-292.

这对于儿童个体发展起到了保护性的"稳定器"作用。①

反之，父母离婚可能性越小，一旦离婚发生，那么父母离婚对子女教育成就取得的影响越大，即子女实际的教育成就获得与预期的教育成就获得差距更大。

需要指出的是，国外研究显示，离婚单亲家庭对儿童教育有不利影响，这部分归因于离婚父母普遍社会经济地位较低以及父母监护的减少。然而，在中国，离婚在经济发达地区、家庭社会经济背景较好以及受教育程度较高夫妻中更为普遍，并且祖辈照料和经济支持在离异家庭育儿中起了重要作用，这些缓冲机制降低了离婚对儿童的负面影响，单亲母亲家庭儿童学业表现和完整家庭儿童无显著差异，不过儿童发展的其他方面受到的影响仍不可忽视。离婚对中国家庭功能的影响和对儿童长期发展产生的影响未来还需要更多的实证研究。

（三）亲子关系

在亲子沟通上，与完整家庭相比，单亲家庭、重组家庭和父/母外出家庭中亲子之间的互动（无论是积极的还是消极的）都显著较少。在母亲离婚单亲家庭中，虽然母亲在掌握子女与谁在一起和与儿童谈心的次数上都与完整家庭几乎没有差异，但母亲离婚单亲家庭中的子女在烦恼时无人倾诉的可能性要显著高于完整家庭的子女。②家庭中缺失父亲角色的儿童也不愿与人接触、缺乏自信，而且不论是在家还是在学校，他们往往不会与人互动。③

博恩斯坦（Bernstein）根据麦克马斯特（McMaster）家庭功能模式理论发展出家庭功能评价工具（Family Assessment Device，FAD），研究发现，单亲家庭比完整家庭表现出更多的家庭问题，且其主要问题就表现在家庭功能维度中的角色作用和沟通上。④传统性别分工文化下，男性倾向于关注其经济责

---

① 邓林园，赵鑫钰，方晓义.离婚对儿童青少年心理发展的影响：父母冲突的重要作用［J］.心理发展与教育，2016，32（2）：246-256.

② 张春泥.当代中国青年父母离婚对子女发展的影响——基于 CFPS 2010—2014 的经验研究［J］.中国青年研究，2017（1）：5-16.

③ Cui, M. FINCHAM, F. D. The Differential Effects of Parental Divorce and Marital Conflict on Young Adult Romantic Relationships［J］. Personal Relationships, 2010, 17: 331-343.

④ BERNSTEIN, G. A. School Refusal: Family Constellation and Family Functioning［J］. Journal of Anxiety Disorders, 1996, 10（1）: 1-19.

任，而忽视亲子互动，单亲父亲家庭和重组家庭中的儿童在主观幸福感上处于劣势。① 父母离异不仅影响儿童与父母的关系亲密性，而且对儿童成年后建立自己的亲密关系也产生了不良影响，父母离异对儿童人际交往的影响具有长期性和消极性，使离异家庭儿童在人际关系方面表现出极大的不适应性。②

（四）性格发展与越轨行为

父母离婚以及离婚后的家庭环境变化可能会对儿童的性格发展产生负面影响。家庭功能越差，相应的子女行为异常程度越高。③ 父母离婚可能使得儿童感到被排斥，儿童在经历父母离婚后，自尊心和自信心都有很大程度的下降。④ 家庭中缺失父亲角色的儿童不愿与人接触、缺乏自信，而且不论是在家还是在学校，他们往往不会与人互动。⑤ 不过，虽然离婚对于儿童自尊心有负面影响，但单亲家庭的儿童容易自立和成熟⑥，这可能是由于家庭功能缺乏逼迫儿童不得不迅速成长起来并承担起家庭的责任。

一般来说，相比于完整家庭的子女，离婚家庭子女非认知能力更低，表现出更多的越轨或反社会行为，更可能依靠福利救济、更早离家生活、更早发生性行为、更可能早育或非婚生育。⑦ 传统性别分工文化下，男性倾向于关注其经济责任，而忽视亲子互动，单亲父亲家庭和重组家庭中的儿童在主观幸福感上处于劣势。⑧

家庭处境不利的儿童更容易出现攻击、退缩以及各种过错行为和违法犯

---

① Zhang, C. N. Are Children from Divorced Single-Parent Families Disadvantaged？ New Evidence from the China Family Panel Studies [J]. Chinese Sociological Review, 2020, 52（1）：84-114.

② 王永丽, 俞国良. 离异家庭儿童的适应性问题 [J]. 心理科学进展, 2005（3）：276-282.

③ 方晓义, 徐洁, 孙莉, 等. 家庭功能：理论、影响因素及其与青少年社会适应的关系 [J]. 心理科学进展, 2004（4）：544-553.

④ 张思齐. 离婚对家庭成员影响的差异性探讨——基于当代西方社会学者研究的视角 [J]. 国外社会科学, 2017（2）：108-119.

⑤ Cui, M., FINCHAM, F. D. The Differential Effects of Parental Divorce and Marital Conflict on Young Adult Romantic Relationships [J]. Personal Relationships, 2010, 17：331-343.

⑥ 张思齐. 离婚对家庭成员影响的差异性探讨——基于当代西方社会学者研究的视角 [J]. 国外社会科学, 2017（2）：108-119.

⑦ 张春泥. 当代中国青年父母离婚对子女发展的影响——基于CFPS 2010—2014的经验研究 [J]. 中国青年研究, 2017（1）：5-16.

⑧ Chunni Z. Are Children from Divorced Single-Parent Families Disadvantaged？ New Evidence from the China Family Panel Studies [J]. Chinese Sociological Review, 2020, 52（1）：84-114.

罪行为①，父母离异也可能会使得子女知觉到更强的压力而且采用更消极的应对方式，有着更高的犯罪率和自杀意念。②德瓦（Dewa）的研究同样表明，离异或者分居父母的儿童容易产生"反社会"的行为。③不过，针对中国的研究表明，当把越轨行为仅仅界定在是否抽烟、饮酒、经常上网吧玩游戏等时，单亲家庭、重组家庭和父/母外出家庭的子女与完整家庭的子女相比都并未发现显著差异。④其中一个可能的解释是，离婚家庭由于相应的家庭功能缺失，使得亲子间沟通效率下降，父代可能采取更为严格而非亲和的管理方式，同时，由于中国教育制度留给儿童的闲暇时间是有限的，儿童并无过多机会采取一些程度很轻的越轨行为如抽烟等，但持续压抑的状况可能使得其心理抑郁并最终导致较为严重的反社会倾向。

综上，本节分析结果发现，离婚家庭在一些养育功能上出现缺位状态，比如照料上更多依靠祖辈，亲子交流互动减少，父母角色缺位，家庭经济受到冲击，父母的心理健康受到影响等，儿童的教育机会减少，教育投入减少，在校表现更差，自控性和学习习惯更差，儿童的性格、自尊自信、人际交往等非认知能力也会受到不利影响。

第三节 人口流动、家庭养育功能与儿童发展

自20世纪80年代以来，中国经历了从很少迁移的"乡土中国"向大规模、高频率迁移的"迁徙中国"转变的过程，迅速实现了向大规模、全方位、多层次、多元化的全员迁移流动的转变。⑤全社会范围内的人口迁移流动不仅对社会经济发展产生了巨大的影响，也从根本上改变了家庭的结构、功能及其发展能力。2015年，全国流动儿童规模3426万人，留守儿童规模6877万人，

---

① 郑信军，岑国桢. 家庭处境不利儿童的社会性发展研究述评［J］. 心理科学，2006（3）：747-751，703.
② 盖笑松，赵晓杰，张向葵. 父母离异对子心理发展的影响：计票式文献分析途径的研究［J］. 心理科学，2007（6）：1392-1396.
③ DEWA, D. The Plight of Children as Secondary Victims of Divorce in Gweru Zimbabwe: 2013—2016［J］. International Journal of Advanced Science and Technology，2016，91：11-18.
④ 张春泥. 当代中国青年父母离婚对子女发展的影响——基于CFPS 2010—2014的经验研究［J］. 中国青年研究，2017（1）：5-16.
⑤ 段成荣，吕利丹，王涵，等. 从乡土中国到迁徙中国：再论中国人口迁移转变［J］. 人口研究，2020，44（1）：19-25.

受人口流动影响的儿童规模达到1.03亿人,占全国儿童的38%,这意味着,中国每10名儿童中平均就有近4名儿童受到人口流动的影响。① 家庭中父亲、母亲或父母双方外出流动虽然可以提升家庭的经济能力,改善家庭的生活条件,特别是为儿童教育提供更多的物质资源,但不可忽视的是,由于父母在教育参与、亲子交流等方面的缺失,受人口流动影响的流动和留守儿童在成长过程中也面临着重大挑战。离乡使得流动儿童失去了他们传统的支持体系以及社区支持,并在就读城市学校、就医和社会保障等方面面临各种困难和歧视;留守儿童父母中一方或双方外出打工,难以从家庭获得足够的情感支持和学习上的帮助,不利于身心健康发展。②

一、城镇化进程中的留守儿童与流动儿童

本部分参考已经发表的研究成果,主要利用全国人口普查与1%人口抽样调查数据,整理分析城镇化进程中中国留守儿童和流动儿童的状况。其中"留守儿童"指的是父母中至少有一方外出,且年龄在0—17岁的儿童;"农村留守儿童"指户籍所在地为农村地区的留守儿童。

全国0—17岁的留守儿童从2904.3万增加到2015年的6876.6万,增加了近4000万;农村留守儿童从2699.2万增加到2015年的4051万,共增加了1351.8万。2010—2015年,留守儿童规模有所下降,全国留守儿童的数量减少了96.2万,农村留守儿童更是减少了610万,开始呈现出下降的趋势(见图9-3)。中国留守儿童规模减小,尤其是农村留守儿童减少主要原因包括:第一,由于长期较低的生育水平,全国儿童规模和农村儿童规模整体出现了下降。第二,农村留守儿童数量减少的直接原因就是部分留守儿童跟随父母流动到城市学习生活,身份上转换成了流动儿童。第三,随着中国城镇化的快速推进,部分农村留守儿童身份上转变成城市户口。

---

① 吕利丹,阎芳,段成荣,等.新世纪以来中国儿童人口变动基本事实和发展挑战[J].人口研究,2018,42(3):65-78.
② 吕利丹,阎芳,段成荣,等.新世纪以来中国儿童人口变动基本事实和发展挑战[J].人口研究,2018,42(3):65-78.

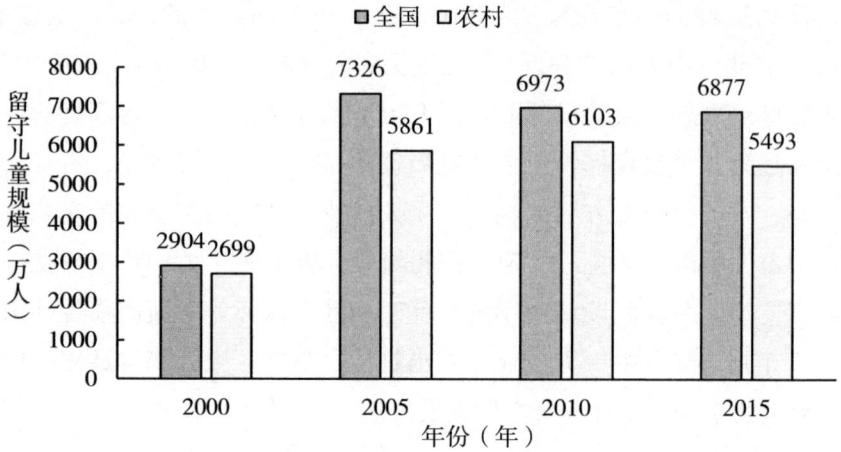

图9-3　2000—2015年中国留守儿童规模的变化趋势（万人）

资料来源：段成荣，赖妙华，秦敏.21世纪以来中国农村留守儿童变动趋势研究［J］.中国青年研究，2017（6）：52-60.

从年龄结构上看，中国农村留守儿童呈现出日趋低龄化的态势（见表9-5）。0—5岁学龄前留守儿童和6—11岁小学适龄儿童所占比例较大，12—17岁的初、高中留守儿童所占比例较小。0—5岁的学龄前农村留守儿童所占的比例在2000—2005年有小幅度降低，之后的10年大幅度增长，到了2015年该比例已达到40%；6—11岁小学阶段的儿童15年来比例有所下降，但保持在较高的比例水平。2015年0—11岁儿童合计占到全部农村留守儿童的75%。初高中阶段的留守儿童（12—17岁）加在一起的比例刚刚超过25%。

表9-5　中国农村留守儿童的年龄构成表（%）

年龄	2000年	2005年	2010年	2015年
0—5岁	30.0	27.1	38.4	40.3
6—11岁	40.6	34.9	32.0	33.5
12—14岁	19.4	20.8	16.3	13.8
15—17岁	10.0	17.3	13.3	12.4
合计	100.0	100.0	100.0	100.0

资料来源：段成荣，赖妙华，秦敏.21世纪以来中国农村留守儿童变动趋势研究［J］.中国青年研究，2017（6）：52-60.

从居住安排来看，2015年全部农村留守儿童中，父母均外出的，占比48.1%；仅父亲外出的，占比30.8%；仅母亲外出的，占比21.2%。在各个年龄段上，父母均外出的比例都是最高的（见表9-6）。

表9-6 2015年中国农村留守儿童父母外出情况（%）

外出类型	0—5岁	6—11岁	12—14岁	15—17岁	0—17岁
父母均外出	48.9	48.0	50.0	52.5	48.1
仅父亲外出	29.2	31.5	31.3	10.1	30.8
仅母亲外出	21.9	20.5	18.7	17.4	21.2
合计	100.0	100.0	100.0	100.0	100.0

资料来源：段成荣，赖妙华，秦敏.21世纪以来中国农村留守儿童变动趋势研究［J］.中国青年研究，2017（6）：52-60.

与留守儿童相对应的是流动儿童，即居住地与户口所在地不属于同一街道或乡镇的0—17岁儿童（扣除了市辖区内的人户分离人口）。从2000—2015年流动儿童规模的变动趋势来看，近15年来，中国的流动儿童规模呈现持续上涨趋势，从2000年的1982万人增长到2015年的3426万人。同样，也可以观察到从2010—2015年，流动儿童规模出现了下降，这一方面是全国儿童规模下降造成的，另一方面可能是由于儿童户籍身份的转换。

从年龄结构看（见表9-7），学龄前阶段、小学阶段、后义务教育阶段的流动儿童分别占主体30%左右，15—17岁阶段的流动儿童有一部分是自己外出务工，其他两个年龄段的儿童基本是跟随父母在流入地生活、上学。从时间变化趋势看，幼儿阶段、学前阶段和小学教育阶段的流动儿童在绝对规模上都在增加，而初中教育及义务教育后阶段由于整体儿童规模的下降，也出现了下降，尤其是15—17岁的后义务教育阶段下降的幅度较大。

从流动儿童的居住模式看，跟父母共同生活的比例大幅度下降，从2000年的63.2%降到2015年的45%，仅与母亲生活或者仅与父亲生活的比例有所提高，均在9%左右。而跟其他人居住或者独居的比例上升，2015年达到了37.1%（见表9-8）。结合表9-7呈现的流动儿童年龄结构的时间变化，显然这样的居住模式的变化并不完全是由于15—17岁大龄流动儿童增多而导致的居住模式整体的变化，因为从2010—2015年，流动儿童整体年龄结构的变动并不大。流动儿童给人的总体印象是可以跟随父母一起生活，所以在家庭结构上是完整的，但这样的变化似乎显示出流动儿童中父母角色缺失的现象也比较普遍，而且有越来越严重的趋势，是一个值得关注的现象。

表 9-7 2000—2015年流动儿童各学龄阶段规模

分类	百分比分布（%）				规模（万人）			
	2000年	2005年	2010年	2015年	2000年	2005年	2010年	2015年
幼儿阶段（0—2岁）	14.5	12.7	10.8	13.5	287	321	386	463
学前教育阶段（3—5岁）	19.0	15.3	14.3	17.2	377	388	512	590
小学教育阶段（6—11岁）	35.8	30.2	25.9	27.3	709	764	929	934
初中教育阶段（12—14岁）	16.8	14.3	13.0	12.0	332	361	464	412
义务教育后阶段（15—17岁）	13.9	27.6	36.0	30.0	276	699	1290	1026
合计	100	100	100	100	1982	2533	3581	3426

资料来源：吕利丹，程梦瑶，谭雁潇，等.中国流动儿童人口发展与挑战（2000—2015）[J].青年研究，2018，4：1-12，94.

表 9-8 2000—2015年流动儿童家庭结构（%）

分类	2000年	2010年	2015年
与父母一起	63.2	63.5	45.0
仅与母亲	5.1	5.6	8.8
仅与父亲	1.8	2.2	9.1
与其他成年人	24.6	19.8	25.5
与其他未成年人居住或独居	5.4	8.89	11.6
合计	100	100	100

资料来源：吕利丹，程梦瑶，谭雁潇，等.中国流动儿童人口发展与挑战（2000—2015）[J].青年研究，2018，4：1-12，94.

二、受人口流动影响的儿童的照料情况

从儿童的抚养状况来看，2015年有64.7%的儿童与父母双方一起居住，

19.6%与父母中的一方一起居住，另有15.7%的儿童不与父母任何一方一起居住[①]。我们利用2012—2016年的流动人口动态监测调查数据，进行了更详细的测算，展示流动儿童和留守儿童的照料情况。

如表9-9所示，对于只有一个孩子的流动人口家庭，有大约70%是流动儿童，剩下的30%居住在户籍地或其他地方，是留守儿童。对于家中有2个或更多孩子的流动人口家庭，有63%的家庭孩子全部是流动儿童，26%是全部留守，部分流动部分留守占11%。总体而言，2012年以来，各种类型较为稳定，留守的比例略有上升。

表9-9 流动人口家庭0—14岁儿童的流动和留守情况（人/%）

年份	家庭内只有1个0—14岁儿童					家庭内只有2个及以上0—14岁儿童							
	流动		留守		合计	全部流动		全部留守		部分留守		合计	
	数量（人）	占比（%）	数量（人）	占比（%）	数量（人）	数量（人）	占比（%）	数量（人）	占比（%）	数量（人）	占比（%）	数量（人）	
2012	43672	71.70	17234	28.30	60906	30891	62.98	11561	23.57	6600	13.46	49052	
2013	55132	72.68	20725	27.32	75857	41793	64.31	14954	23.01	8238	12.68	64985	
2014	56078	73.53	20184	26.47	76262	42943	65.16	15591	23.66	7366	11.18	65900	
2015	51207	70.99	20924	29.01	72131	40959	62.24	17581	26.71	7270	11.05	65810	
2016	43949	69.58	19215	30.42	63164	37899	63.24	15707	26.21	6325	10.55	59931	

资料来源：根据流动人口动态监测数据计算。流动指的是调查时居住在本地，留守指的是调查时居住在户籍地或其他地方。

留守儿童主要由祖辈照料，比例达到62%，其次是母亲照料，约为18%（见表9-10）。不同类型的留守儿童照料情况也有差异，父母都不在家的留守儿童由祖辈照料的比例高达86%，跟母亲留守的儿童则主要由母亲照料，占比68%，和父母留守的儿童照料形式比较分散多样，只由父亲照料的比例仅为14%。流动儿童主要由父母双方照料，比例占65%，其次是母亲照料，为28%。跟母亲流动的儿童主要由母亲照料的比例较高，超过60%，但是跟父

[①] 国家统计局，联合国儿童基金会，联合国人口基金会.2015年中国儿童人口状况：事实与数据［R/OL］.（2017-09-27）. https://www.unicef.cn/reports/population-status-children-china-2015？a=show&c=index&catid=226&id=4242&m=content.

亲一起流动的儿童照料情况比较分散，报告的主要照料人可能是父亲、母亲、父母双方或祖辈（见表9-11）。

表9-10 流动儿童和留守儿童的照料情况

	父亲照料		母亲照料		父母双方照料		祖辈照料		其他人照料		合计
	数量（人）	占比（%）	数量（人）	占比（%）	数量（人）	占比（%）	数量（人）	占比（%）	数量（人）	占比（%）	
流动	1006	1.18	23556	27.74	55326	65.13	3425	4.03	1623	1.91	84946
留守	1126	2.96	7023	18.46	5182	13.62	23565	61.93	1156	3.04	38052
合计	2132	1.73	30589	24.87	60508	49.19	26990	21.94	2779	2.26	122998

资料来源：根据2016年流动人口动态监测数据测算。

表9-11 流动儿童和留守儿童的照料情况（人/%）

分类	父亲照料		母亲照料		父母双方照料		祖辈照料		其他人照料		合计
	数量（人）	占比（%）	数量（人）	占比（%）	数量（人）	占比（%）	数量（人）	占比（%）	数量（人）	占比（%）	
和父母一起流动	684	0.84	22063	27.05	54141	66.37	3130	3.84	1551	1.90	81569
和父亲流动	297	22.87	271	20.33	569	42.69	161	12.08	35	2.63	1333
和母亲流动	25	1.22	1232	60.27	616	30.14	134	6.56	37	1.81	2044
和父亲留守	783	13.91	1170	20.78	2101	37.32	1460	25.93	116	2.06	5630
和母亲留守	37	0.51	4948	68.03	1377	18.93	829	11.40	82	1.13	7273
独自留守	235	0.96	724	2.96	1627	6.66	20987	85.93	849	3.48	24422
其他	71	9.77	181	24.90	77	10.59	289	39.75	109	14.99	727
合计	2132	1.73	30589	24.87	60508	49.19	26990	21.94	2779	2.26	122998

资料来源：根据2016年流动人口动态监测数据测算。

总体而言，与祖父母留守、与母亲留守、与母亲和祖父母留守3种居住类型，一直是中国农村留守儿童的主要居住类型。近些年，与其他亲属一起居住的留守儿童比例也在增加。不同的家庭抚养类型对儿童发展可能会造成不同的影响，研究表明，和母亲生活在一起的儿童通常能得到更好的养育和照料，对于低龄儿童，母亲陪伴的缺失是造成幼儿认知滞后的关键因素之一，母亲和幼儿分离也不利于促进母乳喂养和保证儿童营养；对于学龄阶段留守儿童而言，相对于父亲照料类型，母亲照料更有利于他们的学业成绩。[①]

三、流动和留守儿童的教育

人口流动对儿童教育的影响主要体现在教育机会、教育资源和学业表现上。一方面，从物质资源视角看，父母流动有助于子女的学业发展，父母外出务工的收入能够改善家庭经济条件，进而增加在子女教育上的投入，为子女教育提供更充足的资源。因而相较于那些父母没有流动的同伴来说，留守儿童更有机会在学业上有良好表现。[②]而且这部分收入能够极大地缓解家庭经济压力，儿童无须过早地参加劳作，可以将更多的时间投入到学习当中并在义务教育阶段后继续学业。[③]另外，父母在外出务工的过程中更能体会人力资本的价值和教育的重要性，这些会使得父母更为关注子女的教育质量。[④]但另一方面，父母流动也有可能给留守儿童的学业发展带来负面影响。父母因流动而造成的监管缺失会使得留守儿童在学业上的热情降低，投入的精力也会减少，甚至更有可能中途辍学。[⑤]由于家中青壮年劳动力外出打工，留守在家中的亲属就要承担更多的劳作和家务。这种情况不仅缩减了留守儿童用于学习的时间，也使得照料者无暇监督留守儿童完成学业。[⑥]对于流动儿童来说，

---

① 吴映雄，杜康力. 父母外出打工对留守儿童的学业成绩的影响——基于性别差异的视角［J］. 特区经济，2014（4）：186–189.

② Wu, X., Zhang, Z. Population Migration and Children's School Enrollments in China, 1990—2005［J］. Social Science Research, 2015, 53: 177–190.

③ KANDEL, W., Kao, G. The Impact of Temporary Labor Migration on Mexican Children's Educational Aspirations and Performance［J］. International Migration Review, 2001, 35（4）: 1205–1231.

④ SRIVASTAVA, R., SASIKUMAR, S. K. An Overview of Migration in India, its Impacts and Key Issues［C］. Paper presented at the Regional Conference on Migration, Development and Pro-Poor Policy Choices in Asia. Dhaka, 2003.

⑤ GIORGULI, S. To Study or not to Study: The Influence of Family Migration on School Enrollment among Mexican Adolescents［C］. In Ponencia presentada en el Population Association of America Meeting, Massachusetts, 2004.

⑥ Chang, H., Dong, X. Y., MACPHAIL, F. Labor Migration and Time Use Patterns of the Left-behind Children and Elderly in Rural China［J］. World Development, 2011, 39（12）: 2199–2210.

对于新环境的适应和融入、户籍制度造成的入学门槛等可能会不利于他们的学业。①

（一）父母流动对流动（随迁）儿童入学机会的影响

在关于随父母流动对儿童学业发展到底会造成怎样的影响这一问题上，许多的实证研究都聚焦于随迁儿童的入学机会之上。

利用1990年全国人口普查、1995年1%人口抽样调查以及2000年全国人口普查的数据，研究者对随迁儿童的入学机会及其影响因素进行了较为细致的研究，研究发现，相较于没有参与流动的农村儿童和城市儿童，6—15岁的随迁儿童注册入学、参加义务教育的概率显著降低。并且，这种影响会随着流动距离的增加而愈加明显：相比于县际流动的随迁儿童，跨省流动的儿童所能获得教育的机会就更小一些。②但另一方面，随父母流动对教育的负面影响会随着时间而逐渐减弱。这一效应同样被研究所证实，有学者分析1995年1%人口抽样调查的广东省数据发现：随迁不满一年的儿童的入学比例显著低于城市儿童，同时也比不上非流动的农村儿童；但那些在流动目的地居住更久的随迁儿童的入学比例甚至会高于城市儿童。③

也有一些区域研究认为随父母流动不会对儿童的入学机会产生显著影响。一项利用2002年中国九城市流动儿童状况调查的研究表明：随迁儿童的受教育机会与非流动农村儿童相当，并无显著差异。④另一项利用1997年北京市流动人口普查数据展开的研究则进一步估计：随迁儿童的入学比率为88%，与同期的全国入学比率保持一致。但该研究同时认为，尽管随迁儿童的入学比例很高，但他们中的很大一部分并没有机会接受公办学校的良好教育，而

---

① Lu, Y., Zhou, H. Academic Achievement and Loneliness of Migrant Children in China: School Segregation and Segmented Assimilation [J]. Comparative Education Review, 2012, 57（1）: 85-116.

② Wu, X., Zhang, Z. Population Migration and Children's School Enrollments in China, 1990—2005 [J]. Social Science Research, 2015, 53: 177-190.

③ Liang, Z., Chen, Y. P. The Educational Consequences of Migration for Children in China [J]. Social Science Research, 2010, 36（1）: 28-47.

④ Liang, Z., Guo, L., Duan, C. Migration and the Well-Being of Children in China [J]. The Yale-China Health Journal, 2008, 5: 25-46.

只能进入教学资源较差的民办打工子弟学校就读。①

可以看到,由于选用数据的调查对象和调查时间有所不同,得到的结论有所差异。随着国家和地方对随迁儿童更多的关注及政策倾斜,这些可能的影响或许也会因为地域和时间的差异而有所不同。

(二)父母流动对流动(随迁)儿童学业表现的影响

2010年中国家庭追踪调查数据分析结果显示,相较于那些留在农村的儿童(包括留守儿童和非流动儿童),随迁儿童的学业表现和语言能力都更胜一筹。②一项2002—2006年在陕西省开展的追踪调查也为这一结论提供了支持证据。③

随父母流动对儿童学业发展的影响不能一概而论,随迁儿童进入何种学校就读也会对他们的学业成就产生巨大影响。一般来说,比起只能在民办打工子弟学校上学的同伴,那些有幸进入公立学校就读的随迁儿童无论是在标准化考试成绩上,还是在父母对子女的学业满意度上都有更好的结果。④一项2010年的研究在上海抽选了20所公办及民办小学,对入选学校的所有四年级学生展开标准化考试及深入访谈调查发现,能否进入公办学校就读,是影响随迁儿童教育质量至关重要的因素。基于北京数据的一项研究同样证实了这一观点,并进一步指出:那些能够进入公办学校读书的随迁儿童在学业表现上与城市儿童没有显著差异;并且,相对于在民办打工子弟学校就读的随迁儿童,这两类在公办学校读书的儿童的学业都更为优秀。⑤

现有研究普遍认为民办打工子弟学校的教学质量和资源不如城市中的公办学校,就读于民办学校的随迁儿童在学业发展上也明显处于弱势地位;但

---

① Guo, F. School Attendance of Migrant Children in Beijing, China: A Multivariate Analysis [J]. Asian and Pacific Migration Journal, 2002, 11(3): 357-374.

② Xu, H., Xie, Y. The Causal Effects of Rural-to-Urban Migration on Children's Well-Being in China [J]. European Sociological Review, 2015, 31(4): 502-519.

③ Chen, X., Huang, Q., Rozelle, S., et al. Effect of Migration on Children's Educational Performance in Rural China [M] //Brada J.C., Wachtel P., Yang D.T. China's Economic Development. London: Palgrave Macmillan, 2014: 206-224.

④ Chen, Y., Feng, S. Access to Public Schools and the Education of Migrant Children in China [J]. China Economic Review, 2013, 26: 75-88.

⑤ Lu, Y., Zhou, H. Academic Achievement and Loneliness of Migrant Children in China: School Segregation and Segmented Assimilation [J]. Comparative Education Review, 2012, 57(1): 85-116.

这种劣势仅仅体现在与城市公办学校学生的对比之中。在对进入北京的城市民办学校就读的随迁儿童以及仍在迁出地陕西的农村公办学校就读的农村儿童进行了成绩比较后发现，在城市民办学校就读的随迁儿童，其学业表现明显优于在农村公办学校就读的儿童。①

可以看到，在选取比较群体上有所不同，研究结论也会各有侧重。在探索随父母流动对儿童学业表现的影响上，应当选择哪一群体与随迁儿童进行比较一直以来还存在争议。共识性的结论是，父母在面临是否外出打工，又是否会带子女一同流动这些选择时，其决策存在着结构性的差异；而这些家庭经济状况、父母受教育程度、教养方式、家庭结构等方面的差异和因流动带来的家庭上的变化，会对随迁儿童的入学机遇以及学业发展带来显著影响。②③

（三）父母流动对留守儿童教育机会的影响

基于2005年1%人口抽样调查和2010年全国人口普查的数据分析表明：在小学阶段，留守儿童的入学比例甚至比农村非流动儿童还要更高一些，留守儿童普遍都能按时接受小学阶段的义务教育。④⑤另一项利用2000年全国人口普查数据对初中阶段留守儿童的受教育机会进行分析的研究结果表明，留守儿童在初中阶段的教育机会显著好于农村非流动儿童以及城市随迁儿童。⑥当对高中阶段留守儿童的入学机会进行更为细致的研究后发现，在所有未与双亲一同居住的家庭居住安排中（包括留守、离异、丧偶等），与母亲同住的留守儿童的在学概率最高，而与父亲同住的留守儿童就读高中的可能性则相对较低。⑦基于中国健康与营养调查数据的研究同样发现，总体来说，父母的

---

① Lai, F., Liu, C., Luo, R., et al. Private Migrant Schools or Rural/Urban Public Schools: Where should China Educate its Migrant Children？[R]. REAP Working Paper 224.CA: Stanford University, 2011.

② Chen, Y., Feng, S. Access to Public Schools and the Education of Migrant Children in China [J]. China Economic Review, 2013, 26: 75–88.

③ Xu, H., Xie, Y. The Causal Effects of Rural-to-Urban Migration on Children's Well-Being in China [J]. European Sociological Review, 2015, 31 (4): 502–519.

④ 段成荣, 杨舸. 中国农村留守儿童状况研究 [J]. 人口研究, 2008 (3): 15–25.

⑤ 段成荣, 吕利丹, 郭静, 等. 中国农村留守儿童生存和发展基本状况——基于第六次人口普查数据的分析 [J]. 人口学刊, 2013, 35 (3): 37–49.

⑥ 杨菊华, 段成荣. 农村地区流动儿童、留守儿童和其他儿童教育机会比较研究 [J]. 人口研究, 2008 (1): 11–21.

⑦ 杨菊华. 父母流动、家庭资源与高中教育机会 [J]. 学海, 2011 (2): 19–33.

流动不会在教育获得方面给留守儿童带来显著优势。分教育程度来说,初中阶段的留守儿童最有可能从父母流动中获益,小学阶段次之,而父母流动对高中阶段的留守儿童的教育获得来说则没有明显的积极影响。①

(四)父母流动对留守儿童学业表现的影响

在学业表现方面,基于2010年中国家庭追踪调查数据的研究结果发现,无论是在学习时间还是在学业成绩上,留守儿童与非流动儿童之间都不存在显著差异。尽管可能存在由于缺乏父母监管,留守儿童在学业上与非留守儿童相比更差的情况,但留守儿童由于父母务工对经济条件的改善和提供的更丰富的教育资源可能在一定程度上消除了其劣势。②但是研究也发现,留守儿童在自我表现优秀程度的评价上要显著低于来自完整家庭的儿童,同时教育期望也更低。

四、流动与留守儿童的心理健康

一般认为,父母在儿童的心理和人格发展中扮演着不可替代的重要角色,他们为子女提供必要的情感支持、协助他们解决生活中的问题、引导和帮助儿童建立自我并逐步社会化等。③人格的形成主要是在幼年和青少年时期,除遗传因素外,也会受到人生早期经历和外界环境的影响。④对于儿童来说,与父母分离居住或是跟父母流动进入一个新的环境,都是一项重大的应激事件。因为父母角色的缺位或者对儿童心理问题的忽视,儿童的压力很难被及时关注和有效疏解。

对于农村留守儿童而言,尽管父母外出务工在一定程度上能够缓解家庭经济压力,但家庭情感功能日益弱化。一方或双方常年分离,亲密的依恋关系难以建立。作为主要照料者和监管者的父母流动外出,会使儿童所能感知

---

① Lu, Y., Zhou, H. Academic Achievement and Loneliness of Migrant Children in China: School Segregation and Segmented Assimilation [J]. Comparative Education Review, 2012, 57 (1): 85–116.

② Xu, H., Xie, Y. The Causal Effects of Rural-to-Urban Migration on Children's Well-being in China [J]. European Sociological Review, 2015, 31 (4): 502–519.

③ AMATO, P. R. Children's Adjustment to Divorce: Theories, Hypotheses, and Empirical Support [J]. Journal of Marriage and the Family, 1993, 55 (1): 23–38.

④ CASPI, A., ROBERTS, B. W., SHINER, R. L. Personality Development: Stability and Change [J]. Annual Review of Psychology, 2005, 56 (1): 453–484.

到的情感和社会支持大幅减少，因而留守儿童大多表现出低自尊等心理特征，出现抑郁、焦虑等心理症状的可能性也随之升高。①②③ 从长期来看，因为缺少来自父母的爱护、监督和引导，留守经历会使儿童过多地暴露在负面情绪当中，留守经历甚至会对人格的正常发展产生负面影响。④

"农村留守儿童问题的根源来自家庭结构的拆分和亲情的缺失"。⑤ 儿童与父母之间难以保证日常的沟通和交流，无法建立稳定的、近距离的亲子关系。许多留守儿童会有被父母"抛弃"的感觉⑥，这种长期与父母分离的留守经历也会使这些儿童的孤独感增加、自尊水平降低⑦，甚至增加他们罹患抑郁障碍和其他精神疾病的风险。⑧ 大量的心理学研究发现，留守经历对儿童的心理健康和发展都会产生不利影响。留守儿童罹患精神障碍的比例远超于与父母一同居住的农村非流动儿童。⑨ 有12.1%—51.4%的留守儿童表现出抑郁症状，

---

① OTAKE, Y., Liu, X., Luo, X. Involvement in Bullying among Left-behind Children in Provincial Chinese Cities: The Role of Perceived Emotional Support［J］. Journal of Aggression, Maltreatment & Trauma, 2019, 28（8）: 943-957.

② Tang, W., Wang, G., Hu, T., et al. Mental Health and Psychosocial Problems among Chinese Left-behind Children: A Cross-sectional Comparative Study［J］. Journal of Affective Disorders, 2018, 241（1）: 133-141.

③ Xiao, Y., Chen, Y., Chang, W., et al. Perceived Social Support and Suicide Ideation in Chinese Rural Left-behind Children: A Possible Mediating Role of Depression［J］. Journal of Affective Disorders, 2020, 261（1）: 198-203.

④ VAN DEN AKKER, A. L., DEKOVIC, M., ASSCHER, J., et al. Mean-level Personality Development across Childhood and Adolescence: A Temporary Defiance of the Maturity Principle and Bidirectional Associations with Parenting［J］. Journal of Personality and Social Psychology, 2014, 107（4）: 736-750.

⑤ 段成荣，吕利丹，王宗萍. 城市化背景下农村留守儿童的家庭教育与学校教育［J］. 北京大学教育评论，2014，12（3）: 13-29，188-189.

⑥ PARREÑAS, R. Long Distance Intimacy: Class, Gender and Intergenerational Relations between Mothers and Children in Filipino Transnational Families［J］. Global Networks, 2005, 5（4）: 317-336.

⑦ Tang, W., Wang, G., Hu, T., et al. Mental Health and Psychosocial Problems among Chinese Left-behind Children: A Cross-sectional Comparative Study［J］. Journal of Affective Disorders, 2018, 241（1）: 133-141.

⑧ Zhao, F., Yu, G. Parental Migration and Rural Left-behind Children's Mental Health in China: A Meta-analysis Based on Mental Health Test［J］. Journal of Child and Family Studies, 2016, 25（12）: 3462-3472.

⑨ Tang, W., Wang, G., Hu, T., et al. Mental Health and Psychosocial Problems among Chinese Left-behind Children: A Cross-sectional Comparative Study［J］. Journal of Affective Disorders, 2018, 241（1）: 133-141.

13.2%—57.6%的留守儿童有焦虑症状。心理问题尤其是抑郁，不仅会降低儿童的生活幸福感，更与儿童生活中的多项风险高度相关。①事实上，留守儿童经历校园欺凌伤害、产生自杀意图的概率都显著高于非留守儿童②③，且与抑郁之间有极强的相关关系。留守儿童在遭遇校园霸凌上的高风险以自我比较时过度归咎于自身缺陷为中介变量，与抑郁呈现出高度的正相关。④抑郁还会诱使留守儿童产生自杀意图：表现出抑郁症状的留守儿童，其产生强烈自杀念头的概率是心理健康者的6.76倍。⑤

留守经历的消极效应不仅体现在对留守儿童心理健康的短期影响上，它同时也会阻碍留守儿童人格的正常发展。一项对中小学生留守儿童的39项艾森克人格测验（Eysenck Personality Questionnaire）研究发现，人格偏差在留守儿童中发生的比例显著地高于其在非留守儿童中发生的比例。⑥留守儿童的神经质倾向得分和精神质倾向得分都普遍高于非留守儿童。这说明留守儿童在情绪稳定性上的表现要弱于非留守儿童，更容易被激怒、焦虑，且情绪往往变化无常。另一项研究发现：留守经历的负面影响早在幼儿时期就会体现出来。他们在对比了2—3岁的留守与非留守儿童后认为，留守儿童的人格发展趋势差于非留守儿童，留守儿童在探索主动性和独立性上表现更弱，且有更强的社会退缩倾向；不过留守儿童与非留守儿童在行为问题检出率方面没有

---

① Cheng, J., Sun, Y. H. Depression and Anxiety among Left - behind Children in China: A Systematic Review [J]. Child: Care, Health and Development, 2015, 41（4）: 515–523.

② Otake, Y., Liu, X., Luo, X. Involvement in Bullying among Left–behind Children in Provincial Chinese Cities: The Role of Perceived Emotional Support [J]. Journal of Aggression, Maltreatment & Trauma, 2019, 28（8）: 943–957.

③ Chang, H., Yan, Q., Tang, L., et al. A Comparative Analysis of Suicide Attempts in Left–Behind Children and Non–Left–Behind Children in Rural China [J]. PLOS ONE, 2017, 12（6）: 1–15.

④ Zhang, H., Chi, P., Long, H., et al. Bullying Victimization and Depression Among Left–Behind Children in Rural China: Roles of Self–Compassion and Hope [J]. Child Abuse & Neglect, 2019, 96: 104072.

⑤ Xiao, Y., Chen, Y., Chang, W., et al. Perceived Social Support and Suicide Ideation in Chinese Rural Left–behind Children: A Possible Mediating Role of Depression [J]. Journal of Affective Disorders, 2020, 261: 198–203.

⑥ Wang, L., Wu, W., Qu, G., et al. The Personality Traits of Left-behind Children in China: A Systematic Review and Meta-Analysis [J]. Psychology, Health & Medicine, 2019, 24（3）: 253–268.

明显差异。①

尽管从总体来看，留守经历对儿童的心理及人格发展会产生不利影响，但也有一些研究持不同看法。一项元分析研究指出，无论是在显著性还是在效应大小上，不同研究对于留守经历对儿童人格正常发展的影响这一问题的结论都相差较大。②而在心理健康方面，有研究表明留守经历本身对儿童的心理状态并没有太多影响。③利用2010年中国家庭追踪调查数据对不同居住安排下儿童的抑郁、自尊等情况进行分析，在控制了人口统计学变量以及家庭社会经济地位的影响，并固定地缘效应的情况下，留守儿童的心理健康状况与同村的非流动儿童没有明显差异。这说明，留守儿童的心理健康状态更可能与所处村落的社区环境有关，而非留守经历本身对儿童的心理健康产生了消极影响。特别值得一提的是，在信息时代背景下，网络亲子沟通能对留守儿童社会适应产生正面的作用。研究发现：网络亲子沟通可以正向预测留守儿童的社会适应情况——与父母有较频繁网络沟通的留守儿童，在抑郁、自尊、生活满意度等心理状态方面都有更好的表现，出现问题行为的概率也更小。

那些跟随父母进入城市生活的儿童很可能居住在那些基础设施条件不理想、人员拥挤的城中村当中；他们很难在城市中找到一些获得补充性收入的机会；随迁儿童甚至会遭遇不友好的、歧视性的社会环境④，这些变化会给随迁儿童带来巨大的身心压力⑤，他们往往需要花费很长的时间来适应，也更需要父母的引导和帮助。但由于流动父母在打工中已经消耗了大量的精力，他们

---

① 周玉明，戚艳杰，张之霞，等.农村2～3岁留守儿童的行为问题及人格发展[J].中国心理卫生杂志，2019，33（9）：716-720.

② Wang, L., Wu, W., Qu, G., et al. The Personality Traits of Left-behind Children in China: A Systematic Review and Meta-analysis [J]. Psychology, Health & Medicine, 2019, 24（3）: 253-268.

③ REN, Q., TREIMAN, D. J. The Consequences of Parental Labor Migration in China for Children's Emotional Wellbeing [J]. Social Science Research, 2016, 58: 46-67.

④ Zhou, M. Segmented Assimilation: Issues, Controversies, and Recent Research on the New Second Generation [J]. International Migration Review, 1997, 31（4）: 975-1008.

⑤ REN, Q., TREIMAN, D. J. The Consequences of Parental Labor Migration in China for Children's Emotional Wellbeing [J]. Social Science Research, 2016, 58: 46-67.

通常没有能力再去关注儿童的身心发展。①

另外，流动父母往往仍沿用传统的教养方式。②一方面，他们对儿童缺乏直接的关心和沟通，很难察觉和理解随迁儿童在进入陌生的城市环境时所面临的新的挑战，因此随迁儿童的心理压力更难以得到纾解。③但在另一方面，流动父母不会放松对儿童学习和行为的监督和管教④，这也使得随迁儿童在学业上能够较快地适应，出现问题行为的可能性也大大降低。

综上，本节梳理讨论了中国的人口流动如何通过影响家庭养育功能从而影响儿童发展。研究发现，人口流动对家庭养育功能的影响主要体现为，一方面提高了家庭的经济能力，使得家庭能够为儿童发展提供更丰富的经济资源，但另一方面，由于父母不在身边，教育参与不足，亲子交流互动不足，照料、家庭教育和亲密关系培育的功能受到较大影响。大量实证结果显示，随着流动家庭在提供经济资源能力上的增强，留守儿童和流动儿童在教育机会甚至教育结果上没有受到影响或者受负面影响不大，但在性格、心理健康等心理发展上受到的负面影响较大，比如留守儿童的自尊心低、孤独感强，出现抑郁、焦虑等心理症状的可能性更大，流动儿童则由于父母教养方式中缺乏沟通、忽视了新环境对孩子带来的挑战，出现心理压力更大等问题。

第四节　家庭规模与儿童发展

一、家庭规模、家庭养育功能与儿童发展

家庭规模实际上也是反映家庭养育资源的指标：第一，家庭规模大小决定了家庭中物质和非物质资源的分配；第二，不同孩子规模的家庭父母的教

---

① 高明华.教育不平等的身心机制及干预策略——以农民工子女为例[J].中国社会科学,2013(4)：60-80，205-206.

② HO, D. Y. Continuity and Variation in Chinese Patterns of Socialization [J]. Journal of Marriage and the Family, 1989, 51 (1): 149-163.

③ Zhao, S., Chen, X., Wang, L. Maternal Parenting and Social, School, and Psychological Adjustment of Migrant Children in Urban China [J]. International Journal of Behavioral Development, 2015, 39 (6): 541-551.

④ Chao, R. Beyond Parental Control and Authoritarian Parenting Style: Understanding Chinese Parenting through the Cultural Notion of Training [J]. Child Development, 1994, 65 (4): 1111.

养方式可能存在差异；第三，孩子之间的交往、互动也是家庭功能的重要表现形式。不同的对于家庭规模和儿童发展之间关系的理论研究，可以追溯到贝克尔的"孩子质量—数量替代理论（The Quantity-Quality Trade-Off）"①以及布莱克（Blake）的"资源稀释理论（resource dilution theory）"。②基于家庭战略投资的视角，把父母的生育行为当作一项家庭战略投资，并受到家庭既定资源的制约。孩子的数量和质量呈负相关，父母需要在数量和质量之间进行权衡。当生育数量下降时，每个孩子身上分摊的资源也会随之增加。

在实证研究方面，学者主要从教育获得及成就、智力、认知能力、心理或身体健康等方面探讨家庭规模对儿童发展的影响。家庭规模扩大对儿童的影响可以分为正向影响、无影响和负向影响3类。在负向影响上，唐尼（Downey）发现当个体拥有更多兄弟姐妹时，会稀释其从家庭中获得的物质或非物质资源，不利于其教育成果的获得。③有研究表明，增加一个兄弟姐妹会降低0.2的教育年限。④⑤一项根据亚非等地区的17个国家的人口普查数据表明，平均而言，家里多一个兄弟姐妹，女孩接受中学教育的可能性就会降低6个百分点，男孩则会降低4个百分点。⑥

也有研究认为二者之间不存在实质性的影响⑦⑧⑨，儿童发展取决于家庭外

---

① BECKER, G. S., LEWIS, H. G.On the Interaction Between the Quantity and Quality of Children [J]. Journal of Political Economy, 1973, 81（2）: 279-288.

② BLAKE, J. Family Size and the Quality of Children [J]. Demography, 1981, 18（4）: 421-442.

③ DOWNEY, D. B. When Bigger is Not Better: Family Size, Parental Resources, and Children's Educational Performance [J]. American Sociological Review, 1995, 60（5）: 746-761.

④ FEATHERMAN, D. L., HAUSER, R. M. Opportunity and Change [M]. New York: Academic Press. 1978: 2-128.

⑤ Lu, Y., TREIMAN, D. J. The Effect of Family Size on Educational Attainment in China: Cohort Variations [C]. In annual meeting of the Population Association of America, Philadelphia, PA, 2005.

⑥ Li, J., DOW, W. H., ROSERO-BIXBY, L. Education Gains Attributable to Fertility Decline: Patterns by Gender, Period, and Country in Latin America and Asia [J]. Demography, 2017, 54（4）: 1353-1373.

⑦ BLACK, S. E., DEVEREUX, P. J., SALVANES, K. G. The More the Merrier? The Effect of Family Size and Birth Order on Children's Education [J].The Quarterly Journal of Economics, 2005, 120（2）: 669-700.

⑧ Zhong, H. The Effect of Sibling Size on Children's Health and Education: Is there a Quantity-Quality Trade-off? [J]. The Journal of Development Studies, 2017, 53（8）: 1194-1206.

⑨ ANGRIST, J., LAVY, V., SCHLOSSER, A. Multiple Experiments for the Causal Link between the Quantity and Quality of Children [J]. Journal of Labor Economics, 2010, 28（4）: 773-824.

部的人口、社会经济等因素。① 此外，有些研究发现了家庭规模扩大会对儿童发展产生有利影响。美国劳工统计局的全国纵向调查数据显示，家庭规模与健康之间存在正相关关系，兄弟姐妹越多，孩子越健康。② 如果多生一个孩子，第一个孩子的入学率会提高8%—17%。③

在教育方面，有许多的研究④⑤⑥⑦表明家庭规模的扩大不利于孩子教育获得或提高教育成就，这些研究支持了家庭规模扩大会对孩子教育资源的获得产生稀释效应的观点。将儿童获得的教育资源分为经济投入、父母参与和家庭环境3类，研究发现同胞数量越多，儿童参加课外辅导的比例越低，有专门教育储蓄的比例也越低。⑧ 但是，也有许多研究并不支持这种观点。一方面，尽管家庭资源对儿童教育发展存在约束，但人们可以利用资本市场为儿童投资提供资金，并且这种资源约束可以被完善的公共服务体系所抵消⑨⑩，并且子女数量的增加也会促使父母增加自己的劳动力供给，从而缓解家庭资源的约束⑪；另一方面，养育孩子存在一定的规模经济，父母可以在孩子的基本

---

① Lu, Y., TREIMAN, D. J. The Effect of Sibship Size on Educational Attainment in China: Period Variations [J]. American Sociological Review, 2008, 73 (5): 813–834.

② Song, J. S. Does Family Size Negatively Affect Child Health Outcomes in the United States？[J]. Economics Honors Projects, 2019, 91: 1–36.

③ Qian, N. Quantity-Quality and the One Child Policy: The Positive Effect of Family Size on Education in China [S]. Cambridge: Working Paper. MA 02142, 2004.

④ LEE, J. Sibling Size and Investment in Children's Education: An Asian instrument [J]. Journal of Population Economics, 2008, 21 (4), 855–875.

⑤ Li, H., Zhang, J., Zhu, Y. The Quantity-quality Trade-off of Children in a Developing Country: Identification Using Chinese Twins [J]. Demography, 2008, 45 (1): 223–243.

⑥ Shen, Y. The Effect of Family Size on Children's Education: Evidence from the Fertility Control Policy in China [J]. Frontiers of Economics in China, 2017, 12 (1): 37.

⑦ 杨菊华. 生育政策、姊妹结构与教育福祉关系研究 [J]. 南京人口管理干部学院学报, 2010, 26 (1): 5–10.

⑧ 张月云, 谢宇. 低生育率背景下儿童的兄弟姐妹数、教育资源获得与学业成绩 [J]. 人口研究, 2015, 39 (4): 19–34.

⑨ ANGRIST, J., LAVY, V., SCHLOSSER, A. Multiple Experiments for the Causal Link between the Quantity and Quality of Children [J]. Journal of Labor Economics, 2010, 28 (4): 773–824.

⑩ Lu, Y., TREIMAN, D. J. The Effect of Sibship Size on Educational Attainment in China: Period Variations [J]. American Sociological Review, 2008, 73 (5): 813–834.

⑪ 黎煦, 陶政宇. 生育二胎对孩子教育水平的影响研究 [J]. 人口学刊, 2018, 40 (6): 20–30.

需求方面削减成本①，同胞之间也存在积极的溢出效应，年长的同胞可以作为"第二"父母承担家庭责任，帮助弟弟妹妹做功课，促使弟弟妹妹留在学校②；较大规模家庭的父母也倾向于把孩子留在学校，作为一种分散风险的策略。③④

在智力方面，也存在着两种不同的观点。多数研究认为家庭规模扩大会对儿童智力产生不利的影响。有研究发现家庭规模的扩大会减少父母的投资，并且降低儿童的认知能力和非认知能力。⑤有学者认为较早出生的孩子只会接触成人语言，而较晚出生的孩子不仅会接触成人语言，还会接触哥哥姐姐不太成熟的发声方式，这不利于其语言能力的发展。⑥也有学者认为，家庭规模的影响取决于家庭规模是如何增加的，正常间隔生育对家庭规模的预期增长可能不会对智商产生重要的负面影响。⑦但是，也有研究表明家庭规模不影响儿童智力的发展。万斯特罗姆（Wanstrom）的研究发现，不同社会经济地位群体的不同生育模式可以在很大程度上解释兄弟姐妹关系的规模与认知能力之间的关系⑧；低智商父母会导致更大规模的家庭，但更大规模的家庭不会导致低智商的孩子。⑨

在身体健康方面，也存在着类似的观点争论。家庭规模越大，越会增加

---

① Song, J. S. Does Family Size Negatively Affect Child Health Outcomes in the United States？［J］. Economics Honors Projects, 2019, 91: 1–36.

② Zhong, H. The Effect of Sibling Size on Children's Health and Education: Is There a Quantity–Quality Trade-off？［J］. The Journal of Development Studies, 2017, 53（8）: 1194–1206.

③ Lu, Y., TREIMAN, D. J. The Effect of Family Size on Educational Attainment in China: Cohort Variations［C］. In Annual Meeting of the Population Association of America, Philadelphia, PA, 2005.

④ Lu, Y., TREIMAN, D. J. The Effect of Sibship Size on Educational Attainment in China: Period Variations［J］. American Sociological Review, 2008, 73（5）: 813–834.

⑤ JUHN, C., RUBINSTEIN, Y., ZUPPANN, C.A.The Quantity–Quality Trade-off and the Formation of Cognitive and Non–Cognitive Skills（No. w21824）［R］. National Bureau of Economic Research, 2015.

⑥ ZAJONC, R. B. The Family Dynamics of Intellectual Development［J］. American Psychologist, 2001, 56（6–7）: 490.

⑦ BLACK, S. E., DEVEREUX, P. J., SALVANES, K. G. Small Family, Smart Family？ Family Size and the IQ Scores of Young Men［J］. Journal of Human Resources, 2010, 45（1）: 33–58.

⑧ WANSTROM, L. Sibship Size and Cognitive Ability: Are Cognitive Abilities in Children Affected by the Birth of a Sibling［D］. Department of Statistics, Stockholm University, 2007.

⑨ RODGERS, J. L., CLEVELAND, H. H., VAN DEN OORD, E., et al. Resolving the Debate over Birth Order, Family Size, and Intelligence［J］. American Psychologist, 2000, 55（6）: 599–612.

儿童营养不良和体重不足的风险,并且和儿童身高呈现负向关系。家庭规模扩大对儿童身体健康的影响主要通过两个渠道完成,一个是直接通过减少食物的摄入,另外一个是间接通过拥挤程度对卫生水平的影响。此外,有实证研究表明,一周多于3次以上的家庭聚餐会减少儿童12%的肥胖概率[1],在更小家庭规模的情况下,儿童能够得到父母更多的时间资源分配,父母能准备更健康的食物并培养儿童更健康的习惯。[2]但是,也有研究表明,当家庭规模小于4人时,儿童肥胖和家庭规模有显著关系。[3]

在家庭规模与儿童发展影响的性别差异上,学者则有着较为一致的结论,即认为家庭规模的扩大对女孩的负面影响要大于对男孩的负面影响[4][5][6][7],并且在农村地区这种影响更大。[8]一方面,东亚地区存在着重男轻女的传统观念,当父母的资源不足以同时满足男孩和女孩的教育需求时,他们可能会选择对男孩而不是女孩进行教育投资[9],而且父母往往会让女孩作出贡献帮助男孩获得更多的教育资源[10],大家庭中年长的女性儿童往往把更多的时间花在照顾弟

---

[1] HAMMONS, A. J., FIESE, B. H. Is Frequency of Shared Family Meals Related to the Nutritional Health of Children and Adolescents？[J] Pediatrics, 2011, 127（6）: e1565-e1574.

[2] DASGUPTA, K., T-SOLOMON, K. Family Size Effects on Child Obesity: Evidence on the Quantity-quality Trade-off Using the Nlsy [J]. Economics & Human Biology, 2018, 29: 42-55.

[3] KHADER, Y., IRSHAIDAT, O., KHASAWNEH, M., et al. Overweight and Obesity among School Children in Jordan: Prevalence and Associated Factors[J]. Maternal and Child Health Journal, 2009, 13（3）: 424-431.

[4] Lu, Y., TREIMAN, D. J. The Effect of Sibship Size on Educational Attainment in China: Period Variations [J]. American Sociological Review, 2008, 73（5）: 813-834.

[5] Li, H., Zhang, J., Zhu, Y. The Quantity-Quality Trade-off of Children in a Developing Country: Identification Using Chinese Twins [J]. Demography, 2008, 45（1）: 223-243.

[6] 杨菊华. 生育政策、姊妹结构与教育福祉关系研究[J]. 南京人口管理干部学院学报, 2010, 26（1）: 5-10.

[7] 叶华,吴晓刚. 生育率下降与中国男女教育的平等化趋势[J]. 社会学研究, 2011, 26（5）, 153-177, 245.

[8] Li, H., Zhang, J., Zhu, Y. The Quantity-Quality Trade-off of Children in a Developing Country: Identification Using Chinese Twins [J]. Demography, 2008, 45（1）: 223-243.

[9] PARISH, W. L., WILLIS, R. J. Daughters, Education, and Family Budgets Taiwan Experiences [J]. Journal of Human Resources, 1992, 28（4）: 863-898.

[10] Chu, C. C., Xie, Y., Yu, R. R. Effects of Sibship Structure Revisited: Evidence from Intrafamily Resource Transfer in Taiwan [J]. Sociology of Education, 2007, 80（2）: 91-113.

弟妹妹和做家务上。① 并且，从人力资本投资的回报率来看，也存在着性别差异，男性回报率高于女性这一现实使得父母倾向于投资儿子的教育。②

研究也表明，家庭规模的缩小更加有利于女孩的发展，并且有利于缩小男女之间的性别获得差异，促进教育中的性别平等。③ 其具体机制是，给定的家庭经济收入条件下，夫妇的子女数量越少，他们在子女教育投资上则越宽裕，父母也更不必采取重男轻女的教育投资策略，并且，女性更不必要放弃学业，提早工作来帮补家庭和支持其他兄弟姐妹的教育，这两方面的变化有利于缩小男女间的教育差距。④ 此外，也有学者通过对中国的不同时期的分析发现，国家宏观政策对教育性别平等有直接影响。在强调平等的时期，教育性别平等化会增强，在强调经济发展的时期，教育的性别平等化趋势则减缓，甚至不平等会加大。⑤⑥

二、独生子女与非独生子女之间的发展差异

从纵向时间维度，虽然我们可以总结出家庭规模缩小这个转变过程对儿童长期发展的影响是有利的，家庭在育儿上实现了以质量替代数量的转变，而且女孩的发展从家庭规模的缩小中获益。但是在生育水平普遍较低的今天，家庭规模普遍较小，我们研究的关注点不再是减少一个子女带来的影响，而更可能是只有一个孩子和有两个孩子之间是否有差异，即独生子女和非独生子女的差异。尤其是在生育政策不断宽松化的背景下，这样的讨论更具现实意义。

国外关于独生子女的研究始于20世纪末。关于二者之间的差异，学术界

---

① PONCZEK, V., SOUZA, A. P. New Evidence of the Causal Effect of Family Size on Child Quality in a Developing Country [J]. Journal of Human Resources, 2012, 47（1）: 64-106.
② 杨菊华. 生育政策、姊妹结构与教育福祉关系研究 [J]. 南京人口管理干部学院学报，2010, 26（1）: 5-10.
③ LEE, M. H. The One-Child Policy and Gender Equality in Education in China: Evidence from Household Data [J]. Journal of Family and Economic Issues, 2012, 33（1）: 41-52.
④ 叶华, 吴晓刚. 生育率下降与中国男女教育的平等化趋势 [J]. 社会学研究，2011, 26（5）: 153-177, 245.
⑤ HANNUM, E., Xie, Y. Trends in Educational Gender Inequality in China: 1949—1985 [J]. Research in Social Stratification and Mobility, 1994, 13（1）: 73-98;
⑥ Lu, Y., TREIMAN, D. J. The Effect of Family Size on Educational Attainment in China: Cohort Variations [C]. In Annual Meeting of the Population Association of America, Philadelphia, PA, 2005.

没有得出一致的结论，可以分为"有差异论"和"无差异论"两类。①"有差异论"也有着不同的结论：一是认为独生子女优于非独生子女。独生子女家庭代际互动频率高于其他家庭，独生子女参加课外活动的频率也较高，独生子女在阅读和数学技能上也优于非独生子女。②③二是认为独生子女不如非独生子女，这一类研究强调独生子女在健康、社交和性格等方面较差。④ 此外，"无差异论"的代表学者托尼·凡尔布（Toni Falbo）认为二者之间没有实质性的差异，存在的差异可能是由其他的背景因素导致的，独生子女的特殊经历也可以弥补他们没有兄弟姐妹的缺陷。⑤

国内的独生子女研究始于20世纪80年代。在对教育和智力研究等方面，国内学者都有着一致的看法，认为独生子女优于非独生子女。⑥ 实证结果表明，与独生子女相比，多一个兄弟姐妹的人完成中学学业的可能性要低约17%。⑦ 并且有研究从解剖学角度出发，发现独生子女在大脑结构发育存在创造力，独生子女更具创造性和亲和力。⑧ 此外，独生子女的心理健康也优于非独生子女⑨，

---

① FALBO, T., POLIT, D. F. Quantitative Review of the Only Child Literature: Research Evidence and Theory Development [J]. Psychological Bulletin, 1986, 100 (2): 176–189.

② DOWNEY, D. B. When Bigger is Not Better: Family Size, Parental Resources, and Children's Educational Performance [J]. American Sociological Review, 1995, 60 (5): 746–761.

③ DOWNEY, D. B., CONDRON, D. J. Playing Well with Others in Kindergarten: The Benefit of Siblings at Home [J]. Journal of Marriage and Family, 2004, 66 (2): 333–350.

④ KHADER, Y., IRSHAIDAT, O., KHASAWNEH, M., et al. Overweight and Obesity among School Children in Jordan: Prevalence and Associated Factors [J]. Maternal and Child Health Journal, 2009, 13 (3): 424–431.

⑤ FALBO, T. Only Children: An Updated Review [J]. Journal of Individual Psychology, 2012, 68 (1): 38–49.

⑥ Jiao, S., Ji, G., Jing, Q. Cognitive Development of Chinese Urban only Children and Children with Siblings [J]. Child Development, 1996, 67 (2): 387–395.

⑦ Shen, Y. The Effect of Family Size on Children's Education: Evidence from the Fertility Control Policy in China [J]. Frontiers of Economics in China, 2017, 12 (1): 37–65.

⑧ Yang, J., Hou, X., Wei, D., et al. Only-Child and Non-Only-Child Exhibit Differences in Creativity and Agreeableness: Evidence from Behavioral and Anatomical Structural Studies [J]. Brain Imaging & Behavior, 2017, 11 (2): 493–502.

⑨ 张晓文. 独生子女与非独生子女大学生个性发展及心理健康状况的比较研究 [J]. 南京人口管理干部学院学报, 2001 (2): 36–38.

由于缺乏家庭和社会照顾，非独生子女比独生子女更容易产生抑郁症。[①] 但同时，也有较多研究认为独生子女在个性品质、行为习惯等方面不如非独生子女。[②]

尽管独生子女家庭和非独生子女家庭在目前的中国环境下是两类完全不同的家庭，但是可以通过对比独生子女和非独生子女的差异，来分析家庭规模与儿童发展之间的关系，为生育政策宽松化后生育人群可以相对自由选择生育数量的情况下，提供一些有益的政策启示。以下将利用全国代表性的中国家庭追踪调查2012年和2016年数据，分析独生子女和非独生子女在认知能力和非认知能力上的差别。

认知能力利用2012年中国家庭追踪调查中的记忆测试得分和数列推理得分分别衡量。其中，记忆测试得分为瞬时记忆得分和延迟记忆得分的加总，取值在0—20分之间，数列推理得分采用数列推理w分数，取值在409—584分。基于现有数据，将基于"大五人格理论"框架采用自我报告和他人评价两种方式来衡量个体非认知能力。自我报告认知能力得分具体设计为：尽责性用以下问题来衡量，"我认为自己不比别人差""我在做事时很难集中精力"；宜人性用以下问题来衡量，"我觉得人们对我不友好""我觉得别人不喜欢我"；神经质用"我觉得沮丧，即使有家人和朋友的帮助也不管用""我感到情绪低落""我感到害怕""我感到悲伤难过"来衡量。由于上述非认知能力的每个维度都包含两个及以上的问题，每个问题的答案均由4个选项（几乎没有、有些时候、经常有、大多数时候有）构成。本研究依据设问的方向对上述选项分别取值1—4，并对多个问题的得分取均值得到该维度的测量。在此基础上，通过3个维度的加总信息，得到关于自我报告非认知能力得分，范围为5.25—12分。他人评价非认知能力得分采用访问员在访问过程中对少儿的观察来测度，具体设计为：思维开通性用"少儿的理解能力"衡量；尽责性用"少儿在多大程度上表现出急于结束调查"衡量；外倾性用"少儿的待人接物水平"衡量；宜人性用"少儿对调查的配合程度"衡量；神经质用"少儿回答的可

[①] Chi, X., Huang, L., Wang, J., et al. The Prevalence and Socio-Demographic Correlates of Depressive Symptoms in Early Adolescents in China: Differences in Only Child and Non-Only Child Groups[J]. International Journal of Environmental Research and Public Health, 2020, 17（2）: 438.

[②] 郝玉章，风笑天. 浅论中学独生子女社会化[J]. 人口学刊, 1998（1）: 41-44, 49.

信程度"衡量。按照上述每个问题的设问方向,每个维度得分均为1—7分,5个维度得分加总后作为他人评价非认知能力得分,范围为11—35分。

（一）独生子女认知能力和非认知能力得分高于非独生子女

表9-12显示,在记忆认知能力得分、数列推理认知能力得分、自我评价非认知能力得分和他人评价非认知能力得分上,除了他人评价非认知能力外,其他几项指标独生子女均显著高于非独生子女。个人特征方面,独生子女群体的平均年龄更小、男性比例更高；家庭特征方面,独生子女家庭高收入比例更高、父母受教育程度更高；社会特征方面,独生子女居住在城镇的比例更高、居住在东中部地区的比例更高。

表9-12 总体、非独生子女样本、独生子女样本中各变量均值/比例(%)

变量名称	总体	非独生子女样本	独生子女样本
记忆认知能力得分（分）	11.82	11.65	12.23
数列推理认知能力得分（分）	527.77	525.44	533.31
自我评价非认知能力得分（分）	10.06	10.00	10.20
他人评价非认知能力得分（分）	29.13	29.05	29.31
年龄（岁）	12.63	12.67	12.52
性别（0=女）			
1=男	51.25	47.81	59.44
家庭纯收入（0=相对贫穷）			
1=低收入	15.07	16.03	12.80
2=中等收入	16.10	17.03	13.88
3=高收入	41.44	36.25	53.80
父亲受教育程度（0=小学及以下）			
1=初中及以上	68.95	63.30	82.43
母亲受教育程度（0=小学及以下）			
1=初中及以上	51.57	41.26	76.14
居住地城乡属性（0=农村）			
1=城镇	28.54	17.12	55.75

续表

变量名称	总体	非独生子女样本	独生子女样本
地区属性（0=西部地区）			
1=中部地区	29.57	28.59	31.89
2=东部地区	38.10	33.42	49.24
家庭对少儿的教育支出（0=低）			
1=少儿教育支出高	30.15	23.32	46.42
父母与少儿的交流（0=不常交流）			
1=常与少儿交流	51.12	46.72	61.61
少儿与父母的争吵（0=无争吵）			
1=过去一个月有争吵	32.01	29.23	39.61
少儿人缘关系	7.17	7.08	7.40
样本量	1559	1098	461

资料来源：根据 CFPS 数据计算。

（二）独生与非独生子女认知能力、非认知能力具有性别和区域差异

分性别来看（见表9-13），独生男性、女性认知能力与非认知能力得分分别高于非独生男性、女性，仍然展现出独生子女在认知能力和非认知能力上的优势。分别看独生子女和非独生子女，女性在记忆认知能力和自我评价非认知能力得分上优于男性，在数列推理认知能力得分上弱于男性。在他人评价非认知能力上，性别差异则在独生子女与非独生子女群体中有所不同，具体表现为：非独生男性他人评价非认知能力得分好于非独生女性，而独生女性他人评价人认知能力得分好于独生男性。

分城乡来看，独生子女在认知能力和非认知能力上的表现并不完全优于非独生子女。就记忆认知能力和他人评价非认知能力而言，农村非独生子女优于独生子女，城镇独生子女优于城镇非独生子女；在数列推理认知能力和自我评价非认知能力上，无论是农村还是城镇，独生子女的表现均好于非独生子女（见表9-14）。

表 9-13 分性别分独生属性的认知能力、非认知能力得分（分）

类别	非独生子女		独生子女	
	女性	男性	女性	男性
记忆认知能力得分	11.87	11.40	12.59	11.99
数列推理认知能力得分	525.10	525.81	532.94	533.37
他人评价非认知能力得分	28.88	29.24	29.38	29.26
自我评价非认知能力得分	10.02	9.98	10.21	10.19

表 9-14 分城乡分独生属性的认知能力、非认知能力得分（分）

类别	非独生子女		独生子女	
	农村	城镇	农村	城镇
记忆认知能力得分	11.55	12.11	11.50	12.82
数列推理认知能力得分	524.43	530.31	530.00	535.94
他人评价非认知能力得分	29.01	29.27	28.69	29.80
自我评价非认知能力得分	9.96	10.19	9.99	10.25

（三）独生子女与非独生子女差异的机制解释

我们进一步分析发现，独生子女家庭对其教育支出显著更高、父母与少儿的交流更多、少儿的人缘关系更好，但是少儿父母有争吵的比例相对也更高。在加入了父母的社会经济背景变量后，我们发现，独生子女和非独生子女在认知能力和非认知能力上的差异均消失了（见表9-15）。这意味着，独生子女和非独生子女的差异与他们自身的独生属性关系不大，而更多的是体现的家庭经济地位和由此带来的父母教养方式造成的差异。

综上，根据以往的文献研究和我们利用最新数据开展的实证研究发现，在生育水平从高水平向更替水平过渡的阶段，家庭资源有限，孩子数量多是对家庭资源的稀释，随着家庭规模的缩小，家庭在育儿上实现了以质量替代数量的转变，儿童发展尤其是女孩从中获益，众多研究表明，女性的受教育程度快速提高的重要推动力是家庭生育数量的下降。但是在生育水平长期维持在低水平的阶段，家庭孩子数量多少取决于个体生育意愿和家庭的实际条件，家庭孩子数量多为1个、2个，少数家庭会生育3个或更多的孩子。那么来自独生子女家庭和非独生子女家庭的儿童在发展指标上是否出现了差异呢？在当前的社会环境下，我们没有发现独生子女和非独生子女在认识能力和非认知能力上有差异的证据，儿童的发展仍然主要取决于家庭的经济背景，比如家庭收入、父母受教育程度，以及综合因素作用下家庭教养方式的差异。

表9-15 独生属性与认知、非认知能力的OLS回归调节效应模型

分类	非认知能力他人评价		非认知能力自我评价		认知能力记忆		认知能力数列推理	
	Ma1	Ma2	Ma3	Ma4	Ma5	Ma6	Ma7	Ma8
独生属性	0.259	−0.127	0.199***	0.075	0.584**	0.120	7.872***	3.105
年龄		0.126		−0.011		0.177***		1.862***
性别（女）								
男		0.255		−0.014		−0.436**		1.351
家庭经济收入（相对贫困）								
低收入		0.687*		−0.072		0.463		1.625
中等收入		0.738*		0.055		0.502*		2.586
高收入		0.384		−0.001		0.238		4.738**
父亲受教育水平（小学及以下）								
初中及以上		0.205		0.104		−0.0249		3.991**
母亲受教育水平（小学及以下）								
初中及以上		0.240		−0.001		0.523**		5.818***
居住地城乡属性（农村）								
城镇		0.432		0.126		0.521*		1.700
区域（西部地区）								
中部地区		0.242		0.362***		0.834***		4.900**
东部地区		0.351		0.279***		0.780***		3.652*
常数项	29.05***	26.47***	10.00***	9.865***	11.65***	8.583***	525.4***	490.9***
样本量	1559	1559	1559	1559	1559	1559	1559	1559
调整后R方	0.000	0.008	0.007	0.033	0.006	0.050	0.018	0.070

注：*、**、*** 分别表示在5%，1%，0.1%水平上显著。

四、家庭功能转变对儿童发展的影响

近几十年来，中国家庭经历了一系列的变化，家庭规模小型化、核心化，家庭结构多样化，家庭形式复杂化，伴随着家庭相应的相关功能也发生了一些变化，比如家庭的养老功能部分向公共领域转移，正规教育完全转到公共领域。然而，家庭的核心功能——养育功能不仅没有在这个过程中被弱化，甚至在全社会家庭重心下移的背景下不断强化。加上儿童发展相关的公共政策缺位，儿童对家庭的依赖增强，家庭养育功能的强化使得家庭在儿童发展过程中的地位尤为突出。

本章利用已有研究资料和二手数据，全方位探析中国家庭转变过程中家庭养育功能的特点、变化及其对儿童发展的影响。主要观点总结如下：

中国家庭在过去几十年虽然经历了巨大的变化，但养育功能始终处于核心位置，得以延续和强化。其特点突出表现为：家庭重心下移，养育孩子成为家庭几代人的中心任务；养和育的含义不断丰富，家庭尤其是重视"育"，"育"既表现为家庭对正规教育的重视和投入加大，也体现在父母对孩子教育参与度不断增加上。

中国家庭核心的养育功能可以分为4个模块：儿童照料，经济支持，家庭教育和亲子关系培育。任何一个模块的功能受到影响都可能会影响儿童的发展。

在社会大环境的影响和推动下，中国家庭出现了一些新的变化，家庭养育功能也受到了一定程度的冲击。最突出、影响范围最大、影响程度最深的两大社会人口变化：一是第二次人口转变背景下婚姻不稳定性增加，家庭结构和形式变得更加复杂，二是城镇化背景下大规模的乡镇人口流动，从根本上改变了一部分家庭和人口的就业、居住和生活模式。这两大变化共同的特征是打破了传统的完整家庭形式，形成了一些新的家庭结构和居住方式，对儿童照料、经济支持、家庭教育和亲子关系培育几个功能产生了不同程度的影响，从而最终影响了儿童的发展。

受婚姻不稳定影响的家庭中的孩子在照料、教育、心理健康等方面都受到了一定的负面影响；受人口流动影响的家庭中的留守儿童和流动儿童在心理发展上的问题也不容忽视。

在生育政策和社会经济发展共同推动下的生育转变带来的中国家庭规模缩小也影响了家庭的养育功能，而这种影响从发展历程和资源分配角度看是正面的，尤其是女孩从中受益更多。在目前的低生育率背景下，独生子女和非独生子女的差异主要源于家庭社会经济地位的差别，比如家庭收入、父母受教育水平，已不是"资源稀释"所导致的差异。这启示我们，政策不断宽松化背景下，家庭规模的大小可能不会影响家庭养育功能的发挥。

第四编 中国家庭转变与家庭政策构建

第十章 中国家庭功能性资源的需求与供给

家庭转变背景下，家庭功能的内容和形式都发生了巨大变化。从需求角度看，现代家庭的需求不仅愈加多元化，涵盖从基本的物质生活到更高层次的精神需求，家庭成员的个性化需求和需求差异也更加明显。从供给角度看，家庭功能的社会性替代已经成为普遍趋势，对来自家庭外部的力量和资源的依赖性不断增强。家庭不再是一个自给自足的传统"自然家庭"，而成为越来越依靠外部条件的现代"社会家庭"；家庭从需求与供给均衡的"单一体"，已经转变为家庭与社会的"复合体"，须通过支持、补充和替代等方式来辅助家庭功能的实现，市场、社会和政府也越来越多地参与到家庭功能性资源的供给中来。本章聚焦中国家庭功能性资源的需求与供给，特别关注家庭功能性资源供需失衡的现状、原因与后果。

第一节 供需视角下的家庭功能性资源

家庭功能并非稳定不变，其内涵、作用、类型、运行机制等，都会随着社会、经济和人口等方面的变化而变化。家庭功能变化是多维、多向的，既有不同功能的变化，也有同一功能不同方向的变化。本节透过供需视角审视家庭功能性资源，探讨家庭功能的变化及其对家庭成员福利水平的影响，并为家庭政策可能的应对策略和具体的介入路径提供学理性基础。

一、家庭功能性资源的概念

理解家庭功能性资源的概念首先要了解家庭功能的基本内涵。家庭是物质生活再生产和社会生活再生产的基本单位,同时也是人口再生产和健康再生产的基本单位,而家庭功能是这些再生产活动得以实现的基础。家庭功能可界定为家庭在满足家庭成员的生理、心理、生活、发展等方面需求的能力和作用,或者说,家庭的基本功能是为家庭成员生理、心理、社会性等方面的健康发展提供一定的环境条件。[1] 家庭各项基本功能的正常发挥是维持家庭成员身心健康和发展的前提。无论是在中国还是在其他国家,无论是在过去还是在当代,家庭功能对于个人、家庭乃至社会而言都是不可或缺的,家庭功能既是家庭社会价值的具体体现,也是每一个人生存与发展的重要条件。家庭功能的实现水平和运行效率决定着家庭各类效用的生产水平,进而影响每个家庭成员的生命质量、生活质量和发展质量。

何为家庭功能性资源?从经济学视角来看,家庭存续的核心价值在于能够保障和促进所有家庭成员的福利水平,为家庭成员的生存与发展提供所需的支持。一般而言,在家庭内部,个体的福利主要体现在3个方面,即生活水平(living condition)、生命质量(quality of life)和发展能力(capacity building)。其中,生活水平是指物质层面的生活水平,主要通过家庭成员的收入水平和消费水平得以反映;生命质量以健康水平为表征,具体涵盖每一位家庭成员的生理健康和心理健康程度;发展能力是家庭成员的职业发展能力和社会交往能力,主要基于家庭成员的人力资本和社会资本储备来实现。在这个意义上,家庭的本质是一个福利生产部门,通过一定的福利转移机制和福利分配制度来确保家庭成员享有一定的生活水平、生命质量和发展能力。因此,以福利水平为逻辑出发点来界定家庭的功能性资源,不仅可以反映家庭功能变迁的主要影响,也符合现代家庭的现实需求。本质上,家庭功能是相对于家庭成员的需求而言的。家庭功能性资源的供给与家庭需求是一种对应结构,这种对应结构的均衡程度决定了家庭的整体福利水平及每一个家庭成员的生活质量。综上,家庭功能性资源意指来自家庭内部,通过家庭单位得以提供,用以保障家庭成员福利水平,即生活水平、生命质量和发展能力所需的资源总和。

基于上述界定,家庭功能性资源可以具体划分为:

---

[1] MILLER, I. W., RYAN, C. E., KEITNER, G. I., et al. The Mcmaster Approach to Families: Theory, Assessment, Treatment and Research[J]. Journal of Family Therapy, 2000, 22(2): 168-189.

第一，物质生活保障资源。物质生活保障资源是家庭最为基础性的资源，是家庭成员得以生存和发展的根本保障，旨在确保家庭成员衣食住行等基本需求的满足，主要体现为家庭的收入水平和资产状况。

第二，生命质量保障资源。家庭用以维系和支持家庭成员健康水平的资源，既涉及消费质量、居住条件和家庭环境卫生、医疗资源可得性、医疗保险等保障家庭成员生理健康的物质条件与资源，也涉及家庭成员之间的情感交流、沟通与支持等维护家庭成员心理健康发展的各种资源。

第三，发展能力资源。家庭成员的发展能力培养是家庭发展能力建设的基本途径，因此家庭的发展能力资源对于个人或家庭都至关重要。家庭不仅是家庭成员人力资本投资的重要主体，也是家庭社会资本积累的重要载体。其中人力资本投资主要体现为教育、培训、劳动力流动等方面，而家庭整体所拥有的社会网络为家庭成员社会资本的积累提供了重要的途径。

基于家庭功能性资源的内涵和类型，从需求的角度，由于家庭处于不同的生命周期阶段，对功能性资源需求的重点有所不同，但在大体上可表征为安全需求、健康需求、保障需求、消费需求、情感需求、照料需求和发展需求等；从供给的角度，虽然处于不同社会经济地位、具有不同人口特征的家庭所能供给的功能性资源的类型也有所区别，但主要涵盖收入资源、人力资源、时间资源和情感资源等。

二、家庭功能性资源的需求及其决定因素

在家庭领域，家庭功能性资源的需求是家庭成员为提升自身的福利水平而对家庭产生的各种资源需求的总和。基于家庭与个人发展的主要内容，这些需求包涵安全需求、保障需求、健康需求、消费需求、情感需求、照料需求和发展需求等。与经济学对需求的界定一致，家庭功能性资源需求在本质上也并不属于一种需要（need），而是需求（demand）。具体而言，需要是个体感到某种"缺乏"而力求获得满足的心理倾向，是对内外环境客观要求的主观反应。需求则是指人们在欲望驱动下的一种有条件的、可行的，又是最优的选择，这种选择使欲望达到有限的最大满足，即人们总是选择能负担的最佳物品。因此，家庭功能性资源需求一般是指家庭具有支付能力或承受能力的需求。当然，有些家庭（如贫困家庭）因收入或其他资源极度短缺而导

致基本生活需要都不能得到满足，在这种情况下，就需要政府的转移支付支持或社会的帮助。然而，明显不同于经济学意义上的需求，家庭功能性资源需求发生在家庭内部，以家庭为载体来获取所需资源。但是家庭资源需求的实现途径并不完全一致，对部分资源的需求主要通过家庭的购买能力获得，如消费需求、保障需求、健康需求等，而对部分资源的需求则通过家庭成员之间的互动和良好关系获取，如情感需求、照料需求。当然，家庭对某些资源的获取方式是综合性的，既依赖于家庭的购买能力，又依赖于家庭成员之间的互动关系，如安全需求、照料需求等。所有的家庭成员既可以成为需求的主体，也可以成为供给的主体，但家庭是一个统一的决策单位，会主动或被动地对家庭成员的需求进行判断、评估和决策，然后基于家庭资源的储备状况和支付能力采取相应的行动策略。

影响家庭功能性资源需求的因素很多，主要包括以下几项：第一，资源的价格，具体指功能性资源所耗费的成本。一般情况下，在收入相对稳定的状态下，资源的成本越低，家庭承担能力越强，需求就越大；反之，成本越高，则需求越少。第二，家庭规模。一般而言，家庭规模越大，家庭成员的数量越多，对资源需求的总体数量就会增加；反之，家庭规模越小，家庭成员的数量越少，对资源需求的总量就会减少。第三，家庭成员的偏好。当家庭成员对某种资源的偏好程度增强时，资源的需求就会增加，相反如果偏好程度减弱，需求就会减少。第四，家庭成员的预期。具体是指家庭成员对未来需求的成本以及对自己或家庭未来发展状况的预期。当家庭成员预期某种资源的成本即将上升时，可能会增加对该资源的现期需求量。反之，就会减少对该资源的预期需求量。同样，当家庭成员预期未来的发展会更好，就将增加对该资源的现期需求。第五，家庭功能性资源的社会可替代程度。当具有更多、更优质、成本更低的替代性社会性资源时，家庭成员就会把其需求转向这些可以替代的社会性资源，进而减少对家庭内部资源的需求。

三、家庭功能性资源的供给及其决定因素

经济学领域的供给是指在某一特定时期内，在某一价格水平上生产者愿意并且能够提供的一定数量的商品或劳务。但是，不同于经济学意义上的生产者供给，家庭资源的供给具有明显不同的特征：其一，家庭资源的供给遵

循的是利他主义而非利益最大化原则，或者至少具有很强的利他主义倾向。区别于经济领域中供给的利润驱动，家庭功能性资源的供给虽然也取决于家庭的购买力和资源支持能力，但同时，家庭资源供给，尤其是人力资源和情感资源的供给是基于利他主义而非利润驱动得以实现的。其二，传统的家庭是一个自给自足的生产单位，通过家庭生产为家庭成员提供所需求的一切物质资源和情感支持。但是，现代家庭已非传统意义上的生产单位，家庭的供给能力主要取决于家庭成员的资源供给能力，所能提供的资源类型主要集中于收入资源、人力资源、时间资源和情感资源。因此，当置于家庭内部来探讨功能性资源的供给时，这里的供给是指家庭能够满足家庭成员福利水平需求的一种能力，其供给的范围和水平取决于家庭的发展水平和能力，供给的核心目标旨在满足家庭成员福利水平的需要。

哪些因素决定了家庭功能性资源的供给？家庭功能性资源的供给主要受到家庭的收入能力、人力资源、时间资源等资源获取能力和储备状况的影响。第一，资源的价格。虽然不受利润的驱动，但是资源所耗费的成本会对家庭供给能力产生较大影响。资源供给所需成本越低，供给能力就越强，家庭就越有可能为家庭成员提供更多的资源；反之，所需成本越高，家庭供给资源的能力就越小。第二，家庭的收入水平。收入水平是决定家庭功能性资源供给的核心要素。家庭成员的消费需求、保障需求、安全需求等大多都须依靠家庭的经济收入才能得到满足。如果缺乏必要的收入支持，家庭成员的许多需求难以通过家庭内部得以实现。第三，家庭拥有的人力资源数量。家庭规模越大，人力资源的数量就越充足，一些主要依靠人力资源实现的家庭需求，如照料需求，就越能实现。第四，家庭拥有的时间资源状况。家庭的安全需求、照料需求、情感需求在很大程度上都依赖于家庭的时间资源。总体上，家庭能够投入的时间越多，安全、照料和情感等方面需求的实现程度就越高。第五，政府的扶持政策。如果政府采取更多的扶持政策，用以满足家庭成员的需求，家庭供给负担下降，供给便会减少，反之则会增加。整体上，由于现代社会具有低生育率和高竞争时代的普遍特质，人力资源和时间资源的双重短缺已经成为现代家庭的普遍特点。

第二节　家庭功能性资源供需失衡及其后果

如果家庭功能性资源可以实现供需平衡，就能满足家庭成员的需求，实现家庭的有序发展。家庭功能性资源供需平衡模式是一种均衡状态。在这种态势下，供给与需求之间相互匹配，家庭内部既未出现资源供应过剩的情况，也不会有需求未得到充分满足的情况。家庭功能性资源供需平衡模式包括两个特质：一是稳定性，即需求与供给关系波动的幅度和频率不高，基本会围绕着家庭成员的需求上下波动；二是充分性，即所有家庭成员的需求获得满足的程度（数量）高，以及已满足者的需求所处的层次水平（质量）也较高。基于供需关系的一般特点，家庭功能性资源供需平衡可以分为供需总量平衡、供需结构平衡以及供需在时间和空间上的平衡。但是，现实的情况通常是家庭功能性资源的供给与需求在总量上不相等，严重偏离平衡，或在结构上不相适应进而制约了家庭成员的福利发展水平，这时就会出现供需失衡。相应地，家庭功能性资源供需失衡主要体现在3个方面，一是数量上的不匹配；二是结构上的不匹配；三是基于家庭生命周期和家庭的流动性，功能性资源在时间和空间上的供需不匹配。

一、家庭功能性资源供需关系变化：从平衡到失衡

在传统社会，家庭不仅是一个福利单位，也是一个生产单位。家庭通过家庭成员之间的互相支持照顾家庭中的每一个人，满足家庭成员衣食住行的基本需求，家庭功能性资源供需关系呈现出一种自然的平衡模式。在这种平衡模式下，需求和供给基本平衡，这一关系具有一定的稳定性，家庭成员的需求基本能够通过家庭资源的供给得以实现。然而，受限于传统社会家庭有限的经济条件和消费水平，这个平衡模式大多数情况下处于一种低位的平衡，缺乏充分性，家庭成员需求的实现程度不高。因此，处于相对低下的家庭资源供给能力，家庭成员的福利水平难以通过这一平衡模式获得最大化的产出。

进入现代社会，家庭发生了比其他任何一个社会组织都更为迅速的变迁。如前所述，家庭的某些功能强化，另有一些家庭功能弱化，既有不同功能的

变化，也有同一功能不同方向的变化。具体而言，现代社会的家庭功能变化主要体现在以下7个方面：

一是家庭经济功能结构的改变，家庭的生产功能弱化甚至丧失。家庭生产功能存在的经济基础是农业社会的自然经济，或者说"小农经济"形态。在工业化和城镇化等社会经济结构性变迁的背景下，绝大多数家庭不再具有家庭生产的条件，而是通过家庭成员个人的市场活动获得收入，并且家庭生产收益远远低于市场活动收益。

二是家庭的收入水平得到不断提高，对家庭成员生活水平需求，尤其是消费需求的资源支持能力增强，对家庭成员生理健康保障的资源提供能力也在增强。与生产功能的衰退相对应，现代服务业的发展使家庭成为消费中心，许多商品正是通过家庭获得了最大限度的效益，家庭作为基本消费单位的功能逐渐增强。

三是家庭的人口再生产功能有所弱化但并未消失。由于现代生活方式的转变，一方面，孩子的直接抚养成本、间接的机会成本都在与日俱增，另一方面，孩子的功利性（保障、风险防范）效用在逐渐降低，同时随着个人主义价值观的日益盛行，人们的生育观念和生育行为发生了根本性变革，生育已经不再是建立家庭的主要目的和必然选择。

四是家庭的一些保障功能弱化。家庭的养老、抚幼、风险防范等家庭保障功能在弱化。尤其是家庭养老功能的弱化最为明显。在低生育率水平下，作为老龄化和家庭结构变迁的必然结果，家庭内部照顾老年人的能力和资源都在被削弱，人力资源和时间资源的短缺使得家庭的养老困境日益凸显。以教育功能为例，虽然家庭仍然是儿童社会化、启蒙教育以及人格初步形成的主要场所，但是幼儿园、学校和教育团体在专业知识和能力培养上在很大程度上形成了对家庭的替代，家庭的教育功能弱化。

五是家庭的情感功能加强。一方面，现代社会代内夫妻关系的紧密程度加强，横向的夫妻关系成为一个家庭最重要的情感联系；另一方面，父母对孩子的偏好也从经济、养老保障等功利性效用转向情感满足的心理效用。虽然城乡之间、地区之间家庭转变的阶段和表征有所不同，但整体上现代家庭已逐渐从一个经济组织转变为一个心理组织，成为满足家庭成员情感需求的不可替代的重要领域。

六是现代家庭的一些新需求在不断产生。如，在高竞争时代，家庭成员对心理健康服务的需求不断增加；再如，家庭成员的职业发展和社会交往，都激发了家庭成员对一些新的家庭功能性资源的需求。但是，家庭成员的这些新需求难以从家庭内部得以满足，以达成家庭成员各取所需的理想状态。虽然支持家庭功能实现的社会化资源在一定程度上补充了家庭内部资源的不足，但大多情况下，社会化资源的数量并不充足，且替代质量也受到了质疑。如，儿童照料机构难以提供父母所能给予孩子的爱与情感安全，无论在幼年孩子照料，还是老年人照料方面，小型而具有亲密关系的家庭要比组织化的机构更可靠。

七是家庭功能的外化和社会化趋势明显，即转向家庭外部。在家庭变迁过程中，一个最为明显的趋势是家庭生活逐步向社会延伸，一些传统的家庭功能逐步淡化和社会化，主要体现在家庭在教育、抚幼、养老和风险防范等需求更多从外部获得满足。一些家庭功能完全或部分由社会化替代，而且在长期的社会替代过程中，家庭的供给能力也在不断减弱，但并不影响家庭成员的需求实现，相反可能提升了需求满足的质量。例如，家庭的社会化功能部分地被学校替代（教育功能几乎完全被学校替代），家庭提供物质生活和照料功能部分地被市场或公共服务机构所替代，如托儿所、幼儿园和养老机构提供的照料服务。这些替代既是社会经济发展的结果，同时也是社会经济发展的需要，对于家庭而言具有非常重要的积极意义。

整体上，虽然家庭在一些方面的资源供给能力增强，在一些方面的资源供给由社会化资源替代，但同时也产生了一些新的资源需求，同时由于家庭成员需求的个性化和差异化特质，整体上家庭功能性资源供需关系出现失衡，难以在家庭内部形成供需平衡。因此，从供给和需求两方面来看，家庭功能性资源的供需不匹配，或者说供需失衡已经成为家庭运行的常态，不仅需要家庭不断提升发展能力，增强功能性资源的供给能力，也需要有一定数量和质量的社会资源能够补充、支持和替代。

二、家庭功能性资源供需失衡的主要表征

如前所述，从供给的角度，家庭能够提供的功能性资源类型主要体现为收入资源、人力资源、时间资源和情感资源，而且家庭功能性资源的供给类

型相对保持稳定。但是这些资源在家庭的发展进程中，会随着家庭供给能力的变化在供给数量、质量和结构上也发生改变。经济资源既可能会随着家庭劳动力数量的增加得到提升，也可能会随着劳动力数量的减少或出现困境而减少，如家庭遭遇自然灾害或家庭成员患重大疾病；人力资源会随着家庭成员进入成年期而增加储备，或随着家庭成员进入老年期而减少；情感资源也会随着家庭成员的增加而扩大，如孙辈出生，也会随着某位家庭成员的离世而减少，如祖辈离世。

从需求的角度，现代家庭成员需求多样化是一个必然趋势，并会随着家庭生命周期、家庭流动和个人的发展不断调整。第一，从家庭整体来看，家庭在不同的生命周期阶段，生命任务的重点不同。在家庭扩展初期，抚幼是家庭的重大生命事件，对家庭功能性资源的需求主要体现为经济支持、照料支持（人力）上；在家庭收缩期，养老是家庭的重要事件，虽然对功能性资源的需求仍然体现在经济支持和照料支持上，但是由于现代家庭普遍存在人力资源和时间资源短缺，因此即使能够提供这类资源，但在数量和质量上的供给能力都难以满足需求。第二，家庭成员的个人发展也呈现出阶段性和个性化特点，对家庭功能性资源会产生不同的需求。在家庭成员处于青少年时期，对于家庭的照料资源和情感资源的需求更强。但父母职业角色和家庭角色的冲突，使得许多家庭在青少年成长中无法投入足够的时间，尤其是情感支持；家庭成员一旦步入社会进入职业期，需求随之发生更改，主要体现为通过家庭的社会网络获取就业信息和就业途径，为进入职场和职业发展提供支持。然而，对于大多数家庭而言，社会网络关系资源的供给能力并不强，难以满足家庭成员的职业发展诉求。而当家庭成员迈入生儿育女阶段，对家庭的照料资源产生了突出的需求，但普遍处于低生育率的现代家庭，人力资源的短缺难以有效地回应针对抚幼的照料需求。

因此，现代社会家庭功能性资源的供需失衡已经成为一个普遍性特征。如前所述，家庭功能性资源供需失衡有3个基本类型，分别为供需总量失衡、供需结构失衡、供需在时间和空间上的失衡。

第一，供需总量失衡。主要表现为供需在数量上的不均衡，通常有两种表现形式：一是，如果供给小于需求，可称为需求膨胀型，或者是供给短缺型；二是，如果供给严重大于需求，可称为需求不足型，或供给过剩型。基于现代家庭的基本特征,在供需的数量关系上,家庭功能性资源供需失衡主要体现为供给短缺而非需求不足。

第二,供需结构失衡。表现为供给和需求之间结构的不对等,即家庭所能提供的功能性资源,与家庭成员对资源的需求之间的不对等,也可以称之为供需结构错配。主要表现为家庭在某些方面的功能性资源过剩,无法全面地满足家庭成员多样化、个性化、高端化的需求。通俗地说,就是家庭成员所需资源家庭无法提供,而家庭能够提供的资源却是家庭成员并不需要的。

第三,供需在时间和空间上的失衡。其一,表现在时间维度上家庭动态发展的资源供需失衡。家庭处于不同的生命周期,家庭成员对功能性资源的需求也是差异化的。如进入家庭扩展期,家庭对幼儿照料资源的需求增强,既需要家庭内部的人力以提供照料,同时在消费结构上也需要调整,增强了家庭对抚幼资源在数量和质量上的双重需求;而进入家庭收缩期,家庭对医疗保健和养老资源的需求增加,同时对照料资源的需求也在增加。这种需求的动态性主要体现在时间维度,涵盖整个家庭生命周期阶段。其二,表现为空间维度上家庭流动性特征下的供需失衡。现代家庭另一个显著特征就是流动性。城镇化进程中活跃的人口流动以及以家庭形态为主的流动趋势,都促成了现代家庭很强的流动性,对家庭资源的需求也由于空间的变化或分割发生了根本性的改变。例如,一个家庭由于流动被人为分隔为分别居住于农村和城市的几个由不同成员构成的小家庭,因为家庭在空间上的分割导致家庭的资源,尤其是照料资源和情感资源被稀释和分割,位于不同空间的小家庭对居住环境、家庭照护、情感等都产生了不同的需求,家庭在空间上的分割无法有效满足所有家庭成员的不同需求。

三、家庭功能性资源供需失衡的后果

尽管不同类型的家庭供需失衡有着截然不同的表现,但它们都会对家庭政策运行和家庭成员的发展产生不利影响,进而危害家庭的持续、稳定、健康发展。

首先,由供需总量失衡造成的危害。家庭功能性资源供需失衡主要体现为供给短缺而非需求不足。当家庭总需求增加,即家庭资源的供给总量严重小于总需求时,可能会引起家庭资源在家庭成员之间的恶性竞争,或导致家庭资源分配的伦理困境。如果在供给不足的情况下，不同家庭资源配置的决策原则可能差异性很大，如公平原则、需求紧迫性原则、权利至上原则等，但供需总量失衡的后果必然是一些家庭成员的需求无法得到满足，失去了发展的最佳时机。如在资源有限的情况下，面对家庭老年人和孩子同时出现的健康保障资源需求，究竟应该优先满足谁的需求？无论优先满足哪一方的需求，都会导致另一方的利益损失。而且，一些家庭在资源配置过程中，很可能是由掌握资源配置的权力拥有者作出有利于自己的决策，导致家庭资源配置处于低效状态。因此，家庭运行和一些家庭成员的发展，可能是以牺牲其他家庭成员的需求和资源配置效率为代价的，是一种不可持续的增长。在家庭总需求，尤其是需要经济投入的需求增加的情况下，家庭可能不仅会放弃储蓄，选择即期消费，还会提前预支家庭储蓄满足家庭成员的当期需求。从长期来看，会削弱家庭的购买力，降低实际生活水平。

其次，由供需结构失衡造成的危害。供需结构失衡是一种供需错配，这种情况并非需求不足，在本质上是家庭功能性资源的有效供给无法适应家庭成员的需求及其变化。家庭本身并非一个资源生产单位，家庭功能性资源的供给类型相对固化，主要体现在经济收入、人力资源和情感资源方面，无法随着家庭成员需求的变化迅速更新。随着家庭成员需求的多样化发展，供需结构错配成为现代家庭发展的突出矛盾。供需结构错配主要表现为家庭的供给无法满足家庭成员多样化、个性化、高端化需求，供给资源和能力不适应家庭需求。现代家庭已经从以"衣食住行"为主导的基本需求结构，向多样化、差异化、高品质的需求结构转变，高品质需求难以得到满足，家庭成员在旅游、教育、养老、情感支持、社会网络等方面的需求与日俱增。家庭成员的多样化、高品质的需求要依赖大量社会资源供给的补充，但相对而言，获得社会资源一方面需要家庭具有较强的支付能力，另一方面对社会替代性资源的数量和质量也提出了较高的要求。而目前整体上社会替代性资源还无法全面满足家庭成员的需求。因此，在家庭成员需求不断变化的情况下，家庭供给优势主要体现在经济、情感等资源上，可能无法及时回应需求的多样变化，无法化解供需矛盾。如果没有及时的社会化资源供给的补充，还会使现有矛盾和问题后延，潜在风险进一步积累。

最后，供需在时间和空间上的失衡导致的负面影响。如前所述，家庭在不同的生命周期阶段，家庭的主要任务不同，家庭成员的需求也会显著不同。家庭生命周期指的是一个家庭从诞生，经历发展直至消亡不同阶段的运动过程，它反映了家庭从形成到解体呈循环运动的变化规律。相对于不同生命周期阶段的需求差异，家庭功能性资源的供给也须不断调整，能够有效满足家庭的需求。传统家庭生命周期理论将家庭划分为形成、扩展、稳定、收缩、空巢与解体6个阶段。家庭生命周期包含了家庭在人口因素方面变动的主要内容，从结婚、生育、抚养未成年子女，直到衰老和死亡。每一个阶段，家庭的需求和主要任务都在发生变化。现代家庭的家庭生命周期发展阶段出现了一些新的变化，如丁克家庭、单亲家庭、丧偶家庭等不完整家庭的出现，这些家庭的资源供给能力十分不足。而且，如果家庭无法基于周期性的变化调整功能资源，供需就会出现时间维度的失衡。同时，现代家庭的流动性增强，一个家庭常常在空间上分割为不同的家庭，家庭资源也被割裂或稀释，无法满足处于不同空间所有家庭成员的需要。

第三节　家庭功能性资源供需失衡的原因

导致当代中国家庭功能变化的原因是多方面的，主要涵盖经济发展、社会变迁和人口转变。社会经济发展给家庭功能带来的影响更多是积极的，主要体现在对一些家庭功能的替代、支持和补充，这是经济发展和社会进步的标志。但不可否认，社会转型也是造成家庭功能性资源失衡的客观原因之一。人口转变进程中的老龄化和人口流动带来的影响更多的是家庭功能需求和供给的变化。例如，生育率的下降导致了家庭生育功能需求期大大缩短，长寿则导致了老年照料需求的大幅度增长，迁移和流动改变了家庭生活安排进而影响家庭某些功能的完整性。经济发展与社会转型彻底改变了女性的角色，更多女性进入劳动力市场，削弱了女性作为照料资源的供给能力。此外，家庭角色和社会角色的冲突也是导致家庭功能供给能力下降甚至失灵的重要原因。当家庭的基本功能无法有效运行甚至失灵时，就需要公共资源与政策的介入。

一、人口老龄化

中国已经进入快速老龄化的发展阶段。从2011年开始的老龄化快速发展态势将会持续到2040年。根据联合国基于中国生育率中方案的最新预测[①]，2040年中国的老年人口将比2011年增加2.3亿人，年平均增长率为3.82%，平均每年净增794万人。在老年人口快速增长的同时，总人口将在2028年左右开始负增长，这两种相反的变化趋势进一步提高了老龄化的发展速度，老龄化水平在2040年将达到23.7%，平均每年提高0.5个百分点。与前一个阶段相比，未来20年的老龄化速度提高3倍。2015年，中国老年人口占世界老年人口的比重为22.6%，即世界上每5个老年人当中就有1个是中国人，这个比重将在2040年提高到26.4%，即世界上每4个老年人当中就有1个是中国人。2040年以后，中国老年人口增长放缓，在世界老年人口中的占比也将开始下降，2050年将下降到23.6%。联合国预测的结果显示，中国人口抚养比将在2032年超过50，2039年超过60，2050年提高到67以上。在其他条件一定的情况下，人口抚养比提高意味着人口生产能力和储蓄能力下降，劳动成本上升。与此同时，人口抚养比的结构也在发生变化，一方面是15岁以下少儿人口抚养比的缓慢下降，另一方面是老年人口抚养比的快速提高，2029年老年人口抚养比将超过少儿人口抚养比；2050年老年人口抚养比将提高到43.61，相当于2023年的总抚养比，比少儿人口抚养比高出84.32%，表明未来的人口负担主要是老年人。

从老龄化的结构性特征来看，中国老龄化的动力已经转变为以老年人口增长为主导力量。与此同时，目前中国的老龄化与社会福利制度安排之间存在着较为严重的失衡，养老保障制度、医疗卫生制度以及养老的公共服务难以满足快速增加的老年人的生活需求。这种结构性转变不仅给社会保障和其他公共支出带来沉重压力，而且如果不能建立一个有效的涉老公共服务体系，家庭也会面临着更为沉重的养老负担，加剧劳动力的"工作—家庭"冲突状态。虽然中国有着依靠家庭养老的传统，但人口快速转变使得家庭结构和规模发生了巨大变化。在城市地区，家庭结构越来越趋于小型化和简单化。由

---

① United Nations. World Population Prospects: The 2019 Revision [R]. Department for Economic and Social Information and Policy Analysis, 1995.

于独生子女政策的影响，城镇地区普遍流行"4—2—1"的家庭结构，当独生子女长大婚嫁之后，不论选择何种居住方式，都将会出现夫妻家庭、核心家庭、主干家庭和空巢家庭等，而不会再出现联合型的大家庭。结构和规模的变化意味着家庭已经越来越难以承担起对养老的职能。

伴随人口老龄化进程的推进，用于老年照料等方面的家庭资源与社会资源都变得相对稀缺，这样的超级老龄化和超级高龄化所带来的经济负担、社会负担和家庭负担是任何一个社会都难以承受的。老龄化已经在社会、经济、政治、文化、心理等各个方面对个人、社区、国家和国际生活产生了深刻的影响，给家庭和老年人的发展都带来了巨大冲击。中国的养老问题也日益突显，经济支持、生活照料和精神慰藉的供需矛盾都开始显现[①]，一些老年人和家庭甚至陷入养老困境。[②]老年人的生活照料需求是一种基本的需求，在老年人照料人力资源供需关系日趋紧张的情况下，除了传统的非正式照料支持系统（家庭成员、亲戚、朋友、邻居等），还需要建立正式的社会照料支持系统，通过家庭政策安排为家庭内部的主要照顾者提供支持，实施专门针对老年人照顾者的支持项目，来激励家庭成员之间养老照料的责任分担。[③]

二、人口流动

最近几十年，中国经历了快速的城镇化进程和大规模的人口流动，人口城乡分布格局发生了转变，城镇化水平已超过60%，高于世界平均水平。在中国，城镇化具有更深刻的社会含义，它不仅仅是工业化发展的后果，导致人口城乡分布的变化，也不仅仅是人们生活方式的转变，它更是一场社会变革，给家庭也带来了深远的影响。改革开放之初，城镇化水平只有17.9%，全国有将近8亿人生活在乡村；2020年城镇人口比例达到了63.89%，城镇常住人口超过9亿。1982年，流动人口规模为657万，仅占当时全国总人口的0.66%。20世纪80年代中期当小城镇向农民开放之后，流

---

① 胡湛，彭希哲．发展型福利模式下的中国养老制度安排[J]．公共管理学报，2012（3）：60-70．
② 穆光宗．"少子高龄化"下的养老困境[J]．中国经济报告，2015（6）：45-48．
③ 吴帆．老年人照料负担比：一个基于宏观视角的指数构建及对中国的分析[J]．人口研究，2016（4）：66-75．

动人口的规模迅速扩大，1990年增加到2135万人。进入90年代之后，流动人口的规模迅速扩大，2000年为1.21亿人，2010年为2.21亿人，2020年达到3.76亿人。

在中国的流动人口中，超过七成是以部分或完整的家庭形式迁移的。[1] 一些基于全国或地方性调查数据的研究认为，绝大多数流动人口是家庭式迁移。如2011年全国流动人口监测数据显示，携带至少一个家庭成员一同流动的家庭在所有家庭中的占比超过70%[2]，2006年北京市1/1000流动人口调查发现60%的流动人口以家庭形式迁移。[3] 这种发展趋势表明中国人口流动已经从家庭中主要劳动力的个人迁移模式，转为部分或完整的家庭迁移模式，并成为中国人口流动和迁移的新常态。基于新经济迁移理论，家庭是劳动力个人生活和就业决策的基本单元，迁移决策机制立足于家庭的收益最大化和风险最小化。家庭迁移表征为一个家庭在空间上的位移，不仅改变了家庭成员的生活环境、职业生涯、家庭关系、社会交往和福利诉求，也对整个城镇化进程产生了深远的影响，直接促发了社会政策安排和公共服务资源配置格局的调整。然而，在中国流动人口家庭化迁移的整体发展趋势下，家庭化迁移的实现程度并不高。一方面，并非所有家庭都实现了家庭成员共同迁移的完整式家庭迁移，仍有许多家庭成员面临着分散两地或多地的困境，长期处于与配偶、子女或父母等家庭成员异地分居的状态；另一方面，成千上万进入城市的流动家庭遭遇了诸多挑战，成为城镇化进程中的高风险家庭，主要表现为家庭结构残缺、家庭功能无法正常发挥、城市融入程度低、居住安排等生活质量不高、缺乏有保障的制度环境和公共服务资源的支持。尤为突出的是，目前中国城镇化相关的制度设计并非家庭友好型，一些相关的社会政策即使从人的角度也仅仅是满足其个体的需求，忽视了流动人口家庭生活的需要。[4]

国务院发布的《国家新型城镇化规划（2014—2020年）》指出，中国已进

---

[1] 国家卫生和计划生育委员会流动人口服务管理司.中国流动人口发展报告2012［M］.北京：中国人口出版社，2012：6.

[2] 杨菊华，陈传波.流动家庭的现状与特征分析［J］.人口学刊，2013（5）：48-62.

[3] 侯佳伟.人口流动家庭化过程和个体影响因素研究［J］.人口研究，2009（1）：55-61.

[4] 吴帆.中国流动人口家庭的迁移序列及其政策涵义［J］.南开学报，2016（4）：103-110.

入城镇化深入发展的关键时期。规划指出新型城镇化的指标包括城镇化水平、基本公共服务水平、基础设施和资源环境这四个指标,其中基本公共服务部分主要涉及常住人口住房、养老、医疗和子女教育的问题,而基本公共服务的首要问题是保证99%以上的农民工随迁子女能接受义务教育。可见,如何保证和促进流动人口尤其是流动家庭在流入地的生存发展是应对新型城镇化战略中亟须解决的问题。人口流动的直接后果是这些变化使得现代家庭在资源需求和供给能力方面都发生了本质改变。人口流动的家庭化迁移趋势使得家庭功能性资源的供给能力下降,导致了供需失衡。本质上,人口流动家庭化是中国新型城镇化健康发展的重要标志,是流动人口实现"有尊严地生活"的重要途径,也是解决城镇化进程中"留守儿童""流动儿童""留守老年人"等问题的根本之道。以人为核心的新型城镇化需要基于流动人口的家庭化迁移趋势构建家庭友好型社会政策,即把促进家庭团聚、维护家庭功能相对完整、支持家庭发展能力建设、扶助特殊困难家庭等纳入新型城镇化政策和人口流动政策,建立一个家庭友好的公共政策和服务体系。

三、"工作—家庭"角色冲突

经济发展与社会转型造成了家庭成员角色的根本性变革。家庭角色和社会角色的冲突是导致家庭功能性资源供给能力下降甚至失灵的重要原因。伴随着深刻的社会转型与快速的经济发展,大量女性进入劳动力市场,就业参与增强了女性的社会活动参与,强化了其社会角色期待。此外,社会转型时期,人们的生活方式与价值体系发生明显的变化,女性不再追求成为"贤妻良母",其角色呈现多元化发展趋势。但是,女性在家庭中的作用依然十分重要,依旧被家庭和社会赋予贤妻、慈母的家庭角色期待。因此,越来越多的女性承受来自工作与家庭的双重压力,面临家庭角色与社会角色之间的协调与平衡问题。

目前中国女性的劳动参与率在全球排前列。根据第六次全国人口普查数据,男性劳动参与率为78.2%,女性劳动参与率为63.7%,不仅高出2010年的世界平均水平(53%),也高于20国集团成员女性的平均水平(56%)。[①] 同时,

---

① UNDP.Human Development Report 2019 [R/OL]. http://hdr.undp.org/en/2019-report,2019.

由于女性在生育和养育子女中所承担的生理角色，以及家庭内部的性别分工模式，中国女性也是家务劳动和家庭照料的主要承担者。根据第三期中国妇女社会地位调查，女性承担家庭中"大部分"和"全部"，做饭、洗碗、洗衣服、做卫生、照料孩子生活等方面家务劳动的比例均高于72%，而男性均低于16%。① 家务劳动的性别分工在全球范围内也普遍存在。在劳动力市场和家庭领域中"双高"参与率不仅给女性带来了巨大的"工作—家庭"角色冲突压力，也给女性的职业发展带来更大风险。在生育阶段，由于生育投入与孩子照料的负荷，女性职业发展可能会被迫中断，选择主动或被动地退出劳动力市场。生育孩子数量越多，女性退出劳动力市场的风险就越高，还有一些女性不得不改变工作性质、工作地点和时间。第三期中国妇女社会地位调查数据显示，2010年从事非农劳动的18—64岁已育女性中，有20.2%的人因为生育或者照顾孩子而有过半年以上的职业中断经历，最长中断工作时间平均为2.8年；有3岁以下子女的女性就业率为62.0%，比没有3岁以下子女的女性就业率低将近12个百分点。② 另有数据表明，有6岁以下子女的女性就业率由1990年的90.3%下降到2005年的77.0%，有3岁以下子女的女性就业率更是从1990年的89.2%大幅下滑至2005年的56.6%。③

实际上，生育问题带来的女性就业劣势早已成为一个全球性问题。根据欧盟的统计数据，2015年欧盟28国有1个或2个未成年子女的母亲劳动参与率分别为65.5%和63.5%，而有3个及以上未成年子女的母亲劳动参与率只有46.0%。④ 即使女性在生育阶段不退出劳动力市场，但因面临着"工作—家庭"角色冲突，职业发展空间也会受到挤压。孩子在6岁以下，特别是0—3岁时，母亲承担着主要的照顾责任，而在职母亲会面临更大的压力。在中国，虽然家庭更多得到来自祖辈的协助，但多项调查数据表明，家庭内部对婴幼儿的照料责任主要由母亲来承担，或者说母亲在照料孩子方面扮演着第

---

① 第三期中国妇女社会地位调查课题组.第三期中国妇女社会地位调查主要数据报告[J].妇女研究论丛，2011（6）：5-15.

② 第三期中国妇女社会地位调查课题组.第三期中国妇女社会地位调查主要数据报告[J].妇女研究论丛，2011（6）：5-15.

③ Jia, N., Dong, X. Y. Economic Transition and the Motherhood Wage Penalty in Urban China: Investigation Using Panel Data[J]. Cambridge Journal of Economics, 2013, 37（4），819-843.

④ European Union（EU）. Eurostat Database[DB/OL]. http://ec.europa.eu/eurostat/data/database.

一照料人的角色。职业女性在生育之后,想要维系就业状态,往往只有两个途径:第一,不得不承受巨大的"工作—家庭"冲突压力;第二,通过改变工作性质、工作地点和时间实现较为弹性的工作状态,以保障对孩子照顾的时间投入。虽然在这个阶段,女性的职业发展也有可能向上流动,但因养育子女,一些母亲不得已选择进入非正规就业部门,或者放弃职业晋升的机会。

工作能为女性带来经济收入,提升女性在家庭中的决策权和话语权,但同时会削弱女性在家庭中的投入时间。在人力资源、时间资源和情感资源有限的情况下,女性面临着在职业角色和家庭角色冲突的困境。这不仅体现在女性身上,男性亦是如此。传统社会中,男性角色多体现于君臣、父子、兄弟和丈夫等身份中,男性被赋予了很高的社会角色期待。而随着中国性别平等事业的推进,家庭领域内的性别平等得到广泛关注,社会与学界呼吁男性参与家务劳动与家庭照料。然而,内化的性别规范、陈旧的性别角色分工、不友好的社会性别运行机制、对"密集母职"的偏好阻碍了男性参与家庭照料[1],男性陪产假、针对男性参与家庭照顾政策的匮乏也导致男性难以更好地参与家庭照料。与男性和女性在职业角色和父母角色在时间分配上的矛盾相似,家庭成员还面临着子代的职业角色与对亲代照料角色在时间分配上的矛盾,这些都直接影响家庭照料功能供需关系的均衡。

在现代社会,养育子女是一种时间密集型的活动,尤其是对女性而言,职业女性和孩子母亲的双重角色导致了精力和时间资源分配的紧张。由于传统家庭角色和现代职业角色的冲突,许多职业女性不得不推迟生育或者放弃生育。生育二孩乃至三孩的决策会使家庭对延长带薪育儿假期、更普及和多元化的托儿所服务以及其他儿童照料服务支持的需求进一步增强。

四、家庭政策和公共服务供给短缺

家庭变迁导致了家庭政策需求的迅速增长。改革开放以来,尤其是进入21世纪以后,中国政府制定了一些以家庭为对象的社会政策,如低保制度、保障性住房政策等,这些政策对于保障和改善家庭福利起到了重要作用。社

---

[1] 李桂燕.全面二孩政策下男性参与家庭照料的困境与路径[J].深圳大学学报(人文社会科学版),2018(3):114–122.

会公共资源和面向家庭的政策安排对家庭功能性资源起到有效的替代、支持和补充作用。社会发展与经济的提升，使得公共服务体系得到不断完善，社会公共资源使用效率得到有效提升。社会公共资源涵盖了政治、经济、文化、生活中的各个领域，满足家庭成员不同方面、不同层次的需求。在物质生活保障资源方面，当家庭保障功能无法顺利实现时，由社会保障制度所承接。例如，当家庭成员面临失业、无生活来源、丧失劳动能力、无人赡养或抚养等困境时，国家通过提供最低生活保障对生活困难的居民进行物质帮助，以保证其最基本的生活需要。住房保障、养老保障等均在不同方面满足家庭成员在居住、养老等基本生活方面的需求。在生命质量保障资源方面，公共卫生服务、医疗保险等资源为家庭成员生理健康与心理健康提供条件。教育资源、旅游资源等则满足人们在发展资料与享受资料的需求，以满足人民日益增长的美好生活需要。因此，在家庭功能需求的满足上，社会公共资源能对家庭功能性资源起到不同程度的替代、支持和补充作用。

但是，与社会和家庭的剧烈变迁相比，中国家庭政策的发展明显滞后。家庭政策普遍缺失的情况比较明显，如儿童早期发展、"工作—家庭"平衡、家庭功能辅助政策，这些政策的缺失使家庭面临着很大的困难。政策难以应对家庭的需求变化，一些不符合社会经济发展形势和家庭需求变化的政策，仍然没有得到调整。家庭政策体系中法律层面的制度安排居多，虽然在法律上明确了政府对家庭的责任，但是缺乏操作性较强的政策内容和社会行动项目。例如针对女性就业的支持，主要表现在对女性劳动就业权利及其相关权益的保障上，缺乏对女性所承受的家庭和工作冲突的支持。随着女性就业率提高，"平衡工作和家庭"应该成为家庭政策的重点，但是这种趋势在国家层面的家庭政策上并没有得到充分体现。

此外，中国各项与家庭福利相关的政策基本是补充型和残补式的，仍然停留在家庭的自我保障阶段，家庭是满足社会成员保障和发展需要的核心系统，在社会保护体系中起着最为重要的作用。目前的家庭政策的主要对象是贫困家庭、计划生育家庭、特殊儿童家庭等功能不完整的家庭，社会福利项目或行动也较多集中于特殊儿童家庭，而结构较为完整的家庭更多依靠自我保障。家庭政策覆盖范围小，有很强的补充性导向。尽管家庭的某些功能在弱化甚至丧失，但是育儿、养老和病残家庭成员的照料仍然是家庭的重要功能。因此，家庭政策应该充分考虑和评估家庭成员的抚养负担，鼓励家庭成员之间的互相照顾，对承担育儿、照料老年人和病残家庭成员的家庭给予支持，包括补贴、减免税收及其他方面的政策支持，在制度设计层面对家庭实现有效的支持，构建家庭友好型的支持政策。

第十一章 中国家庭功能转变的政策含义

虽然不同家庭面临的主要问题有所不同,但是家庭功能转变给每个家庭带来的影响是显而易见的。减少和消除相伴而生的不利影响是一种具有正外部性的行动,政府和社会都有必要加入这个行动中,家庭也不能只是被动的功能转变承受者,而应该是积极的增强家庭资源供给能力的行动者。家庭自身要通过家庭发展能力建设提高家庭功能性资源的供给能力,平衡家庭功能供需关系,提高家庭每个成员的生命健康质量、生活质量和发展质量。同时,政府也要大力发展相关的社会服务和公共服务,为家庭功能的有效运行提供支持、补充和替代。对家庭的支持应该成为中国社会政策和公共服务发展的重点和优先领域。本章主要从家庭转变对家庭政策的需求,以及家庭政策支持家庭功能实现的路径两个方面进行讨论。

第一节 家庭转变与家庭政策需求

家庭功能的变化打破了家庭结构完整性,同时也改变了家庭与社会的关系。一方面,家庭功能性资源的供给能力出现了根本性变化,另一方面,家庭功能的外化和社会化导致了家庭社会需求的增长及需求结构的变化。整体上,家庭的功能变化引致了强烈的家庭政策需求。

一、家庭转变引致的社会需求变化

作为社会细胞,家庭是人类物质生活和精神生活最微观的环境,是人类各种活动最基本的决策单位,也是社会关系中最核心的利益共同体。历史地看，家庭是社会共同体的一种最古老的形式。① 西方发达国家对家庭问题的政治兴趣最主要来源于20世纪60年代开始的人口方面的变化，进入第二次人口转变阶段的国家或地区表现出初婚年龄推迟、婚姻稳定性减弱、同居现象增多、生育行为更倾向于个人选择等特征，由此，家庭的内涵和外延也随之呈现出更为明显的结构性变化，家庭在规模、结构、模式、类型、关系等方面的变迁更为突出：一方面，家庭的核心关系形态从"Y"型转为"夫妻至上"，生育行为不再成为家庭存在的必要条件；另一方面，同质性的家庭类型转向多元化的家庭类型，逐渐从以联合家庭为主体过渡到以核心家庭为主体，然后迅速扩展到包括单亲家庭、丁克家庭、空巢家庭等在内的多种类型。家庭在规模、结构、功能、特征、家庭关系与家庭观念等方面发生剧烈转变。

实际上，家庭功能的变化折射出社会的进步和变化，而且家庭的一些基本功能也并未随着家庭变迁而衰退或消失。帕森斯根据对美国现代社会家庭的观察，认为美国的家庭保留了所有社会的家庭共同具有的两个"基本的和不能削弱的功能"：第一个基本功能是产生人的性格的"工厂"，即性格的形成。个体的初期社会化需要一个能提供温暖、安全和相互支持的环境，这个环境就是家庭。第二个基本功能是"成人性格的稳定化"，即婚姻关系和配偶相互提供的感情上的安全感。② 由此，家庭在个体生存和发展过程中发挥的基础性作用是不可替代的，或者至少具有一些其他社会组织或政府无法比拟的优势。从功能主义角度看，家庭功能是家庭实现社会存在的基础，也是家庭区别于其他社会组织单元的本质特征之一。个人的许多需求是在家庭内部并通过家庭来满足的，因此，家庭是满足个人需求的一种组织结构，它既不同于市场，也不同于政府或其他社会组织，在这个意义上，可以把家庭称为社会的"第四部门"。强调家庭的组织性特征，是因为家庭功能不仅对家庭成员而言非常重要，而且对社会也具有积极的能动性意义。随着家庭的变迁，各国政府都在从政策层面进行反思，希望回归家庭的社会价值，重塑家庭的社会角色。长期以来，西方国家一直希望通过高福利来解决民生的各种问题，

---

① 迈克尔·米特罗尔，雷因哈德·西德尔.欧洲家庭史[M].赵世玲，等译.北京：华夏出版社，1987：12.

② 哈拉兰博斯，希德尔.家庭—功能主义的观点[J].费涓洪，译.国外社会科学文摘，1988（10）：30-32.

但是预期效果并不理想,不仅政府不堪重负,而且失业、养老、贫富差距等社会问题依然突出。因此,这些国家开始重新考虑家庭的社会角色:家庭并非是被动、消极的负担,而是具有积极主动的社会功能,在一些方面能够更好地满足家庭成员的需求。

当家庭无法根据需求变化调整功能性资源的需求,当社会对家庭需求增长和变化的反应滞后,尤其是政府的社会政策应对迟缓时,家庭就会面临一系列的问题,甚至陷入困境。纵观中国家庭的现状及其面临的挑战,主要表现为:第一,家庭的传统观念受到了强烈的冲击,父辈的权威地位丧失,家庭资源的代际流动失衡,相对于父母在青壮年时期给予子女的支持程度,子女成年后给予父母的支持更加缺乏。第二,家庭内部的照顾资源严重不足。直接的代际支持,尤其是向上的代际支持缺乏,家庭成员之间的支持压力巨大;抚幼和养老资源的双重短缺已经成为现代家庭的一个常态。其中,相对于家庭的抚幼功能而言,家庭的养老功能受到了严重的削弱。第三,社会流动对家庭的影响很大,虽然人口流动的家庭化趋势明显,但一方面,农村仍有很多留守家庭,由于家庭结构不完整,家庭的主要劳动力无法提供直接的照料,功能更加弱化;另一方面,由于制度隔离,进入城市的流动人口家庭无法享有与城市家庭同等的福利与服务。第四,社会性替代资源严重不足,而且也缺乏通畅的获取途径;家庭遭遇困难或困境时,缺乏可以寻求的制度与政策途径,在大多数情况下只能依靠非正式网络来解决家庭面临的困境与风险。第五,在家庭变迁方面,城乡面临同质的发展趋势,同时由于社会福利制度的城乡分隔,加之制度隔离无法享受到,导致农村面临的家庭困境更为明显,亟待政府的支持和政策支持。第六,家庭面临的社会风险日益加大,与此同时,家庭的风险防范功能却在降低,尤其是那些结构不完整的家庭,如单亲家庭、残疾家庭、贫困家庭、计划生育家庭、空巢家庭都面临着更大的生存与发展困境。

从全球来看,一方面,家庭在抚幼、教育、养老、家务劳动等方面的功能均出现了社会化和外化的变化趋势,家庭的某些自我保障能力和发展能力也逐渐弱化。随着以低生育率为主要特征的人口转变过程,家庭对社会政策和公共服务产生了更大的需求。在现代化过程中,家庭的稳态被彻底打破。在诸多变化中,对于个人、家庭以及社会最具有实质性意义的改变是家庭功能的变化。某些家庭功能不断在削弱,同时某些家庭功能的实现机制也发生了转变,转由社会承担或接续;另一方面,家庭资源结构发生了改变。在现代社会中,许多家庭的人力资源和时间资源都变得更为稀缺。这些变化导致了家庭需求与功能对应结构的失衡和家庭功能供需自我均衡机制的失灵。这种失衡使得家庭需求的满足对外部的依赖程度变得越来越高。因此,社会与政府必须正视家庭变迁及其带来的复杂影响,基于家庭需求构建一个更有针对性且更为系统的家庭政策体系。

对于中国而言,人口转变改变了家庭的人口基础,而工业化、现代化和城镇化深刻影响着家庭的形态、关系和生命历程。家庭的小型化、结构核心化、形式多样化,以及老年空巢家庭普遍化等,都将导致家庭需求与家庭功能的对应结构进一步失衡,尤其是老龄社会产生了对公共和社会服务体系的巨大需求。特别是家庭结构的不完整已经严重影响家庭功能的正常发挥,而家庭功能变化所带来的各种社会需求也没有得到政府的积极回应,这些问题如果不能得到及时的解决,将会直接影响人们的生活质量。另一方面,现代化虽然带来了家庭变迁,但并没有削弱家庭的社会价值,家庭依然是社会发展的微观基础和推动现代化的重要力量。因此,许多国家把家庭政策作为社会福利制度安排的重要内容。从社会政策角度为家庭提供必要的支持,已经成为全球社会发展的一项重要任务,中国政府也需要重新审视以往的社会政策是否能够有效地回应家庭变迁及其带来的各种负面影响。

二、家庭政策对家庭需求变化的回应

随着社会经济的发展,人们的需求不断地增长和丰富,远远超出了家庭传统功能所能提供的支持。这些变化导致了家庭需求与功能对应结构的失衡和家庭功能供需自我均衡机制的失灵,家庭需求的满足对外部的依赖程度变得越来越高,家庭与社会的联系也因之越来越紧密。随着家庭的变迁,家庭需求也不断发生变化。生育率的下降导致了家庭生育功能需求期的大大缩短,长寿则导致了老年照料需求的大幅度增长,迁移和流动改变了家庭生活安排进而影响家庭某些功能的完整性,家庭规模小型化、代际关系简单化、家庭生活安排分散化等都在一定程度上改变了家庭的需求。

在一定程度上,家庭变迁导致的需求变化对社会政策的构建和完善提出了挑战。宏观的人口群体、结构及其关系以及微观的个人和家庭共同构成了社会政策的基本对象。家庭的发展、变迁和需求在很大程度上决定了社会政策的主要内容、服务手段和形式。而且，第二次人口转变所呈现出的家庭变迁趋势是刚性的，具有不可逆性，政府必须在政策层面对家庭的变迁及其引致的需求作出积极回应。如果社会政策体系缺乏对家庭变迁的动态反应，就会忽略家庭层次的需求变化，那么整个社会福利制度也就失去了根基。尤其在中国，当具有基础性质的社会政策不能符合家庭的基本特质及需求，或者无法促进家庭在特定历史环境下的发展时，家庭变迁的某些后果会使社会发展过程中存在的问题和矛盾在更大的范围和更深的层次上显现出来。因此，对正处于社会和家庭变迁之中的中国而言，亟须重新审视家庭政策的价值基础和基本内容，为重构家庭政策体系建立新的分析路径。在制度安排中纳入对家庭需求的考量，不仅要把在教育、就业、医疗、养老、住房保障等方面的福利待遇联系起来，更要考虑这些福利安排如何能体现家庭的需求。家庭变迁及其导致的家庭对社会政策的需求给各国政府也带来了巨大的挑战：社会政策无法在根本上支撑家庭的变化，满足家庭在制度方面的需求，这几乎是所有国家普遍存在的问题。家庭政策是西方发达国家最重要的社会制度安排之一，也是现代社会发展的重要内容和标志。第二次世界大战以后，一些西方福利国家先后建立了一整套涵盖民生各个方面和个人生命历程各个阶段的社会福利制度。

从宏观角度看，家庭政策涵盖的领域非常广泛，涉及国计民生的方方面面；从微观角度看，家庭政策必须能够回应和满足不同类型家庭和处于家庭生命周期不同阶段家庭的需求。在公共服务中充分考虑家庭需求，避免只孤立地关注家庭中的个体，应该全面覆盖家庭中的所有成员，建立以社区为主要平台的公共服务体系，整合政府、社会组织和企业等各种力量和资源，促进家庭发展能力建设。不仅要关注家庭需求并积极回应，更要以能力发展为导向构建服务支持体系。2010年中国政府提出加强家庭发展能力建设，建立完善家庭发展政策。支持和保护儿童健康成长、加强家庭代际支持和团结、促进性别平等、协调工作和家庭平衡、增进家庭福利等应该成为中国家庭政策的基本内容。从社会政策支持角度看，应该大力发展家庭友好型政策，其中一个重点就是家庭政策。家庭政策是旨在提高家庭发展能力和福利水平的制度安排。虽然不同国家的家庭政策所秉承的理论、价值取向和目标有所不同，但家庭政策中对于家庭抚幼、养老等功能弱化的回应与支持构成了核心内容。构建完善的家庭政策可以改善家庭的微观结构，提高家庭的发展能力，增强家庭的抚幼和养老功能，增进家庭的福利水平。

三、家庭政策在家庭发展中的角色与作用

伴随着家庭功能的变化，家庭的自我保障能力和自我发展能力逐渐弱化，家庭作为基本社会制度的地位已经逐渐丧失，无法为家庭成员提供传统意义上的有力支持。在未来长期的变化中，家庭对社会政策和公共服务的需求是强烈且持久的。在中国，家庭面临的困境及其对政策支持的需求更为突出，由于中国的社会发展滞后于人口转变，相对于计划生育政策要求民众所承担的计划生育义务而言，政府的社会发展政策及行动滞后甚至缺位，这一点在农村地区体现得更为明显。另外，经济的迅速发展加速了劳动力的迁移和流动，但是由于户籍制度（二元社会）的约束，导致了大量的家庭分散异地，即留守老年人、留守妻子、留守儿童，使这些家庭面临着更大的困境。

家庭功能变化给社会带来的冲击不仅巨大，而且体现在多方面，这充分反映在联合国国际家庭日的系列主题上。1993年2月，联合国社会发展委员会决定，从1994年起，每年5月15日为"国际家庭日"（International Day for Families），旨在改善家庭的地位和条件，加强在保护和援助家庭方面的国际合作。联合国历年的家庭日主题一方面表征了20世纪末、21世纪初全球性的家庭变化趋势，另一方面也反映出家庭所面临的主要困境和政策需求，这为各个国家和地区家庭政策的制定和执行提供了一个行动框架和基本参考（见表11-1）。联合国秘书长潘基文在2011年国际家庭日致辞中指出基于家庭面临的风险以及家庭在抚育、养老、巩固社区等功能上的不可替代性，要进一步加强对家庭的支持。自1990年以后，联合国与家庭有关的系列会议都在致力于加强政策和方案中以家庭为中心的要素，作为统筹、综合的发展方式的一部分，这进一步诠释了家庭变迁所引致政策需求的价值基础和基本逻辑。

表 11-1　1994—2020 年国际家庭日主题

年份	主题	年份	主题
2020	传承优良家风家训，建设幸福和谐家庭	2007	家庭与残疾人
2019	家庭与气候行动：关注可持续发展目标	2006	变化中的家庭：机遇与挑战
2018	家庭与包容性社会	2005	艾滋病毒/艾滋病与家庭福祉
2017	家庭、教育和福祉	2004	国际家庭年十周年：一个行动框架
2016	家庭、健康生活和可持续发展	2003	筹备2004年国际家庭年十周年纪念活动
2015	男人说了算？当代家庭中的性别平等和儿童权利	2002	家庭和老龄化：机遇与挑战
2014	家庭事关发展目标的实现：国际家庭年20周年	2001	家庭和志愿者：建设社会凝聚力
2013	推进社会融合和代际团结	2000	家庭：发展的推动者和受益者
2012	工作与家庭-两者兼顾	1999	不分年龄人人共享的家庭
2011	与家庭贫困和社会排斥作斗争	1998	家庭：人权的教育者和提供者
2010	移徙对世界各地家庭的影响	1997	在伙伴关系基础上的家庭建设
2009	母亲和家庭：变化世界中的挑战	1996	家庭：贫穷和无家可归首当其冲的受害者
2008	父亲与家庭：责任和挑战	1994	家庭：变化世界中的动力与责任

资料来源：联合国网站 www.un.org/zh/events/familyday，根据联合国国际家庭日的相关资料整理。

综上，尽管家庭功能呈现出社会化和外化的趋势，但是家庭在生育、未成年子女教育、促进健康、养老等方面仍然承担着主要的角色。因此，家庭变迁以及家庭在某些功能方面的不可替代性或明显优势，决定了家庭对社会资源具有更大的需求。毋庸置疑，无论是发达国家还是发展中国家，家庭都需要相应的家庭政策予以支持。但是，与家庭的结构和形式所发生的巨大变化相比，家庭政策却远远滞后于现代生活方式的变化。① 中国妇联于2010年发布的《中国和谐家庭建设状况问卷调查报告》显示，对国家现行的家庭支持政策，有超过一半（56.4%）的家庭认为力度不够，有8.6%的家庭认为"基

---

① CRAWFORD, J.M. Co-parent Adoptions By Same-sex Couples：From Loophole to Law［J］. Families in Society-the Journal of Contemporary Social Services，1999，80（3）：271-278.

本没有政策支持",另外约有20.3%的被访者"不清楚哪些政策跟家庭有关",这从侧面反映出中国的家庭政策基本上处于缺位状态。①

从某种意义上讲,中国当代家庭功能的变迁过程实际上是家庭功能社会化的过程,即家庭功能的实现越来越依靠外部支持,从家庭功能性资源需求与供给的均衡"单一体"转变为家庭与社会的"复合体",通过支持、补充和替代等方式,市场、社会和政府越来越多地参与家庭功能的供给,这已成为家庭功能供需关系的一个新格局。因此,在家庭功能需求与供给关系变化的情况下,为了保证家庭各项再生产的正常运行,应当通过加强社会政策支持积极构建家庭友好型的社会环境和制度安排。家庭政策在家庭发展中的角色和作用具体体现为以下3个方面。

一是支持性作用。家庭政策的支持性作用主要是通过协助家庭成员运用自己的力量,来缓解家庭功能的弱化和供给能力不足的压力。这类政策的对象是全体家庭,因为现代家庭普遍面临养老、抚幼等家庭功能弱化的困境。通过支持性家庭政策增进并加强家庭的功能,协助家庭提升满足家庭成员需求的资源供给能力,使原生家庭成为家庭成员生活和发展的最佳场所。而且一些家庭功能的实现必须以家庭为主体,如家庭的情感功能等都难以由家庭政策或公共服务替代,这时家庭政策以支持性的角色来协助家庭的功能实现。

二是补充性作用。家庭政策的补充性作用主要针对家庭功能的弱化困境,通过不同领域的政策安排弥补家庭功能性资源的不足,当因家庭成员遭遇失业、或因家庭成员残疾或出现重大疾病而造成家庭贫困时,为保证家庭成员的基本物质生活所需的各项措施,如为家庭提供就业支持,或者为家庭提供因父母都工作而无人照料子女的日间托儿服务等。总之,当家庭功能受损,无法满足家庭成员的基本需求,就需要通过家庭政策给予资源和服务方面的补充,使家庭得以维系和持续发展。

三是替代性作用。对于结构不完整或残缺的家庭,家庭政策必须构建一个基本的社会安全网为家庭成员提供必需的生活与发展的需求。例如,针对孤儿、艾滋病患儿等困境儿童,或者是高龄独居老年人,家庭功能已经残缺无法支持家庭成员的生存和发展需要,必须由家庭政策和公共服务来替代。

---

① 全国妇联宣传部.中国和谐家庭建设状况问卷调查报告主要成果[J].中国妇运,2010(7):38-39,46.

换言之，在家庭完全无法提供功能性资源的情况下，家庭成员面临着高风险或者已经置身于危险境地，就需要及时通过替代性家庭政策缓解家庭成员的风险，维持原本应该由家庭发挥的功能和作用。替代性社会政策针对家庭成员的个人需求，提供一部分或完全替代性的家庭功能的福利服务。

除了家庭政策之外，还有面向家庭的公共服务。如针对未婚母亲及子女服务、托育服务、老年照料喘息服务等。同时，还可以根据家庭公共服务的内容将其划分为医疗卫生服务、教育服务、健康服务等。

第二节 家庭政策支持家庭功能实现的路径

在家庭内部，个体的福利主要体现在3个方面，即生活水平、生命质量和发展能力。对于家庭成员个体而言，家庭就是一个福利生产部门，通过一定的福利转移机制和福利分配制度来确保家庭成员享有一定的生活水平、生命质量和发展能力，这是家庭提供功能性资源的意义所在。因此，家庭政策也应该从这3个方面具体介入，补充家庭功能性资源的供给，支持家庭功能的实现。

一、家庭政策与家庭发展能力建设

家庭发展能力是家庭凭借其所获得的资源满足每一个家庭成员生活与发展需要的能力，是指家庭成员共同努力相互支持以实现家庭目标的综合能力，包括家庭交流、凝聚力、领导力、适应性和独立性，从更为具体的层面上讲，家庭发展能力包括家庭成员的社会适应能力、市场竞争能力、收入能力、抵御风险能力、家庭情感凝聚力、人口再生产能力等，这些家庭发展能力与家庭功能有着密切联系，也可以说，家庭发展能力是保证家庭功能正常发挥的能力。具体而言，家庭发展能力包括以下几个方面[①]：(1)家庭经济能力，即家庭获取收入以支持家庭成员生存和发展的能力；(2)家庭支持能力，即家庭在日常生活、抚幼、养老、教育、心理慰藉、照护等方面的能力；(3)家庭学习能力，即能根据成员个人学习、成长和职业发展需求以及外部环境变化的

---

① 吴帆，李建民.家庭发展能力建设的政策路径分析[J].人口研究，2012(4)：37-44.

需求，帮助家庭成员完成在个人生命周期不同阶段的主要任务和目标，促进家庭成员的成长；（4）家庭社会交往能力，包括家庭获取社会资本，以及和外界环境的良好互动能力；（5）家庭风险应对能力，包括家庭对内部和外界社会环境变化的反应能力、调节能力和应对能力。这五个方面的能力是保障家庭功能正常发挥的基础。家庭发展能力具有结构性特征，上述各个方面的能力彼此之间具有互联、互动、互补、互促的关系。在家庭发展能力结构体系当中，任何一个方面能力的弱化或丧失都会导致家庭发展整体能力的下降。

应以"家庭发展能力"为导向建立家庭政策的价值基础。目前，中国旨在提高民生质量的各项经济与社会政策安排，家庭是其中最为关键的环节之一。家庭发展的核心在于家庭能力的发展，在于家庭成员能力的发展，即人的发展。因此，亟须构建秉承"以人为本"基本理念的家庭政策体系。在家庭政策框架下构建政府、社会和市场三位一体的家庭支持体系。就外部力量而言，政府是促进家庭发展能力建设和家庭福利水平提高的主导力量，但是社会和市场也具有重要的作用。因此，在家庭政策体系中还应该包括支持和鼓励社会（第三部门）、市场积极提供家庭服务和产品的供给。从家庭功能角度看，中国的家庭发展能力建设应该包括以下几个方面：第一，提高家庭人口再生产能力，即通过提高生育率改善家庭结构，提高家庭发展的可持续性；第二，提高劳动力再生产能力，加大对家庭成员的人力资本投资，增强其社会适应能力、市场竞争能力和收入能力；第三，提高家庭成员健康再生产能力，通过提高生命质量、生活质量等方面的手段促进家庭每个成员的健康，健康再生产能力的提高既可以增加家庭照料资源的供给，同时也可以减少家庭照料需求，进而有利于家庭照料功能供需关系的平衡；第四，家庭凝聚力和家庭情感纽带的建设，与其他社会组织成员之间的关系相比，家庭成员之间的关系具有更强的利他倾向，家庭凝聚力和家庭情感纽带越强，家庭成员之间的利他倾向就越强；第五，提高家庭生活安排的完整性，即促进家庭成员团聚和共同生活。这5个方面的能力建设彼此之间可以相互支持、相互促进，并可以有力地支持家庭功能的有效运行及家庭生命周期各个阶段主要任务的实现。

二、家庭政策与家庭功能的实现

家庭政策促进家庭功能的实现，主要通过提升家庭的物质生活水平、提升家庭成员的生命质量以及促进家庭和家庭发展能力得以实现。

第一，提升家庭的物质生活水平，提升家庭成员的收入水平和消费水平。物质生活保障资源是家庭功能性资源的基础构成部分，是家庭成员生存发展的保障。家庭生产功能存在的经济基础是农业社会的自然经济，在工业化和城镇化等社会经济结构性变迁的背景下，绝大多数家庭不再具有家庭生产的条件，而是通过家庭成员个人的市场活动获得收入，中国当代家庭的生产功能逐渐弱化乃至丧失。因此，物质生活保障资源由家庭生产收益转变为市场活动收益是工业化和现代化的必然结果。家庭政策补充家庭的物质生活保障资源，需要着力于促进家庭成员参与市场活动、提升收入水平。一方面，家庭政策通过加大对家庭成员的人力资本投资，提高其劳动再生产能力，增强其社会适应能力、市场竞争能力和收入能力。另一方面，家庭政策扶助女性及其他特殊群体的就业，保障家庭成员的劳动就业参与权利。其次，家庭政策应关注税收政策。目前，中国的家庭政策覆盖了包括低收入家庭的财政支持、就业扶助等5个领域，对家庭及家庭成员提供现金支持和物资支持。而日本、新加坡、加拿大等许多国家中，面向家庭的免税政策构成了家庭政策的主要内容之一，发挥了家庭政策对社会利益再分配的功能。因此，应在税收政策中认可家庭在负担子女或赡养老年人等责任方面付出的成本，改革个人所得税制度，按照家庭平均收入作为所得税征收税基，以家庭人口负担情况作为宽免个人所得税的依据，对于有未成年子女的家庭、赡养老年人的家庭、有丧失劳动力能力的家庭成员、正在接受高等教育子女的家庭给予一定额度的宽免税额。此外，家庭政策应通过制度保障家庭福利和消除家庭贫困。改革开放以来，尤其是进入21世纪以后，中国政府制定了一些以家庭为对象单位的社会政策，如"低保"制度、保障住房制度、计划生育家庭辅助政策等，对于保障和改善家庭福利起到了重要作用。贫困家庭、单亲家庭、残缺家庭、老年空巢家庭、残疾人家庭、计划生育家庭、独生子女伤残家庭等特殊家庭是家庭政策的重点关注对象，加快建立家庭福利津贴制度，对特殊家庭给予优先考虑，考虑家庭的抚幼、养老以及照料残疾家庭成员的负担情况，发放育儿津贴、老年人津贴、住房津贴、特殊家庭津贴（残疾人）、赡养老年人家庭津贴等。消除贫困，充分发挥家庭政策在增进人民福祉、提高家庭能力、促进社会稳定和谐等方面的重要作用，使之成为社会再分配的重要途径。最后，家庭政策对物质生活保障资源提供支持，确保满足家庭成员的衣食住行等基本需求，需要对风险进行提前防范和规避。开展家庭防范风险专项计划，在家庭遭遇风险时，通过专项基金和帮扶计划帮助家庭渡过难关。对那些遭遇风险、导致家庭成员疾病、伤残、或其他状况而致使生活困难的家庭提供一次性或多次性的生活补贴。

　　第二，提升家庭成员的生命质量。生命质量以健康水平表征，具体涵盖每一位家庭成员的生理健康和心理健康程度。家庭政策对家庭成员生命质量的改善主要体现在减轻成员负担、营造良好环境、满足福利需求3个方面。首先，家庭政策提供照料和抚养支持，减轻家庭成员负担，提升生命质量。尽管家庭功能呈现出社会化和外化的趋势，但是，家庭在生育、未成年子女教育、促进健康、养老等方面仍然承担着主要角色，家庭在这些功能方面的不可替代性或明显优势，决定了家庭对社会资源具有更大的需求。家庭政策应该充分考虑和评估家庭成员的抚养负担，鼓励家庭成员之间的互相照顾，对承担照料家庭成员的家庭给予支持，包括补贴、减免税收等，构建"家庭友好型"的支持政策。其次，家庭政策直接以家庭为政策单位，以促进家庭发展为目标，营造良好的发展环境，为家庭成员的生理和心理健康提供支撑。家庭政策鼓励家庭责任的彼此分担，倡导家庭成员之间平等关系的建立，改善家庭成员的生产生活环境，为其社会参与提供支持。良好的家庭环境是促进家庭成员的生理心理健康发展、提升生命质量的重要依托和保障。在一个缺乏家庭发展政策的社会里，家庭关系的建立主要得益于家庭成员的利他特质，以及对家庭责任承担的实现程度。随着现代化水平的不断提高，家庭功能的不断变迁，家庭成员已经难以运用个人的资源来实现对家庭责任的承担，因此，和谐关系的构建不仅依赖于家庭成员之间的情感联系，更需要家庭政策的外部支持。通过和谐家庭关系的倡导，以及具体制度安排对家庭功能的支持，在全社会建立和谐家庭的风尚，营造家庭成员健康成长和发展的良好环境。最后，普惠性的家庭政策能够满足居民的福利需求，改善其生命质量。随着社会福利制度的普惠取向，许多国家福利政策的对象开始从一部分贫困阶层扩大到一般居民生活的层面，福利内容也从单一的经济补助转变为非货币化的福利服务。这一趋势的变化反映了许多国家的社会福利从支持性政策逐渐过渡到发展性政策，相应的家庭政策也从纯粹地满足家庭的经济需求转向满足家庭非货币化的福利需求，从满足家庭最基本的生存需求转向建构家庭的功能，提升家庭的发展能力。健康水平和生命质量是家庭成员重要的福利需求组成部分，改善生理和心理健康，提升生命质量，能够完善家庭功能，提升家庭发展能力。

第三，促进家庭和家庭成员的发展能力，保持家庭的活动和动力。发展能力是家庭成员的职业发展能力和社会交往能力。在新的时期，以改善民生为目的的各项经济与社会政策安排，家庭应该成为其中的关键环节之一。家庭政策促进家庭成员的发展能力，尤其是女性的发展，主要包括女童的健康、教育与发展，以及母亲的健康、就业与发展，直接投资于家庭中的女性，为女童的顺利成长和女性的发展创造条件。女性的发展主要通过教育和就业来实现，而提升女性就业率的途径不能单纯停留于增加女性就业机会，运用制度手段激励女性就业和创业，还要从根本上解决女性的后顾之忧，还要鼓励用人单位通过建立一系列家庭支持政策，帮助女性进一步平衡工作与家庭之间的关系，为女性营造一个稳定、持续的就业环境。家庭政策可以改善家庭的微观结构，提高家庭的发展能力，增强家庭的抚幼和养老功能，增进家庭的福利水平。在现代社会，养育子女是一种时间密集型的活动，尤其是对女性而言，职业女性和孩子母亲的双重角色导致了精力和时间资源分配的紧张。由于传统家庭角色和现代职业角色的冲突，许多职业女性不得不推迟生育或者放弃生育。这种状况削弱了家庭在人口再生产方面的活动，因此延长带薪育儿假期、更普及和多元化的托儿所服务以及其他儿童照料服务支持的需求进一步增强。"工作—家庭"平衡政策可以缓解职业女性的角色冲突，鼓励丈夫参与家庭事务，并降低"双就业"夫妇养育子女的时间成本，不仅维系了家庭人口再生产的活动，也可以为子女的成长创造更好的条件，对抚养未成年子女家庭财政提供支持（现金补贴、减免税），可以帮助家庭减低养育子女的生活负担。

三、家庭政策对"工作—家庭"平衡的支持

家庭政策与家庭福利密切相关,直接影响家庭的收入、就业模式、消费方式和时间分配等家庭生产活动和市场活动。到20世纪90年代,欧洲许多国家已经形成了一个比较完善的家庭政策体系,其内容主要包括4个方面:一是平衡家庭与工作,二是妇幼保健服务,三是包括育儿补贴在内的现金补贴及减免税收等福利,四是儿童照料和儿童发展的公共服务。[①]近年来,中国在家庭政策领域也取得了积极的进展,一些政策也在强调对家庭变化的回应,关注家庭功能变迁对社会福利和社会服务的需求。但总体来讲,中国还缺乏真正意义上的家庭政策,家庭面临的困境及其对政策支持的需求并没有充分反映在社会政策的改革中,一些制度安排缺乏对家庭的有力支持,应该构建以"工作—家庭"平衡为核心的家庭支持政策体系。

一般来说,"工作—家庭"平衡政策主要包括3项内容[②]:第一,直接的生育支持。针对就业母亲与双亲设计的生育给付、法定带薪孕产假、丈夫陪产假和父母育儿假等多类产假形式和亲职假,以鼓励和协助父母在儿童出生时能提供照顾,并保障因照顾子女暂时离开工作时的薪资所得。此外,许多国家还制定了不带薪育儿假,为家庭照料者提供不同的选择途径;第二,普及公共托育服务,提供儿童照料服务。在父母双方(或单亲)就业的状况下,孩子能够享受托育福利服务的权利。这项措施不仅给予孩子平等普及的托育,也能支持父母(尤其是母亲)就业。根据德国、法国、丹麦等欧洲国家的经验,相较于产假,职业母亲更倾向于利用儿童照料服务,提供儿童照料服务要比育儿假更有效,它可以在很大程度上降低生育给女性就业和职业发展带来的负面影响。具体分析中国的情况,儿童照料服务普遍缺乏,因此家庭中的祖父母辈成为照顾新生婴儿的主力军,尤其是针对0—3岁的幼儿照顾服务与资源特别短缺。针对这些问题,政府应该积极鼓励社会资源进入家庭福利与服务领域,合理运用行政手段、市场手段和社会手段,积极鼓励家庭照顾资源短缺的社会替代品和补充品的有效供给;鼓励发展社区平台为家庭提供

---

① 吴帆.欧洲家庭政策与生育率变化——兼论中国低生育率陷阱的风险[J].社会学研究,2016(1):49-72,243.

② 吴帆.家庭政策支持:全面二胎放开后人口均衡发展的实现路径[J].广东社会科学,2016(4):196-202.

配套服务，为家庭提供必要早期保育和儿童照料等综合服务；第三，完善劳动力市场制度，建立弹性工作时间制度。健全工作福利制度，鼓励和倡导企业或其他机构为亲职角色提供必要的支持，在条件允许的情况下实行弹性工作制。如给予亲职时间的保证，让双亲在子女需要时能有时间照顾子女；提供亲职保护，给予双亲实现亲职角色的特殊工作保护，例如孕期和哺乳期的工作保护等。

在支持"工作—家庭"平衡政策中要充分考虑女性对政策支持的需求特点。因为女性是"工作—家庭"平衡关系最为紧张的群体，她们不仅是一般家务的主要承担者，当有其他家庭成员需要照料时，她们同时也是主要照料者。具体包括儿童照料和老年照护。因此，作为家庭政策的核心，"工作—家庭"平衡应该成为家庭支持政策的重要方面，为家庭在生育和照料孩子方面提供帮助。

（一）儿童照料支持政策

养育子女是一种时间密集型的活动，尤其是对女性而言，职业女性和孩子母亲的双重角色导致了精力和时间资源分配的紧张。因此，为了鼓励生育和促进社会性别平等，平衡工作与家庭成为欧洲国家家庭政策的重要方面。"工作—家庭"平衡政策有两个主要手段：一是法定带薪孕产假、丈夫陪产假和父母育儿假，此外许多国家还有不带薪育儿假；二是提供儿童照料服务。具有促进女性发展和社会性别平等取向的家庭政策更有利于鼓励生育，因为这种家庭政策不仅降低了女性生育的机会成本，同时也鼓励丈夫积极承担照料子女和家务的责任。

具体而言，儿童照料的家庭政策应包括以下四个方面：第一，大力发展儿童正式照料服务，尤其是面向3岁以下幼儿的正式照料机构，在目前的托育服务需求迫切和供给严重短缺的局面下，更为现实和有效的解决办法是动员包括政府、社会、企事业单位和私人等各个方面的资源，积极投入托育服务领域，把托育服务定位于"准公共服务品"，由政府负责规划、指导和监督管理，并承担有限度的财政责任，由社会力量通过市场及其他途径提供托育服务供给；第二，加强对家庭儿童照料者的直接支持，通过支持计划实现家庭成员对抚幼照料责任的分担，在现有家庭政策，如育龄妇女带薪产假的基础上，不仅增加父亲的产假等措施，鼓励和支持父亲照料角色的实现，还应制订更为有效的"工作—家庭"平衡计划来支持家庭的主要照料者；第三，缓解照料负担较重家庭的财务压力，构建以家庭为单位的科学有效的收入税收政策，对有照料需求的家庭提供不同程度的减税或其他优惠政策，减轻家庭的照料负担；第四，加大社会照料对家庭照料服务的补充和替代，加强多元化的家庭照料资源供给，一方面加强免费或低价的社区、社会组织对家庭照料资源的供给，另一方面通过市场化的社会照料资源引导，为有支付能力的家庭提供多样化的选择。

（二）老年照护支持政策

老年照护的家庭政策在设计和选择时应充分重视家庭作为应对老龄化挑战的重要力量的地位，加大对老年人家庭照料者的政策支持和资源投入，促进家庭发展和解决家庭养老危机。在应对老龄化发展战略的制度安排及政策体系中，应该把家庭放在核心地位，把对家庭照料者兼顾就业和照料的支持放在关键地位。对老年人家庭照料者的支持性政策安排应纳入社会性别视角，重点关注四个方面的问题：第一，在支持"工作—家庭"平衡政策中要充分考虑女性对政策支持的需求特点；第二，在就业政策和收入分配政策上要充分考虑女性因照料老年人而中断职业对女性职业生涯和收入的负面影响，并为她们重新进入劳动力市场提供各种形式的支持；第三，在退休政策上要充分考虑照料老年人的女性需求，允许她们在完成社会养老保险金缴纳年限的条件下，根据自己的情况选择退休时间；第四，在对老年人照料者的心理支持上要充分考虑女性的心理特质，进行心理干预帮助女性缓解心理压力。

四、家庭政策与女性发展

女性地位及其变迁始终是女性发展的一个核心概念，它揭示了女性在不同时代既有社会秩序、利益配置导向、性别关系和性别文化背景下的发展轨迹。女性的地位始终处于动态且复杂的变化之中，而女性在家庭和社会这两个领域的状况是相互关联的：一方面，家庭不仅是一个决策单位，也构成了个人决策的环境，女性在教育、职业发展、社会生活等社会领域的参与深受家庭决策过程的影响；另一方面，社会文化中的性别标签、女性社会参与的制度安排、女性所拥有的社会资源禀赋，以及社会发展本身也在不断地塑造着家庭内部的性别关系。家庭内部的性别关系取决于相对资源禀赋结构中的女性地位。在现代化进程中,针对女性的赋权使得她们获得了更为平等的教育机会和工作机会,社会性别意识也在逐步增强,从而使女性的社会参与以及在家庭中的地位都在提升。

我们至少可以在制度建构和文化建构两个方面进行努力。其一,促进女性赋权,增强女性在资源获得、控制及社会影响等方面的能力,进而改变相对资源禀赋的传统性别结构,以及她们在社会和家庭中的地位。其中最为关键的是提高女性受教育程度和收入水平,改善女性的就业质量和促进职业发展,增进女性家庭地位及其自主性应该成为社会政策改革的主要取向。具体包括加大对女性的人力资本投资,消除劳动力市场上的性别歧视,推进有利于女性发展的"工作—家庭"平衡策略。其二,平等的家庭性别关系建立在平等的社会性别关系基础之上,社会性别关系是性别化制度与文化的社会映像。促进性别平等不仅有助于满足个人的需求和权利,也可以改善经济增长和人类安康的前景。

在关于生育的家庭政策与女性发展方面,实施三孩生育政策及配套支持措施是中国政府根据新的人口形势,旨在实现人口长期均衡发展而作出的政策调整。生育新政使生育决策权在一定程度上回归家庭,让家庭重新获得了更为宽松的生育决策空间。然而,新政对女性带来多方面影响,尤其是对女性的就业和职业发展带来一些潜在的风险。在关于就业的家庭政策与女性发展方面,劳动力市场的性别隔离和女性生育成本是导致女性职业劣势的主要机制。生育对女性职业发展的负面影响主要体现为职业发展的中断效应和冲突效应。[①]中断效应体现为两个顺序发生的阶段。在第一个阶段,由于生育投入和负荷,女性的职业发展可能会被迫中断,选择主动或被动地退出劳动力市场。在第二个阶段,大部分女性在孩子进入幼儿园或小学后,会重返劳动力市场。但生育期的职业中断造成了女性在职业发展上的劣势累积,这种劣势被称为"母亲工资惩罚"(Motherhood Wage Penalty)或"母亲工资差距"(Motherhood Wage Gap)。针对家庭就业的支持,主要体现在宏观层面对女性劳动就业参与权利、生育权利、教育权利、健康权利等方面基本权益的保障,

---

① 吴帆.全面放开二孩后的女性发展风险与家庭政策支持[J].西安交通大学学报(社会科学版),2016(6):128-130.

尤其通过各种法律来保护女性在生育期和特殊生理期的基本权益，促进女性就业。在就业政策和收入分配政策上要充分考虑女性因照料老年人而中断职业对女性职业生涯和收入的负面影响，并为她们重新进入劳动力市场提供各种形式的支持。

第十二章　中国家庭政策及其路径选择

在支持家庭发展能力建设上，政府应该扮演更为积极的角色，这也是中国家庭政策构建与发展的价值基础。作为一项基础性的民生制度安排，家庭政策应该为家庭提供一个支持性的制度环境，增强家庭功能性资源的供给能力，以及家庭从外部获取公共资源的能力。实际上，每项社会政策都建立在一定的家庭规模、结构、关系、功能和家庭成员流动性等家庭特质的基础上，家庭变迁在本质上也改变了社会政策制定时所确立的对家庭的基本假设。本章首先讨论全球视域下的家庭政策，然后分析中国家庭政策及其实现路径。

第一节　全球视域下的家庭政策

世界各国与地区的家庭政策在一定程度上趋同的同时，又因受到社会经济特征、人口结构特别是政治体制结构的影响，呈现出各自的特色。从家庭政策的缘起和发展来看，自20世纪70年代起，世界各国与地区的福利制度面临着多项社会变化的挑战，家庭规模、结构、家庭角色以及与之相关的老龄化、低生育率、高离婚率使这些国家重新思考有关家庭的制度与政策，家庭发展和家庭政策日渐成为全球性议题。为了应对挑战，发达国家在对传统福利国家模式反思的基础之上，提出"发展型社会政策"或称"积极福利"的新模式并进行改革。在家庭政策领域，开始重新界定政府和家庭之间的责任边界，并越来越多地转向对家庭的支持，以使家庭更好地适应社会环境的变化。家庭政策也日益成为欧美发达国家社会福利制度改革的核心内容[1]。国际

---

[1] MOSS, P., SHARPE, D. Family Policy [M] // in Brown Muriel and Sally Baldwin (eds). *The Yearbook of Social Policy in Britain*. London: Routledge and Kegan Paul, 1979.

社会普遍认为，家庭政策是最有社会价值的投资，是最有效率的社会投资。

一、家庭政策的缘起与发展

艾斯平·安德森（Esping-Anderson）于1990年从市场、社会、国家三者关系角度，以劳动力"去商品化"的水平和分层两个标准为依据，将欧洲福利国家模式划分为自由型福利国家、保守型福利国家和社会民主型福利国家3种类型。[①] 此后，1999年他又引入了照顾责任"去家庭化"概念，即通过一个人在多大程度上依靠家庭获得福利支持的测量指标，对福利国家体制进行进一步梳理。[②] 在自由型福利国家中，市场居于中心地位，以资产调查式的救助、有限的普遍性转移或有限的社会保险计划为主导，福利主要迎合低收入者的需要，国家所承担的责任较少。在照顾责任方面，自由型福利国家的照料体系依托市场，去家庭化的程度取决于家庭的经济条件。这一类型的主要代表国家有美国、加拿大等；保守型福利国家的特点在于"辅助性"原则的增强，当家庭保障的功能严重弱化时，国家才进行干预。此类国家的社会保险通常排除没有工作的家庭主妇，家庭福利以鼓励女性为主，女性是家庭的主要照料者。家庭服务处于低度发展的状态。这些国家承担的责任处于中等水平，主要代表国家有法国、德国、意大利等；社会民主福利国家基于普惠性原则，通过高税收来追求最大程度的平等。社会民主体制强调先发制人地将家庭关系的成本社会化，而非等到家庭能力耗空之后才予以帮助。此类国家的去商品化程度和照顾责任"去家庭化"程度最高，国家担负起照顾儿童、老年人、无助者等的直接责任，承受沉重的社会服务负担。此类国家承担较多的责任，主要代表国家有瑞典等。

高蒂尔（Gauthier）基于对22个国家家庭政策的跟踪调查发现，不同国家对家庭的介入程度以及政策支持水平是不一样的。他将家庭政策模式分为4种类型，分别为国家支持型家庭政策模式、传统型家庭政策模式、平等型家庭

[①] ESPING-ANDERSEN, G. The Three Worlds of Welfare Capitalism [M]. Princeton: Princeton University Press, 1990: 56.

[②] ESPING-ANDERSEN, G. Social Foundations of Postindustrial Economies [M]. Oxford: Oxford University Press, 1999: 114.

政策模式和非干预家庭模式（见表12-1）。①

表12-1　4种家庭类型中政府的介入程度

家庭政策模式	经济支持	妇女就业支持	儿童照顾支持
国家支持型	高	中	中
传统型	中	中	低
平等型	中	高	高
非干预型	低	低	低

（1）国家支持型家庭政策模式（pro-natalist model）。在这一模式中，国家将对家庭的支持视为政府的责任，对女性产假和儿童照顾的支持水平高。家庭政策以提升人口出生率为出发点帮助女性平衡家庭与工作责任。法国即属于这一类型。

（2）传统型家庭政策模式（pro-traditional model）。传统型家庭政策模式以维护传统家庭结构与模式为目标，政府对家庭有一定程度的支持，但是对家庭的支持主要来自家庭本身或其他组织。政府对家庭提供中等水平的财政支持，儿童照顾方面的水平较低，多寄托于母亲的照顾。基于对传统家庭的维护，家庭政策对妇女就业支持力度不大。德国家庭政策具有这样的特征。

（3）平等型家庭政策模式（pro-egalitarian model）。政府致力于促进性别平等，认为无论是在家庭还是劳动力市场领域女性与男性具有相同的权力与地位。这类政策模式对双职工家庭及儿童照顾的支持力度非常大，典型的代表国家是瑞典。

（4）非干预家庭模式（pro-family but non-interventionist model）。这类家庭政策模式的特点是市场主导，政府所起的作用有限，主张家庭作为提供保障和服务的首要单位。只有家庭无法满足自我需要时，政府才做介入，即政府的家庭政策只针对那些有需要的或特殊的家庭。该模式的代表国家是英国和美国。

在这4种模式中，政府对家庭的介入程度与支持水平差别很大。但是不同

---

① GAUTHIER, A. H. The State and the Family: A Comparative Analysis of Family Policies in Industrialized Countries [M]. Oxford: Oxford University Press Catalogue, 1998: 98-100.

国家和地区的家庭政策发展呈现出普遍的共性。第一，由支持传统家庭到确认家庭形态多元化，由于女性教育程度和就业率的提高，各国政府和地区都放弃坚持传统家庭模式的立场，转向面对家庭形态多元化的事实。第二，家庭形态多元化，尤其是单亲家庭的增加，各国政府都倾向于以儿童为本位的财政支持，包括资助托儿服务或成立儿童基金等。第三，协助国民平衡工作和家庭。由于女性就业率提高，平衡工作和家庭成为各国家庭政策的重点，其中包括为父母提供更长的带薪育儿假期，并提供更普及和多元化的托儿所服务。这些国家的家庭政策有效地回应了家庭需求，为家庭提供了有力的社会支撑，进而促进了国民福利水平的提高和社会的和谐发展。

目前，对家庭政策在理论上的理解和政策实践并未达成一致。由于在很大程度上受到人口结构、社会文化、政治制度与社会运动等因素的影响，家庭政策在不同的国家、社会文化和制度背景下，呈现出不同的价值导向与内容。虽然，不同国家的社会福利体系不一样，家庭政策的取向也有所不同，但是家庭政策存在着共性，主要体现在5个方面：一是把家庭视为具有特殊功能结构的社会组织，尊重家庭私领域的独立地位；二是由支持传统家庭扩展到多元化的家庭形态；三是强调家庭发展能力建设，帮助家庭功能的实现；四是家庭政策的重点都包括了消除家庭贫困，促进工作和家庭平衡，实现代际关系和谐；五是政府在帮助家庭发展中的责任不断增强。

二、典型国家的家庭政策实践与借鉴

依据不同国家与地区的发展经验，家庭政策可分为显性和隐性，直接和间接，积极和消极等不同类型，因此家庭政策的内容设计、实施方式和发展方向也有所不同。其中显性、直接、积极的家庭政策是指国家制定完整的家庭政策来增强家庭功能的社会支持系统，维持家庭问题，协助家庭成员平衡家庭工作关系、照顾儿童、照料老年人，通过补贴、税收等方式给予家庭财政支持保障其经济安全，制定与通过相关法律和法案照顾特殊家庭或弱势群体，如与单亲家庭、残疾人相关的法律、法规、服务与计划等。[①] 瑞典等北欧国家是显性、直接、积极家庭政策的典型代表，而美国、加拿大、英国等英

---

① KAMERMAN, S. B., KAHN, A. J. Family Policy: Government and Families in Fourteen Countries [J]. Journal of Marriage and Family, 1979, 41 (3): 674.

语系国家是隐性、间接、消极的家庭政策规划。这些国家主要以收入多寡作为福利的提供原则，政策对象以弱势和低收入家庭为主，在家庭经济安全维护和家庭支持系统方面，只有在家庭丧失功能或处于弱势，家庭政策才会介入。

从家庭政策的国际经验看，不同国家的家庭政策在价值导向上存在着差异。以欧洲为例，既有强调社会性别平等的普惠性家庭政策，如丹麦、芬兰、挪威和瑞典；也有立足于传统劳动性别分工，基于父母就业状况对家庭提供不同的支持，如德国、荷兰等；还有公共服务和私人服务混合，现金支持力度和父母工作支持力度都相对较低，主要有意大利、西班牙、葡萄牙等国家；而实行自由主义模式家庭政策的主要对象是困难家庭，强调发挥市场力量，尤其是儿童照料服务主要通过市场来提供，如英国、希腊。[①] 相比较而言，传统的家庭政策更加强调成本补贴，以及提供女性在家照料孩子的机会，主要政策手段是儿童补贴、税收减免、结婚补助和家庭照料补贴。而现代家庭政策支持更加强调性别平等和鼓励女性就业，通过"工作—家庭"平衡政策帮助女性承担好职业女性与母亲的双重角色。

基于上述内容，在借鉴以往学者对家庭政策研究的基础上，我们主要从经济支持政策、就业支持政策、托育服务政策3个方面对法国、瑞典、新加坡、美国、日本5个国家的家庭政策进行梳理。

（一）法国：协助妇女平衡工作与家庭

法国家庭政策属于国家支持模式，最主要部分是关注生育率和儿童照料问题。法国家庭政策早期目标致力于提高生育率，后来逐步发展为以整个家庭与社会稳定为考虑的综合目标，具体包括提高生育率促进后代繁衍、保障家庭与家庭间一定程度上的平等、保证建立在婚姻制度基础上的家庭模式的稳定。[②] 法国家庭政策具有概念明确、发展历史悠长、制度相对完善、政府重视程度较高，在平衡工作家庭关系和促进人口增长方面效果显著等特点。同时，法国家庭政策与人口政策的界限越来越模糊化。法国家庭政策实施方式以现金支援为主，资金具有多元化特征，形式以劳工、雇主分摊额、税收、

---

① GAUTHIER, A. H. Family Policies in Industrialized Countries: Is There Convergence？[J]. Population, 2002, 57（3）: 447-474.

② 和建花. 法国家庭政策及其对支持妇女平衡工作家庭的作用[J]. 妇女研究论丛, 2008（6）: 70-76.

国家补助为主。

在经济支持政策方面，政府通过各种税收调整方针与家庭补贴政策给予家庭财政方面的支持，其中家庭津贴支出包括现金补贴与税收减免两部分，以社会保险支出形式为主。法国政府为了保证家庭经济安全，提供普及性的儿童津贴（19岁以下）、老年津贴、身心障碍者津贴以保障家庭经济水平。此外还有家庭收入补充、用来补偿父母假期和保姆雇佣的儿童照顾补贴、针对部分家庭的婴儿膳宿福利等。法国的家庭经济支持措施使儿童的贫困率仅为7.3%。[1]

在就业支持政策，法国政府为了鼓励妇女就业，提出一套完整的家庭政策制度以配合妇女就业的需求，具体包括产假、父亲产假、父母亲假、照料生病孩子的假期、照料有严重残疾孩子的父母假期以及生育、养育补贴，降低生育和抚育孩子的成本。从1928年起，法国制定留职留薪的生育假，并延长假期时间。1994年起，父母可以选择全职或半职即每周工作16—32小时或留职停薪（第一个子女停薪，第二个子女以后可保留薪水），选择休育婴假的劳工，可保留退休福利、医疗健保等福利，这一假期最长可达3年。[2]

在托育服务政策方面，法国设有完善的全民享有的国家托育服务，政府负责管理相关的费用与托育质量事项。法国政府将幼儿照顾视为政府应承担的重要责任和家庭政策的重要内容。[3]20世纪80年代以来，法国逐步制定完善了托儿政策，并取得明显效果，在缓解女性家庭与工作矛盾、促进女性就业方面起到了积极作用，同时也对提高生育率、促进人口增长产生一定效果。具体包括：（1）针对3—6岁儿童的照顾在全民福利范围内，实行由教育部统筹单一托育系统，家庭只须负担儿童午餐等费用；（2）3个月—2岁的幼儿，由卫生健康部来统筹相关托育服务，家长有多种选择，可以亲自照顾幼儿，或雇佣受政府督导的家庭保姆，或将孩子送至公立的托育中心。另外还包括半日托、家长轮流共托、保姆轮流共托等不同形式，家庭支付一小部分费用；

---

[1] 邱贵玲. 从女性角度分析比较美国、法国、丹麦三种家庭政策发展模式 [J]. 社区发展季刊, 2006（114）: 30–43.

[2] OECD. Family Database [DB/OL]. http://www.oecd.org/social/family/database.htm.

[3] 和建花, 蒋永萍. 从支持妇女平衡家庭工作视角看中国托幼政策及现状 [J]. 学前教育研究, 2008（8）: 3–6, 29.

(3)法国政府也在积极发展父母和儿童可以共同参与和活动的儿童照看机构。

法国的家庭政策既促进妇女就业又协助妇女分担家庭照顾责任,即从女性的家庭照顾者和社会从业者双重角度出发。[①] 在家庭私领域,女性有妻子、母亲、女儿、儿媳等角色,在职业公领域女性拥有相应的职业和社会公共角色,法国的家庭政策支持女性多重角色,并制定相应政策协助女性平衡这些角色间的关系。法国家庭政策实践证明,这些政策对于维护女性权益、帮助其处理好家庭与事业的关系发挥了积极作用。

(二)瑞典:强调性别平等

瑞典男女平等程度相当高,"男主外、女主内"的传统分工在20世纪60年代以后开始下降。目前,瑞典已经发展出一个发达的家庭政策系统,注重男女平等和公平分配,并以保障家庭的经济安全、身体健康保健、男女两性平等、儿童权利保护为家庭政策的主要目标。其家庭政策受一系列公共政策的影响,政策内容主要是支援女性就业,提供较长期的有薪假期和大规模的公共托儿服务。瑞典家庭政策集中表现为"平衡工作与家庭",在鼓励妇女外出工作的同时又有许多措施配套来稳定"照顾的责任"。家庭政策建立在慷慨的育儿假计划和完善的公共托儿制度两个支柱基础之上。政策形式以现金支持、父母育儿假政策和公共的托儿制度为主。[②]

在经济支持上,瑞典的家庭政策坚持普惠型和公民权两个原则。瑞典设有慷慨的父母保险机制,提供普及型的儿童津贴,大大减轻家庭在经济方面的压力和负担。[③] 其中,生活在瑞典的儿童均可享有儿童津贴,包括基本儿童津贴、延伸或额外的儿童津贴、学生补助金等;生病、残疾或有障碍的儿童可获得额外的儿童保育津贴,这样可以大大减轻由于生病和残疾而产生的巨大经济负担。

在就业支持政策上,瑞典采取多项措施利于父母特别是女性有效平衡家庭工作关系,对促进女性就业产生积极作用。具体内容包括产假、陪产假、

[①] PEDERSEN, S. Family, Dependence, and the Origins of the Welfare State: Britain and France, 1914—1945 [M]. Cambridge: Cambridge University Press, 1993: 162.

[②] HAAS, L. Family Policy in Sweden [J]. Early Childhood Education Journal, 1996, 17 (1): 47–92.

[③] ANDERSSON, G. A Review of Policies and Practices Related to the 'Highest-Low' Fertility of Sweden [J]. Vienna Yearbook of Population Research, 2008, 6 (1): 89–102.

育婴假、弹性工时、妊娠补助、亲职假（病童照顾假）等①，这些措施对于女性平衡和协调工作与家庭之间的关系具有积极作用。

在托育服务政策方面，瑞典拥有最完善的公共托育服务网，具有高标准和普及化的特点。父母双方或单亲家庭的监护人在参与劳动的状况下，其小孩可享受托育福利服务。在瑞典，孩子在1—6岁可进入学前学校，学校提供照顾以及教育的服务。所以在瑞典形成这样的普遍现象，女性一般先申请假期照顾孩子至出生后的18个月或24个月，然后将孩子送去公共托儿机构同时重新返回工作岗位。良好的托育制度对提高女性就业率与子女生育率产生积极的影响。完善的托育服务以及其他福利措施共同促成妇女权益保护与生育率提升的双赢效果。在瑞典，政府将家庭照顾等家庭私领域的问题作为政府的责任和社会政策的重要组成部分。瑞典的家庭政策注重男女平等和女性的福利权，并将这一平等和民主理念纳入家庭政策中，鼓励女性进入劳动力市场，督促男性承担相同的幼儿照顾责任，协助女性平衡工作领域与家庭领域的角色与责任。②慷慨的公共托儿照顾系统、灵活的假期制度以及慷慨的现金补助对协调女性工作家庭关系、解决女性负担问题起到了积极作用，这些政策利于女性，特别是有家庭和孩子的女性就业。综上，瑞典家庭政策将女性的照顾责任与女性角色做了明确的划分，利用国家政策与资源，分担妇女的家庭照顾者责任，使女性避免陷入家庭传统照顾角色或陷入工作与家庭角色失衡中去。

（三）新加坡：维持传统家庭分工

新加坡政府的家庭政策相对完善，政策取向介于自由与保守之间，其两个目标是鼓励结婚生育与维持传统家庭格局③，但政策效果不佳。其家庭政策不利于女性平衡工作和家庭之间的矛盾。近年来在新加坡由于更多的女性接受高等教育、从事高收入工作，女性结婚年龄延迟、生育率持续偏低，女性独身或不生育的情况增多。针对这些问题，新加坡政府从进入21世纪开始就

---

① HAAS, L. Equal Parenthood and Social Policy: A Study of Parental Leave in Sweden [M]. Albany: State University of New York Press, 1992: 68-72.
② PARRY, J. A. Family Leave Policies: Examining Choice and Contingency in Industrialized Nations [J]. Feminist Formations, 2001, 13 (3): 70-94.
③ PANKRATZ, C. J. Cross-National Comparisons of Family Policies: The Relevance of National Approaches to Social Welfare [J]. Journal of Comparative Family Studies, 2009, 40 (3): 493-511.

着手改革其家庭政策，提出完整家庭政策的目标，并将家庭政策建设作为国家发展中重要和优先事业。

在经济支持政策上，新加坡政府一直强调自济自助，其财政支持不通过直接补助，而将各种税收减免以及住房与医疗补助作为家庭福利的主要工具；只有一小部分是现金补助，如亲子退税、婴儿花红计划、公共育儿补贴。税务减免的范围包括针对工作的母亲的子女减免税、针对部分儿童的税收减免以及祖父母照顾者税收减免等。此外，对于把孩子全天交给托儿所照顾的在职母亲给予一定津贴补助。

在就业支持政策上，新加坡政府试图保持传统家庭格局与性别分工的政策基调，导致女性特别是高学历女性工作与家庭冲突加剧，性别不平等与收入差距也进一步加剧，离婚率上升，部分女性选择单身，家庭凝聚力降低等。新加坡政府尝试很多措施以完善其家庭政策。（1）政府出资设立工作家庭平衡发展基金。协助私人机构发展、实施家庭与工作并重的策略。（2）完善针对女性的福利政策，这里主要是指育婴假。育婴假包括政府支持的育婴假和法定育婴假两部分，前者是由政府与企业共同承担的假期制度。带薪育婴假使女性生育的机会成本降低，并将在职妇女的有薪假期由12周延长至16周。如果在产前6个月女职工被用人单位无故辞退，女性职工仍然有资格享受其原单位支付的有薪产假。这条规定对于保护怀孕女职工的合法权益具有十分重要的意义。（3）政府设立亲家庭企业奖，鼓励用人单位提供弹性工作制、远距离工作等利于女性员工平衡家庭与工作的措施与制度。

在托儿服务政策方面，政府鼓励公共育儿的发展，建立公共育儿中心。目前新加坡幼儿照顾的形式主要有雇佣外籍雇工照顾、家属亲友照顾、公共育儿机构照顾以及母亲亲自照料4种。但总体而言家庭育儿仍然占主要地位。此外，新加坡政府积极出资建立家庭服务中心，配置专业机构与工作人员，为家庭提供服务。

新加坡政府在坚持自助原则的前提下，政策主要围绕鼓励生育与维系传统家庭格局两大方面展开，并逐步正视女性遇到的问题特别是家庭与工作之间的冲突，政府及相关机构已经开展措施尝试予以解决。

（四）美国：市场主导的家庭政策安排

美国的家庭政策是由市场主导的补缺型社会政策，具有隐性、消极的特征。家庭政策的出发点仍然是从女性家庭照顾者角色出发、维护女性传统角色，因此家庭政策只有在女性无力照顾家庭、承担照顾责任时才作介入，或对特殊困难家庭作介入。20世纪90年代以来，美国的联邦政府颁布了许多家庭政策①，具体包括家庭假（family leave）、儿童抚养税金返还以及儿童税金返还（child care tax credits and child tax credits）、为低收入家庭的儿童提供学前教育的 Head Start 项目基金、维护婚姻法案，以及一些促进收养和支持儿童的政策。

在经济支持政策上，家庭政策主要包括：(1) 贫困家庭临时援助计划（Temporary Assistance for Needy Families，TANF），专门设立儿童照料与儿童发展基金（Child Care and Development Fund，CCDF），为各州低收入家庭发放儿童照顾补助；(2) "支持儿童法令"提高父亲支付抚养费比例的育儿费，制定"抚养儿童家庭补助"增加单亲妈妈家庭的经济能力②；(3) 补充保障收入：救济对象是65岁以上的贫苦老年人、盲人和残障人士。由联邦政府和地方政府共同提供经费。但是，美国政府对家庭的经济支持多为残补式，政策对象多为贫困家庭或其他特殊困难家庭。税收优惠和直接实物补助在对象上具有很大局限性，能够享受 TANF 政策的条件苛刻，医疗保险制度也不够健全等。

在就业支持政策上，美国没有专门促进妇女就业的联邦政府公共政策，妇女就业的福利多由雇主自主决定，就业妇女产假也由用人单位来提供。③ 美国实施"家庭福利照顾制度"来解决工作家庭失衡问题，政府制定了平衡工作与家庭的相关法律制度，其中，家庭福利计划的效果最好。"家庭假"规定员工可以因产假、照顾产假、照顾家庭成员生病等原因，在保留职位的前提下向单位申请3个月的假期，使员工得以生育子女、照顾幼儿、照料家中老年人或病人。但如果经济压力过大，员工也无法行使这项已有的联邦福利。④

---

① BOGENSCHNEIDER, K. Family Policy Matters: How Policymaking Affects Families and What Professionals Can Do, Second Edition [M]. Hillsdale, NJ: Lawrence Erlbaum Associates, 2006: 134.
② 姚廷纲. 美国社会福利制度剖析 [J]. 世界经济, 1980 (5): 42-49.
③ OECD. Family Database [DB/OL]. http://www.oecd.org/social/family/database.htm.
④ KAMERMAN, S. B., NEUMAN, M., WALDFOGEL, J., et al. Social Policies, Family Types and Child Outcomes in Selected OECD Countries [R]. OECD Social, Employment and Migration Working Papers NO.6, 2003.

推行灵活工作制度,即单位允许员工实行不固定的工作时间,主要包括计时工作制、随叫随到制、压缩工作制、弹性工作制、机动工作制、远程工作制等。[①] 反就业歧视方面的立法包括1965年的《公平就业法案》、1963年的《平等薪金法》,规定不应因年龄、种族、宗教、性别有所不同而区别对待,男女必须同工同酬。另外,美国政府还制定反"性骚扰"方面的法律,美国《民权法》明确规定,禁止雇主提出以雇佣为条件的性爱要求,交换性性骚扰是违反美国《民权法》的行为。[②]

在托儿服务政策上,目前美国没有公立的托育照顾机制。政府主要以残补式的方式来介入和协助那些弱势家庭,其他则由市场自行解决。[③] 美国设立针对儿童的公立幼儿园,这是目前政府资助最大的项目,其功能与法国的公立幼儿园大致相似,即为儿童上学做准备。

美国以市场主导构建了家庭政策体系,家庭和妇女的需要在很大程度上由市场机制进行调节。因此,美国家庭政策仍然将女性定位于私领域的传统母职和家庭照顾者角色,相应的,家庭政策在帮助女性解决工作和家庭冲突上并无明显成效。

（五）日本：维护传统的家庭性别分工

日本实行的是一种由政府、社会力量、企业等多元化主体供给的福利模式。国家层面的政府并不直接承担福利提供,只对相关事务进行指导、监督、咨询、规划和管理等。国家层面的政府一般委托地方政府或社会团体负责社会福利的供给和具体执行服务,有时企业也同时参与福利的辅助供给。日本近代家庭模式与企业运行机制有密不可分的关系。企业将雇员及其家庭视为企业重要的组成部分,很多企业设立家族津贴,在福利年金中设立对被抚养者的优惠政策。日本政府认为家庭补贴、育儿服务的完善以及对妇女的就业支持等措施是提升出生率的关键。2006年日本政府制定"少子化"家庭政策,全面系统地治理育儿支持环境,对于协助妇女平衡家庭与工作矛盾起了一定

---

① 何勤,陶秋燕,刘宇霞.工作—家庭平衡问题国际比较研究[J].北京联合大学学报（人文社会科学版）,2010（1）：94-99,127.

② 袁锦绣.美英妇女权益保障与中国立法的完善[J].求索,2007（7）：108-109.

③ EVANS, P. L. C., BENOHEIM, S., KLASEN, S., et al. Beyond Child Poverty: The Social Exclusion of Children [M] // KAHN, A. J., KAMERMAN, S.B. Beyond Child Poverty@ The Social Exclusion of Children. New York: Columbia University, 2002: 131-187.

作用。①

在经济支持政策上，日本实施普遍的家庭津贴制度，以保障众多子女家庭的最低生活水准。②日本有3部规定有关儿童津贴的法律：《儿童津贴法》《儿童抚养津贴法》《有关特殊儿童抚养津贴的支付等的法律》。此外，日本政府专门针对单亲家庭制定了津贴制度，儿童在18岁前可领取政府的儿童抚养津贴，残疾儿童也享有特别的抚养津贴。

在就业支持政策上，长期以来日本坚持"男主外、女主内"的传统性别分工，随着1991年日本"迈向2000新全国运动方案"的制定和实施，政府开始重新思考和定位两性平等的问题，逐步允许和鼓励女性外出工作，并成立"妇女就职支援检讨会"以改变日本的传统性别劳动分工。日本积极建设用于支援家庭主妇解决育婴问题的设施，例如"妈妈职业介绍所"，并设有托儿设施。具体包括："大家庭税务优待政策"，以减税作为奖励鼓励妇女多生育，各地区增加托儿所服务，协助产后妇女返回工作岗位，并尝试由国家负担生育费用；开展就业保护政策，提供产假、育儿假及经期休假，对妇女在妊娠、生育、养育、经期期间进行生理保护。如对女性从事危险或有害的工作进行限制，对过度加班与超时超负荷劳动、周末加班、夜间作业等予以限制和禁止。③日本从对育儿的"休假法"到"看护休假法"，其政策内容逐渐丰富，给予妇女更多的经济支持和对家庭成员照顾的支持。

在托儿服务政策上，主要包括天使计划等服务项目以增加育儿、保育措施以减缓出生率的下降，帮助妇女就业。④"天使计划"中的紧急保育对策是从女性就业的角度出发，解决女性就业同育儿照顾之间的对立。1999年和2004年，日本又先后推出了"新天使计划"和"新新天使计划"。

日本的家庭政策主要受儒家文化的深刻影响，"男主外、女主内"的传统观念仍非常明显。政府虽然在追求男女平等权利、鼓励女性外出就业、协助女性平衡家庭与工作冲突方面出台相关规定和措施，并取得一定成果，但仍

---

① 和建花.日本育儿支持政策新动向介绍——《关于新少子化对策》的背景和内容[C].第二届社会政策国际论坛暨系列讲座论文集，2006.
② 纪文晓.强化儿童保护功能的家庭福利政策[J].少年儿童研究，2009（11）：26-31.
③ 田晓虹.战后日本妇女发展[J].妇女研究论丛，2001（6）：46-51.
④ 王晓燕.日本儿童福利政策的特色和发展变革[J].中国青年研究，2009（2）：10-15.

具有进一步提升的空间。

（六）不同家庭政策模式的国际比较

对比研究瑞典、法国、新加坡、美国、日本5个国家的家庭政策及改革发展历程，可以从价值导向、政府支持力度、主要目标以及政策内容设计（具体为经济支持、就业支持、托儿服务）为标准，我们将这些家庭政策大致划分为4种模式，分别为市场主导的非干预型家庭政策模式、支持女性就业家庭政策模式、强调性别平等和公民权的家庭政策模式、受儒家文化影响的传统家庭政策模式（见表12-2）。

表12-2　瑞典、法国、新加坡、美国、日本5国家庭政策比较

国家	瑞典	法国	新加坡	美国	日本
价值导向	强调女性公民权和男女平等	国家支持和促进女性就业	维护传统家庭责任分工	市场主导的非干预型	受儒家影响，维护传统分工
政府支持	高	中	中	低	低
主要目标	促进性别平等；促进生育率提升	提高生育率；平衡家庭与工作	促进结婚生育；维持传统家庭格局	扶持困难家庭	保障家庭经济安全
经济支持	普惠型和公民权结合，提供双亲保险和儿童津贴	提供普及的家庭津贴	税收优惠与少量现金补助	对特殊困难家庭与群体的经济支持，覆盖面小	保障有子女最低生活水平的普及型家庭津贴
就业支持	充足的假期和孕产津贴补助	提供各种假期与补贴鼓励妇女就业	设置育婴假、家庭工作平衡发展基金、亲家庭企业奖	家庭福利照顾制度和灵活工作制度	大家庭税务优惠制度、工作保护制度、育儿看护假
托儿服务	完善的公共托育系统	完善的国家公共托育服务	鼓励公共育儿发展，但目前仍以家庭照顾为主	尚无公立托育照顾机制	"天使计划"系列，覆盖范围有限

第一类是市场主导的非干预型家庭政策模式。这类家庭政策是非干预型或传统型导向的，政府对家庭的支持非常有限，政策出发点多为加强妇女的

传统家庭功能即照顾者功能，对家庭的扶助与支持更多源自家庭本身，只有在家庭特殊境遇与需要的情况下，政府才作介入。在很大程度上，家庭政策的对象主要是那些无力承担其功能的家庭或因家庭功能失范而使家庭成员无法行使其责任的家庭。这一模式的国家意在维护传统的家庭结构即"男主外、女主内"的模式。家庭责任是女性角色的首选，其次才是工作。其家庭政策将女性定位在家庭传统责任领域，即母职与照顾者的角色。这一模式包括美国、英国、加拿大、新加坡等英语系国家，此外，德国也属于这一模式。从这一角度来看，英、美等大多数英语国家以及德国以收入多寡作为福利的提供原则，其家庭政策受自由市场经济的影响非常明显，服务对象以弱势和低收入家庭为主，只有在家庭丧失功能或处境弱势，家庭政策才作介入。其家庭政策属于残补式的社会政策，其妇女政策的出发点和落脚点是维持传统家庭结构与女性传统家庭功能，对女性外出就业持中立或消极支持态度，政策主要内容和目的在于弥补由于各种原因导致的妇女在行使传统家庭责任时的缺陷与不足以及满足那些特殊家庭如贫困家庭、单亲家庭、残障人士家庭等的需要。

第二类是支持女性就业家庭政策模式。在这一模式中，国家将对家庭的支持视为政府的责任，对家庭政策的经济投入较大，对女性产假和儿童照顾的支持水平很高。更确切地说，这一类型家庭政策以提升人口出生率为出发点帮助女性平衡家庭与工作责任。在这一模式的国家中，政府对公共育儿服务投入很大，以现金支援为主，减轻家庭育儿的经济压力，女性就业率比较高。这一模式在西欧与中欧比较普遍，其中以法国最为典型。这一妇女家庭政策模式从女性本身出发，在支持妇女传统照顾者角色的同时，对妇女就业持积极支持态度，并开展相应的支持妇女就业的政策措施，协助女性群体平衡家庭与工作的关系，帮助照顾其履行家庭与工作两个领域的角色。

第三类是强调性别平等和公民权的家庭政策模式。这一家庭政策模式以普惠型和公民权为特征，追求公民权与性别平等。这一模式的国家一般拥有完善的家庭政策系统，家庭政策受一系列社会政策的影响明显。基于这样的普遍认识，即无论是在家庭领域还是在劳动力市场领域，女性都享受与男性相同的权利和地位，政府制定相关家庭政策致力于公民权的建设和性别平等事业，因此，家庭政策对双职工家庭和儿童照顾非常关注，努力"平衡工作与家庭",在鼓励妇女外出工作的同时又有许多措施配套来稳定"照顾的责任",以支持妇女就业,尤其是长时间带薪育儿假期与大规模的公共托儿服务。政策内容以现金支持、父母育儿假政策和公共的托儿制度为主。其家庭政策推行以税收为主要财源,这也是这些国家税收比率非常高的原因。这一模式在北欧应用较为普遍,典型的代表国家有瑞典、丹麦等。综上所述,这一模式不同于第一种的关注弱势家庭的特殊需要对象的模式,也不同于第二种以促进妇女就业为基础的模式,这一模式以女性公民权和男女平等为出发点,致力于平衡女性在工作领域和家庭领域的生活和责任角色,依靠社会和国家的公共资源,借助各部门的力量,平衡家庭责任的分配,使女性群体避免成为完全的家庭照顾者的传统角色和责任。

第四类是受儒家文化影响的传统家庭政策模式。这一政策模式受历史传统文化影响非常深刻,特别是儒家思想对家庭价值观和行为活动有着强烈的影响,"男主外、女主内"的性别分工历史和"家族"思想悠久,福利供给和保障水平不是很高,市场在资源配置中起到重要作用。近些年来,由于这些国家主要追求经济的快速增长和就业率的提高,其针对家庭的政策一般以残补型为主,家庭政策覆盖面相对狭窄。其妇女家庭政策受传统性别分工影响明显,近些年来,有些国家逐步开始努力提升女性地位和鼓励妇女外出工作。日本、韩国属于这一模式。综上所述,这一模式的国家有着长久的家庭本身是解决家庭问题和事务首要和主要单位的传统,虽然政府努力制定相关政策措施以协助女性平衡家庭与工作之间的关系,但妇女家庭政策体系与内容仍不是很健全,同时也没有起到预期的效果,政府仍有很大作为和发挥的空间。

从以上4类政策模式可以看出,不同国家的家庭政策有不同的出发点和侧重点,具体表现在政策内容、福利保障水平和保障人群范围等。其中对女性生育问题和幼儿抚养问题的处理是家庭政策的关键,也是影响女性就业、平衡家庭与工作关系的重要因素。市场主导的非干预型政策模式从女性传统角色和性别分工出发,其政策主要针对那些弱势或特殊家庭。这种模式以支持妇女就业为主,所以制定各种产假、育婴假以及更重要的国家公共托育服务来协助妇女处理家庭与工作的关系;注重女性公民权的平等型女性家庭政策重视公民权与自主自由权,这些国家税收一般比较高,妇女享受慷慨的福利津贴、假期以及托育照顾;而儒家模式的妇女家庭政策模式,过去以"男主外、女主内"为主要模式，现在正努力采取各种措施支持妇女外出就业，但是进展缓慢，效果有限，特别是在托儿照顾方面的政策非常缺乏。

虽然在不同的家庭政策模式下，家庭政策的重点有所不同。但是，整体上，不同国家的家庭政策在实践层面的发展体现了家庭政策的价值基础在两个方面出现了重要变化：

第一，家庭的自我保障转向社会与政府共同支持的导向。社会转型过程中，随着低生育率、人口老龄化、离婚率的上升等，社会关系和家庭关系被重新建构，家庭传统功能逐渐弱化，呈现出社会化的趋势。面对家庭的变化，原有的以家庭自我保障为主的社会福利安排已经无法适应家庭的变化，各国政府需要从中探索新的福利政策安排，来应对家庭功能及其投射到需求层面的变化，家庭也逐渐成为社会政策的主要层次。

第二，家庭政策从支持型转为发展型的导向。随着社会福利普惠制的取向，很多国家的社会政策安排也做出了相应的调整，福利政策的对象开始从一部分贫困阶层扩大到一般居民生活的层面，福利内容也从单一的经济补助转变为非货币化的福利服务。这一趋势的变化反映了许多国家的社会福利从支持性政策逐渐过渡到发展性政策，这一取向也表现在家庭层面：家庭结构出现了急剧的变化，传统家庭关系重新被建构，但是作为个体最主要的生活与居住空间，家庭对家庭成员在教育、养老等方面仍然承担着重要的功能，因此，相应的家庭政策也从纯粹地满足家庭的经济需求转向满足家庭非货币化的福利需求，从满足家庭最基本的生存需求转向建构家庭的功能，提升家庭的能力。

但是不同国家的家庭政策框架和内容还是有明显的区别，主要体现在：

第一，政府、家庭、市场的制度性分工不同。由于各国在政府、家庭、市场的制度性分工不同，在家庭政策的措施上也有显著不同，例如：法国和德国较偏重家庭，瑞典就较偏重政府。于家庭政策方面，法国和德国以现金资助来支持家庭的"照顾"和"生育"功能，瑞典就以政府替代家庭的"照顾"功能，新加坡则以经济发展政策主导家庭政策。

第二，女性主义和传统价值的抗衡。家庭政策是否支持两性平等，一个主要因素就是女性主义和传统价值的抗衡。瑞典和法国就是女性主义运动较强的地方，家庭政策也较支持女性就业。在德国和新加坡，传统价值较强，所以较注重维护传统家庭模式。于家庭政策方面，瑞典的公共托儿服务十分普及，而德国的公共托儿服务就不足。

虽然中国由于制度环境、文化差异和家庭的主要需求明显区别于其他国家，不能完全照搬这些模式，但是，其他国家家庭政策的变迁为中国提供了值得借鉴的理论分析框架和实践经验。总体上，从全球范围来看，政府对家庭支持程度的增强成为普遍的趋势。结合中国家庭功能转变和家庭发展情况，以及国家计划生育政策实施所带来的社会影响，在整体上，中国应该采取"国家支持型家庭政策模式"导向，将家庭视为政府的责任，制定以家庭为基本单位的政策体系，在支持弱势家庭的基础上，全面构建家庭的发展能力。

第二节 中国家庭政策发展现状和主要问题

家庭政策的研究框架和一些国家的政策实践，为探讨中国的家庭政策提供了一个明晰的分析视角。家庭政策在本质上具有工具性功能，是将家庭视为社会政策的基本单位，从支持"个人"转向支持"家庭中的个人"，不仅对家庭形成支持，也要鼓励家庭成员之间的责任分担。这种工具性功能体现为从以个人为基本对象单位转向以家庭整体为基本对象单位，将工资制度、收入再分配制度、社会保障制度纳入对家庭整体状况的考虑，以家庭为政策实施的依据和对象。因此，家庭政策应该以家庭为整体开展政策评估，把家庭而非个人视为政策制定和实施的对象，通过家庭政策肯定、鼓励和支持家庭成员之间的责任承担和利益关联。因此，一方面，家庭可以通过家庭发展能力建设来提高自身的家庭功能供给能力，改善家庭功能性资源的供需关系。另一方面可以促进家庭发展能力和完善社会公共资源，使得家庭有更大的能力从市场上获得家庭功能的替代品或补充品。

本节运用内容分析法对中国的家庭政策进行了梳理和分析，旨在揭示中国家庭政策的特点和存在的主要问题，明确家庭发展支持的政策方向和重点内容。近年来，中国在家庭政策领域也取得了积极的进展，一些政策也在强调对家庭变化的回应，关注家庭功能变迁对社会福利和社会服务的需求。但总体来讲，中国还缺乏真正意义上的家庭政策，家庭面临的困境及其对政策支持的需求并没有充分反映在社会政策的改革中，一些制度安排缺乏对家庭的有力支持，应该构建以"工作—家庭"平衡为核心的家庭支持政策体系。

一、中国家庭政策的演变

受传统文化的影响，长期以来中国家庭被政府和社会均视为私领域，普遍认为家庭事务是家庭自己的责任，家庭成员的福利水平和能力发展都应该由家庭自己来承担，养老、抚幼等功能也主要依靠家庭来完成。受这一价值导向的影响，中华人民共和国成立以后，中国的社会政策也多是以个人为单位来制定与实施，缺乏以家庭为单位对家庭的保障和家庭整体发展状况的政策支持。但是，随着家庭功能的弱化，家庭对社会政策产生了普遍的需求，政府开始关注难以从家庭获取保护、保障或支持的家庭成员，如困境儿童、独居高龄老年人、低收入者等，将这些困难群体纳入社会保障体系中，为他们提供基本的生存和发展需要。在与家庭或家庭成员有关的社会政策发展过程中，有几个基本特征：第一，国家层面的社会政策中家庭政策整体比较少，主要体现在与生育或教育有关的事项上；第二，除了针对低保户的政策和计划生育奖励扶助政策是以家庭为政策单位之外，中国社会政策体系中的限制性的政策多以家庭为单位，如计划经济体制下对夫妻享受福利分房的规定，而保障性的政策主要以个体为单位来分配资源，尤其比较关注家庭中的儿童；第三，社会政策往往在家庭结构不完整导致的家庭功能被破坏时，才会介入家庭，主要通过补充性、替代性的政策来弥补家庭功能的不足。

因此，到目前为止，中国尚没有完整的关于家庭政策的内容，国家也还未形成一个全局性的适合所有家庭需要的家庭政策理念与体系，以达到对家庭社会问题早期预防和早期干预。整体上，中国的家庭政策并不完善，政府所制定和实施的社会政策很少能深入家庭层面，既没有鼓励家庭成员责任分担的激励政策，也缺乏现代社会家庭功能变迁下对家庭的普遍支持。虽然政府大力发展养老机构，但是政府对家庭照顾特别是对儿童与老年人群体照顾方面政策支持少，缺乏家庭照料者支持计划，也缺乏对作为主要照料者的女性的"工作—家庭"平衡支持计划，而且处理女性的"工作—家庭"冲突时，相关政策的制定和设计仍受到传统性别观念的影响。在老年人照顾方面，仍以家庭照顾为主，只有部分老年人获得机构照顾，特别是在农村，大部分老年人依赖于家庭成员照顾。在城市，育儿与养老的责任在市场的影响下有回归家庭趋向，女性负担加重。此外，在实施了多年的计划生育政策背景下，相对于计划生育政策要求民众所承担的计划生育义务而言，政府的社会发展政策及行动滞后甚至缺位，家庭和子女功能社会替代品（特别是公共物品）及制度安排的供给，滞后于生育率下降和老年人口增长所导致的社会需求的迅速增长，这一点在农村地区体现得更为明显。

二、基本内容及行政安排

从本质上讲，家庭政策是国民收入再分配的重要渠道，是家庭安全的重要保障，是促进人口长期均衡发展与社会和谐的重要途径。家庭政策在一定程度上代表了一个国家的社会发展和国民福祉水平。家庭政策可以界定为政府以家庭为对象，旨在增强家庭发展能力、完善家庭功能和提升家庭成员福利水平而作出的一系列制度安排。家庭政策属于国家基础性的民生制度，是社会政策的主要组成部分，是由政府通过社会政策和公共服务等手段具体实施的。

由于中国并没有专门以家庭为单位的家庭政策体系，所以我们从最广义的层次，即只要涉及家庭个体，如儿童、老年人的社会政策都归为家庭政策，并以此为标准对中国的家庭政策进行梳理。中国现行的国家层面的家庭社会政策界定为以国务院及各部委为单位制定并推行的以家庭或家庭中的成员为目标对象的各项法律、法规条例及社会项目与行动的总和。到目前为止，涉及家庭的社会政策主要包括57项，其中，专项法1项，综合法律14项，专项法规条例7项，综合性法规条例20项，社会福利项目15项（见表12-3）。

表12-3 中国国家层面的家庭政策体系

政策层次	综合或专项	具体内容
法律（15项）	专项法律（1项）	《中华人民共和国人口与计划生育法》
	综合性法律（14项）	《中华人民共和国就业促进法》《中华人民共和国劳动法》《中华人民共和国劳动合同法》《中华人民共和国收养法》《中华人民共和国母婴保健法》《中华人民共和国妇女儿童权益保护法》《中华人民共和国教育法》《中华人民共和国义务教育法》《中华人民共和国未成年人保护法》《中华人民共和国预防未成年人犯罪法》《中华人民共和国婚姻法》《中华人民共和国老年人权益保障法》《中华人民共和国残疾人保障法》《中华人民共和国妇女权益保障法》

续表

政策层次	综合或专项	具体内容
法规、条例（27项）	专项法规、条例（7项）	《城市居民最低生活保障条例》《农村五保供养工作条例》《国务院关于解决城市低收入家庭住房困难的若干意见》《城镇最低收入家庭廉租住房管理办法》《民政部、财政部关于妥善安排城市居民最低生活保障家庭生活有关问题的通知》《农村部分计划生育家庭奖励扶助制度》《计划生育家庭特别扶助制度》
法规、条例（27项）	综合性法规、条例（20项）	《普通本科高校、高等职业学校国家助学金管理暂行办法》《关于做好城镇困难居民参加城镇居民基本医疗保险有关工作的通知》《社会抚养费征收管理办法》《关于生育津贴和生育医疗费有关个人所得税政策的通知》《女职工劳动保护规定》《女职工禁忌劳动范围的规定》《关于女职工生育待遇若干问题的通知》《失业保险条例》《中华人民共和国残疾人就业条例》《中国儿童发展纲要》《民政部、教育部关于进一步做好城乡特殊困难未成年人教育救助工作的通知》《民政部等6部门关于进一步发展孤残儿童福利事业的通知》《关于加强孤儿救助工作的意见》《民政部关于制定福利机构儿童最低养育标准的指导意见》《关于制定孤儿最低养育标准的通知》《民政部等15部门关于加强孤儿救助工作的意见》《民政部关于进一步加强受艾滋病影响儿童福利保障工作的意见》《家庭寄养管理暂行办法》《民政部、国家人口计生委等五部委关于解决国内公民私自收养子女有关问题的通知》《关于禁止非医学需要的胎儿性别鉴定和选择性别的人工终止妊娠的规定》
社会项目（15项）		"农村五保供养服务设施建设霞光计划""幸福工程"救助贫困母亲行动、"母子系统保健项目""生育关怀"工程、"少生快富"工程、"生育关怀行动""生殖健康家庭保健服务"项目、"婚育新风进万家"活动、"关爱女孩行动""春蕾计划""重生行动 全国贫困家庭唇腭裂儿童手术康复计划""残疾孤儿手术康复明天计划"、儿童福利机构"建设蓝天计划"、中国红基会"天使回声漫步者基金""红丝带行动"

这些家庭政策所覆盖的领域包括低收入家庭的财政支持、就业扶助、儿童支持、计划生育家庭奖励扶助和其他方面5个领域，具体如下：（1）财政支持政策，包括对家庭及家庭成员的现金支持和物资支持，主要体现为对贫困家庭和低收入家庭的援助；（2）支持就业，尤其是扶助女性及其他特殊群体的就业，实现女性"工作—家庭"平衡，包括女性在孕期和哺乳期的劳动权利、女性产假、男性产假、育儿假期，以及扶助其他特殊家庭成员的就业等；（3）对家庭中儿童的支持和服务，包括对各类儿童（一般儿童和特殊儿童）

提供的资助和托儿等各种服务;(4)计划生育家庭的奖励扶助制度,专门针对计划生育家庭,尤其是农村地区的计划生育家庭实施的各种补助和优惠政策;(5)其他与家庭相关的政策,包括对家庭养老、单亲家庭、残疾人家庭的支持等。

为了进一步了解当前中国家庭政策的重点及特点,我们同时也对上述57项政策的类型分布进行了统计分析。根据不同政策类型在各领域中的分布情况(见表12-4)可以发现,在57项家庭政策中,针对儿童保护和发展的政策居多,超过四成,对计划生育家庭的奖励扶助政策和对贫困家庭的财政支持政策比例相等,均为17.5%,然后依次为就业(14%)和其他(7%)。如果根据政策的不同类型划分,综合性法规条例的比例最大,占35.1%,然后依次为社会福利项目(26.3%)、综合性法律(24.6%)和专项法规条例(12.2%),面向家庭的专项法律只有1项(1.8%)。其中,综合性法律和综合性法规条例排在首位的均为针对儿童保护和发展的内容,分别为50%与55%,位居第二的均为就业支持,分别为21.4%与25%。专项法规条例则完全围绕低收入家庭和计划生育家庭展开,其中5项(71.4%)针对低收入家庭,2项(28.6%)针对计划生育家庭;而在社会福利项目与行动中,7项(46.7%)面向儿童、5项(33.3%)面向计划生育家庭、3项(20%)面向贫困家庭。

表12-4 家庭政策在不同领域的分布(%)

社会政策类型	财政支持	就业	儿童	计划生育家庭	其他	总计
专项法律	0	0	0	1(100%)	0	1(1.8%)
综合性法律	0	3(21.4%)	7(50%)	0	4(28.6%)	14(24.6%)
专项法规、条例	5(71.4%)	0	0	2(28.6%)	0	7(12.2%)
综合性法规、条例	2(10%)	5(25%)	11(55%)	2(10%)	0	20(35.1%)
社会项目与行动	3(20%)	0	7(46.7%)	5(33.3%)	0	15(26.3%)
总计	10(17.5%)	8(14%)	25(44%)	10(17.5%)	4(7%)	57(100%)

总体而言，中国直接或间接涉及家庭的政策数量并不少，但是缺乏专门的家庭政策，并且可操作性不强。目前中国家庭政策的主要对象包括两类：一是针对家庭中儿童的保护与发展，涉及儿童的教育、抚养、安全、福利以及特殊儿童，政策目的主要是保护儿童和提升儿童福利水平。二是针对贫困家庭，包括最低生活保障、困难家庭医疗保险、廉租房、居家养老政府购买服务、生育保险等社会保障政策和社会福利措施，为低收入家庭提供了一张安全网；同时，对于计划生育家庭，政府制定了一系列奖励扶助制度。

三、主要问题及其原因

根据上述内容分析，我们可以初步归纳出中国家庭政策的主要特征，即以法律、法规、条例为主要形式，以补充性政策为主要导向，以对儿童和贫困家庭及计划生育家庭的扶助为主体。其中，针对计划生育家庭的奖励扶助制度是中国家庭政策体系中的独特之处。总体上，中国目前尚未构建起一个完整的家庭政策体系，而且存在着两个明显的悖论：一是家庭变成了儿童、老年人以及其他生活在家庭中的弱势群体获得政府和社会支持的障碍：一个拥有结构完整家庭的社会成员就意味着得不到政府或社会的直接支持；二是家庭政策对家庭的支持滞后于计划生育政策约束下生育率普遍降低所带来的家庭需求的增加。具体而言，主要存在以下5个方面的问题：

第一，缺乏普遍的专门以家庭为基本单位的家庭政策。对家庭在政策层面上的支持大多散见在综合性法律和综合性法规条例中，只有"低保"政策和计划生育奖励扶助制度是专门以家庭为对象的政策。整体上，缺乏"家庭友好型"的社会政策安排，也缺少鼓励家庭成员相互照顾的激励制度。

第二，家庭政策呈现出碎片化特征。由于缺乏国家层面上统一的政策机制，目前的家庭政策无法应对家庭结构快速变迁及其所产生的需求。碎片化的特征表现在两个方面：一是制定家庭政策的政府部门分散化，涉及民政部、卫健委、妇联等不同部门，但是部门之间缺乏有效的整合与协商机制；二是部门之间的分散性导致政策内容趋于碎片化，政策对象分散，资源难以实现整合并进行最有效的配置。

第三，缺乏具体的、操作性强的旨在提高家庭福利的政策内容安排。家庭政策体系中法律层面的制度安排居多，虽然在法律上明确了政府对家庭的责任，但是缺乏操作性较强的法规条例和社会福利项目。随着女性就业率提高，"平衡工作和家庭"成为家庭政策的重点，包括为父母提供更长的有薪育儿假期，提供更普及和多元化的托儿所服务，但是这种趋势在国家层面的家庭政策上并没有得到充分体现。

第四，各项与家庭福利相关的政策基本是补充型和残补式的。中国仍然停留在家庭自我保障阶段，家庭是满足社会成员保障和发展需要的核心系统，在社会保护体系中起着最为重要的作用。目前家庭政策的主要对象是贫困家庭、计划生育家庭、特殊儿童等功能不完整的家庭，结构较为完整的家庭更多依靠自我保障。家庭政策具有明显的计划经济条件下的特征，覆盖范围小，实施范围窄，有很强的补充型导向。

第五，缺乏对家庭在税收政策方面的支持，没有发挥家庭政策对社会利益再分配的功能。日本、新加坡、加拿大等一些国家都制定了面向家庭的税收优惠政策，鼓励家庭成员承担供养父母、抚育子女等责任，而中国的个人所得税政策并未充分考虑家庭负担人口的状况，这种政策安排显然缺乏社会公平。

总体而言，中国目前还没有建立完整的家庭政策。其中，计划生育及其奖励政策是典型的以家庭为对象的政策，另外是散见于其他法律、制度的政策，如住房政策，针对家庭中妇女、抚养儿童或照顾老年人的支持政策，针对特殊困难群体如贫困家庭、有残疾人家庭的政策等。中国各级政府为解决经济结构调整和社会转型期出现的问题，已采取包括最低生活保障、困难家庭医疗保险、廉租房、居家养老政府购买服务、生育保险等全方位的社会保障政策措施，为低收入的家庭提供了安全网。总而言之，中国的家庭政策具有以下特点，以对儿童的照顾与支持为主体，以补充型和支持型政策为主要内容，以法律、法规条例为主要形式。其中，控制（减少）人口的计划生育政策，是长期以来中国家庭政策最为独特之处。总之，与家庭相关的社会政策大多是以个人为基本单位的社会福利制度安排，制定政策的主管部门分散、政策内容呈碎片化的状态，政策也较多地拘囿于法律层面，缺乏具有较强操作性的政策内容，最终致使资源难以实现在家庭层面的有效配置。

第三节　中国家庭政策的改革方向

从本质上讲，家庭政策是国民收入再分配的重要渠道，是家庭安全的重要保障，是促进人口长期均衡发展与社会和谐的重要途径。家庭政策在一定程度上代表了一个国家的社会发展和国民福祉水平。家庭政策可以界定为政府以家庭为对象，旨在增强家庭发展能力、完善家庭功能和提升家庭成员福利水平而作出的一系列制度安排。家庭政策属于国家基础性的民生制度，是社会政策的主要组成部分，由政府通过社会政策和公共服务等手段具体实施。

一、家庭政策的价值取向

20世纪80年代以来，西方发达国家在对传统福利国家模式反思的基础之上，提出"发展型社会政策"或称"积极福利"的新模式并进行改革，对政府—家庭责任重新界定，强化家庭的功能与责任。特别是进入90年代以来，随着国际经济和政治环境的变化，西方福利国家的国家政策不再强调对市场或者宏观社会制度的干预，而是越来越转向对家庭的干预与支持，从战略发展的角度给予家庭积极支持，以使家庭更好地适应市场的变化，提升家庭的发展能力。与此同时，社会政策的价值取向越来越转向对家庭和儿童成长的需要，同时以预防和早期干预为目标的家庭服务尤为受到政府的重视。

在现代化过程中，家庭不断发生着引致性的变迁，家庭的稳态被彻底打破。在诸多变化中，对于个人、家庭以及社会最具有实质性意义的改变是家庭功能的变化。一方面，一些家庭功能不断被削弱，同时一些家庭功能的实现机制也发生了转变，转由社会承担或接续；另一方面，家庭资源结构发生了改变。在现代社会中，许多家庭的人力资源和时间资源都变得更为稀缺。这些变化导致了家庭需求与功能对应结构的失衡和家庭功能供需自我均衡机制的失灵。这种失衡使得家庭需求的满足对外部的依赖程度变得越来越高。因此，社会与政府必须正视家庭变迁及其影响，政府不仅需要重新审视以往的社会政策是否能够有效地回应家庭的种种变迁及其带来的负面影响，同时，作为一项基础性的民生制度安排，家庭政策应该为家庭提供一个基本的安全保障网，通过构建和加强家庭的发展能力，支持家庭发挥对于个体和社会的基本功能。实际上，所有的社会政策都与家庭直接或间接相关，都会惠及家庭或家庭的某个或某些成员。但在新的人口和社会发展形势下，家庭政策体系应该具有独立存在的意义，在一些国家它已经构成了社会政策的主体。

因此，重塑家庭价值，充分发挥家庭的社会功能，将家庭视为社会政策和社会福利制度的基本单元，构建以家庭为重点的社会政策和公共服务体系，已经成为各个国家社会发展和社会政策领域改革的重要内容。随着家庭的变迁，各国政府都在从政策层面进行反思，重新界定家庭和政策之间的边界。长期以来，西方国家希望通过高福利的制度安排解决民生问题，但实施效果并不理想，不仅政府不堪重负，失业、养老等困境也依然突出。因此，许多西方国家开始重新考虑家庭对于社会政策的意义：家庭并不是一个被动、消极的负担，而是具有积极主动社会功能的单位。但是家庭功能的正常发挥有赖于社会制度支持。因此，从社会政策的角度为家庭提供必要的支持，是家庭政策得以构建与发展的价值基础，也是社会政策的应有之义。虽然不同国家在历史、文化和传统方面的传承有所不同，国家对家庭责任承担的界定也有所差别，因而很难在某一个社会体制里，找到任何单一变迁方向的家庭政策，但是承认多元化的家庭发展以及变迁，是家庭政策应该秉承的基本价值基础。全球范畴内的发展趋势是国家对于家庭责任的承担和义务逐渐加强，家庭的自我保障开始转向由政府、社会和家庭共同支持。

概括而言，主要包括以下3个方面：

第一，加大对家庭领域的干预与介入，将对市场的干预部分转向家庭。随着家庭取代市场而成为社会政策干预的对象，家庭问题及其带来的一系列社会需求也越来越成为政府关注的焦点，特别是对儿童的关注成为家庭政策的重点。

第二，强调家庭责任，并帮助家庭履行和实现家庭责任，主要包括两个方面：一是家庭的照顾责任；二是工作与家庭责任平衡。西方福利国家摆脱单纯强调家庭责任的空谈，同时认识到家庭问题由个人与多重环境交互作用导致并非单由个人或家庭导致，因此其社会政策更加强调如何帮助家庭履行责任。

第三，福利提供渠道与方式多元化。过去大部分家庭政策多以对家庭功能缺陷的补救和应急为主，而福利改革之后，认识到家庭政策的对象不只是有问题的家庭，而是所有家庭，因此社会政策在对家庭提供应急或修补性帮助的同时，重视早期干预以及预防性和支持性帮助。

结合家庭功能变化、家庭功能性资源供需失衡的背景，中国家庭政策体系的建立应当以家庭整体为目标对象，旨在增强家庭发展能力、替补与完善家庭功能、提升家庭成员的福利水平。

二、家庭政策的基本原则

家庭政策的基本原则是在税收和其他相关福利制度中体现出对家庭责任承担的社会承认，通过正式的制度安排和公共服务，实现对家庭抚育子女、赡养老年人、照顾家人等责任承担的支持和协助。具体而言，在家庭政策的制定上应该遵循以下7个重要原则：

第一，家庭友好原则。应当充分尊重家庭私领域，充分尊重家庭的独立性和自主性，充分尊重家庭生活的多元化。

第二，家庭能力建设原则。一切家庭政策都应该有助于增强家庭发展能力，尤其是要为那些处于生命周期不同发展阶段的家庭（如有未成年子女家庭、有子女接受高等教育的家庭）提供能力建设支持。

第三，促进家庭团结与代际和谐原则。家庭政策应该支持家庭成员的相互支持和家庭关系的良性发展。

第四，支持家庭功能原则，即家庭政策不应取代家庭功能，而是应该帮助家庭功能的正常发挥，支持家庭社会角色的顺利实现。

第五，公平原则。作为社会民生制度安排的基本方面，家庭政策必须遵循社会公平和公正的原则，每一个家庭都有公平地享有家庭政策利益的权利。

第六，普惠原则。家庭政策属于普惠型的福利制度，应该惠及全国的每一个家庭。在普惠原则下，家庭政策必须面向全国每一个家庭，直接目标在于提升每一个家庭的发展能力和增进每一个家庭的福利水平。

第七，与时俱进原则。家庭政策的制定必须充分考虑社会经济发展和人口变化的新形势，特别是要充分考虑家庭面临的新问题和新需求。

总之，家庭政策（包括面向家庭的公共服务项目）的制定与实施是以政府为主导，在承认家庭变迁及其功能变化的基础上产生的，以不破坏家庭的完整性和独立性为前提，给予家庭更好、更多资源的替代性支持，在这个意义上，家庭政策是支持家庭而绝非是替代家庭。另一方面，还需要明确政府在家庭政策制定和实施中的角色定位。

三、家庭政策体系：制度框架和主要内容

中国亟须构建秉承"以人为本"基本理念的家庭政策体系。中国家庭政策体系的构建应该以提升家庭发展能力为主要导向，在不断强化家庭政策中的政府责任的基础上，在支持家庭发展能力建设上，明确政府和家庭的边界，通过支持家庭增强家庭本身的功能性资源供给能力，增强家庭对公共资源的购买和获取能力，也要通过不断构建和完善公共资源使得对家庭资源的补充、支持和替代得以实现。

确立社会政策的家庭取向，是把家庭作为社会政策的基本单位，不仅对家庭形成支持，也要鼓励家庭成员之间的责任分担。在社会政策中明确家庭的定位，从支持"个人"转向支持"家庭中的个人"，即从以个人为基本对象单位转向以家庭整体为基本对象单位，工资制度、收入再分配制度、社会保障制度应该纳入对家庭整体状况的考虑，以家庭为政策实施的依据和对象。

在家庭迅速变迁的背景下，家庭政策至少应该具有以下4个方面的特性：（1）家庭是社会政策构成的核心单位之一；（2）以承认家庭类型的多元化为前提；（3）实施工具包括法律、财政支持、服务提供等不同的方式；（4）不是由单一的政策或法律构成，而是一系列综合、互补的政策体系。

（一）关键着手点

构建以提升家庭发展能力为导向的中国家庭政策体系，强化家庭政策中的政府责任，应该从以下两个基本方面入手：

第一，改变政策对象基础，即从以个人为基本对象单位转向以家庭整体为基本对象单位。中国现行的许多社会政策存在着政策对象不合理的现象，例如，在支持性和保障性政策上大多是以个人为主要对象，而在限制性或约束性政策上又强调以家庭为主要对象。现行的家庭福利政策及相关政策除了"低保"和计划生育利益导向政策，基本上都是以个人为政策对象的，甚至工资制度、收入再分配制度、社会保障制度等也是如此。这种政策目标对象的偏失直接导致了中国现行家庭政策在公平性、合理性和效率性上的缺陷。

第二，以"家庭发展能力"为导向重构家庭政策的价值基础。目前，旨在提高民生质量的中国各项经济与社会政策安排中，家庭是最为关键的环节

之一。家庭发展的核心在于家庭能力的发展，在于家庭成员能力的发展，即人的发展。因此，亟须构建秉承以"以人为本"为基本理念的家庭政策体系。家庭政策不是简单地对家庭的介入，或者只面向家庭的某个或某些成员，而是要以家庭为整体进行政策评估，以家庭整体作为政策实施对象，充分考虑家庭的整体利益，以及家庭成员之间的利益关联，建立个人与家庭并重、个人与家庭关联的家庭政策。

（二）家庭政策层级和类别

政府应该从以下3个方面来提升家庭政策的层级，将其作为一项国家基础性的民生制度安排。一是由中央政府制定统一的基本制度框架，制定统一的基本家庭政策，规制统一的法律基础，由中央财政提供可持续的资金保障。二是基本的家庭政策（或可称为"国民家庭政策"）必须覆盖全体城乡居民家庭，城乡之间和地区之间必须实现政策对接，防止家庭福利政策的"碎片化"和"地方化"倾向。三是从收入分配、教育、医疗、就业、住房、社会保障、计划生育等基本民生制度入手，扩大家庭政策的政策基础和政策范围。

结合中国的实际情况，家庭政策可以划分为以下7个类别：第一，家庭税收政策，即在税收政策中认可家庭在负担子女或赡养老年人等责任方面付出的成本。改革个人所得税制度，将家庭平均收入作为所得税征收税基，以家庭人口负担情况为宽免个人所得税的依据，对于有未成年子女的家庭、赡养老年人的家庭、有丧失劳动能力的家庭成员的家庭、正在接受高等教育子女的家庭给予一定额度的宽免税额。第二，家庭福利津贴制度，对贫困家庭、单亲家庭、残缺家庭、老年空巢家庭、残疾人家庭、计划生育家庭、独生子女伤残家庭等特殊家庭给予优先考虑。考虑家庭的抚幼、养老以及照料残疾家庭成员的负担情况，发放育儿津贴、老年人津贴、住房津贴、特殊家庭津贴（残疾人）、赡养老年人家庭津贴等。第三，最低生活保障制度。建立结构性的生活评估指标，在甄别和确定"低保户"时不仅要考虑家庭的人均收入水平，同时还要考虑家庭成员负担情况及特殊困难，改变目前"低保边缘户"的生活困境远远高于"低保户"的尴尬局面，实现按照家庭的实际负担来提供相应的保障。第四，家庭防范风险专项计划。在家庭遭遇风险时，通过专项基金和帮扶计划帮助家庭渡过难关。对那些遭遇风险、因家庭成员疾病、伤残或其他状况而致使生活困难的家庭提供一次性或多次性的生活补贴。

第五，支持家庭养老。家庭政策安排中覆盖专门针对家庭养老的制度安排，包括建立老年人照护休假制度，鼓励家庭成员履行赡养老年人的义务；在保障性住房分配制度中对赡养老年人的家庭实行优惠政策；社会养老保障制度考虑夫妻之间的关联利益，养老金的给付水平应该考虑其家庭负担成员情况。第六，家庭公共服务体系建设。充分考虑家庭功能社会化的趋势，根据家庭的不同情况（支付能力和服务需求类型）整合政府服务、社会服务和市场服务，满足家庭的多元化需求。以社区和村为平台，整合社区资源，建立支持家庭的公共服务体系，通过老年人日间照护中心等依托于社区层面的照护机构，来提高老年人居家养老的能力；统筹安排幼儿园、托儿所、养老院、托老所等机构的布局并优化质量。第七，其他制度安排。在收入、医疗、住房、就业、教育、计划生育、社会保障等基本民生制度安排中，纳入以家庭为基本评估单位和政策实施主体的原则。改革医疗保险制度，把未成年子女的医疗需求纳入父母医疗保障范围；改革劳动力市场制度，实行弹性工作制度和弹性退休制度，为劳动者履行照顾未成年子女、老年人、残疾家庭成员的责任提供支持；制定就业促进政策，提高家庭经济能力，特别要提升特殊家庭和社会群体的就业能力。

四、家庭发展能力视角下的家庭政策安排

我们将家庭政策定义为：政府以家庭为对象，旨在增强家庭发展能力、完善家庭功能和提升家庭成员福利水平而作出的一系列制度安排。家庭政策属于国家基础性的民生制度，是社会政策的主要组成部分，由政府通过社会政策和公共服务等手段具体实施。

在具体设计家庭政策的时候，有4个问题需要注意。一是充分尊重家庭的价值和权利。家庭政策不是对家庭事务的干预，而是在充分尊重家庭私领域权利的基础上，为家庭提供支持与帮助，促进家庭发展能力和福利水平不断提高；二是政府针对家庭的政策和公共服务并非否认家庭自我的基本功能，而是在肯定家庭对个人发展功能不可替代的优势基础上，支持和加强家庭的自有功能，因此，政策的介入不是干预家庭自我决策。三是家庭政策的覆盖一方面通过专项政策协助困难家庭和残缺家庭，另一方面也通过一般性的家庭福利制度来保障所有家庭的基本需要。四是广义的家庭政策的利益相关主体除了政府和家庭之外，还包括

市场、非政府组织和其他非正式社会网络。作为基础性的家庭政策，应该首先以政府为主导，来链接政府、市场和社会组织等不同的利益主体。

具体而言，我们可以从在家庭发展能力视角下建立家庭社会福利体系、制定对特殊家庭和社会群体的专项社会政策和建立家庭公共服务体系等方面制定和完善家庭政策，主要包括：

一是改革个人所得税制度。将家庭平均收入作为所得税征收税基，并按照家庭人口负担情况宽免个人所得税。对于有未成年子女的家庭、赡养老年人的家庭、有丧失劳动能力的家庭成员的家庭给予一定额度的宽免税额；家庭进行人力资本投资，对于有正在接受高等教育的子女的家庭给予一定额度的宽免税额；在按月收入征税的情况下，制定退税制度，即对于过去一年中发生特殊困难的家庭给予一定额度的退税。

二是改革最低生活保障制度。建立结构性的生活评估指标，在甄别和确定低保户时不仅要考虑家庭的人均收入水平，同时还要考虑家庭成员负担情况及特殊困难。

三是建立特殊困难家庭风险扶助基金。对那些遭遇风险、因家庭成员疾病、伤残或其他状况而致使生活困难的家庭提供一次性或多次性的生活补贴。在某些风险发生后，如地震、金融危机等自然灾害或社会灾害发生后，困难家庭一般受到的冲击最大，从危机中自我恢复的能力也最弱，因此需要常态化的正式制度予以支持。

四是建立家庭福利津贴制度。以整体的家庭生活状况为依据，考虑家庭的抚幼、养老以及照料残疾家庭成员的负担情况，发放育儿津贴、老年人津贴、住房津贴、特殊家庭津贴（残疾人）、赡养老年人家庭津贴等，一方面扶助那些由于家庭保障能力弱化，照顾负担比较重的家庭；另一方面要也鼓励家庭成员之间的责任承担与互相照顾。

五是社会养老保障制度应该考虑夫妻之间的关联利益，养老金的给付水平应该考虑其家庭负担成员情况，以帮助那些没有被纳入社会养老保障的夫妻一方获得经济支持。

六是改革医疗保险制度，把未成年子女的医疗需求纳入父母医疗保障范围，即未成年子女的医疗费用在其父母的医疗保险制度中列支。

七是改革劳动力市场制度，实行弹性工作制度和弹性退休制度，为劳动者履行照顾未成年子女、老年人、残疾家庭成员的责任提供支持，同时也要为照顾孙子孙女的老年人提供支持。

八是制定就业促进政策，提高家庭经济能力；特别要帮助提升特殊家庭和社会群体的就业能力，制定专门的针对困难和低收入家庭的"社区服务就业计划"，为特殊家庭提供就业支持，改善其就业状况。

九是充分考虑家庭变迁后在当前及未来在养老方面的长期困境，家庭政策的安排中要覆盖专门针对家庭养老的制度安排，包括：建立老年人照护休假制度，鼓励家庭成员履行赡养老年人的义务；建立老年人免费体检制度，每年为每个老年人进行一次免费体检；在保障性住房分配制度中对赡养老年人的家庭实行优惠政策。

十是把计划生育利益导向政策改变为计划生育福利政策。计划生育福利政策的目标不是引导生育行为，而是保障执行国家生育政策的计划生育家庭的权利，促进其家庭发展能力建设。各项民生制度安排和家庭政策都要充分考虑计划生育家庭的特殊困难及需求。